高毅 著

法兰西风格

大革命的政治文化 〔增补版〕

北京师范大学出版集团
BEIJING NORMAL UNIVERSITY PUBLISHING GROUP
北京师范大学出版社

序

十年浩劫把历史研究引入死胡同，十年改革开放给历史科学带来了新生。本书的出版就是一个生动的实例。

从 1977 年起我得以重操旧业，讲授西方史学史，评介西方史学流派，招收研究生；同时邀请外国知名历史学家来校讲学，选拔优秀中青年学者到国外进修。

本书作者就是"文化大革命"后第一批考入北京大学世界史专业的高材生。他于 1977—1981 年读完本科，1981—1984 年作为硕士研究生，硕士论文是对丹东的研究，接着又在我的指导下写博士论文。正如高毅在《后记》中所述，他有幸在选择论文题目时，先后受到法国巴黎大学法国革命史讲座教授米歇尔·伏维尔和美国加州大学伯克利分校法国史教授林·亨特女士讲课的启发。这两位学者代表法国革命史研究中的新学派，前者从社会史转向心态史的研究，后者着重民族政治文化的考察。从 1985 年到 1987 年，高毅有机会到瑞士日内瓦大学进修，又受到该校历史学教授、原籍波兰的布罗尼斯洛·巴茨柯的影响。回国后他用了一年时间完成了博士论文《热月反动与法国革命的政治文化》，在答辩中博得专家们的好评。

两午前，高毅曾考虑要把这篇博士论义修改出版。最近他把书稿拿给我看，要求我在书前写几句话。我惊异地发现，这是一部崭新的著作，远远超出了论文原来的范围，面目焕然一新，在论点和论据上更加充实和成熟，更有说服力，堪称为近年来外国史研究领域中不可多得的佳作，可喜可贺！

我国历史学界经过"文化大革命"后的"拨乱反正"和关于真理标准的辩论，认识到必须运用新方法，掌握新材料，研究新问题，才能进一步发展马克思主义历史科学。一时出现"方法论"热，各国各派的史学方法先后被引进，不少都冠以"新"字——新经济史、新政治史、新社会史……遗憾的是，介绍多，评论少；宣扬多，应用少；即使有个别人尝试用某种"新方法"来重新说明历史，也往往牵强附会，缺乏说服力，失败的多，成功的少。除了难度大之外，其中还带有几分政治风险，使尝试者望而却步。

高毅此书也是一种大胆尝试，在我看来是一次相当成功的尝试。它的主题是1789年的法国大革命，这是一个被成百上千位中外历史学家重复阐述过的老题目，特别是为了纪念法国大革命200周年，法国和世界各地又出版了数百种新著。一个中国历史工作者，怎样才能用自己的观点分析总结法国大革命的经验而不落窠臼？不仅做到不落窠臼，而且开辟研究和思考的新径呢？

我们过去在法国革命史学中，常常满足于说明这场革命的资产阶级性质，革命群众的先锋推动作用，革命领导者的更替和革命的阶段性，雅各宾专政的必要性、彻底性、局限性及其失败的必然性，等等。这些论述都是对的，但是总感到有所不足，或者说有点一般化、简单化。究其原因，主要有三：第一，没有抓住这场革命的民族特点，即法国政治文化的特点；第二，没有分层次地对各种革命现象与行为进行剖析，区别精英文化与群众文化，并揭示它们的分合规律；第三，没有把影响革命进展的各种因素，特别是那些中介因素，全都挖掘出来，从而更细致、具体地说明革命成败的必然性与偶然性。

高毅此书之所以成功，可能正是由于他注意到我们过去研究工作中的缺陷而努力加以改进。他善于借鉴国外史学方法与成果，把年鉴史学、心态史学、政治文化史学的一些基本概念引进历史研究，从而强化了我们的阐释武器，加深了对历史现象的认识。年鉴史学引导我们注意在历史长河中起长期作用的那些结构因素；心态史学着重考察群众意识与无意识的作用；政治文化史学强调民族的政治传统、习惯、观念、行为、象征物对群众特别是革命运动的影响。读者在此书中自会发现这些不同的史学流派方法的反映和痕迹。

可贵的是作者并不是亦步亦趋地效颦某种流派，更没有片刻放弃自己的马克思主义立场和观点。他在法国革命史研究中"始终以资本主义代替封建主义的必然历史进程作为认识的基本前提"。他赞同林·亨特教授的许多看法，但不同意她孤立地对待法国的民族政治文化，把它同社会经济基础割裂开来的倾向。他在分析法国革命的激烈性和彻底性时，牢牢抓住革命资产阶级与群众结成联盟这条主线，同时强调以精英为代表的资产阶级亚文化与革命群众亚文化之间的区别与对立。

但是作者也反对把一切历史现象都同经济生活直接挂钩，也不拟用阶级划分来说明全部政治行为，因为他认识到在历史表象和"终极原因"之间存在着无数"中介因素"，同时在驱使人们参与政治活动的无数动力中，不仅有各阶级的经济利益，还有各种看不见、摸不着的精神、思想、感情、心理因素。例如，法国革命为什么比早在150年前爆发的英国革命更激烈、更彻底？除了社会、经济、思想条件更成熟这一根本原因外，法国革命者从一开始就具有"与传统彻底决裂"的信念。这种决裂感一度支配着革命群众去砸烂旧制度的一切。随着革命的开展，国内外反动势力总是处处企图抵抗和反扑，于是社会上滋生一种无与伦比的紧张气氛，人们终日在这种气氛中生活，自然而然地产生一种危机意识，把敌对势力的一切活动都看成是"阴谋"，因而产生一种"阴谋忧患"，群众轻信任何谣言。这样，决裂感、危机意识、阴谋忧患与谣言轻信症结合在一起，推动着法国革命群众一步一步地向最激烈的方向前进。这样的分析岂不比一般地谈论"革命的上升阶段"更生动、更具体、更有说服力吗？

与此同时，法国革命也需要正面的象征物来鼓舞自己：三色徽、小红帽、自由树、玛丽安娜、赫居利斯等都有其特殊功能。人们以更换人名、地名来表示对革命的支持，连语言、日历和服装也革命化了。为了法国的再生，需要培养与旧社会迥异的"新人"——对革命者的崇拜代替了旧的偶像崇拜。"联盟节"成为象征革命群众团结的最盛大的节日。这些都是我国史学界忽略的重要侧面，高毅则在本书中加以充分阐述。

为了建立新的政体，在革命者中间展开了一系列政治辩论，涉及重权轻法与重法轻权之争，公意高于王权与王权高于公意之争，一院制与两院制之争，强制委托制与代议制之争，代议制与直接民主制之争，等等。但是争来争去，一直到拿破仑三世1870年在色当投降，才最后摆脱君主制，这只能说明法国专制主义传统的根深蒂固和彻底决裂信念的不现实性。如果仅用法国小农经济的普遍性来直接解释这种政治保守现象，不顾政治文化的作用，恐怕是又犯了简单化的毛病。

诸如此类的革命政治文化的特点还有不少。例如，雅各宾专政强调政治的公开性、透明性和反党派性（显然不是不要党派，而是不要别人的党派），并且以此为借口来消灭政敌。细读此书，自会发现更多真知灼见。我顺便提醒初学者，这不是一本易读的书，决非浏览一下就能抓住要点；而一旦进入"角色"，你会获得双倍的收益。

在本书的结尾，作者指出：法国革命留下了丰富的政治文化传统，并创造了一种"内战式的政治风格"，它在革命后近百年甚至更长时期内影响着法国的政治生活。这种政治文化的某种表现对我们而言也并不陌生。高毅的劳动果实不仅有益于世界史工作者，也有助于中国史研究的另辟蹊径。祝愿高毅在历史教学和科研方面取得更大成就。

张芝联

1991年4月于北大朗润园

引　言

在近代史上的世界民族之林中，法兰西民族素以"政治民族"著称。马克思说法国无产阶级是欧洲无产阶级的"政治家"。人们也常说：两个法国人到一起必谈政治。暂且不论这种说法在今天是否还能成立，至少在近代史上这的确是个事实。

一个民族如此普遍地热衷于政治问题，大致有两个方面的原因。其一，这个民族的政治事务一定有什么特别令人关注的特点。而政治事务过于引人注目，一般说来都是政治领域的情况不太妙所致。在一个政治稳定、国泰民安的社会，人们是不大容易看到这种对政治的普遍兴趣的；只有在那种党派纷争激烈，政治形势波谲云诡、变幻莫测的社会，政治领域才有可能成为人们普遍关注的中心。众所周知，近代的法国正是后一类社会的典型。从1789年到1870年，短短的八十一年中，法国竟爆发了四次革命，经历过君主专制制、君主立宪制、共和制、民主专政制、帝国制的频繁更迭。起义，恐怖活动，革命与反动，内战与卫国战争，把近代法国搅得天翻地覆、满目疮痍，这种动荡频仍、危机四伏的客观政治环境，无疑是法兰西民族政治癖好的重要的外在因素。

其二，一个民族对政治的特殊癖好，还反映了这个民族本身有一种强烈的政治参与意识。这个民族的成员不是那种只关心生活中的非政治性事务、对自己与国家政治过程的关系毫无意识的狭隘观念者，也不是那种消极被动地接受政府行动影响的顺从者，而是那种把国家政治事务看作与自身利益休戚相关的事情，并相信自己可以通过努力去对其施加影响的参与者。法兰西民族正是这样一种具有高度政治自觉性、积极性的民族。

然而问题还可以进一步问下去：为什么近代法国的政局会如此动荡

不稳？为什么法兰西民族有如此强烈的政治参与意识？这些问题的回答不可避免地要在相当程度上涉及法国的历史传统。因为，法兰西民族不仅是一个关心政治的民族，而且是一个注重传统的民族。一部史海勾沉的史学论著，一部在一般非史学研究者看来枯燥乏味的历史读物，在法国往往能成为风行一时的畅销书，能像小说一样使大众着迷——法文的"历史"（histoire）本来就和"故事"是一个词。法国的34433个村镇几乎个个都有自己的地方史学会。写历史，也常常是人们在政治上出人头地的一个重要途径。法国历史上的许多著名政治家，如梯也尔、基佐、路易·勃朗、饶勒斯、巴尔都、戴高乐等，同时也是著名的历史学家。出席巴黎社交界盛大晚宴的客人们，往往会因他们的祖先曾在历史上的某次内讧中相互厮杀过而吹胡子瞪眼睛地大吵一番，结果不欢而散。这种非同寻常的历史兴趣，说明传统在法兰西民族的现实生活中的确有着不容忽视的巨大意义。就拿法国人那种强烈的政治参与意识来说吧，这里显然生动地体现了法兰西民族源远流长的民主传统，尤其是与在法国大革命中形成和发展起来的政治文化传统有着不可分割的联系。因为就在这场大革命中，法国发生了空前规模的民众动员，以往被完全排斥在政治事务之外的人民大众突然涌上了政治舞台，形成了一个广泛的"政治阶级"，成为革命政治中最活跃的因素之一，甚至一度成为大革命的主导力量。这样一次参政经验，虽然时间并不很长，但在法兰西民族的心态上留下的痕迹却是极其深刻的：它使法国人民习惯地感到，既然他们在大革命中牺牲最多、贡献最大，因此只有他们，才应该是法国政治的主人。

不仅法兰西民族的政治参与意识有着这样的历史传统渊源，而且近代法国长期动荡的政治局面，也可以从法国大革命的政治文化传统中找到它的心态根源。我们知道，1789年的法国革命人士是世界近代史上最豪迈的一群革命者。他们给自己规定的任务是令人咋舌的：同旧传统实行彻底决裂，在旧世界的废墟上重建一个崭新的法兰西民族。在他们看来，这种"决裂"不仅是彻底的，而且是全方位的：一切属于传统的旧事物，不论是宗教的，还是世俗的，不论是本国的，还是外国的，统统都应该受到无情的批判和否定。正像托克维尔所指出的那样，当时的法国人要在他们的过去和未来之间划一条不可逾越的鸿沟，要一劳永逸地彻底改变法兰西民族的面貌。这里，我们可以看到法兰西民族性格中一个鲜明的内在矛盾：既崇尚理性，又热情奔放、富于幻想，常常容易沉迷于不切实际的空想，陷入非理性的狂热。不言而喻，像法国革命人士要实行的这样一种同旧传统的彻底决裂和整个民族的全面更新，无疑是极其困难的，甚至可以说是不可能达到的——这一点，革命派们实际上很快也就自觉或不自觉地意识到了。可问题在于法国人往往就是喜欢做不可能的事。于是，他们便无可奈何地陷入了难以自拔的紧张、烦恼和焦躁的精神状态之中，一种难以名状的忧虑感、焦灼感无时不在困扰和折磨着他们。根深蒂固的习惯势力、国内外敌对分子的拼死抵抗、革命阵营内部层出不穷的分化与叛变，在他们的前进道路上布满了荆棘和陷阱，使他们感到处处危机四伏，步步险象环生。正是这样一种异乎寻常的，如临深渊、如履薄冰的政治危机意识（主要表现为对于各种"阴谋"的神经质的敏感、警觉和恐惧），促使法国革命人士使出浑身解数，用超常的意志力量和无与伦比的首创精神，调动起由千千万万人民大众组成的同盟军，诉诸起义、断头台、最高限价和专政等极端的手段，推动革命一步一步地激化到了无以复加的程度。在这种异常过激的革命中形成和发展起来的政治文化传统，免不了会深深地刻有革命派的那种政治危机意识的痕迹，从而呈现出浓郁的分裂性、激进性和二元对抗性的色彩。政治文化传统就其本性来说是注定要对未来的社会政治生活发生影响的，大革命后法兰西政治斗争在相当长的时期里表现出你死我活、不可调和的尖锐对抗形态，也就这样被规定下来了。

　　本书的主旨即在于通过论述和剖析法国大革命政治文化的一些基本状况，来揭示近代法国政治动荡和法兰西民族政治参与意识的文化心态根源，并从中对法兰西的民族性格、民族精神进行一番透视。

　　这是一个崭新的课题，做好这个课题，对于深化法国历史与文化的研究，对于探寻革命运动、政治动乱的一般规律和实现政治稳定的途径，不无裨益。

　　这里呈出的只是一个粗陋的初步尝试，它需要批评，期待着批评。笔者不才，斗胆抛砖，意在引玉也。

目　录

第一编　决裂——在传统中挣扎

绪论：关于法国革命的政治文化

> 群众文化和精英文化正表示着另外一种重要的辩证法，从
> 而成为当前研究的主题之一。
>
> ——米歇尔·伏维尔：《历史学和长时段》

一、"政治文化"与历史学

"政治文化"是当代政治学的一个重要概念。它出现较晚，正在走
红，而且正日益把自己的影响辐射到政治学以外的其他社科领域。

这个概念的渊源可以一直上溯到柏拉图和亚里士多德。然而作为一
个完整的政治学概念，它的出现还只是三十多年前的事。1956 年，美国
著名政治学家加布里埃尔·阿尔蒙德发表了一篇题为"比较政治体系"
的论文，首次运用"政治文化"一词来对各国"政治行为倾向性"中的
各种因素进行抽象的概括，由此开创了西方当代政治学中政治文化研究
的新潮流。

政治文化无非是受社会总体文化影响的一种亚文化。正因为如此，
这个概念同"文化"概念本身一样，有着突出的模糊性特征，很难给它
下一个十分确切的定义。长期以来，学者们在此问题上见仁见智，莫衷
一是。不过，尽管有各种分歧，政治文化研究的开山鼻祖阿尔蒙德在
1966 年提出的下述定义，看来还是最成熟、最有权威性的：

> 政治文化是一个民族在特定时期流行的一套政治态度、信仰和
> 感情。这个政治文化是由本民族的历史和现在社会、经济、政治活
> 动的进程所形成。人们在过去的经历中形成的态度类型对未来的政

治行为有着重要的强制作用。政治文化影响各个担任政治角色者的行为、他们的政治要求内容和对法律的反应。①

另一位美国政治学家白鲁恂的看法也有助于我们对这一概念的理解。白鲁恂认为，政治文化是政治体系（即国家）中客观存在的一套系统的政治主观因素，它反映一个社会的传统和公共机构的精神、公民的爱憎、大众的政治情感、领袖的活动方式和活动规范；它使个人的政治行为按一定的方式运行，使政治体系具有价值取向，保证政治体系的某种一致性。他还指出，政治文化的概念试图更系统地解释一些固定的概念，如政治意识、民族气质、民族精神、民族政治心理、人的基本价值观、公共舆论和民族性格等。

另一位学者卡瓦纳夫在他的《政治文化》（1972 年）一书里系统介绍了各种政治文化定义，然后作了这样一个精辟的概括，令人耳目一新：

> 按照我们的目的，我们可以把政治文化看作对政治体系的感情氛围和态度氛围的一种简略表达。按阿尔蒙德的观点，它是"特定的取向型式"，其中植根着一切政治体系，用塔尔考特·帕森斯的说法可以说得更明白一些，即我们关注的是对于各种政治目标的各种取向。这些取向是政治行动的前提，它们是由诸如传统、历史记忆、动机、规范、感情和符号之类种种因素所决定的。②

综上所述，我们不难看出政治文化概念具有这样三个特征：（1）它专门指向一个民族的群体政治心态，或该民族在政治方面的群体主观取向；（2）它强调民族的历史和现实的社会运动对群体政治心态型式的影响；（3）它重视群体政治心态对于群体政治行为的制约作用。

这种政治文化概念，显然同西方当代历史学的主要流派之一——法国年鉴—新史学派有某种不可分割的内在联系。首先，研究一个民族的政治文化，很大程度上就是了解该民族在历史上形成的关于政治的"态

---

① 阿尔蒙德和鲍威尔：《比较政治学：体系、过程和政策》，曹沛霖等译，上海译文出版社，1987 年，第 29 页。

② D. 卡瓦纳夫：《政治文化》，麦克米伦，1972 年，第 10～11 页。

度型式"，这一点就是同法国年鉴一新史学派对"长时段"研究的关注相一致的。人们知道，年鉴一新史学派认为最终决定历史发展的力量在于变化缓慢但在长时段起作用的事物，如社会的经济体系、社会习惯、文化心态、生活方式等，相对于这些事物来说，短时段的人物活动、政权更迭等历史事件，只能算海浪表层上的泡沫，是昙花一现、转瞬即逝的东西，对总的历史进程并无任何实际的影响力，充其量只能起"吹绉一池春水"的作用，而且其本身的规模与趋势都是必然地受前者制约的，因此只有深入了解了长时段的背景，才有可能对传统史学所关注的各种事件（基本上都是政治事件）作出符合本质的解释。其次，"政治文化"的概念特别关注于由千千万万个人组成的社会群体在政治生活中的作用，而年鉴一新史学派的一个突出特征，也正是力反传统史学把"日常生活"排斥于历史之外的做法，着重把历史探询的目光投射到默默无闻的芸芸众生，试图通过平凡无奇的日常生活和芜杂朦胧的精神状态来寻求历史动力的源泉。再次，"政治文化"特别指向一个民族的群体政治心态，这与新史学派愈来愈重视心态现象这一趋势也是不谋而合的。实际上，研究某种"政治文化"的形成，正是心态史学政治方面的任务。也正是在这一方面，"政治文化"概念显示了一种无可取代的史学价值，日益为当今的心态史学界所重视。

二、心态史与法国革命政治文化

"心态史"这个新潮史学概念，在我国也许还不太为人们所熟知，可在今日西方史学界真可谓时髦至极。所谓"心态史"，不是别的，正是作为传统史学对立物而出现的社会史学（亦即年鉴一新史学派的史学）在新近所获得的一个别号。其所以如此，在法国著名大革命史专家、马克思主义心态史学家米歇尔·伏维尔看来，是因为近来"有一种最直接推动新社会史向长时段研究转变的趋势，这就是日益明显地向心态史发展的研究趋势"。他还认为，心态史并非社会史的对立物，而至多只是研究社会史的终结和归宿，社会史的研究对象在这里一概表现为"人们的态度和群体的表象"。从年鉴学派的发展史来看，这个史学流派尽管从一开始就在研究历史上各种心态现象，但他们最初的重点并非心态史而是经济史，只是到了 20 世纪 40 年代后半期，才通过经济史的一个变形——人口史的研究开始对心态史产生日益浓厚的兴趣，终于在 20 世纪 60 至 70 年代把重点完全转移到了这个方面，并取得了极其辉煌的成就：如今心态史学已超越了专业研究者的狭小圈子，进入了大众传播媒介系统，赢得了广大的群众读者，以致在一般人心目中竟成了"新史学"的同义词或象征。

那么，"心态史"究竟是一种什么样的史学呢？伏维尔曾给过我们这样一个大致的定义：

> 心态史学乃是一种"第三层次"的史学，即意识形态上层建筑层次的史学。人们在研究了经济或社会结构的层次之后才能达到这一层次。这是一种极其引人入胜的史学，也是极其错综复杂的史学，一切机械的或简单化的归约都受到了它的挑战。它已经涉及了一些明晰的思想层次，如精英人物和人民大众的意识形态及文化传播，它现在正愈来愈转向集体的无意识。

伏维尔这里说的"第三层次"史学，是法国当代史学界的一个流行概念。在日益重视长时段研究的法国历史学家们看来，一般的史学可以分为三个层次：第一层次是传统的事件史，属于短时段史学；第二层次是经济的或社会的历史，即在一种"缓慢时间"的"半静止状态"中变动的"缓慢的历史层次"，属于中、长时段史学；第二层次史学的进一步发展便进入了"长时段的囚牢"——心态史，它所揭示的是更彻底的长时段历史，这种历史具有"稳态"和"抗拒变化"的特征，因而愈益被人们视作对历史作长时段研究的最首要的领域。这种第三层次的史学所涉及的不再是任何易于变动的明确的思想或文化，而是一种潜在而朦胧的社会文化层，那里充斥着各种未曾道明的意识或观念，各种暗中支配人们思维和行动的习惯趋向，简而言之，它研究的是人们的态度、行为举止和所谓"集体无意识"。

伏维尔之所以重视心态或精神形态的研究，是与他关于意识形态与精神形态的差异性的明确认识分不开的。伏维尔认为，在人类的行为中存在着一个超脱意识形态（在其下面或与其平行）的部分，这就是精神形态；尽管意识形态和精神形态之间有广阔的重叠部分，但它们之间的差异是不容忽略的，因为意识形态的概念已经过长期酝酿和构思（虽然尚无最后定论），而精神形态的概念，作为一种实践或一种不断发现的观念化的反映，则是近二三十年以来出现的新事物，它至今仍模糊不清，还在不断被加入新词义；两者的思想方式也大相径庭：前者较系统化，后者则有意地以经验为依据。

伏维尔在这里实际上涉及了一个以往曾被我们长期忽略的重要哲学问题，即社会意识形态的构成问题。这个问题，马克思在1852年写《路易·波拿巴的雾月18日》时似乎就朦胧地意识到了。马克思写道："在不同的所有制形式上，在生存的社会条件上，耸立着由各种不同情感、幻想、思想方式和世界观构成的整个上层建筑。"① 这一思想在俄国早期马克思主义理论家普列汉诺夫那里得到了进一步发展。普列汉诺夫把"一部分由经济直接所决定的，一部分由生长在经济上全部社会政治制度所决定的"社会心理这一概念引入马克思主义，用以概括马克思讲的"情感"、"幻想"，同时把"思想方式"、"世界观"归于思想体系，从而第一次在社会意识形态中划分出社会心理和思想体系这两个层次。

普列汉诺夫关于社会心理和思想体系之间关系的认识仍带有机械论的倾向，因为他明确主张："社会的心理永远顺从它的经济的目的，永远适合于它，永远为它所决定"，这就片面地强调了经济基础对于社会心理的决定意义，而忽视了社会心理的相对独立性，从而忽视了它对思想体系、政治制度和经济基础的能动的影响。不过，他对社会意识形态的这一分层，创造性地提出在思想体系反映经济基础的过程中存在着"社会心理"这 中间环节，毕竟是对历史唯物主义的一个重要贡献，它大大丰富了马克思主义关于上层建筑与经济基础关系的理论，为我们更深刻、更全面地把握这一人类社会发展的基本规律，并运用之更生动、更准确地进行历史研究和指导社会实践，提供了新的可能性。

应当说，普列汉诺夫所谈论的思想体系和社会心理同伏维尔所谈论

① 《马克思恩格斯全集》，第1卷，第629页。

的意识形态和精神形态，基本上是两对类似的概念。其中所谓"思想体系"和"意识形态"说的都是已经得到表达的明晰的思想，而"社会心理"和"精神形态"指的大体也都是某种"集体的无意识"，或曰某种"集体的表象"。

把心态归结为"集体的无意识"，是心态史学的开创者之一菲利普·阿利埃斯的创造。"集体的无意识"本来是分析心理学的一个重要概念，它是瑞士分析心理学家荣格在弗洛伊德"个人无意识"理论的基础上提出来的。荣格试图用这个概念来说明原始民族的魔怪、神话和故事等文化现象，认为这类现象是人类心灵无意识状态的直接实现，是没有经过意识加工的原型文化，它不同于宗教教条与仪式、赎罪、祈祷等文化现象，因为后者是人类加强意识的产物。荣格对现代文化和原始文化的这种区分，揭示了人类文化意识中两大层次的差异，颇有见地；但他的那"完全通过遗传而存在的""集体无意识"概念，强调的仍然是人的生物性存在对于意识的决定意义，故而并没有摆脱弗洛伊德理论的唯心主义特质。而阿利埃斯的"集体无意识"，尽管在某种程度上也是针对弗洛伊德的"个人无意识"学说的一种反动，但在实质上却与荣格的概念风马牛不相及。阿利埃斯曾这样解释过他的"集体无意识"概念：

　　什么是集体的无意识？更正确地说，什么是集体的没有意识？集体的，是指某个时刻整个社会人人都有的。没有意识，是说有的东西很少或丝毫未曾被当时的人们所意识，因为这些东西是理所当然的，是自然的永恒内容的一部分，是被人接受了的或虚无缥缈的观念，是一些老生常谈，礼仪和道德规范，要遵循的惯例或禁条，公认的必须采用的或不准使用的感情和幻想的表达方式。史学家使用"心态结构"、"世界观"等词语以指明心理整体的一系列严密相关的特征，这一心理整体是在当时的人们没有察觉到的情况下强加给他们的。今天的人能够使以前埋藏在群体记忆深处的情感浮现到意识的表层来，这是今天的人日益感到的一种需要。这就是人们对所有无以名之的智慧进行的深层研究：这些智慧并不是超越时间的抽象智慧或真理，而是各种经验的智慧；它们调节着人类群体与每个个人、自然、生命、死亡、上帝以及彼岸世界的紧密关系。①

阿利埃斯用"集体的无意识"对心态史研究对象和基本特点所作的这一概述无疑是极其精辟而精彩的。显然，较之荣格的"集体无意识"概念，阿利埃斯的概念更带有经验主义的特点，即它强调群体精神经历的独立性，强调群体精神只受本身的节律和因果关系的支配。

承认精神的独立性，是意识形态与精神形态之间的重要共同点。然而这种独立性究竟是相对的，还是绝对的？——正是在这一问题上显示出了马克思主义心态史学和非马克思主义心态史学之间的分歧。阿利埃斯便倾向于将这种独立性绝对化，他关于人们对死亡态度演变的研究即表明了这一点：他在分析与死亡的经历有关的各种因素时，脱离了任何社会经济决定论，甚至无视人口学的统计资料；他所研究的群体举止、态度和表象这一中间层次也不是根据既成的意识形态来确定的，无论是宗教论说还是哲学推理，他都根本不予考虑，好像一去探索心态因素与其他因素之间的联系就会陷入简单化和机械论似的。对此，伏维尔很不以为然。他批评道："菲利普·阿利埃斯是根据一种无法用其他方法来确定的'集体无意识'本身所具有的能动性，来使人们对死亡的态度在气垫上演变的"，并警告说，这样的心态史学"也许会在一种静止不动的历史中或一种越来越少历史学气息的人种学中陷入困境"。也正因为如此，伏维尔觉得用"集体无意识"这个概念来表达"精神的独立性"多有不妥，并倾向于用"集体的表象"来表达之，认为这一概念"比较活，尤其是不大可能被冒失地扯入精神分析学的领域里去"。大概正是由于错误地把"精神形态"看成"意识形态"的自然组成部分，错误地以为把"精神形成"从"意识形态"中分离出来研究会导致唯心论，心态史学长期得不到马克思主义史学家们应有的重视。他们好像自认不能胜任更为复杂的精神形态史的研究似的，固执地把自己局限于经济和社会结构的领域。他们坚守在"地窖"里，而把"顶楼"让给别人。这一情况是很不正常的，它使马克思主义史学不得不经常地在片面性中挣扎，许多问

---

① 菲利普·阿利埃斯：《心态史学》，载 J. 勒高夫等主编《新史学》，第 195～196 页。

题得不到正确的解决，许多障碍显得难以克服。

伏维尔不仅敏锐地认识到了开展心态史研究的必要性，而且自觉地坚持用唯物史观指导自己的心态史研究，坚持在各种因素的相互联系中把握心态演进的脉搏。他明确指出："精神形态史就是对人们生活的客观条件与他们对生活自我表述方式两者之间的中介和辩证关系的研究。……它不是历史学的异国他乡，而是整个社会史的自然延伸和尖端。"关于心态史的具体研究方法，伏维尔则一再强调：要注意"使各方面相关、相比较、划分层次和等级"。伏维尔就是这样以其杰出的工作，在新一代法国马克思主义史学和新史学之间筑起了一座相互沟通的桥梁。

伏维尔的心态史理论还有一个引人注目的特点或优点，即他既不屑于盲从老一代年鉴学派对事件史学的贬斥态度，又拒绝认同新一代年鉴学派提出的"事件的复归"这一多少带片面性的口号。伏维尔重视的，是"在史学中确定短时段与长时段的新辩证关系"，亦即事件与心态的辩证关系。这种辩证关系，在伏维尔看来，主要体现为群众文化和精英文化的对立统一。所谓群众文化，也就是集体的无意识，它是传统的惰性的领地，时间在这里是静止的或几乎静止的；而精英文化，则属于那种已经得到表达过的明确的意识形态，它不断地产生着革新和刺激的因素，具有冲动的、变化的和富于创造性的特点。年鉴学派的伟大功绩，就在于它揭示了历史时间的这种"多元性"。一般说来，正是这两类历史时间，两种不同节奏的演进，在相互交织、相互冲突、相互协调和相互转化中构成了总体历史"交响乐"的主旋律。

认识到长、短时段之间的辩证关系，显然有助于人们克服史学研究中的任何绝对化、片面性倾向。在长时段和短时段，或群众文化和精英文化这一对矛盾中，前者作为后者的深层根源，无疑是具有最终决定意义的，是矛盾的主要方面。也许正是由于这个缘故，心态史的研究才引起了人们日益广泛的关注。但是，这只是问题的一个方面。不容忽视的另一方面是，按照辩证法的一般逻辑，短时段的因素，或曰精英文化，在一定条件下也可以转变为某种长时段的因素或群众文化。保罗·布瓦《法国西部的农民》（1960年问世）一书就在这后一方面提供了一个突出的例证。该书研究了19世纪末法国西部萨尔特省农民的政治态度格局的形成。当时那里存在着一种地理上的政治分界线：东部是共和党人，西部则是保王派（朱安党人）。作者从 100 多年前的法国大革命时期发现了这一分裂状况的渊源，因为在当时这两大派农民就因各自不同的性格气质而长期地确定了他们的集体选择。这就说明，像法国大革命这样一个标志着时代的重大转折的政治事件也能产生长时段的深刻影响，它成了一个产生"初始心灵创伤"的时段，从这个百年以上的过去中形成了一种人类行为的基本特征，这种行为即使在其所产生的客观条件已经消失的情况下，仍能依靠某种"心态结构的惰性"而苟延至今。不过，短时段的事件转变为长时段的因素仍然是需要具备一定条件的，这种有条件性至少表现在两方面：一、这个事件必须具有某种划时代的意义，或至少能够在群体的心灵上造成某种创伤，留下较深的痕迹；二、它必须依仗、透过某种更长时段的集体无意识因素（如某一地区人们的集体性格气质）来完成人们态度的转变。

长、短时段之间的辩证关系还表现为这样一个事实，即：短时段中某些现象的发生不仅往往反映着过去长时段中隐秘的演进过程的突然而公开的终结，而且有时也能在瞬息间构成对未来长时段有重大影响的伟大文化创造。伏维尔就曾通过研究一个世纪的启蒙时代中普罗旺斯地区人们对死亡态度的缓慢变化，发现了共和二年非基督教化运动爆发的源流。而莫娜·奥祖夫关于大革命节日的研究，则生动地展示了大革命在热烈的气氛中如何即兴创造出了一系列革命圣物，这些圣物不仅受到当时人们的顶礼膜拜，而且将支配着 19 世纪表达国民的和爱国的宗教感情的一系列形式。当然，大革命的即兴文化创造远非局限于节日礼仪方面，而是一个包括了从左右派的称号到雅各宾主义、民众动员和警察国家等各种话语和实践的庞大体系，其内容的丰富多彩是在其他革命时代所罕见的。

也正是从长短时段的这种辩证关系中，我们更深刻地体味到了研究法国大革命政治文化的重要意义。"政治文化"这个用语本身似乎就很好地体现了短时段与长时段或精英文化与群众文化的辩证结合。政治，表现为政坛上的波诡云谲、制度的变化无常、权力的更迭不息，无非是精英文化的一个方面的体现或创造物；而文化，就其最广泛的意义而言，终究是大众性质的，它体现着或本身就是社会最深层的群体心态，因而是充满惰性的和趋于静止的。在 18 世纪末的法国，当社会生产方式的深刻变革引起政治上层建筑的急剧变化的时候，精英文化的变动性以前所未有的积极方式表现了出来，由此引起了它同群众文化的静止性之间空前剧烈、空前复杂的矛盾运动：一方面，它加强了群体心态久已有之的某些演进趋势，同时不断地从群众文化的某些稳态因素（如群众对自由平等的传统追求和群众暴动的习惯倾向等）中汲取能量来强化自身的战斗力；另一方面，它又不得不在不同的层次上同群众文化的各种"抗拒变化"的特性发生尖锐的冲突，致使许多革命举措显得山重水复、步履维艰，然而也正是这些重重的障碍，迫使革命精英们以非凡的气概、超常的努力，在即兴中和瞬息间作出了许许多多影响久远的政治文化创造，以推动革命的前进并保卫革命的成果。一部法国大革命史，无非是精英文化和群众文化在猛烈的冲撞中相互交融、相互强化、相互对抗和相互转化的历史。大革命并未彻底改造革命前法国的旧政治文化，在某种程度上它本身也正是这种旧政治文化的产物，然而它毕竟革除了旧政治文化中的某些重要因素，弘扬和强化了另一些成分，并且辉煌地开创了一种冲破了旧政治文化总体框架的新政治文化传统，这个传统不仅将深刻地影响法国的未来，而且将有力地改变欧洲甚至整个世界的政治面貌。所以，研究法国大革命的政治文化，有益于我们从短时段与长时段、精英文化与非精英文化的辩证关系上把握法国大革命的性质、特点，从而发展和深化大革命史学，并增进对革命运动一般发展规律的认识。

三、大革命政治文化研究的误区

伴随着心态史学的兴起，西方法国大革命史学界掀起了研究政治文化的热潮。

这一热潮看起来似乎是对法国大革命传统史学的一种反动或造反。美国历史学家迈克尔·霍巴特最近撰文指出：在过去的三十年里，长期在法国大革命史学中占据统治地位的"社会—经济阶级"理论渐渐黯然失色了，而作为它的对立物的"政治文化"理论却在蓬勃崛起，目前大有取而代之的势头。

从一个方面来看，把政治文化理论引入法国大革命史的研究，的确是在一股国际性的修正法国革命传统史学的潮流中发生的。以巴纳夫、梯也尔和基佐为创始人的法国革命传统史学的基本特征是用社会原因解释大革命，认为大革命的根源在于经济方面，大革命具有资产阶级的、反封建的进步性质。而传统史学的"修正派"所反对的也正是这一点。修正派最重要的鼻祖，当推英国历史学家 A. 考本。1954 年 5 月 6 日，考本在伦敦大学开始讲授《法国大革命的神话》一课。他宣称，法国大革命是反封建的资本主义的革命纯粹是一种"神话"，因为所谓封建秩序在革命之前早已消失，而且革命实际上并不是由资本家，而是由以官吏为主的市民完成的。由此开始，英、美、法各国不少历史学家循着考本的思路作了大量研究，力图证明：法国在革命前土地贵族和地产资产阶级就已融合成同一个社会经济集团，18 世纪的法国精英已无法被划分为资产阶级和贵族这两大对立阶级，贵族已经基本上资产阶级化，成了资本主义发展的带头人，而且资产阶级内部呈现着分裂状况，毫无统一的阶级意识，以期根本否认法国大革命本质上是资产阶级反对封建贵族的一场阶级斗争。显而易见，修正派的根本特征是企图否定"阶级分析是理解法国大革命最有力的工具"（索布尔语）。

在这场"解构神话"的闹剧中，法国年鉴学派历史学家 F. 孚雷和 D. 李舍扮演了十分重要的角色。他们在 1965 年合作发表的《法国革命史》一书即是修正派大革命史学的一部代表作，也是首倡大革命政治文化研究潮流的重要著述之一。在该书的两位作者看来，1789 年的革命是启蒙思想的革命，亦即精英的革命，它实际上早在 1789 年以前就发生了，在整个 18 世纪，贵族和资产阶级由于共同的思想、爱好和社会生活而日趋一致，逐渐联合成一个"精英"集团，其特点是既渴望政治自由，又讨厌人民群众和民主。革命首先在这些开明人士的脑袋里进行，然后才转到社会中来。到 1789 年，改革的思想（不论是贵族的自由主义还是资产阶级的自由主义）已普遍深入人心，因此产生了"反对专制主义的策略会合"，产生了大革命准备时期中各领导力量的临时联盟，于是才有国民议会、制宪议会的成立。总之，他们力图把意识形态而不是社会经济结构的变动以及由此而来的阶级斗争的激化说成是革命的起因。如李舍就在一篇文章中直言不讳地说："1789 年革命是优秀人物经过长期探索而实现的双重觉醒。首先，他们觉悟到自己对于政治制度的独立性；接着，他们又觉悟到必须控制政权。首先觉悟的是贵族，在他们的教育下，富人、产业主和有才能的人也跟着觉悟。这种普遍一致的觉悟就是启蒙思想的革命。"正是在这一认识的基础上，孚雷和李舍提出了他们那个曾名噪一时的"侧滑论"：在他们看来，这种启蒙思想的革命本来是符合历史健康发展的要求的，不幸的是，由于带有一种过时意识形态的平民大众不必要的和有复古倾向的干预，致使革命逐渐失控而发生了"侧滑"，从而给法国社会的命运和前途带来了悲剧性的变化。不过，由于民众的干预纯属短时段的偶然事件，1789—1794 年的所谓"大革命"只是一种历史表层的骚动，故这种"侧滑"也不可能持久，精英革命的逻辑经过热月政变又逐渐占据了支配地位，而且从启蒙时代到 19 世纪这一整个历史时期来看，归根结底起决定作用的也一直是启蒙思想这个长时段的因素。这样一来，1789 年的大革命本身便失去了必然性和统一性，被解构成由偶然性支配着的一个个互不相干的政治事件的序列。

孚雷和李舍的这种"侧滑论"对后来的英美史学界产生了广泛而深刻的影响。尽管孚雷本人近来已经对这种理论作了某种修改，但该理论的旧有影响却似乎仍方兴未艾。其中最突出的表现，便是不少历史学家仍倾向于用偶然因素来解释法国大革命的根源，倾向于强调意识形态、观念因素对大革命发生发展的决定意义。这一情况，的确是西方当今法国革命政治文化研究热潮的一个方面的特点。从总体上看，这个现象不无积极意义：它开发了大片以往多少被人们忽视了的研究领域，提供了大量有助于人们看清大革命全貌的信息，体现了大革命史学的进一步深化。然而单就该现象本身来看，却很难说它较之传统史学有什么更先进或优越的地方，实际上它仍然含有陷入某种片面性的危险。

首先，很显然的一点是：即使果如孚雷和李舍所说的，法国革命是一场短时段的、启蒙思想的、精英的革命，那么这种论点除指明了1789—1794 年的革命事件的理论来源、领导者和一般发展前途之外，又能提供什么更多一点的信息呢？启蒙思想是缘何而来的？短时段的革命事件为何能创造出一些影响久远的政治文化因素？平民群众干预革命除了受激于"贵族阴谋"的传言之外，还有没有更深层的、群众文化传统的必然因素？这些用传统史学的方法看来一目了然的问题，他们似乎都无法给出明确的解答。

其次，把大革命归于偶然事件，似乎反映了修正派对长时段的高度重视。然而孚雷和李舍的"精英革命论"却恰恰表明了他们对长时段的理解的逻辑混乱。因为按年鉴—新史学派的一般逻辑，民众心态永远是传统的最佳积淀层，因而群众文化是传统的惰性的领地，是历史的最稳定亦即最有决定意义的因素，而精英文化则相反，呈现着冲动的、变化的和富于创造性的特点。可在孚雷、李舍那里，事理刚好被颠倒了，贵族和资产阶级的精英们对政治自由的追求，相对于平民大众的"过时意识形态"和"复古倾向"倒成了更长时段的因素。而且历史研究已经表明，法国前资本主义社会中的群众暴动并非简单的偶然现象，就整体而言那是静止不动的社会环境中的一种几乎不变的稳定现象，是这种社会中旧式危机的爆发在社会方面的必然反映和表现，而且暴动者也必然地怀有一种尊古的意识。既然如此，又怎么能够把大革命时期，尤其是1792—1794年间的民众干预归于某种偶然的、不必要的事件呢？更何况若是没有人民群众的支持，所谓"制宪议会的革命"（亦即"精英的革命"）恐怕连一天都混不下去。

1988年孚雷发表了一部长时段的法国革命史——《法国革命：1770—1880》。给法国大革命画了这么大的一个年代范围，那意思显然是说大革命一直持续到第三共和国时期才告结束。在这本书中，孚雷似乎对他与李舍在1965年合作发表的《法国革命史》一书中提出的"精英革命论"和"革命侧滑论"作出了某种修正。他承认，他们当时过于相信存在着"精英革命"（即1789年发生的贵族和资产阶级的精英集团追求政治自由的革命）和1793年更平民化、更追求平等的革命这两种革命了，而在1789年和1793年之间实际上并不存在一条明确的界限，因为大革命自1789年爆发的时候起，它的动力机制就已包含有一系列专制主义的潜在因素，而这种"内因"不仅是导致1793年雅各宾恐怖专政的决定性因素，而且是后来法国历史上波拿巴主义和雅各宾主义的一再产生、建立自由政治制度的努力举步维艰、近百年法国政治动荡不稳的根源。照此看来，大革命在 1792—1794 年间发生的"侧滑"，就不仅不能简单地归因于平民大众的革命运动，甚至不能简单地归因于当时的危急形势，而主要地应归因于大革命本身暗含的专制主义传统或思维定势。这一看法，较之他二十多年前的观点无疑更接近客观历史实际一些，但问题在于，孚雷并未就此改变他对 1793 年革命的传统偏见，也就是说，他虽然抽象地肯定了雅各宾专政出现的必然性，但仍然完全不承认这种专政对于彻底摧毁专制主义旧制度的必要性。在他看来，法国革命作为贵族社会的终结和民主社会的开端，似乎就应该始终一贯地坚持自由、民主的路线，而雅各宾派的革命，无论其发生有着何等的历史必然性，终究是对自由、民主路线的背弃，因而终究还是一种"侧滑"。他这样告诉人们："我并不想贬斥雅各宾派，因为这等于直接贬斥我们的历史了。然而这一政权却是完全残酷的。"他还说："大革命的核心是 1789 年，这一年是激进的、革命的和富有创造性的。而 1793 年的法国则有很多挫折和损害，人们开始重新回复了旧制度的东西，如专制、专横、无套裤汉的经济制裁等。这些都是历史沉渣在法国政治上的再次泛起。我三十多年来的努力便是在于阐明法国大革命这一现象的政治机制。"由此可见，只见雅各宾专政违背自由民主价值的一面，而看不到这一专政在法国大革命中推翻贵族社会和建立民主社会方面的巨大历史功绩，看不到在法国旧专制主义势力只能通过某种新专制主义来摧毁，这就是孚雷的全部片面性所在。

我们还看到，也正是这种片面性，导致孚雷在比较英法两国革命特点和意义的时候，表现出与马克思主义者截然对立的倾向性。在孚雷看来，英国革命和法国革命一样暴烈，并有着大致类似的过程，但英国革命结束得很早，它遵循着英国旧时的自由传统，在 1688 年便确立了"民主化的议会制"这种稳定的政治体制，建立了一种渐进式演变的制度；而法国革命由于怀有对旧制度的"诅咒心理"，对过去持谴责、批判态度，并与教会势力发生了尖锐的对抗，因而一闹起来便一发而不可收，欲罢不能，于是长期的动乱使人民习惯了反抗与不服从，结果造就了一种"从定义上讲就是一种造反、闹事的文化"的"革命文化"，致使"民主地结束"这场革命成了一个"历史难题"，致使法国人花了百年才建立起一个稳定的政治法律制度。由此看来，英国革命是令人羡慕的：它只花了四十八年就一劳永逸地建立了稳定的"民主政治"，而法国革命却不得不经历上百年的从"革命文化模式"向"民主法治文化模式"的动荡而痛苦的转变过程。这样一来，整个法国大革命的政治文化，或者说法国新兴资产阶级和人民大众为扫除根深蒂固的封建反动势力、为建立自由平等的新社会所作出的全部努力，在孚雷那里似乎很大程度上都成了非理性的、消极的东西。就这样，孚雷先生尽管口头上表示他无意于"贬斥"法国的历史，实际上却仍在做着这种"贬斥"的事情。

我们看到，孚雷对大革命以来这段法国历史的"贬斥"，似乎是他有意割裂政治文化与社会之间的关系所引起的一种合乎逻辑的结果。孚雷声称："我的研究集中在政治上，因我认为政治是 18 世纪末到 19 世纪末法国史的核心部分。正是通过这一占统治地位的政治文化……法国这一时期的历史才展示了其特点。因此，与其平淡地浏览所有社会层次，与其像人们通常所做的那样打开一个个平淡无味的抽屉：1. 人口，2. 社会，3. 经济等，不如只强调法国这一段历史中一个具有决定性的层次，即政治层次。"毛病恰恰就在这里。既然人类社会是一个不可分割的整体，人们在研究一个社会的政治层面的时候，如何可以完全抛开作为其基础的社会、经济层面的各种参照物？而在研究法国历史时忽视社会因素，便势必看不到法国那种典型形态的阶级和阶级斗争的存在及其对政治和政治文化的深刻影响，看不到阶级分析的方法对于理解法国历史的关键意义。孚雷显然就不屑于使用法国革命传统史学所特有的这种阶级分析法，而极力给法国大革命涂上一层"超阶级"的色彩：他说传统史学把大革命归结于资产阶级的革命是"不严肃的"，埋由是大革命的原则甚至在为共产党国家所接受和运用，因而它实际上是超出了资产阶级革命的范畴的。然而，这种天真的论调，似乎只能说明孚雷对革命阵营内部阶级关系和革命政治文化中阶级亚文化构成的忽略或无知。我们不能说孚雷在政治层面上对法国这段历史的探讨全是无稽之谈，相反，应当说他的研究的确从"政治文化"这个方面大大丰富和深化了大革命的史学，取得了引人注目的成果。可是，由于割裂了政治文化与社会的内在联系，抛弃了阶级分析这把理解法国历史最重要的钥匙，他的革命政治文化研究在总体上的科学性终究是令人怀疑的。

遗憾的是，孚雷政治文化研究的这种缺陷，几乎是西方许多历史学家的一个通病。如美国的一位研究法国革命政治文化的重要人物、加州大学伯克利分校法国史教授林·亨特女士就认为：由于革命者成分复杂，有许多不同的经济和社会利益，无法将他们归结为单一的经济和社会范畴，故不能从社会结构、社会冲突或革命者自身的社会地位中推断出革命政治文化；而且社会和政治并非两个不同的层次，而是一种两个边无法分解地缠绕在一起的、没有固定不变的"上"与"下"之分的"莫比乌斯带"，① 因此，统一的革命政治文化不可能起源于社会的或经济的因素，而只能起源于一种超社会经济的文化因素，即革命者"共同的文化地位"，例如他们作为青年一代的经历以及他们与城市环境的关联。这里我们不难看出，亨特是通过片面强调革命者社会成分的复杂性和社会与政治关系的相对性（即社会与政治之间没有谁上谁下、谁决定谁的关系），来否定社会经济因素对人们政治实践的最终决定意义和取消阶级分析方法的，而这样一来，她也就片面地夸大了革命政治文化的统一性，淡化甚至抹杀了革命阵营内部阶级或阶层的冲突、各派势力的消长和阶级关系的变化等重要因素，以及由这些因素造成的革命政治文化体系中结构性的矛盾运动，从而模糊了大革命本身的资产阶级性质。比如，在亨特看来，既然革命者成分复杂，不能被归结为单一的经济、社会范畴，那么称之为马克思主义意义上的"资产阶级"，就只能在"泛泛地解释马克思主义"的情况下才能成立，而这种称呼终归是"太不严谨、太笼统，因而不能过多地运用"。亨特也许并不认为自己属于"修正派"，可她的这种论点，同孚雷关于"资产阶级革命"的概念对于法国大革命只能在有限的情况下才适用的论点，却几乎如出一辙。

由此看来，科学的法国革命政治文化的研究应该是对法国革命传统史学的补充和深化，而不应是对它的否定和背弃。研究法国革命政治文

---

① 莫比乌斯带：莫比乌斯（Mobius，August Ferdinand，1790—1858）系德国天文学家和数学家，"莫比乌斯带"是他发明的一种单侧曲面——用一个狭长纸条扭转180°之后黏合两端所形成的环状带，构成此带的纸条会从此失去两面性。

化仍必须坚持阶级分析的方法，而绝不应抛弃这个法国历史本身给我们留下的珍贵的遗产。否则，这种政治文化的研究便只能陷入种种唯心主义和形而上学的误区。

四、法国革命政治文化的概况

法国革命政治文化无疑是一个极其庞大的价值取向和行为规则的体系，这个体系的复杂性，恐怕无论怎样强调都不会过分。

首先，它包含了参加大革命的个人和群体所有话语（discours）和实践（pratiques），以及由这些话语和实践所反映出来的全部明晰的和模糊的观念形态。作为一种历史的创造，这种政治文化既确定个人和群体活动的目的，又通过个人和群体的活动不断得到精炼和发展；它维持政治活动并赋予其特定的意义，同时它自身也在这种政治活动的过程中，随着新要求的提出和旧要求的变化而形成和变化。结果，异质的话语常常相互重叠，变化不息的实践常常叠加在一起，共存于日常生活和人们的意识之中，某些时期的话语和实践似乎已经被清除了，可实际上它们的痕迹却仍然能够影响新的话语和实践的意义。因此，无论就本书的篇幅还是就笔者的学力来说，要对如此庞杂的政治文化体系作一个哪怕是大致的界定，都是不可能的。

其次，革命政治文化从总体上来说应该是当时法国的大众文化与精英文化相互冲撞、相互修正、相互渗透、相互对抗又相互融合的产物。既然如此，它就不仅包含有复杂多变的精英文化的各种因素，而且包含有源远流长的大众文化的许多经过修正的和未经修正的因素，那景象又该是多么的扑朔迷离！

再者，革命政治文化本身又绝非铁板一块。由于法国革命者是一个成分极为复杂的社会群体，其中不仅有阶级、阶层的差异，而且有职业、身份、教养、性别、籍贯等不同，所以他们对革命政治的认识、感情和价值判断也必然千差万别。这就是说，在相对统一的大革命政治文化内部，盘根错节地存在着各式各样的亚政治文化。

任何头脑清醒、尊重事实的法国大革命史学者恐怕都不会否认这种亚政治文化群的存在。如美国芝加哥大学教授 K. M. 贝克就这样明确指出：政治文化的概念"并不否定社会利益对政治实践的实质性影响，尽管这个概念确实认为（由于个人可以被视作许多相关地位的占有者，因而也可以被视作许多可能使他们各各相异的"利益"的拥有者）各相关的社会群体的个性和它们各自要求……的性质不是事先就有的，而是在政治实践的过程中被确定下来的"，研究政治文化"也不是企图把一个关于话语的概念领域凌驾于社会生活的'各类现实'之上，相反，它把整个社会生活看作一种无所不在（因而意义重大）的因素，并把概念的活力看作社会活动的一种形式"。贝克还认为：政治文化并不一定是一种严格单一性的结构，社会中相互竞争的各种要求总是在许多不同的个人和群体之间不断地进行着磋商；尽管这些政治语言的游戏常常错综复杂地重叠在一起，它们却不一定是单一性的或同质的；事实上只是在很少的情况下，即在发生了真正的革命危机的情况下，当严峻的革命形势"像磁石吸铁屑一样"把各种不同的利益集团聚拢到一起来的时候，当各种异质的要求和复杂的社会活动被按照能引起社会大部分成员共鸣的方式迅速简化，从而形成一些清楚的、一致的选择的时候，各种政治游戏的用语才能汇合成一个统一的'词汇场'，政治文化才能在骤然间成为革命者意识中的一种"各对立面的统一体系"。显而易见，既然政治文化是这样一个亚政治文化群的对立统一体，那么，要真正了解法国革命的政治文化，就应该弄清该政治文化中亚政治文化构成的实际状况和各亚政治文化之间的辩证关系，而这，无疑又是一个令人瞠目的巨大课题。

作为一个极初步的尝试，本书无意于也不可能穷尽法国革命政治文化的全部内容，至多只能就该课题的一些个别方面做一些相当疏泛的探讨。可是就我们的研究范围和目的而言，在进行这些探讨之前首先对下面两个关于大革命政治文化的一般性问题作出明确的回答或假定，似乎仍然是十分必要的。

1. 大革命政治文化的根本特征

应该说，明确了这个问题，也就抓住了大革命政治文化众多因素中最核心、最关键的因素。这个问题似乎并不难回答，因为它是同众所周知的法国大革命的根本特点密切相关着的。

近代法国革命迭起、动乱不已：有 1789—1799 年或 1814 年的革命，1830 年的 7 月革命，1848 年的 2 月革命，1870 年的 9 月革命，最后还有 1871 年的巴黎公社起义。可是说也奇怪，尽管有这么多次革命，但在史学讨论中只要一提到"法国大革命"，甚或只要一提到"法国革命"，无须提及其年代，人们的潜意识就会立即反应出这指的是 1789 年发生的那一次，大家多多少少都有这样一种印象，好像唯有 1789 年发生的革命才能称得上是"革命"似的，此后的历次革命，实际上都不过是企图颠覆旧政权的人民起义或暴乱而已；如果说所有这些事件都算得上是"革命"的话，那么，能冠以"伟大"或"大"这类修饰语的，也只能是 1789 年发生的那一次。因此，几乎完全不必担心像"法国大革命"或"法国革命"这样简略的指代会引起年代理解上的混乱。

我们再把目光投向整个近代世界。那也是一段风起云涌、非同寻常的革命史：早期的资产阶级革命除了法国革命之外，还有 1566—1609 年的尼德兰革命、1640—1688 年的英国革命和 1775—1783 年的美国革命。稍后，在 18 世纪末 19 世纪初，发生了席卷拉丁美洲的独立革命；在 19 世纪中叶，又发生了席卷欧洲大陆各国的 1848 年革命和民族民主运动，发生了日本的明治维新和伊朗、印度等国反殖民主义、反封建主义的民族大起义；到近代史末期，又发生了 1905 年和 1917 年 2 月俄国革命、1905—1911 年的伊朗革命、1908—1909 年的土耳其革命、1910—1917 年的墨西哥革命和中国的太平天国革命及辛亥革命……如此众多的革命事件，尽管都不无自己重大的历史意义，尤其是英国革命还被认为具有开创了世界历史新纪元的意义，可都没有一次能够像法国 1789 年革命那样被人们响当当地称作"大革命"，这又是为什么？

1989 年 7 月 14 日，在巴黎举行的法国大革命二百周年庆典，盛况空前。亲自莅临典礼的有西方七个主要发达国家和二十七个第三世界重要国家的首脑人物，许多国家还派出了阵容强大的仪仗队，加上专程前往采访或观光的 4500 多名各国记者和 300 多万名游客，使这一天成了全世界人民的节日。不同肤色的人们在协和广场汇成欢乐的海洋，《马赛曲》高亢激越的旋律激动着整个世界。试想，近代史上还有哪一次革命能够获得如此广泛的世界认同，能够博得如此崇高的历史殊荣？！

看来，法国革命之所以"大"，的确是由于它具有某种非同凡响的特殊意义。为解释这一点，列宁说过这样一段经典性的名言：法国大革命——

> 被称为大革命不是没有道理的。这次革命给本阶级，给它所服务的那个阶级，给资产阶级做了很多事情，以至整个 19 世纪，即给予全人类以文明和文化的世纪，都是在法国革命的标志下度过的。19 世纪在世界各个角落里只是做了一件事情，就是实行了、分别地实现了、做到了伟大的法国资产阶级革命家们所创始的事情……①

照此看来，列宁显然是把 19 世纪资本主义辉煌成就的"头功"给了法国革命，因为资本主义在全世界获得胜利的整个事业，是"法国资产阶级革命家们所创始的"。

可是我们要知道，世界历史上资产阶级反对封建制度的斗争，远不是从法国革命开始的。按马克思主义的看法，在法国革命之前，资产阶级已经举行过两次反封建制度的大决战：第一次是德意志宗教改革，第二次是英国革命。如果说宗教改革的主要成果只是通过反封建教会的斗争促进了思想解放，提供了资产阶级革命的某种理论武器，那么第二次决战却毕竟是以封建主义的第一次世界历史性的失败而告终的。既然如此，列宁又为何要"重法轻英"，大力强调法国革命的首创性，而只字不提早于法国革命一个半世纪的英国革命的伟大历史功绩呢？

因此，法国革命之所以"大"，一定还由于它有什么明显"优"于英国革命的地方。而这个问题的答案是现成的。请看恩格斯的这段极其著名的比较分析：

> 法国大革命是资产阶级的第三次起义。然而这是第一次完全抛开了宗教外衣，并在毫不掩饰的政治战线上作战；它也是第一次真正把斗争进行到底，直到交战的一方即贵族被消灭而另一方即资产阶级获得完全胜利。在英国，革命以前和革命以后的制度之间的继承关系、地主和资本家之间的妥协，表现在诉讼程序被继续应用和

---

① 《列宁选集》，第 3 卷，第 851 页。

封建法律形式被虔诚地保存下来这方面。在法国，革命同过去的传统完全决裂；它扫清了封建制度的最后遗迹，并且在民法典中把古代罗马法……巧妙地运用于现代的资本主义条件；它运用得如此巧妙，以致这部法国的革命的法典，直到现在还是包括英国在内的所有其他国家在财产法方面实行改革时所依据的范本。①

我们几乎看到了恩格斯在谈到法国革命独特的、空前的彻底气概时眉飞色舞的兴奋神态。的确，英法两国的革命，尽管性质相同、目标一致，但在行为方式上却显出强烈的反差：前者妥协、保守，后者激进、彻底。法国革命之所以"大"，之所以"优"于英国革命，其根本的秘密就在于它的激进性和彻底性，在于它"真正把斗争进行到底"了，按马克思的话来说，就是它通过恐怖统治的"猛烈锤击，像施法术一样把全部封建遗迹从法国地面上一扫而光"。② ——总之，在于它"同过去的传统"实行了"完全的决裂"。

这就涉及了英法两国革命在对待过去传统的态度上的一个重要差异：前者表现出谦卑温顺的虔敬，后者则表现出义无反顾的决绝。而这种差异，无疑是英法两国民族性格与民族精神的差异的深刻反映，它规定着两国革命政治文化不同的发展趋势，也规定着两国革命不同的政治行为方式、不同的历史影响和不同的历史地位。

所以，法国大革命政治文化的最重要的特征，也就应该被归结为这样一种"同旧世界彻底决裂"的观念或信念。

在法国革命人士的言论中，关于这种"决裂"信念的表述俯拾即是。如一位名叫马拉-莫热的某无套裤汉组织的领袖曾这样宣称：

> 革命绝不能半途而废。革命不进行到底就会流产。历史上所记载的及当代人所试图发动的历次革命之所以均告失败，都是因为人们要用旧习惯匡正新法律、用旧人物管理新机构的缘故。……革命者应当无视一切形式和一切规则；革命者应当踢开一切阻碍革命前进的绊脚石，坚定不移地把革命进行到底。

---

① 《马克思恩格斯选集》，第 3 卷，第 395 页。
② 《马克思恩格斯选集》，第 1 卷，第 171 页。

作为著名雅各宾派领袖之一的比约-瓦莱纳，也在他发表于共和三年的一份题为《社会制度的更新原则》的小册子里指出："重要的是在崭新的基础上进行重建而不是修修补补。在已经动摇的基础之上绝无可能筑起坚固的大厦。"

托克维尔则这样生动地描述过当时法国革命派的这种"决裂"心态：

> 法国人在 1789 年作出了任何其他民族都不曾作出过的巨大努力，来从根本上改变他们的命运，并在他们迄今为止的历史和他们所希望的未来之间开出一道鸿沟。为此，他们谨小慎微地极力不把任何过去的旧东西带到新环境中来，并给自己规定了种种限制，力图养成一套不同于他们父辈的习惯。总之，他们殚精竭虑地要把自己弄得面目全非。①

看来，"同过去的传统一刀两断"这一观念，作为大革命时代法兰西民族所特有的一种信念或价值取向，的确是法国革命中一切激进的、暴烈的行为方式的一个极为重要的心态根源。林·亨特就很敏锐地看到了这一点。她还正确地指出，早在 1789 年 6 月 17 日第三等级宣布"国民议会"成立之前，法国社会中就在悄悄地发生着"一个以某种不断成长着的同过去彻底决裂的信念为实质的先期革命进程"，从这一信念之中，将引申出包括民主政治语言在内的"革命语言的一切其他主要原则"。所以，尽管我们还无从对大革命政治文化的复杂内涵加以明确界定，但其最根本的特征还是十分醒目的，而抓住了这一根本特征，便掌握了理解革命政治文化各内在因素之间的逻辑联系的锁钥。

2. 大革命政治文化的基本构成

应当看到，尽管在法国大革命时代普遍流行着这种"决裂信念"，但这一信念在革命阵营的不同派别之间不可能是完全统一的和等值的，而是客观上存在着程度深浅的不同。我们承认法国革命者怀有"决裂旧传统、重建法兰西"这一共识，并非企图掩饰或抹杀革命阵营内部各派别

---

① 托克维尔：《旧制度与大革命》，巴黎，1986 年，第 43 页。

在政策选择和政治理想方面的差异。实际上，在采用什么样的手段破坏旧世界和按照什么样的蓝图建设新世界的问题上，革命阵营内部无时无刻不存在着形形色色的温和派与激进派的分歧、对立乃至生死拼搏。一般说来，在政治上愈是激进的派别或群体，它们同旧世界决裂的态度亦愈是坚定和彻底。我们在这种情况下仍然强调一种大致共同的"决裂信念"以及建立在该信念基础之上的相对统一的法国革命政治文化的存在，根据的是这样一个事实，即在当时法国的历史条件下，革命阵营内部的种种矛盾和斗争，无论其表现形式多么尖锐，都远没有，也不可能严重到足以上升为社会主要矛盾的程度。当时法国社会的主要矛盾，始终都只能是资产阶级和封建反动势力的矛盾。正是这一对主要矛盾，决定了法国革命者政治心态的大致共同性，因而也决定了大革命政治文化的相对统一性，而革命阵营内部各种不尽一致，甚至尖锐矛盾着的政策选择和政治理想，实际上只具有在相对统一的全国政治文化内部的各种亚政治文化的意义。

然而这些亚政治文化却是无论如何不容忽视的，因为忽视了它们，便忽视了法国革命者社会成分的全部复杂性，从而忽视了对大革命政治文化内在矛盾性的分析。显而易见，法国革命者的社会构成是极其复杂的，其中不仅有阶级、阶层的差异，而且有职业、身份、教养、籍贯等不同，所以这个大群体实际上可以按不同的分类法划分成无数个小群体，而每个小群体又都必然地拥有自己的价值观或文化，也正是所有这些各各相异、杂乱纷呈的价值观或文化之间的矛盾运动，为整体的大革命政治文化的形成与发展演变提供着基本的动力。

可是，大革命政治文化的结构既然如此错综复杂，那么还有无可能从中理出一个头绪来呢？

企图一下子弄清这种结构的全部奥秘，当然是不可能的。这里，我们只能按历史唯物主义的基本原理对其主要层面的基本构成作一个大致的假设。

我们承认，把18世纪法国社会的基本矛盾概括为资产阶级同封建贵族阶级的矛盾，看起来似乎有些过于简单化，因为这忽略了太多的细节、太多的例外、太多的偶然性因素。然而我们又不得不承认，这种概括显示了一种伟大的洞察力，为我们透过杂乱无章的历史表象来认识法国大革命的本质指出了一条重要的途径。同样，研究法国大革命的政治文化的复杂构成，从本质上看，仍应当从革命参加者的阶级或阶层的构成中去把握。而是否应该用这种阶级分析的方法来研究政治文化问题，也正是西方学者在政治文化观方面的一个重大分歧点。如西方现代政治学的政治文化理论创始人阿尔蒙德、韦尔巴等，就因把"全国文化"看作独立于社会分成社会阶级现象之外的一个整体而招致物议。法国著名政治学家莫里斯·迪韦尔热很中肯地指出："阿尔蒙德和韦尔巴的研究无视各社会阶级之间的差别，就会忽略同一国家的各个社会阶层同全国文化保持着不同关系这一点，而全国文化是由统治阶级强加的。如果认为肯定存在着适应各个阶级的亚文化群，认为统治阶级企图把本阶级的文化同整体文化融为一体和把这种文化强加于人，或认为阿尔蒙德和韦尔巴的调查浮于表面，因为他们不懂得阶级及其亚文化群，那么就可以说，这个批评是站得住脚的。"由此看来，承认不承认各阶级亚文化群的存在，实际上也正是一个承认不承认在社会与文化之间存在着一定意义上的必然联系的问题。

如果承认文化与社会有一定意义的联系，那么我们就可以顺理成章地认为，总体的法国革命政治文化在一定意义上就是参加革命的各阶级或各阶层亚政治文化的总和。而大革命参加者的成分虽然庞杂，但就其本质特征来说无非是这样两大社会群体；一类是资产阶级，一类是以小资产阶级为基本成分的人民大众（城乡平民）。于是，在一定程度上，大革命的政治文化也就可以相应地大致划分为两大组成部分，这就是资产阶级的亚政治文化和人民大众的亚政治文化。这种分野，尽管与前面讨论过的"精英文化"和"群众文化"的分野有部分的重叠性，但反映的毕竟是完全不同的事实，不可加以混淆。也就是说，在法国大革命的政治文化中，不仅存在着精英文化和群众文化的对立统一，而且还存在着资产阶级文化和人民大众文化的对立统一；前者反映了一切文化所固有的内在矛盾性，后者则体现了大革命政治文化所特有的阶级性特点。

应该说，也正是这两大阶级亚政治文化之间的矛盾运动，在很大程度上规定了法国大革命政治文化独特的发展道路和强烈的个性色彩。因为很显然，这两大亚政治文化的划分，实际上涉及大革命政治文化中领导阶级文化与被领导阶级文化，或者说（尤其在资产阶级取得了政权之后）统治阶级文化与被统治阶级文化的分野，而统治阶级的文化往往就是占统治地位的文化，至少有这种力图取得文化上的统治权的倾向。正如迪韦尔热所指出的那样，统治阶级总是"企图把本阶级的文化同整体文化融为一体和把这种文化强加于人"，要让整体文化为它服务。当然被统治阶级也不会对这种旨在维持物质统治的文化统治一味地逆来顺受，所以才有大革命中人民大众亚政治文化同资产阶级亚政治文化及其所支配的整体的大革命政治文化之间的对抗。正是在这里，我们发现了导致整体的大革命政治文化在革命的上升阶段步步走向激进的一个极为重要的能量源，这就是人民大众的那种显然比资产阶级热烈、激进得多的自由平等观，或者说人民大众较之资产阶级更为坚定和彻底地同旧世界决裂的信念。法国大革命之所以具有那种英国革命望尘莫及的"彻底性"，在大革命中形成的近代法国政治文化传统之所以带有突出的激进性、分裂性和二元对抗性色彩，以及大革命后的法国之所以长期存在一股异常强大的左派势力、存在近乎势均力敌的左右派对垒（以致人们常说存在着"两个法国"），都显然与大革命时代人民大众亚政治文化所起的重大作用有深刻的关系。法国的革命资产阶级迫于斗争形势的需要和人民大众结成过联盟。一般说来资产阶级由于既有钱又有闲，富于教养和学识，较之缺乏受教育机会的广大劳动群众，自然在文化上具有无可争议的优势地位。然而这种情况也并不是绝对的、一成不变的。我们知道，在大革命的高潮期间，伴随着封建大地产被暴力分割、最高限价法令的颁布及惩治阴谋家和投机商的断头台的树立，还出现了穷人的"小红帽"取代资产阶级的"自由帽"而成为至高无上的革命象征物，以宽大的长裤、工作服、平坦的头发和红色无边软帽为特征的平民装束成为流行装束，18世纪温文尔雅的上流社会语言为卑贱粗野的平民语言所冲击，骄奢淫逸、轻佻放荡的资产阶级风气为俭朴勤劳、严肃刻苦的无套裤汉风尚所扫荡等社会文化现象。这说明资产阶级为了动员人民大众的革命伟力来战胜强大的反动势力，曾一度向人民大众作出了重大让步，以致让人民大众亚政治文化在一定阶段取代了资产阶级亚政治文化的主导地位。尽管人民大众在政治文化上的这种主导地位只是有条件的、暂时的——随着形势的好转，资产阶级很快通过"热月反动"重新确立了自己的文化统治，但正如一句法国格言所说的："任何复辟都是革命"（Toute restauration est révolution，意即一切复辟都保存着部分的革命成果），热月党人终究无法彻底清除革命政治文化由于人民大众的大规模参与而被打上的激进民主主义烙印。果然，在 19 世纪的一系列重大革命事件中，作为"小红帽"变体的、常常呈红色的"弗里吉亚帽"仍一直被人们奉为典型的革命象征物，而巴黎工人在 1832 年 6 月反七月王朝的起义中打出的红旗则鲜明地反映了"小红帽"革命象征意义的发展与升华。1849年，法兰西第二共和国内政部长福舍专门颁布法令，禁止人们使用所谓"带煽动性的标志"，声称："红旗是对起义的召唤，小红帽使人想起鲜血和悲伤，树立这些令人伤心的标志无异于怂恿违法与暴力。"实际上，红色直到今天还是世人公认的革命的颜色，仅这一点，就有力地证明了法国大革命人民大众亚政治文化所具有的世界性的长时段影响。

　　所以，从阶级关系上去把握法国革命政治文化中最基本的亚文化构成，重视资产阶级亚政治文化和人民大众亚政治文化的对立统一关系，仍然是理解整体的大革命政治文化的一条不应忽视的途径。

第一编 决裂——在传统中挣扎

法国大革命一开始就是以同传统决裂为己任的。

然而，我们不能忘记，革命前的法兰西民族，由于其固有的乡土社会性质，本来是一个十分注重传统的民族。乡土社会秩序的维持，实际上也是须臾离不开传统的。从以传统作为行为规范的源泉，到毅然决然地把传统弃若敝屣，这不能说不是文化心态上的惊人突变。这就需要我们解释这样一个问题，即法兰西民族的文化心态何以能够在革命时代发生如此重大的突变？

在解释这个问题之前，我们首先应该清楚地认识到这种"文化心态突变"的表层性质。也就是说，别看法国大革命以气壮山河的誓言和惊天动地的行动表现出要同传统一刀两断，实际上，这只是法国历史跟我们玩的一个"猫腻"。这种"文化心态的突变"，与其说是决定性的，一劳永逸的，不如说是相当朦胧的，暂时的；与其说是真实的，不如说是虚假的。因为尊重传统的心态，乃是必然地同当时法国社会小农经济形态占绝对优势这一基本事实联系在一起的，只要这种事实没有改变，就很难想象会出现对于传统的真正的弃绝。而法国社会的乡土性质，不仅在革命前夕丝毫未变，即使在革命之后也仍然顽固地存留了一百多年，那里小农经济解体的艰难性、缓慢性是众所周知的。

了解到这种"文化心态突变"的表层性、朦胧性和暂时性之后，某些带有偶然性的、集中于政治层面的事件和人物活动，对于其成因的解释，便显得异常重要了。实际上，法国大革命政治文化的许多因素都是精英文化的产物，都是在政治行动的过程中，在许多政治要求和主张的激烈竞争中"即兴"创造出来的。这样说，并不是附和"修正派"史学家把法国大革命完全归于偶然性的观点，相反，我们重视偶然事件在形成法国大革命政治文化心态和行为样式方面的作用，始终是以这些偶然事件无一不是从各个角度体现着资本主义取代封建主义的必然历史进程作为认识上的基本前提的。

同时，由于传统实际上是无法摆脱的，所以法国革命人士否定旧传统的斗争便只好在旧传统本身中进行了。空洞的口号好喊，真正接触到实际则满不是那么回事儿。无所不在的传统像密如蛛网的绳索一样，死死地捆住了革命者的手脚。结果，他们费了九牛二虎之力建设起来的新世界实际上处处都可能露出旧世界的痕迹，他们处心积虑构筑起来的新政治文化的观念体系也异常模糊不清，充满着新与旧的矛盾和逻辑上的混乱。每一个论点都难以自圆其说，每一步行动都会碰到重重障碍。这种紧张状态，将不可避免地在每一位法国革命人士——无论他看起来是多么的踌躇满志，多么的乐观豪迈——的心上，投下浓浓的阴影。

第一章　宪法的窘迫

> 无宪法，毋宁死！
>
> ——大革命时期的著名口号之一

旧制度的法国无宪法而尊王权。国王集立法、行政和司法大权于一身，他的意志就是法律，可以擅自支配国库和臣民的财产。他发出的捕人"密札"可以把任何一个臣民无限期地投入监狱。总之，国王的专制权威是不受法律限制的、无所不能的，因而是令人敬畏的。

渐渐地，随着大革命时代的到来，人们对专制君主的态度由敬畏变成了厌恶，由此产生了限制王权的要求，产生了近代的宪法观念。法国革命人士之所以要否定过去、抛弃传统，很大程度上就是因为他们日益认定法国历史上还不曾有过任何"宪法"，而没有"宪法"的国家是谈不上法治的。因而，在 1789 年，人们普遍的热望就是制定一部宪法，以此作为消灭专制、实现自由的唯一途径。

然而，尽管渴望自由的法国革命人士对宪法的追求极为执着，但在法国搞一部合适的宪法却出奇地困难。人们在各种各样的选择面前争执不休，无所适从。好不容易达成的一致意见，没过多久就又被推翻重来。大革命就像一个对自己的作品永远难以满意的孩童，在海滩上一遍一遍地、无休无止地用沙砾构筑着他理想中的城堡。

革命时代法国人的立宪好梦为何如此难圆？要回答这个问题，还得从法兰西宪法观念的起源说起。

一、法兰西宪法观念溯源

人们常常把革命时期法国宪法观念的产生归结于启蒙运动，归结于孟德斯鸠和卢梭的著作。实际上，18世纪法国政治思想的发展比人们所想象的要复杂得多，引起宪法观念产生的因素极其庞杂，远不是启蒙运动单方面所能体现得出来的。除了启蒙运动之外，我们至少还可以举出由路易十四废除南特敕令而激发的新教反专制暴君的宣传运动，贵族及高等法院为限制王权而一再顽强表现出来的法制倾向，来自英美革命的经验和思潮，以及法国国内根深蒂固的一套制度风俗的因素，如对政府税收的流行看法和态度，各级代议制机构的长期存续和普遍的团体主义意识形态，等等。不过，在所有这些因素中，对宪法观念的产生具有最初始、最直接的促发意义的，恐怕还是宗教领域里展开的、特权等级对专制王权的批判。

我们知道，自16世纪上半叶起，法国就是一个君主专制的典型国家。这种国家具有一种宗教的神秘性：君主的合法权力来自上帝，因而是绝对的，不能加以任何限制。所以，旧制度的法国不存在任何宪法，自恃有上帝作为自己合法性源泉的君主也决不允许任何宪法的存在，甚至连基本法规的存在也从未明确承认过。当时的法国人之所以特别看重"先例"（习惯于以"先例"作为行为准则），之所以在维护自己的既得特权和各种自由权利方面具有神经质的敏感，也正是因为缺乏宪法、没有宪法提供的保障的缘故。

人们看到，在16至17世纪，法国专制王权尽管面临着严重的政治危机，但它在理论上仍然是稳固的，未曾受到任何实质性的威胁的。尽管在16世纪宗教战争期间，抨击专制政治的论点，主张消灭暴君的论点，甚至人民主权的论点，都有人提出过，但是，由于王家书报检查制度的严密控制，加上胡格诺战争后人们普遍怕乱求安，这些论点直到17世纪80年代也不曾得到过广泛深入的传播。最终打破平衡，使这些论点重趋活跃起来的，是路易十四的暴戾统治。当时，不仅新教徒因"南特敕令"被废除而发起反对专制主义的强大宣传运动，甚至信奉天主教的勃艮第公爵集团的文人们（其重要成员有菲内隆、布兰维利埃、沃邦和布瓦吉尔贝等著名作家）也对专制王权展开了凌厉的攻势，其中最引人注目的是菲内隆和布兰维利埃这两位作家的贡献，他们的热烈鼓吹召开各省议会和经常性三级会议的著作，对18世纪的理论家们产生过深刻的影响。

正是在这种反专制王权的强劲思潮中，产生了法国最早的法制要求——冉森派立宪主义运动。

冉森派是 17 世纪初在法国兴起的一个基督教教派。这个教派保持着天主教的色彩，但在坚持"恩宠论""先定论"和道德世界中"仁慈"与"贪欲"势不两立的二元对抗等问题上，又深得加尔文派的要旨，因而屡屡被天主教会视作异端横加迫害。它在 17 世纪曾强烈反对过加尔文派"分裂教会"的活动，但在 18 世纪转而采取了和平、宽容的立场。冉森派教会学理论具有显著的民主性特点：它认为教会应当是信徒的议会，所有的信徒，教区牧师也好，俗人也好，都有权参与教会的管理，而且这种教会本身已经掌握了圣彼得的全部秘诀，它只是将精神的权威赋予基督教会的最高统治集团，因而这个统治集团只能作为信徒的代理人有节制地行使它的权力；此外，它还提出了所谓"一致性"原则，认为任何教会（包括全基督教议事会）所作出的决定，只有在取得全体教民一致同意的情况下方能生效。冉森派学说以其鲜明的反专制的倾向和在法制理论方面的突出贡献，对法国大革命产生的影响是相当直接的，大革命的一位重要政治家格雷古瓦修士曾把冉森派誉为 1789 年"以爱国主义为原则的大革命的先驱"，即说明了这一点。

在从 1727 年到 18 世纪 60 年代这段时间里，冉森派孜孜不倦地做了大量反对专制、倡导法制的启蒙工作。他们涉足政治领域，致力于政治理论的研究，起初似乎并非出于政治的动机，而只是为了在频繁的宗教迫害下拯救他们的教派。1727 年，冉森派反对教皇克莱芒十一世迫害他们的《乌尼詹尼图斯谕旨》（1713）的运动失败，于是便同巴黎高等法院结成联盟，试图利用它干预宗教裁判的权力来保护自己，由此开始在巴黎高等法院同王权之间的斗争中为前者充当"军师"和理论家。渐渐地，冉森派分子同巴黎高等法院中信奉法国天主教的法官、律师们形成了一个被称作"冉森党"的集团，并制定了一套高等法院的立宪主义理论，用以为高等法院自由审查国王的法令、通告和专利文书以及向国王"净谏"等权利作传统的辩护。

在 18 世纪 50 年代，随着高等法院反对国王财政宗教政策的斗争迅速激化，这种高等法院立宪主义的有限形式变得日益不敷需要，于是人们开始在冉森派的教会学理论中寻找新的思想武器。一些冉森派理论家提出，高等法院可以被看作一种世俗的教会，它像宗教的教会一样被委以一种神圣的义务或世俗的启示，即法国的古宪法；高等法院的宪政主张是古老的和一劳永逸的，不可增加也不可减少（源自冉森派的"神启"观）；高等法院的主要作用应当是不断地为这种宪政真理提供证明，以防其因年长日久而失效（相当于冉森派理想中的教会的作用）。按照这种推论，人们也可以进一步把整个民族看成一个教会，而把高等法院看成这个民族的一种"代表机构"。这一观点在冉森派律师路易-亚得利安·勒佩日《关于高等法院基本职能的史学信札》（1752—1753）一书中得到了明确的表述。勒佩日这部著作的流传之广、影响之大是惊人的：据说当时全法国的青年法官"人手一册，每日必诵"，它的一些主要论点长期而广泛地被人们引述，直到1788年还是政治辩论中的热门话题。

　　另一些冉森派理论家则走得更远。他们用一种更激进的观点重新解释了民族、国王和高等法院的含义以及三者之间的法律关系，把国王看成一种在政治上对"民族"而不是对上帝负责的"代理人"或"被委托人"，"民族"只是把它的政治主权的"行使权"交给了国王，而高等法院法官在缺乏像三级会议这样更直接的代议制形式的情况下，实际上就是民族的代表。梅伊神父等人于1772年出版的《法国公法原理》一书，最完整地表述了这种立宪主义思想，而它在此之前的广泛流传，无疑曾有力地推动过反对莫普取消高等法院的舆论浪潮。

　　冉森派和高等法院这个时期的立宪主义宣传活动猛烈地冲击了旧制度最神圣不可侵犯的惯例体制，取得了显著的破坏性效果：通过论战，人们对君主制本身的态度发生了变化，国王的形象变得不再那么令人敬畏了，国家的秘密也不再那么神圣不可侵犯了，人们开始认真审视君主制的合法性基础，"宪法"一词也由此在18世纪渐渐改变了它的内涵——由早先的"组成国家的方式"，变成了"确定国家各种权力的一套约定俗成的规章条例"。① 到1789年，君主专制的政治理论便已失去了

---

　　① 参见 P. 坎贝尔："路易十六——法国人的国王"，见 C. 卢卡斯主编《法国革命与近代政治文化的创造》第2卷，培格曼，1988年，第175页。

任何说服力，"立宪"成了全民族的一致呼声。

值得注意的是，在强大的宗教权威的长期迫害下，以及在同宗教权威和世俗权威的联合势力的长期抗争中，冉森派一高等法院还形成了一套自己特有的思维方式和行为倾向，主要表现在：对"专制主义"和"权力优势"怀有刻骨铭心的、虐待狂式的恐惧，因而总是对行政权威的行为满腹疑虑；把立法看作对"真理"的捍卫和证实，因而竭力寻求制订"神圣不可更替"的宪法；极力强调立法必须获得理想的一致性赞同，但在这里，他们往往表现出不自觉的"悖论"——一方面自己以少数派名义说话，一方面又把持不同观点的少数人斥为心术不正。① 这些因素，随着冉森派和高等法院所倡导的宪法观念日益深入人心，也将不可避免地对18世纪末法国的政治心态产生潜移默化的影响。事实上，冉森派和高等法院的这一套思维方式和行为倾向已经部分地预示了大革命政治文化的基本特点。这一点我们将在以后越来越清楚地看到。

1771年，为了粉碎高等法院对政府开征新税的抵抗，首相莫普采取断然措施，一举逮捕和放逐了高等法院的130名成员，解散了巴黎高等法院和鲁昂高等法院，改由国务会议来行使它们的职权。这场变动，促使冉森派全力投入世俗政治，由此在当时抗议莫普暴政的所谓"爱国运动"中注入了冉森主义的因素，并促成了冉森主义与启蒙思想的"合流"。冉森派一高等法院的立宪主义曾同启蒙思想一样，为博马舍和马尔泽尔布的一些极有影响的小册子提供过理论武器。新闻记者麦罗贝尔颇有冉森派思想倾向，却也经常向爱尔维修和霍尔巴赫的唯物主义寻求灵感。曾经当过冉森派律师，并在1761—1762年参与过冉森派对耶稣会的围剿的塔尔盖，到1770年已进出于各种启蒙思想家的沙龙，并煞有介事地大谈起自然法和"人性"等问题来。冉森主义和启蒙思想的合流还推动了两者自18世纪60年代就开始出现的语言上的混合趋向。在18世纪60年代就有一些小册子混合地使用着冉森派与法国天主教派的教会学语言和"自然"、"人性"及尘世"幸福"之类启蒙思想的语言，而且两种语言在成分对比上旗鼓相当，很难说孰主孰从。到70年代，这种语言混

① 参见D.克雷："法国大革命中的冉森派立宪主义遗产"，见K.贝克主编《法国革命与近代政治文化的创造》第1卷，培格曼，1987年，第197页。

杂的现象骤然增多，日甚一日。例如冉森派的"盲目服从"这一宗教概
念就曾同来自英国意识形态的"消极服从"的说法一起，被人们广泛用
来批评士兵们奉命驱散拥护高等法院的示威群众的行为。冉森派重要理
论家梅伊、莫尔特罗等人的《法国公法原理》一书也曾大段大段地引用
洛克、格劳秀斯和普芬道夫的言论，甚至采用了卢梭"社会契约"的
说法。

这些情况，无疑有助于说明冉森派—高等法院立宪主义及其各种心
态因素对法国革命人士的现实影响。当然，众所周知，冉森派和高等法
院是站在没落贵族的立场上批判专制主义的，这种批判不可避免地带有
保守的甚至反动的色彩，他们的立宪主义也终将为革命的潮流所淘汰，
但是，由于他们在反专制问题上毕竟同资产阶级和人民大众有某种程度
的一致性（所以才会有某种"合流"的发生），其立宪主义的某些理论因
素，尤其是那些潜在的心态因素对大革命的影响仍然是不容低估的。在
同冉森主义的合流过程中，启蒙学说所暗含的某些心态因素，如卢梭的
"公意"理论内在的对"一致性""公共性"的极端强调，由于同冉森派—
高等法院的思维方式和行为倾向颇为类似，也许还能通过与之相互印证
而大大提高其影响的强度。

二、法国宪制动荡的心态根源

法国革命在建立宪制方面的困难，首先表现为革命期间宪法更迭的
频繁。从1789年大革命开始，到1814年波旁王朝复辟，短短的十五年
间，法国竟先后有过五部宪法：即1791年宪法、1793年宪法、1795年
宪法、1799年宪法和1804年宪法（后两个属拿破仑时代的宪法，大同
小异）。这种制宪的困难甚至在大革命之后还在长期地折磨着法国人，在
那片土地上还将接二连三地生长出1814年路易十八宪章、1830年路易·
菲力普宪章、1848年第二共和国宪法、1852年拿破仑三世宪法、1875
年第三共和国宪法、1946年第四共和国宪法，以及现在还在实行的1958
年第五共和国宪法。这一情况，同美国革命创造的1787年联邦宪法二百
多年来的一以贯之（尽管陆续附加了一系列修正案），形成了惊人的

对照。

其次，只要统观一下从 1791 年到 1804 年的五部宪法，我们就可以看到，法国革命的宪法形态经历了这样一个大起大落的过程：议会由一院制经二院制转变为橡皮图章式的多院制；政体由君主立宪制经民主共和制转变为表面上的共和制或君主立宪制、实际上的个人独裁；《人权和公民权宣言》在开始时曾享有居于宪法引言的首要地位，到热月政变后竟消失得无影无踪。一句话，还不到波旁王朝复辟，法国革命自己就走完了从反对君主专制到接受君主专制这样一个"怪圈"。

大革命最终以拿破仑独裁结束，这里的确有无数偶然因素（如波拿巴竟能摆脱英国舰队的追逐只身从埃及穿越地中海回国之类），然而，当时的法国无法摆脱专制主义的压迫，却终究是由某些长时段的、必然的因素决定着的。而民族心态的因素，或者说当时法兰西民族所固有的"重权轻法"的性格倾向，就是其中相当重要的一个。

在 1794 年因被革命政府通缉而自杀的法国著名作家尚福尔曾说过这样一句名言："英国人重法而轻权，法国人则重权而轻法。"①

他道出了 18 世纪英法两国民族性的一个重要差异。

1763 年，英国有一位名叫约翰·威尔克斯的新闻记者（此人本是个不讲原则的冒险家），因在报纸上指责国王乔治二世撒谎而被捕。但他毫无惧色地在法庭上同下令逮捕他的国务秘书展开辩论，终于被宣布无罪开释。随后的两年里，由这件事又引发了一系列反王权的案件。

差不多与此同时，法国最杰出的法理学家之一、雷恩高等法院大法官拉沙洛泰却在 1765 年锒铛入狱，未经审判地被监禁了九年，原因仅仅是怀疑他写过两封谩骂国王路易十五的匿名信。

法国人在 1789 年宣布要同旧传统决裂，要制定宪法来限制王权，似乎是痛下决心要革除这种"重权轻法"的国民性了。6 月 20 日，国民议会代表在网球场庄严宣誓："不制定法国宪法决不解散"，6 月 23 日，米拉波轻蔑地告诉奉国王之命驱赶第三等级代表离开会场的司仪官德布雷："去告诉你的主子，我们是代表民意在这里开会的，要我们离开，除非你

① 引自 W. 多伊尔："高等法院"，见 K. 贝克主编《法国革命与近代政治文化的创造》第 1 卷，第 157 页。

们动用刺刀。"可见这些法兰西民族的代表在建立宪制的问题上真是吃了秤砣铁了心。我们知道，在当时的法国出现这种藐视传统、不合常规的举动绝不是偶然的，是由冉森派和高等法院发端并由启蒙运动有力推动了的立宪主义运动长期宣传教育的结果。而冉森派（他们是以高等法院为代表的、专制王权的贵族反对派的精神领袖）之所以能够首先在法国打出立宪主义的大旗，不仅是由于这个教派内含着某种加尔文式的新教精神，而且在一定程度上也正是他们被当时宗教的和世俗的专制权威逼得走投无路所致。压迫愈重，反抗愈烈。冉森派所遭受的沉重异常的压迫，激起了他们强烈的抗争意识，促发了他们深入的理论思考，同时也锻造了他们特有的对"专制主义"刻骨铭心的虐待狂式的恐惧心态。正是出于这种恐惧感，冉森派处心积虑地设想了种种防御"专横"的手段，所谓"一致同意"的原则，便是其中最重要的一着——在冉森派看来，唯有把取得各方面的"一致同意"，规定为一切权威的合法行为的必要先决条件，才能有效地杜绝任何专制权威。

按照孟德斯鸠的说法，在以恐怖为原则的专制政体之下，人人都是奴隶，人人都是暴力恐怖或宗教恐怖的受害者，可见冉森派的那种恐惧心态，在封建专制的法国实际上是普遍存在着的。正因为如此，在当时法国一般公众的潜意识里，尤其是在那些思考着如何限制王权、消灭专制的启蒙思想家的潜意识里，实际上也普遍存在着对类似冉森派那种"一致同意"理想的追求。这种追求的一般表现便是对民主政治的日益强烈的向往，而卢梭的人民主权论或公意理论则无非是它的极端表现形式。卢梭说的"公意"非常强调全体公众的"一致同意"。在他看来，法律必须在得到人民亲自批准之后方能生效，"人们的意见越是趋于全体一致，则公意也就越占统治地位"。卢梭甚至宣布，只要有了人民公共意志的同意，任何根本法都可以被废除，即使是社会公约，"如果全体公民集合起来一致同意破坏这个公约的话，那么我们就不能怀疑这个公约之被破坏乃是非常合法的。"①

这里，实际上已经预示了未来法国革命社会政治心态中的一个深刻

---

① 参见让-雅克·卢梭《社会契约论》，商务印书馆，1982年，第125、138、134页。

的内在矛盾：人们一方面要制定一个宪法来约束专制权威，一方面又倾向于把一种不受限制的新权威——达成了"一致同意"的，或形成了"公意"的主权人民——凌驾于宪法之上。换言之，当时的法国人虽然对宪法寄予无限的厚望，可在还未得到一部宪法之前，他们就已莫明其妙地对宪法的功能表现出了一种隐隐约约的不信任感。他们在心灵深处最看重的，毋宁说还是某种专制权威，尽管这种权威可能呈现着另一种形态。

这就为法国宪政制度的稳定性埋下了心态方面的隐患，而这种隐患早在 1789—1791 年的制宪辩论中就清晰地暴露出来了。

三、否决权和一院制背后的隐忧

1789 年 7 月 9 日，为了强调制定宪法是自己的主要任务，国民议会宣布更名为制宪议会。

在制宪过程中，议员们围绕一系列问题展开了辩论。其中最重要的，是关于国王否决权和议院实行一院还是二院制这两个权力组织方面的问题。

所谓国王否决权问题，就是宪法是否允许国王行使对议会决议的否决权？如果允许，国王应在什么条件下行使否决权？这个问题在 1789 年 8 月 14 日就被提出来了。当时，议员迪凯斯努瓦为了便于宪法委员会工作，建议就某些重大问题确立一些一般性原则，其中就包括这样一个问题："王权在立法方面将拥有何种影响？它是否应拥有否决权？这种否决权应该是有限的还是无限的，是绝对的还是延缓性的？"然而在当时，人们最关注的《人权宣言》尚未通过，立法权力机构的性质和任期尚未确定，在这种情况下就提出否决权问题未免为时过早，故议会无暇立即就此展开讨论。不过，迪凯斯努瓦的迫不及待，却也反映了当时法国舆论对这个问题的特殊关注。

其实，否决权问题在制宪过程中的提出，本身就是一个重大的退步。因为早在两个月以前成立国民议会的时候，代表们就曾作过决议明确宣布：国王不得否决国民议会已经通过的和将要通过的一切决议。当初的话说得那样斩钉截铁，为什么现在却又踌躇不前了呢？

8 月 28 日，《人权宣言》一通过，人们便开始着手处理宪法问题，穆尼埃代表宪法委员会宣读了一份宪法草案。这份草案只有六项条款，然而人们立即就此提出了一大堆修正案和建议。最后，诺阿耶子爵提出了四点动议：（1）确定"国王批准"这一概念的含义；（2）它对于议会法令是否必要；（3）它应当在什么情况下、用什么方式行使；（4）把按一院制还是按二院制组织议会的问题同上述问题结合起来讨论。于是，人们立即就"国王批准"的问题展开了热烈的讨论。

就这样，从制宪议会就宪法问题的正式辩论一开始，国王否决权的问题就紧紧抓住了议员们的心，成为争论的第一个热点。而且，也正是在辩论这个问题的过程中，法国大革命完成了它在新政治文化方面的第一个世界历史性的伟大创造：由于争论过于激烈，为减少秩序的混乱，人们决定把议会分成左右两部分，即让反对否决权的议员和赞成否决权的议员分别坐到议长的左右两边，从此，便产生了为后来人们所惯用的把各种政治势力划分成"左派"和"右派"的分类法。这是一种非同寻常的分类法，它不仅包含着"左派"和"右派"这两个分别象征着激进和保守、进步和反动甚至革命和反革命的术语，而且还暗含着一种关于两派势不两立、不可调和的心理假定，一种你死我活的对抗意识。这一政治文化因素将长久地规定法国政治的基本模式，并将对近现代世界各国的政治甚至国际政治产生深远的影响。

9月4日，穆尼埃又代表宪法委员会提出一个报告，公然声称：为了"保证行政权力不受立法权力的任何侵犯"，最好的办法就是"使国王成为立法机构的一个组成部分"，因此应当规定"议员们的决议在成为法律之前必须经国王批准"。倒退显然还在继续：本来人们是为了限制王权的专横而要求立宪的，然而宪法尚未及建立，人们就考虑起如何保护王权（行政权力）免遭立法权力侵犯这一问题来了。

从穆尼埃的报告来看，人们当时对国王应当拥有否决权这一点已没有多少异议，只是在国王否决权的性质——即它应当是绝对的还是延缓性的——这一问题上，人们还有争论。事实上也是如此。尽管西哀耶斯在9月7日仍在严厉驳斥马卢埃的绝对否决权主张，称"任何否决权，延缓的也好，绝对的也好，在我看来都只能是一道专横的命令，一封对付民族意志和整个民族的密札"，但在9月11日的表决中，制宪议会仍以 673 票对 325 票的多数，通过了给国王以延缓否决权一案；并以 728 票对 224 票的多数，否定了关于国王的否决只有一届议会的有效期（两年）的意见，而通过了两届议会有效期（至少四年）的主张。

制宪议会就这样在宣布了"公意"高于一切之后，又自相矛盾地肯定了王权之高于"公意"的地位。1791 年 9 月 14 日通过的宪法突出地反映了这一矛盾。宪法第三编第一条声称："主权是统一的，不可分割的，不可让渡的和不受时效约束的；它只属于民族；人民中的任何一部分，任何个人都不得擅自行使之。"而第二条提出了代议制度的基本原则："作为一切权力的唯一源泉的民族，只能通过代表团来行使这些权力。法国宪法是代议制的；代表是立法机构和国王。"第二章第一节重申了法律高于国王的原则："法国不存在任何高于法律权威的权威，国王只能通过法律的权威来进行统治，只能以法律的名义来要求服从。"第三节却又承认了国王的否决权，其第一条称："立法机构通过的一切法令均须提交给国王，国王可以拒绝同意之。"第二条则称："在国王拒绝同意的情况下，这种拒绝只是延缓性的。如果在提出该法令的议会任期期满后，接下来的两届议会仍继续提出同一法令，则可以认为国王已经批准了该法令。"第三条还郑重其事地把这种延缓否决的方式规定为："国王将审议之"。

这种否决权，无疑是制宪议会给力图维护专制、绞杀革命的国王拱手送去的一件重要武器。后来国王便屡屡用之来阻挠立法议会的工作，使许多革命法令得不到贯彻落实。甚至在 1792 年 6 月 20 日，当革命群众冲入王宫勒令国王撤销对一些紧急法令①的否决时，路易十六都坚守成命，毫不退让。一而再、再而三地使用否决权，还使他得到了"维多先生"（即"否决先生"）这样一个外号。似乎，在这种否决权背后，生性怯懦的路易十六感到了某种非同寻常的力量。

诚如某些历史学家所言，制宪议会之所以要让国王拥有否决权，是因为在当时风起云涌的农民起义和人民民主运动的压力下，资产阶级和自由派贵族感到了借助国王的力量来保卫财产、安定秩序的需要。然而，为什么不能单独依靠法律的力量来解决这一问题呢？为什么英、美仅仅

---

① 即立法议会在是年初夏通过的关于坚决制裁顽固派教士的法令，以及关于在巴黎近郊设营屯驻两万名义勇军以保卫首都的法令。

通过法制就可以做到的事情，法国却不行？何况在当时法国的资产阶级代表人物中，也不是没有反对国王否决权的：影响极大的西哀耶斯、米拉波、巴纳夫、勒沙白利埃等人曾为反对否决权进行过积极的鼓动，日益扩大的布列塔尼省代表俱乐部也曾"决定不惜一切牺牲"来反对穆尼埃等温和派的计划，然而他们却终究没有能够阻止否决权一案的通过，这又是为什么？归根结底，除了法兰西民族根深蒂固的"重权轻法"的传统因素之外，恐怕找不到更合适的解释。

　　同"否决权"问题紧密相连的还有"一院制"还是"二院制"的问题。9月4日穆尼埃在提出国王应拥有否决权的主张的同时，也提出了一个美国式的"二院制"（即一个众议院、一个参议院）方案。穆尼埃的话说得娓娓动听，也颇合情合理：

　　　　眼下这个议会，肩负着确定权力组织和建设自由大厦的使命，应当是一个单一的机构，为的是更有力量一些，办事更快一些。但这种力量，若是在制定了宪法之后仍保持下去，最终会把一切都给毁了的……而分别议事的两院呢，则可以保证各自作出理智的决定，并能使立法机构按其必备的凝重而庄严的步调行事。①

　　穆尼埃这样说，显然是考虑到了在当时鼓吹二院制的困难，因为在当时的制宪议会里正盛行着"一致性"的舆论：主权不可分割，民族是统一的，三个等级必须合厅开会——很难找到"二元性"的市场（当然这也并不能阻止大多数议员同意把主权的代表分割成立法机构和国王两部分）。然而，尽管穆尼埃巧舌如簧，但在9月10日的表决中，他的"二院制"设想仍以849票对89票（122票缺席）的压倒性多数惨遭否决。结果，1791年宪法还是保持了一院制的议会结构。

　　穆尼埃的"二院制"之所以失败，并不仅仅是因为它与当时的"一致性"气氛相违，而且也是因为它的"美国味"根本就不合法国的国情，从而既得不到"贵族派"的喜欢，也得不到"爱国派"的青睐。我们知道，美国的参议院并非贵族院，而是由每州选派两个代表组成的。穆尼

_____

　　① 《导报》（重印体），巴黎，1834—1847年，第1卷，第21页。

埃提出设参议院，同时又不说明其成分，这就难免给人一种他想把这种美国制度移植到法国来的印象，因而势必遭到贵族的抵制。法国贵族历来特权显赫、地位优越，热衷于保持传统的等级制度，耻于屈尊与第三等级为伍，这是它自 13 世纪起就有别于英国贵族的一个显著特点。即使这种参议院是一种英国式的贵族院，为数众多的外省小贵族也不乐意接受它，因为显然它将是高级贵族的领地，而下院又将是"乡绅"的地盘，持权显赫而经济拮据的小贵族便会由此失去参政的机会。至于以"爱国派"为代表的资产阶级，他们最关注的问题恰恰是平等，而且他们刚刚还在为国民议会的统一性而奋斗，自然更要对穆尼埃的"二院制"嗤之以鼻了。

不过，资产阶级为什么老是要强调这种"统一性"或者"一致性"呢？这恐怕在相当程度上，是由于他们对立法权的高效率有一种特殊的关注。诚如穆尼埃所敏锐地看到的那样，一院制的议会"更有力量一些，办事更快一些"。马迪厄就曾这样指出：当时已形成"三头"的拉默、杜波尔和巴纳夫之所以坚决反对二院制，是因为他们"反对分割立法权，恐其削弱立法权，恐其在另一名义下重建高级贵族。他们知道英国的上院是惟国王之命是听的"[①]。他们在内心里似乎怀着这样一种意识：即使给予国王否决权会带来某些消极的影响，但若能保持立法权统一完整的话，问题还不会太大，可若是在国王拥有否决权的情况下实行二院制，一旦国王同上院勾结起来，立法权就会彻底分裂，就会名存实亡，那样自由也就完蛋了。

连被认为是孟德斯鸠信徒的斐扬党人都如此重视"一致性""主权统一不可分割"的价值观，那些更为激进的、忠实信奉卢梭学说的革命者在这个问题上的坚定性便可想而知了。难怪穆尼埃在二院制问题上败得这样彻底！然而他是有预见性的：制宪议员们所坚持的那种"一院制"后来终于一步一步地建立起所谓"自由的专制"，终于一步一步地"毁灭了一切"。由此看来，1791 年宪法对"一院制"的坚持，实际上仍然暗含着对某种被称作"公意"的专制权威的认同，它所反映出来的仍然是一种"重权轻法"的心态。

---

① 参见 A. 马迪厄：《法国革命史》，商务印书馆，1963 年，第 57 页。

四、"无宪法，毋宁死"！？

由于"重权轻法"传统的根深蒂固，当时的法兰西民族在内心深处真正崇尚的还是"专制"的权威而不是"法制"的权威，因而在法国建立稳固的宪法制度，注定还有很长一段路要走。

实际上，在大革命时期人们是否对宪制抱有真正的信任感原本就是大可怀疑的。首先人民在革起命来的时候就根本无视任何权威的，他们的革命行动本身就常常"违宪"，如立法议会 1792 年夏初关于在巴黎近郊屯驻两万名义勇军保卫首都的法令虽然被国王否决，然而人民却不管这一套，义勇军仍然从法国的四面八方开向巴黎。也正是在这一公然的"违宪"行动中，诞生了普天同唱的《马赛曲》。而 1792 年 8 月 10 日起义的枪声，则干脆宣判了 1791 年宪法的死刑。从此日起直到 1795 年 8 月 17 日热月党人颁布"共和三年宪法"，法国实际上又回到了无宪状态，盛行的是吉伦特派和山岳派的权力争斗，被称为"自由专制"的雅各宾专政，以及后来的热月党国民公会的独裁统治。即使 1793 年宪法未曾因局势险恶而被束之高阁，也很难设想这一规定了一院制和人民否决权的宪法能在当时历史条件下给法国带来稳定的法制秩序。热月党人倒是颇想建立这种法制秩序，他们的宪法似乎也明智得多——既考虑到了两院制的必要，又精心分割了行政权（设计了五人督政府）以防个人独裁，然而这一宪法也只勉勉强强地维持了四年的光景。热月党人终因无法控制各派政治力量日益激烈的权力争夺，而向大独裁者拿破仑·波拿巴拱手让出了统治地位。

然而，即使野心勃勃的波拿巴也没敢忽视这样一个事实，即大革命以来的法国人对于宪法有一种矢志不渝的渴求。就算是要搞军事独裁，就算是要建立帝制，也得给自己的统治披上一件"宪制"的外套，否则就有非法之虞。所以，波拿巴上台后着手做的第一件事，就是制定新宪法。他在称帝后也没忘记立即对宪法作相应的修改，没忘记把自己打扮成"法国人民的唯一代表"。

聪颖过人的波拿巴算是把革命时代法兰西民族精神的矛盾性吃透了。一方面这个民族旧有的"重权轻法"传统和对专制权威的服膺倾向，使他感到可以放心大胆地实行个人独裁；而另一方面，来自冉森主义和启蒙思想的全民性宪法意识又是那样强烈，以致使波拿巴本能地感到他的独裁统治还少不了得有一块"宪制"的遮羞布。这一事实说明，"无论如何应该有一部宪法"这一观念，在当时的法国的确已经形成了另一种强有力的、不可忽视的传统。

甚至可以说，革命时代的法国人对于"宪法"的狂热崇拜和追求，几乎达到了迷信的、不讲原则的程度。大概是从 1792 年年初起，巴黎许多建筑物的门面上便出现了"无宪法，毋宁死！"的标语牌。许多革命派尽管对 1791 年宪法怀有许多不满，尽管屡屡用革命行动打击该宪法，并最终在 1792 年 8 月 10 日用起义在事实上推翻了该宪法，可是这似乎一点儿也没有妨碍他们一贯地以保卫宪法为主要战斗口号。罗伯斯庇尔在 1792 年 5 月 2 日创办的报纸还叫《宪法捍卫者报》。大名鼎鼎的雅各宾俱乐部，也正是"宪法之友社"的别号。很显然，革命者在高喊"无宪法，毋宁死！"的时候，是不大考虑该"宪法"的具体内容的。尽管 1791 年宪法不尽如人意，甚至有许多令人反感的地方，充满着令人沮丧的矛盾，但在当时的革命者看来，这些似乎都不很重要；同其具体内容比较起来，当时更重要的毋宁说还是"宪法"的形式上的存在，因为仅仅这种存在本身就是一个全新的事物，且具有非同小可的象征意义：它体现着自由，体现着革命，体现着同过去的决裂。然而，也正因为这是一个全新的事物，它的脆弱性是显见的，尤其是在法国这样一个国家，那里不仅存在着强大的君主专制的传统势力，而且存在着一种看不见摸不着的、潜在于民族性格之中的"重权轻法"倾向。这一情况，使新生的宪法不仅不可避免地带有先天不足的弱点，而且随时都有被扼杀在摇篮中的危险。故而这种宪法未及出世就已需要加以护卫。而要保卫宪法，首先就必须旗帜鲜明地向它认同。有无这种认同态度，是一个大是大非的问题，是区分革命和反革命的分水岭，万万含糊不得；至于种种其他问题，那都是次要的，可以在这种认同的前提下慢慢寻找途径来加以解决。

人们不难看出，在大革命时代"无宪法，毋宁死！"这种破釜沉舟的决断后面，隐藏着一种深深的焦虑。革命人士们无疑已明确感到了在法国确立宪制这一任务的全部艰巨性。

第二章　代议制的困境

> 当一国人民对代议制政体缺乏足够的估价和爱慕时，他们
> 就几乎没有希望保持住这种政体。
>
> ——J. S. 密尔：《代议制政府》

议会，因其能够反映民意、制约政府，历来为一切反对专制压迫、热爱民主自由的人们所珍视。

甚至作为君主专制之前法国国王强化王权的工具而出现的"三级会议"，在大革命行将到来的时候都被人们赋予了某种潜在的"议会"价值，表现出非凡的象征意义。也许它并不曾对王权起过多少限制作用，但它毕竟自 1614 年以来就一直不曾再度召开过——仅仅这一事实，似乎就足以说明它能妨碍王权。于是，在革命前夕，法国社会反专制的普遍热望不约而同地化作重新召开三级会议的强烈要求。

当然人们真正向往的并不是旧式的三级会议，而是崭新的近代代议制度。于是，三级会议迅速变成了"国民议会"：法国议会制度近代化的伟大实验开始了。

然而，同立宪方面的实验一样，这里展现在法国革命者面前的也并不是一条坦途。

一、理想主义与现实主义的冲突

1789 年 6 月 17 日，第三等级在成立"国民议会"的决议不无豪迈地宣布：

"国民议会"是在目前事态下唯一适合我们这个议会的名称，因

为组成这个议会的成员是唯一经过合法地和公开地了解和核实的代表，因为他们是由差不多整个民族直接派遣来的，因为这种代表制是统一不可分割的，任何议员，无论他是哪个等级或阶级中选出来的，都无权在这个议会之外另行行使他的职能。①

这无疑是资产阶级代议制对封建法国三级会议或代议制的一场革命。它用"统一不可分割"的民族否定了"统一而可以分割"的君主国，用整个民族的主权否定了神授王权和等级社会。从逻辑上看，这一革命必然暗含着这样一种观念，即从今以后，法国将不再存在任何等级，人人享有同等的权利；议会将不再是等级的会议，而是全民族的立法机关；代表也将不再是各等级、各大法官管区的代表，而是整个国家的代表；在议会中参与立法的自然也不再是各种各样的特殊利益和意志，而是一种共同的、法兰西民族的一般利益和意志。然而把代议制和主权统一不可分割的观念联系在一起，这本身就是十分矛盾的，尤其是法国革命人士还表现出极其突出的强调主权不可分割的倾向，这就势必进一步加剧法国革命在代议制民主实验方面的困难，因为对主权不可分割原则过于认真的强调，甚或企图要把这一原则贯彻到底，都只能必然地导致代议制原则的被破坏。

在被人们誉为法国革命者的"圣经"的《社会契约论》里，首倡"主权不可分割"这一伟大思想的卢梭，就曾明确地阐述过"主权不可分割"的原则和否定代议制的主张之间的逻辑联系。卢梭这样雄辩地论述了"主权不可分割"的原理：

> 由于主权是不可转让的，同样理由，主权也是不可分割的。因为意志要么是公意，要么不是；它要么是人民共同体的意志，要么就只是一部分人的。在前一种情形下，这种意志一经宣示就成为一种主权行为，并且构成法律。在第二种情形下，它便只是一种个别意志或者是一种行政行为，至多也不过是一道命令而已。②

---

① 比舍和卢主编：《法国革命议会史》，第 1 卷，第 470 页。
② 让-雅克·卢梭：《社会契约论》，第 36～37 页。

这就是说，主权分割与否，直接关系到主权的有无，关系到法律的有无，关系到人民能否当家做主——道理很简单：构成主权的全体民族中的任何一部分都绝无可能成为公意的代表者，作为这一部分的他或他们充其量只是其个人或集团意志的代表，倘若这一部分人公然声称代表主权，那就无异于是说主权已"转让"给了他或他们，而这是荒谬绝伦的。正是按照这一思想逻辑，卢梭旗帜鲜明地指出：

> 正如主权是不能转让的，主权也是不能代表的；主权在本质上是由公意所构成的，而意志又是绝不可以代表的；它只能是同一个意志，或者是另一个意志，而绝不能有什么中间的东西。因此人民的议员就不是也不可能是人民的代表，他们只不过是人民的办事员罢了；他们并不能作出任何肯定的决定。
>
> 代表的观念是近代的产物；它起源于封建政府，起源于那种使人类屈辱并使"人"这个名称丧失尊严的、既罪恶而又荒谬的政府制度。①

卢梭还说："不管怎么样，只要一个民族举出了自己的代表，他们就不再是自由的了；他们就不复存在了。"——显然，卢梭认为最理想的政体是直接民主制，一切立法都必须经由人民亲自批准，否则就谈不上"自由"。当然，他也没忘记说明：这种制度，只适宜于"非常之小"的城邦国家。

作为伟大启蒙思想家之一的孟德斯鸠，同样也是这种抽象的"自由"的理想的热烈鼓吹者。然而不容否认的是，比起激进的卢梭来，孟氏要显得冷静、实际得多，因而他能够在抽象地肯定某种"主权不应该被分割"的理想状态的同时，提出一条截然不同于卢梭的思路。孟德斯鸠指出：

> 在一个自由的国家里，每个人都被认为具有自由的精神，都应该由自己来统治自己，所以立法权应该由人民集体享有。然而这在大国是不可能的，在小国也有许多不便，因此人民必须通过他们的

---

① 让-雅克·卢梭：《社会契约论》，第125页。

代表来做一切他们自己所不能做的事。

> 代表的最大好处，在于他们有能力讨论事情。人民是完全不适宜于讨论事情的。这是民主政治的重大困难之一。①

孟德斯鸠的路线无疑要比卢梭的路线保守，然而这无论在当时的法国，还是在大革命以来直至今日包括法国在内的所有资本主义国家，终究都是唯一有可能行得通的路线。关于代议制政体的无可比拟的优越性，英国著名政治思想家约翰·斯图亚特·密尔已在他的《代议制政府》（1861）一书中作过精辟的论证，而这本书直到现在还是西方学者公认的有关议会民主制的经典。

总之，稍微有点理性精神的人都不可能漠视孟氏代议制民主路线的现实性，崇尚理性甚于一切的法国革命人士自然不能例外。然而不要忘记，这些法国人也是下了决心要和过去的传统完全决裂的，而有了这种激进的决裂意识，他们的思想和行动便难免表现出更易于向卢梭否定代议制的主张趋同的倾向。也正是这种理想主义与现实主义的矛盾，这种理想主义对现实主义的抗争，预定了近代法国议会制民主的全部困境。

二、摆脱强制委托权的企图

强制委托权制度，是法国大革命在代议制民主实验方面一开始就面临着的严重障碍之一。

革命前夕的法国划分有 177 个大法官管辖区和 431 个等级。三级会议的代表，即从这些管辖区和等级中选出。根据三级会议的传统惯例，在各选区当选的代表只能是其本选区的受委托人，他们持有本选区的委托书，必须宣誓效忠本选区，随时准备接受本选区的训令，严格按照本选区的意志在三级会议发言和表决，稍有违背即属大逆不道，当立即被撤换。总之，三级会议的代表制呈现着被分割的状态，每个代表只能消极地反映本选区、本等级的个别意志，而不能积极地为全民族的整体利益说话。

---

① 孟德斯鸠：《论法的精神》上卷，商务印书馆，1982 年，第 158 页。

　　这种强制委托权显然是以"可以分割的君主国"这一封建制原则为出发点的。它确认的是各等级、各地方团体的封建特权，而根本不承认统一不可分割的民族主权。在此基础上建立起来的三级会议的代议制自然也谈不上任何近代意义上的自由和民主。

　　可是不容否认的是，尽管经过了启蒙运动的长期宣传，直到三级会议召开，法国也没有明确地形成反对这种强制委托权观念的气候。恰恰相反，人们仍普遍地崇尚、迷恋这一制度，绝少看到取消这一制度的要求。甚至在那些较激进的爱国派分子看来，强制委托权制度的主要弊病也并不在于其本身，而只在于某些委托书的内容，很少有人能像米拉波、西哀耶斯、佩蒂翁那样把主权、代议制和委托权等因素联系起来考虑问题。

　　事实上，在这期间最早提出应当限制强制委托权这一问题的非但不是革命者，反而倒是国王自己。在1789年1月颁布的三级会议代表选举条例的引言中，路易十六就曾表示希望："人们出于对整个民族的代表会议应有的信任，将不会向代表们作出任何打断或扰乱议事过程的指示。"该条例的第45条明文规定："代表们应当握有全权，能够建议、诤谏、通告和同意……"在6月23日的御前会议上，路易十六一面严令解散国民议会、三等级分厅议事，一面却又明确宣布委托书今后只能作为"托付给代表的良心和自由言论的一种简单指示"。当然国王的这些举动，既非对第三等级的让步（因为第三等级甚至可能连想也没想到提出此类要求）也无意于改革旧代议制，而只是在打他个人的算盘：他担心某些大法官管辖区在三级会议期间阻挠他增加赋税的努力。当然国王本人这种削弱强制委托权制度的行为，难免会从客观上给三级会议的旧制度带来破坏性影响，尽管第三等级在当时似乎还完全没有意识到这一问题。国民议会只是到7月7日，即两个星期之后，才开始讨论强制委托权问题的。

　　这就是说，无论是在宣布国民议会之前，还是在宣布国民议会之后的相当长一段时间之内，强制委托权的问题都没有得到革命者任何明确的关注，尽管宣布国民公会这一行动，已在事实上以公意或主权不可分割的名义否定了强制委托权。应该说，这种忽略，或者说这种态度的不明朗，本身就深刻地反映了强制委托权传统在革命人士心态中的牢固存在，而这种存在，势必会同革命人士心态中另一层次上盛行的主权不可分割的信念，同国民议会力图以整个民族的名义行事的思维方式，发生严重的抵触。因而这个问题注定还是要不断地被提出来。

1789 年 7 月 7 日，国民议会议员塔列朗首次将取消旧委托书的问题提上了议事日程。然而即使在这时，塔列朗所关注的，与其说是强制委托权与主权不可分割原则在理论上的矛盾，不如说还只是强制委托权对实际议事进程带来的妨碍。他所希望的，也并不是新代议制的委托权，即一种赋予议员代表全民族的权力的制度，而只是一种所谓"有限委托权"，即一种有行使期限的、在一定时期才有效的委托权，例如可以规定某位议员只在满足了这种或那种要求的条件下投票赞成某项捐税。塔列朗主张的实际上是一种糅合了新旧两种代议制度的委托权，而且其中旧的因素明显地还占着优先的位置，因为在他看来，"一位议员的委托书，就是向他转让他所在的大法官管辖区权力的命令。这份委托书使他成为该管辖区的代表，并由此成为整个民族的代表。"① 这就是说，一个议员要成为全民族的代表，首先必须具备代表他所在的管辖区的资格，受委托人同时代表着民族的一部分和民族的整体。照此逻辑，民族也就成了某种众多大法官管辖区的复合物，而算不得一个不可分割的统一体了。

塔列朗似乎完全没有认识到新旧两种代议制度之间矛盾的对抗性质。他企图不讲原则地把二者调和起来，以防止议会陷于瘫痪的厄运。然而这种有违于原则的糊涂认识立即引起了其他更坚决的革命者的警惕和关注。于是，塔列朗发完言后，一位未来激进派的重要领袖人物——巴莱尔便阔步登上了讲台。

巴莱尔在讲演中也强烈反对任何以各管辖区的特殊意志的名义阻挠议事的意向，但和塔列朗不同的是，他已经比较明确地把这种反对态度同主权不可分割的原则联系了起来。他深刻地指出：一切都必须从利益出发，因为立法者就是由利益的性质确定的："个别的委托人不能成为立法者，因为公共的议会应考虑的并非只是他们的特殊利益，而是一般的

---

① 《导报》，第 1 卷，第 130 页。

利益。所以，任何个别的委托人都不能成为公共利益方面的立法者。立法权力只是在组成代表大会之时才形成的。……承认那种强制委托权和有限委托权制度，显然会阻碍议会达成任何决议，因为这无异于承认向议会派遣了代表的全王国 177 个大法官管辖区，或者说 431 个等级分野，各自都有一份令人生畏的否决权。"① 巴莱尔的话反映出这样一条思路：立法权力一经形成，即成为公共利益也就是公意的代表，而公意是不容分割的，一分割就会化为乌有。所以无论是强制委托权，还是有限委托权，都不得有存在的理由。

就这样，法国革命人士通过对强制委托权的批判，开始了对主权不可分割观念的进一步强调和宣传。这种宣传在 1789 年 9 月间由于强制委托权问题的再次提出，而进入了一个新的高潮。

事情是由国王否决权的问题引发的。许许多多议员就此发表了演说，其中最值得注意的是 9 月 5 日佩蒂翁的发言和 9 月 7 日西哀耶斯的发言。

佩蒂翁提出了这样一个问题：如果国王对议会的决定行使否决权的话，那么民族的权限又该怎样确定？他考虑到，为了防止国王的否决权导致王权的专横，有必要重新伸张民族的主权，这就要赋予人民直接就某些问题表态的权利。因此，他主张区分两类不同的情况：一类是普通的情况，这里只涉及制定法律，而无须就某一明确限定的宪法标的作出肯定或否定的决断；另一类是特别的情况，涉及的是议会即民族必须就某一特殊问题发表自己的意见。佩蒂翁认为，在第一种情况下，任何强制委托权都是不合适的，都会形成一种障碍，它使公意屈从于各种心血来潮的主张，屈从于各种特殊意志的专横；而在第二种情况下，当所有的人都已熟悉了争论的内容的时候，就不能再继续阻止人民自己起来说话了，因为这样做无疑是在损害公民的基本权利之一，即公民为自己订立法律规范的权利。

在这里，佩蒂翁实质上已经在鼓吹一种卢梭式的直接民主制了，尽管他并未因此而否定个人和地方的本位主义。其实，代议制在佩蒂翁看来，本来就只是一种权宜之计，只是手段而不是目的。他明确告诉人们：

---

① 《导报》，第 1 卷，第 133 页。

　　为什么各国人民要选举代表？这是因为让人民自己行动几乎总有无法克服的困难；因为要是人民的大会能够以便于行动的和有规则的方式建立的话，代表就毫无用处甚至是危险的了。

　　我再重复一遍：只存在一种不可能性，那就是当一个人口众多的民族为讨论自身幸福所系的重大政治问题而组成议会的时候，便绝对不可能准许全民族对它掌握审查权。

　　如果这一事实是清楚的并被挑明了，由此必然会产生这一问题，即必须证明在法律的某一条款由于各派势力无法妥协而遭到反对并悬而未决的时候，民族不可能在对立的各种意图中作出抉择。而我是看不出有这种不可能性的。①

　　总之，佩蒂翁在一般的或抽象的层面上否定了强制委托权，但在个别的或具体的层面上，即在出现了任何一个争议激烈、悬而未决的政治问题的情况下，他则肯定了诉诸全民讨论、由全国各地民众直接裁决的必要性。

　　实际上，佩蒂翁已经在这里表现出了一种想把直接民主制引入法国代议制的企图。这种直接民主制主张本身无疑也浸透着一种对主权不可分割的强调，一种对代议制的不信任感，因而也难免会给稳定的、有效率的代议制政体的建设带来危险的障碍。

　　熟谙孟德斯鸠学说的西哀耶斯立即敏锐地感到了暗含在佩蒂翁言论中的威胁。两天后，他开始在议会批驳佩蒂翁：

　　我知道，一方面由于概念的差异，一方面又由于概念的混同，有人开始这样来看待民族意愿的问题了，似乎它可以是并非民族代表的意愿的某种东西，似乎民族可以用不同于其代表的调子说话。一些错误的原则在这里显得极其危险。它们完全有可能把法国切割、肢解、撕碎使之变成无限多个小民主国家，这些国家将来只能结成一个松散的联邦……

照他看来，似乎搞直接民主制就必然会导致民族的分裂，从而造成主权

① 《议会档案》，第8卷，第582页。

的分割，这就大逆不道了。接着，西哀耶斯重申了主权不可分割的原则，进而又对"公意"的概念进行了解释。在他看来，公意绝不是众多个别意志的简单相加，而应该是对所有个别意志的提炼、抽象或概括：

> 委托人的意愿并不是通过一份份陈情书体现出来的。这里的关键并不在于民主投票的结果，而在于对委托人的意愿进行表达、倾听、协调、修改，最终大家在一起形成一种共同的意志。①

显而易见，按照他的逻辑，由代议制政府体现的公意才是真正完整的公意，若诉诸直接民主制，得到的只能是一大堆呈散沙般分裂状态的个别意志。

西哀耶斯之所以认为在法国实行代议制天经地义，理所当然，不仅是因为他认定直接民主制政治会造成民族分裂，而且还因为他痛感法兰西民族素质过低，绝大多数公民都是无知的群氓、干活的机器，既没有受过教育，也无足够的闲暇去关心公共事务。他甚至认为智愚分化是人类社会亘古不变的定律，因而对佩蒂翁等激进革命派的"人性善"观念很不以为然。在一篇未曾发表的笔记文字中他曾这样写道："有人在做着白日梦，以为人类是普遍善良的。其实人类总是分成两个部分的，教育和劳动的差异造就了它们的基本区别。"

西哀耶斯为代议制作的这些辩护应当说是富于现实精神的。1791年宪法的公布表明，他的影响大大超过了佩蒂翁，代议制观念似乎终于压倒了直接民主制观念。然而可惜得很，西哀耶斯的"胜利"，正如人们所看到的，很大程度上也是建立在"主权不可分割"这一原则基础之上的。是通过积极宣传"主权不可分割"来取得的，这就大大削弱了这种"胜利"的实质性的意义。实际上，只要还承认主权不可分割的原则，直接民主制思潮就不无其合法性的源泉，代议制也就难免时时面临被颠覆的危险。

① 《议会档案》，第8卷，第593～595页。

三、树而不立的代议制权威

事实表明，即使西哀耶斯本人也没敢完全忽视所有公民的个人权利在立法方面的作用。他认为国家是为所有的个人而设立的，先于而且高于人为法律的个人权利应该是立法行动不可逾越的界限。1791 年宪法第一条也曾恭恭敬敬地规定："立法机构不得制订任何会给……宪法保证的各种自然的和公民的权利的行使带来损害和设置障碍的法律。"由此可以看出，在法国革命的代议制度中存在着这样一对尖锐的矛盾：人们一方面赋予议会超脱强制委托权的限制以便代表全民族立法的权力，另一方面却又似乎含蓄地承认了所有公民个人都拥有对议会法令的最后批准权。简言之，最高的合法权威究竟在于议会还是在于人民本身，在当时是很不清楚的。

这就注定了新生的代议制度将不断遭受直接民主制潮流冲击的命运。

实际上，法兰西近代代议制度自出生之日起就受着来自社会方面的重重限制和束缚。首先是选举期限的限制，它迫使代表们考虑在任期期满时能否得到连任机会的问题。其次是立法机关的会议必须公开举行，即允许百姓旁听。最后是关于个人请愿权的规定，它几乎让所有的公民都取得了直接参与公共事务的权利。① 因此，社会和国家之间存在着密切的对话关系，而这种对话关系，由于议会两年就换届一次，社会精英流动迅速，还会得到更充分的发展。另外，议会本身的行为方式对议会也起着限制作用。人们注意到，在 1789 年底讨论纳税额问题的时候，由于不存在任何有一定组织的政党，不存在某种可以强行规定投票纪律的机构，因而总产生不出一个稳定的多数派，那里的多数派仅仅是一种胡乱拼凑起来的松散联盟，并且随着辩论主题的转换而聚散不定。各委员会拟定的议案拿到议会，总要受到人们的百般挑剔，引起一番激烈的争论，好不容易通过的决议，随后又往往会被许许多多的修正案改得面目

---

① 有关这一法令的动议是议员勒沙贝利埃在 1791 年 5 月 9 日提出来的。他主张所有公民都有权请愿，而且此权利不受限制。他说：这是"一种立法创议权，公民可以由此参与社会的管理。"（参见《导报》第 8 卷，第 852 页）

全非。这种议会实际上是通过交易和妥协来制定法律的。

制宪议会关于宗教问题的立法过程也表现出这种行为方式：在通过要求教士一律必须宣誓效忠宪法的法令（1790 年 11 月 27 日）之后，议会又逐步通过一系列妥协性的法令来限制它的适用范围，最后还于 1791 年 5 月 7 日颁布了"宽容法"，干脆把它变成了一张废纸。

如此议会制度，当然很难牢固地树立起令人敬服的权威来。首先它自己就不那么相信自己。它似乎总是在担心自己是否会超越公民个人的天赋人权，总是在对自己的合法性是否充分感到疑虑，因而总是力图通过自己的公开性，通过承认公民的旁听权、请愿权，通过节奏较快的改选换届——一句话，通过同社会之间广泛而经常的接触和对话，来向社会、向人民本身汲取更多的合法性资源。当然它的这种顾虑也并非杞人忧天，因为在当时法国的群体政治心态中，的确盛行着主权不可分割、不可转让、不可代表的卢梭主义观念，因而也的确存在着直接民主制取代代议制的现实危险，实不可以置若罔闻，掉以轻心！

应该认为，法国革命人士在这里表现出来的人民民主意识是令人钦佩的，他们用公开性政治和广开言论渠道来化解直接民主制威胁的做法也是富于智慧、令人称道的。尽管这些做法也有使人感到议会本身缺乏自信的消极影响，但它们的主导面却终究是积极的、建设性的。总之这并不是损害法国革命代议制权威的主要因素。

那么主要因素究竟是什么呢？看来还是革命议会行为方式的不成熟性。议会中的立法过程似乎总是充满着主观随意性，无一定基本路线可循。在许多重大问题上，议员们朝三暮四，反复无常，一会儿一个主意。通过的决议即因此而缺乏持续的效力，动辄修改，甚或推翻。人们似乎在没完没了地"跟着感觉走"。这种议会政治的幼稚病，固然与大革命政治的新颖性有关，但也正如人们所看到的，很大程度上是由当时法国缺乏严格意义上的政党这一情况造成的。由于没有组织严密、纪律严明的政党，议会议员们中的各派别至多只是某种萌芽状态的"议会党派"，个个都是天马行空，独往独来的自由战士，不受任何党纪约束，完全凭自己的主观好恶来表态或投票，结果给偶然性留下了极大的活动空间，无法形成议会的多数派，从而使议会无可奈何地陷于经常性动荡不稳的状态。

这种无党派无组织的状况，事实上不仅贯穿着法国大革命的全部过程，而且在大革命之后还将延续整整一个世纪。甚至在第三共和国和第四共和国时期，那时的"政党制度"也不过是一种不固定的、没有预先建立多数派的议会制度。当时的一些政党只是一些"议会党派"，而且还不像英国的议会党派那样植根于整个社会，因而得不到来自社会的支持。1901年成立的激进党也只是一个由各选举委员会组成的很不固定的组织，它无法对议会党团产生任何有力的影响。只是随着1905年作为工人国际法国支部的社会党实现了统一，以及1920年作为共产国际法国支部的共产党的建立，法国才第一次出现了群众性的大党。这些大党的产生引起了法国其他政党的尊敬、恐惧或羡慕，但同国外同样性质的政党比较起来，它们的力量仍然十分薄弱。政制不稳和党派繁多，构成了当时法国政治生活的基本特征。① 即使在各政党已在组织上大大强化了的今天，法国政治的这一基本状况似仍没有彻底改观，一种稳定的、有纪律的和相对融洽的多数派仍然难以在议会中形成，它往往只是以数个政党暂时联盟的形式出现的。建立像英国近代的托利党和辉格党、现代的保守党和工党，以及美国的民主党和共和党那样的两大党轮流执政的政治格局，在法国至今还是一个不切实际的幻想。一位法国政治家最近提出倡议，主张在法国实行两党制，然而这种主张在历史学家李舍看来纯粹是出于对法国源远流长的地方主义、意识形态和社会历史传统的无知。②

那么为什么在法国大革命的政治生活中不能出现有组织的政党呢？这里涉及了法国革命政治文化中的一个十分重要的因素，即"反党派政治"的群体价值取向。这一问题我们以后还将专门谈到。这里只想指出这样一个事实，即这种反党派政治的心态，与革命法国特别重视统一民族或国家的价值、特别重视主权不可分割原则的心态，有着深刻的内在联系。其实，鉴于英美的政治经验，法国革命者中的某些有识之士很早

①　参见 F. 博雷拉：《今日法国政党》，上海人民出版社，1977年，第1～2页。

②　参见 C. 卢卡斯主编：《法国革命与近代政治文化的创造》第2卷，第68页。

就感到了实行党派政治的必要。如穆尼埃在主张实行二院制，即建立一个由美国式的"众议院"和"参议院"组成的议会时，就已经含蓄地表达着实行某种两党制的意愿。坚决反对强制委托权的米拉波，也曾一而再再而三地流露出组建一个大"立宪党"的意图。然而曲高和寡，没有多少人能够理解他们、支持他们。结果穆尼埃的二院制方案被议会以压倒多数彻底否决，而米拉波的建党主张则只能流为最无可奈何的孤鸿哀鸣：对此连他在议会中的一些最忠诚的崇拜者也不敢苟同。著名大革命历史学家奥拉尔曾深刻揭示了议员们当时的心态，认为他们根本就"厌恶拉帮结派，并且，由于事先保证过要在一起表决，因而担心把他们的自由转让出去，尤其是担心违背选民给他们的委托书"。①

表决要在一起进行。就是说，议员们都不应搞密室策划，不应打自己个人的、小集团的小算盘，要以统一不可分割的民族的利益为重。任何分裂议会的意图（所谓"二院制"，所谓党派政治，反映的无非就是这种意图），都是大逆不道、有违公意的。

所以"君子不党"，结党必然就是营私——从主权不可分割的原则出发，这是唯一合乎逻辑的结论。其实这也是卢梭早已得出过的结论。卢梭说得很清楚：

> 如果当人民能够充分了解情况并进行讨论时，公民彼此之间没有任何勾结；那么从大量的小分歧中总可以产生公意，而且讨论的结果总会是好的。但是当形成了派别的时候，形成了以牺牲大集体为代价的小集团的时候，每一个这种集团的意志对它的成员来说就成为公意，而对国家来说则成为个别意志；……最后，当这些集团中有一个是如此之大，以致超过了其他一切集团的时候，那么结果你就不再有许多小的分歧的总和，而只有一个唯一的分歧；这时，就不再有公意，而占优势的意见便只不过是一个个别的意见。

> 因此，为了很好地表达公意，最重要的是国家之内不能有派系

---

① 转引自 R. 阿勒维：《立宪革命：政治上的模糊性》，见 C. 卢卡斯主编：《法国革命与近代政治文化的创造》第 2 卷，第 82~83 页。

存在，并且每个公民只能是表示自己的意见。①

看来，法国革命人士普遍的反党派政治的倾向，正是这种卢梭主义的思想和逻辑浸透了他们的文化无意识的结果，而由此造成的议会多数持续地动荡不稳，又成了革命议会权威"软骨症"的最重要的病因。

四、直接民主制思潮的干扰

革命议会的权威既然树而不立，便难免引起处于其对立面的直接民主制激流的浩荡奔腾。

首先，由于 1789—1791 年议会权威的不稳定性和模糊性，使人们日益感到这种议会靠不住，必须诉诸其他一些办法来把革命继续推向深入。于是在巴黎和法国各地雨后春笋般地涌现出大量的俱乐部和民众社团，其中最重要的，有不断激进民主化的雅各宾俱乐部（宪法之友社）、具有强烈民主共和倾向的哥德利埃俱乐部（人权之友社）和具有原始共产主义倾向的社会俱乐部。这些民间团体宛如一个个小型的议会，人们，其中包括一些出身卑贱的下层民众思想家，在这里热烈地讨论国家大事，积极宣传人民民主思想，并发动组织民众以直接的行动干预议会和国家的政治生活，从而把代议制所面临的直接民主制威胁大大具体化了。

议会为之惊恐，力图加强自身的组织系统以防不测。然而，代议制机构的每一次强化措施都会相应地引发一次反代议制运动的新高潮。例如，1790 年 5 月 21 日市政法的颁布，本来是想用一般的市政制度来约束桀骜不驯的首都民主势力，结果不但没有堵住巴黎各区的嘴巴，反而引起各区民众社团和俱乐部数量的激增，由此进一步加强了直接民主主义的阵营。1791 年 5 月 10 日和 9 月 29 日的法令宣布禁止以集体名义举行请愿活动，只承认个人的请愿权；9 月 29 日的法令还明文规定："任何社团、俱乐部和协会都不得拥有任何形式的政治存在，也不得对法定权力机关和合法当局的法令采取任何行动"，而且"它们不得在任何借口之

———————

①　让-雅克·卢梭：《社会契约论》，第 39～40 页。

下以集体的名义出现"。然而事实表明，所有这些决议都不过是一纸空文，根本无法遏制愈演愈烈的民众社团的政治活动和一浪高过一浪的集体请愿浪潮。从 1791 年 2 月起，议会中就有人在主张彻底禁止一切政治俱乐部，可是就在 1791 年间，雅各宾俱乐部在外省的支部发展到了 406个，公然形成了一张遍布全国的组织网，与议会、政府分庭抗礼，而议会对此根本就无可奈何。尽管勒沙贝利埃在 9 月 29 日声嘶力竭地叫喊："宪法既定，一切都必须讲究秩序"，然而秩序已经不可能恢复。1792 年6 月，一直就是雅各宾俱乐部成员的议员戴尔福惊呼：民众社团"即使还没有成为国家中的另一个政府，至少也已成了一个要把国家引向绝路的行会"，主张坚决予以取缔。可是结果怎样呢？民众社团毫发未曾受损，倒是戴尔福自己当天就被开除出了雅各宾俱乐部。

巴黎各街区是革命法国直接民主主义势力最集中的地方。各街区的民众自大革命一开始，就表现出拒绝把自己的政治权利转让给他们的代表的顽强倾向，并且一直也不曾放弃过向巴黎市议会争权的斗争。巴黎市议会自以为是公民的代表，不仅有权制定市宪，而且有权管理市政，总想对巴黎各街区发号施令。而巴黎各街区则认为市议会这样做简直是"篡权"，是在僭夺巴黎人民根本没有托付给它的权力，真正能代表巴黎市的只能是组成该市的各个街区。因而，直到 1790 年 5 月市政法颁布之前，各街区一直力图利用废除和批准市议会法令的手段来申明它们对自己的受委托人的监控权，尽管常常并不能奏效。巴黎各街区同市议会的冲突，最典型地反映着大革命时代直接民主制同代议制之间的对抗状态。

巴黎各街区直接民主制倾向之所以特别强烈，似乎同佩蒂翁在 1788年写过的一个小册子曾在这里广为流传有关。这个题为《就救国问题告法国人书》的小册子，曾被托克维尔称为革命前夕唯一表现出了"本来意义上的革命精神"的作品。它混合地反映着一种简单化的卢梭主义和当代人对于自治的热望，极力宣扬人民的无限主权思想，因而深得巴黎民众的欢迎，很快就成为人民运动的经典依据，自 1789 年 6 至 7 月起就有力地推动着巴黎各街区对市议会的抗争，

佩蒂翁在这个小册子里极力鼓吹人民制宪权力的无限力量。他号召人们：

学会认识和尊重人民的不可转让的权利吧；人民是他们选举的首领的主人；如果他们觉得合适，他们可以撤换自己的首领，理由是有创造力者自然也有破坏力；他们可以改变、消灭他们所交出的权力，他们可以赋予政府一种对他们的幸福与安全最有利的形式。①

可见早在大革命之前，近代代议制未及产生之时，就已经先行出现了限制、破坏这一制度的观念！

激进革命派在骨子里的这种对于代议制的不信任感，由于纳税额选举权制度的通过而更形突出了。由于这一制度无情地剥夺了大多数法国公民的基本政治权利，它使激进革命派清楚地看到了这一事实，即一种独立于其委托人的权力可以为所欲为地违反强加于它的限制，可以不受惩罚地订立法规践踏它本来应该予以保障的权利。1791年4月，罗伯斯庇尔在谴责制宪议会以纳税额选举权制度重建不平等的行径时指出：类似纳税额选举权这样的法令"根本用不着废除，它们本来就毫无法律意义"，因为《人权宣言》已经规定"人民代表的权力是由他们所担负的委托的性质决定的。那么，你们所担负的委托是什么呢？是建立法律来恢复……你们的委托人的权利。所以你们绝不可能剥夺他们的这些权利"。

从激进革命派的这些直接民主制的观念和主张中，我们不难发现这样一种强烈的意向，即对议会议员的强制委托权的极端强调。议员们绝对不能违背其选民的意志，一切违背选民委托而制订的法律都等于零。巴黎各街区同市议会之间的争论，恰恰也是集中发生在强制委托权的问题上的。1789年11月，丹东领导的哥德利埃区要求该区在市议会的四名代表立下誓言，表示一定要"严格按特别委托书办事"，并承认自己"可以被本区随意罢免"。当时有三名代表不愿这样宣誓，当即遭到撤换。市议会对此极为恼火，它拒不接纳哥德利埃区的新代表，并重申这一原则：议员一旦当选，"就不再属于本区，而属于整个城市"。然而在巴黎其他区的支持下，这场官司最后还是让哥德利埃区打赢了，结果在1790年春天又有大批市议会议员被本区罢免。

———————

① 转引自 P. 葛尼菲：《历届议会与代仪制》，见 C. 卢卡斯主编：《法国革命与近代政治文化的创造》第 2 卷，第 243 页。

由此可见，强烈倾向于直接民主制的激进革命派实际上一刻也没有放弃对强制委托权的迷恋，他们所希望的实际上是革命法国的代议制向强制委托权的旧制度回归！尽管这一希望是从左的方面表现出来的，但殊不知法国的代议制正是通过革除了这种封建性的强制委托权，才迈开了走向近代的步伐！而且在主张强制委托权这一点上，激进派的言论同敌视革命的保守言论之间竟存在着惊人的契合。1789年9月5日，佩蒂翁宣称："我反对这种代议制，在这里受委托人成了主人，委托人倒成了部属，民族受着那些本来应服从它的人的任意摆布；……人们剥夺了委托人的权力并反过来压迫他们，用他们本来打算用以保护自己的武器来制服他们。"1792年7月29日，罗伯斯庇尔也说："我们所有的缺陷，都源于代表们绝对地独立于民族之外，不受民族的支配。他们承认了民族主权，却又消灭了这种主权。他们口口声声说自己只是人民的代理人，却总是摆出统治者的姿态。他们实际上就是专制暴君，因为所谓专制主义，无非就是对主权的僭夺。"激进派是这样说的，保守派——他们本来就是或很快就会成为反革命派——又是怎样说的呢？1790年4月19日，制宪议会的王政派议员莫里曾这样对议会的代表性提出质疑："我们是在什么意义上成为民族的代表的？我们的权力和委托权可以一直延伸到何处？……我们对民族发号施令的权力究竟可以行使到何种程度？"在他之前，雷恩高等法院的紧急讼事审判庭和王政派议员卡查雷斯也曾相继在1790年1月和2月大肆攻击制宪议会，说它窃取了不曾委托给它的权力，企图制定反对民族的"权利"——即所谓国王和他的臣民约定的各种免税权和自由权——的法律。卡查雷斯称：议会应该切切实实地承认民族的主权，把它制定的"临时"法律呈与民族批准。莫里则发誓要反对"一切限制人民对于其代表的权力的法令"。

由此看来，尽管出自截然不同的动机，大革命时代法国社会的左右两极在思维逻辑上却表现出深刻的一致性，即都力图用民族的不可分割的主权观念反对代议制度。近来学者们还发现，甚至在卢梭和诸如博纳特这类反对法国革命的思想家的著作中，也明显地存在着这种思维逻辑的一致性。① 这种一致性的背后究竟隐藏着一种什么样的倾向，我们不久就会看到。

总之，这种来自左右两极的反代议制的论点，在 1789—1792 年间就已形成对代议制的严重威胁，成为人们否定代议制合法性的锐利武器。无论持这种论点的人们政治立场多么不同，多么尖锐对立，他们最深层的文化心态却是同质的，他们的观点和行动都在不自觉地表达着传统社会对以代议制度作为运载工具的政治近代化的抵抗。

五、"代议民主制"的尝试

由于制宪议会的王政派用"民族主权"理论攻击代议制度只是为了维护贵族阶级的特权，他们很快就被揭露了，被汹涌的革命潮流吞没了，从此或流亡国外，或成为躲在阴暗角落里的反革命分子，所以尽管始终存在着左右两方面的压力，但从大革命的整个过程来看，对法国新生的代议制政体构成最直接、最严重威胁的，还是激进的直接民主势力。

由于近代法国的代议制政权本质上是作为王权和贵族传统权威的对立物而出现的，而反革命势力的强大又使革命派一开始就必须紧紧依靠人民群众的支持，故大革命时期的议会本身就缺乏保障代议制原则免遭直接民主势力冲击的政治素质。既然一刻也少不了直接民主势力这个同盟军，议会也就不得不承认（至少是默认）它的合法存在，这样从大革命一开始，法国实际上就呈现着权威分割的局面：在合法的代议制权威的侧畔，树立着同样合法的直接民主制权威。

然而这两种权威就其本性来说是不能相容的，这一点卢梭已经说得明明白白。而法国革命代议制的不幸恰恰就在于：议会不仅委屈求全地承认了直接民主制的合法地位，而且在直接民主制潮流咄咄逼人的冲击、干扰面前几乎失去了任何抵抗能力。

---

① 参见巴尔尼（R. Barny）：《大革命中的贵族与卢梭》，载《法国革命历史年鉴》（1978），第 534～568 页；克林克（D. Klinck）：《从路易·德·博纳特的早期著作看卢梭与法国反革命运动的奇怪关系》，载《革命欧洲（1705—1850）问题国际讨论会论文集》，雅典，1980 年，第 14～22 页。

早在 1789 年 6 月 16 至 17 日讨论成立国民议会的时候，就已经形成了由民众直接监控议会这一法国革命特有的政治行为样式。据当时通讯资料记载，16 日深夜，西哀耶斯关于"国民议会"的提议引起了长达两小时之久的喧闹。持反对意见的少数派闹得最凶，每当有人提议将问题付诸表决时他们就嚷嚷个不停。尽管时间很晚了，可旁听席上仍挤满了群众，他们越来越不耐烦，许多人大骂少数派是"叛徒"。17 日国民议会终告成立，议员们在 4000 名群众的围观下宣誓就职。当时在法国考察的英国人阿瑟·扬对此惊诧不已。他这样评述了当时的情景：

> 旁听席上的群众被允许以鼓掌和其他表示赞许的声响来干预辩论，这样做太欠雅观，也很危险，因为他们既然可以表示赞许，也就可以表示反对，既然可以鼓掌，也就可以发出嘘声。据说他们已经这样做了。而这样是会压制辩论、影响议事的。①

然而法国革命人士似乎根本没有阿瑟·扬的这种担心，比起议会冷静议事所需要的正常环境来，他们更需要的是议会政治的公开性，以便不断地诉诸民众的支持——在他们看来，这也正是议会的合法性所在。所以这种做法在大革命中一直被审慎地保存了下来，从而实际上在代议制内部为直接民主制留下了一块阵地。

对于自大革命一开始就在一切政治活动中起着骨干作用的各民众社团，议会也很少表现出任何坚定的斗争精神。勒沙贝利埃在 1791 年 9 月 29 日的报告中，一边谴责雅各宾俱乐部的全国组织网，一边又热情赞扬该俱乐部中的一些"热忱的护宪分子"，主张将他们与为"取得某种权力地位"而组织俱乐部的人区分开来。制宪议会宣布革命结束的 1791 年 9 月 29 日法令，只是抽象地宣布取缔一切不是"出于理性和爱国主义的热心"而建立的社团，却不愿明确地对各民众社团加以指责。1792 年 7 月 1 日立法议会曾决定采取行动制裁非法的集体请愿活动，结果仍然只是色厉内荏，对于汹涌如潮的集体请愿全然无可奈何。

1792 年夏季战争形势的恶化，使法国代议制政体面临的危机更趋

---

① 转引自林·亨特：《论国民议会》，见 K. 贝克主编：《法国革命与近代政治文化的创造》第 1 卷，第 412 页。

严重。

1792 年 7 月 11 日，立法议会宣布祖国在危急中。这一法令，实际上既承认了一个高于法律的规范——救国，又承认了一个高于代议制的规范——享有主权的人民，由此在事实上废除了 1791 年宪法第 7 条规定的冗长的、排除民众干预的宪法修订程序，而把直接民主制明确地提上了议事日程。

为了对这一行动提出理论上的证明，孔多塞于 1792 年 8 月 9 日发表了一篇文章，题为《行使主权权利须知》。他在文章中阐述了在代议制原则和民主制原则之间应该建立的"合法"关系，认为"主权属于公民全体，他们只是把主权的行使权托付给了他们的代表"，但"即使在这方面，人民也仍旧保留着把交出去的权力收回来的权利"，就像他们尽管已经把立法权交给了代表，却仍保留着变法的权力一样。孔多塞在这里提出的这些基本原则是全然与 1789 年的原则相悖的，因为后者只承认先于宪法而存在的人民的无限主权，就是说，一旦制定了宪法，人民即不再有无限制的主权。可见孔多塞唱的不过是佩蒂翁在 1788 年唱过的老调，即认为人民的立宪权力始终是完整的、不可分割的，需要时可以违背自己制定的宪法而行使其权力。至于如何确认人民的意愿，孔多塞认为应该分两步走：（1）人民的每一部分都可以提出收回他们托付出去的权利的意愿，只要这一意愿在公意尚未得到确认之前仍然服从法律；（2）立法机构在听到这些局部的要求后，得予以接受，并召集所有初级议会付诸全民公决。由此看来，代议制对公民的这种意愿不得进行任何抗辩，而人民也就随时可以恢复自己的全部权利了。

实际上，当时的立法议会迫于人民起义的压力，已经处于不得不向人民各部分的要求屈服的地位。早在 1792 年 7 月，沙博就宣称：议会之所以必须屈服，是"因为议会的所有法令都不得窒息公众舆论，而我们只不过是公众舆论的喉舌，并不是它的主人"。孔多塞在 8 月 10 日起义之后，为了取悦人民，还曾替议会辩护说，当时立法议会已经在考虑满足各区的要求，只是人民先行了一步，亲自采取了断然的行动——"人民忍无可忍了，共同的目标和意愿突然把他们联成一个整体。"

也许，在当时的立法议会里不少人都有这样一种模糊的意识：从直接民主制的原则出发，似乎也可以建立一种代议制度。1792年8月10日法令宣布承认人民主权，并敦请人民将其行使权委与某种新的代议机构，即已反映出这一意识。孔多塞也在8月13日指出，唯一的解决办法"就是诉诸人民的最高意愿，并要求人民立即行使主权这种不可转让的权利……公众利益要求人民把无限权力授予其代表，让他们组成一个国民公会，并通过国民公会的意愿来表达它的意愿"。然而问题在于：在直接民主制基础上，究竟能否建立真正的、巩固的代议制？

人们看到，在国民公会选举期间，这种直接民主制的代议制观念自然而然地带来了委托书做法的普遍复活。罗伯斯庇尔从9月10日起便反复告诫人民，要他们注意"使他们的代理人绝对不可能做损害他们自由的事情"。不过，和1789年陈情书式的委托书不同，这时的委托书只写着一些原则上的声明，规定国民公会应服从人民对宪法性法律乃至所有法律和法令的批准权，服从人民对辜负了他们信任的代理人的撤换权。

刚刚成立的国民公会也立即表现出对选民唯命是从的特点。9月23日，它批准了选民提出的撤换行政机构的方案；而在两天前，它就曾根据沙博的建议，宣布了宪法唯有经过人民批准才能生效的原则。

在直接民主制观念的指导下，还产生了出自孔多塞手笔的一个被认为是革命十年中最民主的宪法草案（1793年2月15日提交国民公会讨论）。该宪法草案像1791年宪法一样主张一院制，反对主权的分割，但同时又承认1791年宪法对议员权力的限制不够充分，主张应加上定期迅速更换议员，议员不得改变宪法性法律和人民享有起义权等规定。此外孔多塞还提出，组织人民主权的行使，也就是恢复人民各部分之间的平等，正是由于缺乏表达各部分意愿的固定手段，才造成以前为首都的好处而牺牲了这种平等的状况。孔多塞在该草案中甚至详尽地为人民干预立法设计了几种形式，从而使人民既取得了法律的批准权，又取得了法律的创议权。看起来，孔多塞似乎是在企图为这种"代议民主制"确定一些具体形式。然而可惜的是，他的草案带有较强的"加强外省削弱巴黎"的倾向，无法见容于为巴黎民运所裹挟的国民公会，结果在提出的第二天就被否定了。

吉伦特派垮台后通过的"1793年宪法"（1793年6月24日）反而比

孔多塞的方案大大倒退了一步。如孔多塞主张一切公职人员的任命都必须经由直接选举，而"1793 年宪法"只保留了议员的直接选举制度，对于普通公务员则实行间接选举，对于行政会议还规定了三级选举制（即由议会从选民推举的候选人中遴选）。在法律批准权方面，"1793 年宪法"也大大减少了全民公决程序的公开性：当法案下达到各初级议会后，如欲提出上诉，至少须有一半以上省份中的十分之一的初级议会的同意，且只有 40 天的期限。而且该宪法只给了人民一种消极的批准权，只字不提人民有创议权。

雅各宾派对孔多塞宪法草案的这些修正，说明了这一革命资产阶级最激进的派别对直接民主制的叶公好龙式的态度。他们口口声声要让人民充分行使自己的权利，实质上却极力要把直接民主制限制在尽可能小的范围内。圣茹斯特在 1793 年 4 月提出的一个宪法草案即鲜明地反映了这一点。这个草案明确地背弃了主权不可分割的原则，提出了"民族主权在于各市镇"的主张，认为对法律的全民公决无须按人头计票，按市镇计票即可。这种意见实际上和"联邦主义"的观点相去不远。埃劳·塞舍尔提出的"1793 年宪法"文本也遵循着同一思路，只是把"市镇"改成"乡议会"，似乎是想借此来减轻其联邦主义的味道。倒是在吉伦特派分子迪科的坚持下，国民公会才决定还是采纳按人头计票的方式。

雅各宾派还力图限制各地初级议会①的权力。如迪科提出的给予初级议会几乎不加限制的集会自由的动议，就遭到了罗伯斯庇尔的猛烈抨击。罗伯斯庇尔说这种主张只会"建立一种破坏人民权利的民主制"，因为"那些初级议会并无明确的目标，可以为所欲为"，依靠它们只能导致一种糟糕的"纯粹民主"状态。罗伯斯庇尔还以在各初级议会中可能"盛行着压制真理的阴谋诡计"为由，逐步剥夺了初级议会对于其选举的国民公会议员的罢免权。

由此看来，雅各宾派对直接民主制的限制和破坏，并非完全出于由于形势危急必须加强中央集权这种现实政治的考虑，它同时也显示了雅各宾派对人民意志的蔑视。表面上，罗伯斯庇尔等人把人民的意志捧上

---

① 初级议会，即选举国民公会代表的各地选民大会。

了天，实质上他们根本瞧不起人民，认为人民无知、愚昧、偏执、自私，成事不足，败事有余。在 1792 年宣布共和之后，罗伯斯庇尔就写道：共和制在此时还只是一个"空洞的辞藻"，因为它还不曾具备自己的原则——"共和制的灵魂是美德，即对祖国的爱，把一切私人利益同普遍利益融为一体的高尚的献身精神"，而这种美德只是经常地在人民的统治者身上表现出来的。罗伯斯庇尔对所谓"人民统治者"内部的腐败只字不提，只是大谈共和国内存在"好公民"与"坏公民"两大派。比约·瓦莱纳也在共和二年花月 1 日的演说中说：共和国需要创造一代有公民心的人民，以期"使人类从堕落中恢复其至高无上的尊严"。在雅各宾派看来，由于他们当时成立的还只是一个"没有共和派的共和国"，因此必须在允许其充分行使自己的权利之前对民族进行更新改造。

这样看来，恐怖统治也就不仅仅只是一种以"救国"为目的的"战时措施"，它同时也是雅各宾派为更新改造法兰西民族而采取的一种非常手段。共和二年雪月 6 日，巴莱尔曾发出这样的概叹："甚至连人民的这个有益的、不幸的阶级（按：指第三等级）都被坏人腐蚀了，甚至连妇女都被他们拉入了嫌疑犯和反革命的行列。"人们熟知这样几个统计数字，即在恐怖时期被处死者的名单中，百分之八十五属于第三等级，即资产者、手工业者和农民，而教士和贵族分别只占百分之六点五和百分之八点五。可见雅各宾派对"缺乏公民心"的人民大众是多么的失望，镇压起他们来又是多么的凶狠！

奇怪的是，既然山岳派国民公会对人民的状况如此悲观，既然对"腐败"的人民如此轻蔑，并声称以改造人民为己任，它又怎么能以"人民的代表"自居呢？似乎只能这样解释：国民公会所代表的只是抽象的人民，不是具体的人民，或者说只是未来的人民，不是现在的人民。总之那是一个子虚乌有的人民，至多只是"不可腐蚀者"罗伯斯庇尔等少数几个人自己而已。在这个意义上，我们也有理由认为，罗伯斯庇尔派实际上并没有背弃直接民主制原则，作为卢梭的忠实信徒他们也不可能背弃这个原则：他们只是企图阻碍和禁止"腐化"的人民行使自己的权利而已。

这样我们便看到，法国革命的代议制是怎样通过容忍、容纳直接民主制并进而将它奉为自己的基础原则，一步步地导致了自身的消亡。应该说，这也正是把卢梭的"主权不可分割"原则贯彻到底——当然只是在一种抽象的意义上，或者说在只承认罗伯斯庇尔等少数人是真正的"人民"的意义上——的必然结局。

六、无法摆脱的专制幽灵

大概自 1793 年 6 月 2 日吉伦特派被清除出国民公会起，国民公会就不再能算得上一个严格意义的代议机构了，它在罗伯斯庇尔等人的操纵下，已成为实际上的专政机关。按罗伯斯庇尔本人的说法，这叫"自由的专制"。

实际上，这种国民公会专政，不过是法国革命议会制度中历来就有的某种专制主义潜在倾向的明朗化和登峰造极。

早在国民议会中，随着强制委托权制度的废除，议员们事实上就已被赋予一种不受制约的权力。这一情况引起了米拉波的担忧，他觉得这简直是让 1200 名君主取代一名君主。为了对议员们的权力加以限制，他主张给予国王否决权，以便让国王充当"人民的保护人"（1789 年 9 月 1 日的演说）。

尽管议会同意了国王的延缓否决权，但在 9 月 23 日，它却断然拒绝了穆尼埃关于宣布国王为民族代表的动议。行政权力在组织上也受着立法权力的重重限制：国王下达的命令必须经一名大臣副署，而该大臣则可能被议会提出弹劾，大臣去职时必须向议会提出报告，在把职责移交清楚之后才准许离开巴黎。国王手下的各大臣实际上都必须向议会负责，而国王却无法控制议会，因为他没有解散议会的权力，甚至不得分享召集选举人大会的权力。唯有议会才能决定法律，议会提出的税收法、弹劾令和宣言书，即使否决权也对之无可奈何。规章制订权也属于议会，就是说，议会有权解释法令并就执行法令作出具体规定。不仅行政权力制约不了立法权力，司法权力同样也没有这个能力，因为法庭只能无条件地依法判案，而不能像美国的司法机关那样拥有研究法律是否符合宪法的职责，以往常常使国王头痛的高等法院的阻挠，对于议会业已不复存在。① 可见，法国革命产生的议会一开始就具有一种强烈的集权倾向，好像革命者们在下意识中普遍地感到，要结束王权的专制权威，就必须赋予作为民族代表的议会一种专制权威似的。

制宪议会的集权倾向不仅表现在它力图集立法、行政和司法三权于议会一身，而且还表现在它拒绝对议会作任何形式的分割的态度上。我们知道，制宪议会的前身国民议会的产生，就是第三等级坚持要求三级代表合厅开会的结果。这种"议会统一"的观念由此便成为一个不容置疑的神圣信条，直至热月党人上台。王政派领袖穆尼埃曾力图按美国方式实行二院制，结果证明是不切实际的幻想。本来是主张一院制的西哀耶斯，只因曾经提过议会分成两部分议事（表决还是在一起）的建议，就在 1791 年被人猛烈地攻击为"鼓吹二院制"蒙受不白之冤。表面上看，革命资产阶级反对二院制是因为他们拒绝承认贵族的特权，拒绝承认任何权利的不平等，但实质上，这里也透着这样一种担心，即对立法权的任何分割都可能导致立法权的被削弱。

由此看来，尽管法国革命人士基本上按照孟德斯鸠的学说制订了 1791 年宪法，并在《人权宣言》中庄严地承认了权力的分割和平衡的必要性②，但在实际行动上他们却严重违背了孟德斯鸠的精神。在立法权和行政权的关系上，他们只讲立法权对行政权的监督权、弹劾权，却力图架空行政权对立法权的制约，只给行政权一种低效的否决权，而不给其解散议会权，甚至不断地以立法权超越行政权；在立法权和司法权的关系上，他们则拒不承认司法权有检查立法机关活动是否符合宪法的职能，只准其消极地依法审理案件。同时，在立法权内部，他们还极力反对建立两院相互牵制的关系。不言而喻，法国革命人士的这种"立法中心主义"势必导致孟德斯鸠所崇尚的"公民政治自由"的毁灭，而为孟氏所痛恨的专制主义的肆虐大开方便之门。

---

① 参见乔治·勒费弗尔：《法国革命史》，商务印书馆，1989 年，第 136～137 页。勒氏还进一步指出："司法权的次要地位和立法权的纯代表性，这是法国公法中的两项永不变更的原则。"（第 136 页）

② 1789 年《人权与公民权宣言》第 16 条款："凡权利无保障和分权未确立之社会，便没有宪法。"

革命派的议会集权倾向随着革命的深入发展而呈现着逐渐强化的趋势：

1792年3月，迪穆里埃奉命组阁，行政权实际上落入了统治着立法议会的吉伦特派之手，从而进一步丧失了自己对于议会的独立性。及至8月10日王权垮台，行政权已形同虚设。

孔多塞于1793年2月15日提出的宪法草案，体现了孟德斯鸠分权主义在热月反动前的最后一次挣扎。该草案主张议会议员和行政会议成员均由初级议会普选产生，这就在事实上保证了行政权相对于立法权的独立性。然而孔多塞的忧虑显然代表不了国民公会大多数议员的感情——我们知道，他的草案第二天即遭否决。1789年《人权宣言》中宣布的"只有以分权为基础的政府才是自由政府"的条款，在国民公会成了众矢之的。吉伦特派分子迪科攻击这种说法是一种"幻想"，并号召人们"采纳一些更有力的原则"。果然，"1793年宪法"规定：立法机关从选举人大会推荐的人选中遴选产生的24名部长必须在相互隔离的状态下工作，并且必须严格地隶属于议会。

"1793年宪法"虽然被无限期缓行了，议会对行政部门的控制却仍在不停地加强。1793年12月4日关于革命政府组织的法令把各行政部门统统交由救国委员会支配。共和二年芽月12日（1794年4月1日）的法令使议会的集权程度进一步提高：行政会议被取消，取而代之的是12个直属救国委员会的行政委员会。

此后，权力的天平一度似乎出现了向罗伯斯庇尔把持的救国委员会倾斜的危险，国民公会几乎有点控制不住它的救国委员会了。然而罗伯斯庇尔毕竟过于优柔寡断、软弱无能，加之战争形势的普遍好转，这使得国民公会能够顺利地通过"热月政变"重新恢复自己对行政权力的控制权。热月11日（1794年7月29日），国民公会颁布法令，规定各委员会每月改选四分之一的成员，而且每名委员落选后必须间隔一月时间才能再次当选。自果月7日（8月24日）起，救国委员会更是失去了对所有行政部门的统辖权，只被赋予处理作战和外交事务的权限。代行各部职权的12个执行机构被分别置于议会的12个委员会管辖之下。至此，国民公会的集权专制可谓已臻于极致。

　　显而易见，法国革命的代议制度之所以会如此顽强地表现出背弃孟德斯鸠的倾向，根源全在卢梭的人民主权理论那里。法国革命者虽然承认了代议制原则的现实性和必要性，却严重缺乏将这一原则贯彻到底的能力，也就是说，他们虽然多少有些不情愿地否定了卢梭关于人民主权不可代表的思想，却怎么也否定不了卢梭关于人民主权不可分割的信条。他们似乎顽强地抱着这样一种信念：即使在人民选举代表建立议会制度这一层面上的"主权分割"是可以容忍的，由代表机关体现出来的人民主权也无论如何不可再行分割，任何再分割都会导致公意的破坏。似乎正是出于这一信念，才产生了革命者们反对二院制、维护议会统一，反对行政权独立、力图集权议会的种种努力。总之，革命时期的议会在自以为握有对整个民族的排他性的代表权这一点上，与自称是法兰西民族的唯一代表的路易十六或拿破仑并无本质的区别，表现出的都是一种抹杀个人价值、扼制政治民主的专制精神，不同的只是前者是一群人的专制，后者是一个人的专制而已。

　　当然，在热月反动时期，资产阶级痛定思痛，终于悟出了革命议会专制的严重弊害，并打算改弦更张了。西哀耶斯便经过深刻的反省，一改自己以往所坚持的"主权不可分割"的观念，开始积极倡导向孟德斯鸠主义复归。于是，人们通过1795年宪法，第一次奠定了二院制议会在法国政坛上的合法地位，并切实地贯彻了分权的原则。不幸的是，尽管放弃了议会专制主义，人们却并没能够就此摆脱代议制政体的困境，法国还是要在经年的动荡中确定地走向专制政体——拿破仑的个人独裁。

　　这一事实再次证明了法国革命在政府组织问题上的深刻的两难处境：政府要么全能，要么无能；议会要么拥有全权，要么就只能充当橡皮图章。

　　专制主义的传统倾向，就这样幽灵似地阻挠着革命法国向近代代议制政体迈动的脚步。

第三章　平等的幻梦

把高个儿截短，

把矮个儿拉长，

大家个头一般高，

人间天堂乐无疆。

——《卡马尼奥拉》

（法国大革命时代流行歌曲）

法国革命同旧世界彻底决裂的信念还相当集中地表现为它对"平等"的执着追求。

平等是一个过于空泛的词，对它必须有个界定。这里的平等，主要指的是权利的平等。而权利，又主要指的是政治的权利。大革命时代的"平等"，在它有实际意义的时候，内涵就是这样的。

当然在大革命期间也不乏使平等超过这个范围的企图。且不说忿激派和巴贝夫的斗争，共和二年的雅各宾专政也多少有些实现社会平等的理想。然而这种社会平等，即使是非常有限的（如只是消除大贫大富），在当时都具有明显的空想性质。

政治权利的平等似乎不能算作空想了，可是要真正实现它，又谈何容易！

一、空前的热望

如果说英、美、法三国的资产阶级革命在期望上或价值取向上有什么差异的话，那么，对待"平等"这一信条的不同态度便是这种差异的集中表现。

索布尔曾一针见血地指出：

> 作为争取平等的革命，法国大革命大大超过了以往的历次革命。无论在英国或美国，贵族和资产阶级既已分享了政权，革命的重点便没有放在平等上面。而贵族的反抗、反革命和战争则迫使法国资产阶级把权利平等放到了首位。

这就是说，尽管英、美、法三国的革命都打着"自由与平等"的旗帜，然而真正重视"平等"的价值、表现出对"平等"的炽烈追求的，却只有后来的法国革命。

历史也正是这样告诉人们的。

从英国革命中曾产生了弥尔顿和洛克的自由平等、天赋人权和主权在民等伟大思想，然而这场革命却恰恰是最忽视"平等"价值的革命。革命中虽然也出现过主张政治平等、取消特权和实行普选制的平等派，甚至出现过激烈反对土地私有制、要求彻底消灭封建剥削的掘地派，可这些激进的派别总显得极其屡弱，被新贵族和资产阶级的联合势力压得抬不起头来，始终成不了什么气候，以致他们争取权利平等的斗争一直不曾对革命成果产生什么实质性的影响，英国革命因此带有突出的保守性色彩。实际上，英国革命极力弘扬的只是自由的精神，在权利平等问题上它毋宁说是讳莫如深、毫无建树的。"光荣革命"后英国国会于1689年颁布的《权利法案》，确认了英国人自古以来应该享受的十三条权利与自由，其内容基本上只是为了限制王权、保证议员言论自由和国会的主权，对于权利平等却不置一词。英国著名政论家伯克在《法国革命感想》（1790）一书中就这样承认：从大宪章到1689年的《权利法案》，我们的宪政主张历来都是把我们的自由作为先辈传给我们的，并应由我们传给后代的遗产和遗物去要求和争取。可见，由于忽视了"平等"，连英国革命所肯定的"自由"都显得极为狭隘：它在这里指的只是英国人的传统权利，并不是所有人的权利。

革命时代的美国人则比英国人潇洒得多。北美殖民地以自由契约论为依据来争取独立，即争取与母国平等的地位，由此自然既要打破自由的国界限制，又要明确地提出平等这一天赋人权。所以，北美殖民地

《独立宣言》（1776）能够开诚布公地庄严宣布"人人生而平等"这一原则，从而成为马克思所盛赞的人类历史上"第一个人权宣言"。可惜的是，"人人生而平等"这一原则还不能说是对权利平等信条的彻底承认，它具有浓厚的抽象性色彩，其中不可避免地暗含着一种对事实上的不平等的默认。聪明的美国资产阶级发现，对权利平等的普遍性作这样抽象的肯定看起来危险，实际上有百利而无一害，因为"人人生而平等"，承认的仅仅是人人一生下来就有参加资本主义自由竞争的平等权利这一事实，至于每个人有无竞争的条件和手段、能否在竞争中获胜，那就得看他的命运和本事如何了。结果，资产阶级既可以运用这一原则去消灭贵族特权，为自己的发展开辟自由的天地，又可以迫使劳苦大众俯首帖耳地做他们的雇佣奴隶，何乐而不为！可见，美国革命虽然用公法的形式规定了普遍的自由和平等，实质上它真正热心追求的仍然只是自由，而不是实实在在的平等。

法国革命迷人的魅力，正在于它对美国人的求实精神不屑一顾。它显然感到美国人作出的那种"激进"姿态还远远不够味、不过瘾，因而必须再向前跨出一步。这一步果然也就在理论上被法国革命者轻而易举地跨出去了，于是在 1789 年 8 月 26 日，全人类第一次有了一个用这样一句气吞山河的名言开头的《人权宣言》：

在权利方面，人们生来是而且始终是自由平等的。

引文中的着重号是笔者加的。应该认为，这个"始终是"，绝不是一个漫不经心的措辞。它以雷霆万钧之力冲破了美国人在"平等"价值观上所设置的樊篱，集中体现了法国人在这方面显著不同于盎格鲁—撒克逊人的期望。通过这个措辞，法国革命人士第一次赋予平等一种丝毫不亚于自由的绝对价值，而法国大革命的全部激进性、彻底性都不过是这种绝对平等观的派生特征。

英、美、法三国的革命之所以表现出三种不同的平等观，显然是由三国国情的不同特点所决定的。众所周知，英国贵族的地位远逊于欧洲大陆各国的贵族，主要表现在他们并不享有多少特权，尤其是必须像其他人一样纳税，而且只有获取了爵位的贵族才是合法的特殊等级，他们的爵位只传给长子，其他子女仍属平民。另外，经过 1455—1485 年的红白玫瑰战争，旧的军功贵族（封建诸侯）已经自相伐绝，因而自都铎王朝（1485—1603）以来，英国的贵族基本上都是出身和资产阶级十分相近的新贵族，其中一部分是因忠于国王而获得被没收的旧贵族土地的高级官员，一部分是称为乡绅的中小地主，他们在经济利益上已经同资本主义发展发生了密切联系。由此又带来了英国社会的另一个特点，即那里不存在阶级偏见，法律和习俗都不妨碍贵族经商，贵族做生意丝毫不影响自己的加官晋爵，这就更进一步促进了英国贵族资产阶级化的进程；同时，航海事业和殖民征服的发展，同西班牙和法国的争战，也加强着英国土地贵族和资产阶级之间的认同感，一旦推翻了专制王权，这两个阶级便自然而然地分享了政权。可想而知，这种情况下资产阶级当然没有提出权利平等的迫切愿望。

而在北美各殖民地，人们虽然必须打出平等的旗号来争取独立，但一旦实现了独立，对于平等也就不再需要加以特别强调了。其缘由几乎是不言自明的：新大陆从未有过欧洲的封建制度与传统，根本不存在任何合法的封建特权，充其量只有一些从欧洲带来的、不占统治地位的封建残余，如代役租和长子继承制之类，整个殖民地社会是"一开始就建立在资产阶级基础上的"（恩格斯语）①。既然不存在阻碍资本主义发展的封建特权制度，资产阶级在革命中当然不可能凭空产生出什么追求权利平等的热情。

法国的情形可就大不一样了。中世纪的法国曾经是封建制度的典型国家，各大封建主雄踞一方，俨然是一个个土皇帝，王权长期衰微。尽管自 12 世纪中叶起，贵族阶级随着王权的强化而不断受到削弱，但它依然在社会阶梯中傲居首位，仍享有异常广泛的社会、政治和经济的特权：既可以免交大部分捐税，又独占宫廷、军队和教会中的高官显职。而且，贵族阶级愈往旧制度末期愈显得封闭和僵化：一方面资产阶级分子挤入贵族圈子越来越困难；另一方面，贵族即使负债累累也不能像英国贵族那样去经商赚钱，因为法国贵族阶级的传统偏见历来视工商业活动为下

---

① 《马克思恩格斯选集》，第 3 卷，第 398 页。

流，不惜辱没自己的身份去从事这种活动的贵族会因此丧失贵族特权，首先是免税的特权。显而易见，法国没落贵族这种基于特权的寄生性，势必日益加重资产阶级和人民大众首先是农民的负担，而资产阶级要开辟资本主义的发展道路，首先必须克服的也正是封建特权的羁绊。法国大革命对于权利平等的空前热情，就是以资产阶级和人民大众对贵族特权的深恶痛绝为基础的。

所以，法国革命人士那种独特的平等观，正是作为旧制度封建特权的对立物而出现的。也就是说，是旧法国封建特权的典型性和顽固性，导致了法国革命平等观的异乎寻常的绝对化。应该说，这种绝对化的平等观不仅极其虚幻，而且相当危险，很容易危及资产阶级本身的安全，可当时的革命资产阶级并没能在这一点上达成共识。只是在五年之后，在经历了恐怖统治的浩劫之后，痛定思痛，他们似乎才终于明白了过来。共和三年获月5日（1795年6月23日），国民公会议员、热月党人布瓦西·当格拉慨叹："绝对的平等是一种空想"。热月26日（8月13日），另一位热月党分子梅埃开始公然向1789年《人权宣言》的平等观发难：

> 说在权利方面人人生而平等，我赞成。但在权利方面人们始终是平等的吗？这我就不敢苟同了……①

梅埃还强烈呼吁停止在宪法中这样危险地"滥用词语"。同一天，议员朗瑞内进一步明确指出：如继续承认"一切人在权利方面始终平等"，便无异于号召"已经被剥夺公民权或停止了公民权之使用权的"雅各宾派分子起来反对宪法。结果，1789年《人权宣言》的第一条终于被共和三年宪法的《人权宣言》郑重地抹去了，平等在那里仅仅剩下"法律面前人人平等"的意义（第3条）。

事实上，早在1789年，革命者中某些头脑比较冷静的人也曾预感到这种不受时效约束的权利平等的危险性。他们觉得，为了增加保险系数，至少应对《宣言》的内容做一些补充。西哀耶斯提出明确写上在财产问题上没有平等可言的规定，以防止有人趁机鼓吹社会平等；格雷古瓦教

---

① 《导报》，第25卷，第479页。

士则希望，在列举公民权利的同时，也应列举公民的义务。当时的贵族反革命派也曾警告过资产阶级：如果他们为废除贵族特权而否认出身的优越，他们迟早会看到这个论据会掉过头来反对他们自己，因为通过财产继承，出身同样保证着富人的事实上的特权。① 然而所有这些忠告对于制宪议会的大多数议员都成了耳边风。在1789年立志同旧世界彻底决裂的法国资产阶级似乎冲破了自身阶级的局限，他们充满超阶级的狂热，摆出全人类代言人的姿态。正如勒费弗尔所指出的：当时的"资产者不把自己看作是一个特权阶级，他们甚至以为，随着等级被废除，阶级也将被消灭，资产阶级的大门对所有人都是开放的"；同时他们还坚信，由他们设计的、符合自然法规和上帝合理意志的新秩序将永远保证人类的幸福。1789年《人权宣言》正是怀着对未来的充分信心所写下的作品，其中每一条原则在他们看来都是"无可争辩的"绝对真理。在谈到这种平等热望的缘由和它对大革命所产生重大影响时，勒费弗尔还这样告诉我们：

> 当资本主义集中尚未在经济中占统治地位时，所有缺少竞争条件的人开始并不都对前途丧失信心。何况面对贵族的阴谋，第三等级内部还保持一定的团结和友爱，从而部分地掩盖了阶级对抗。因此，自由和平等对人们的想象具有不可抗拒的魅力。法国人民以为他们的生活将能改善，他们的子孙将生活得更加幸福，他们甚至希望其他各国人民也将有同样的命运，自由和平等的各国人民将永远和睦相处。那时候，世界将从压迫和贫困中解脱出来，和平的阳光将普照大地。革命的幻想犹如鲜花盛开。许多人为着这个如此崇高的事业甘愿牺牲自己的生命，它所激起的热情鼓励其他人继续英勇奋斗，把革命的光辉洒向全世界。②

由此看来，法国革命的特殊性还不仅仅是法国封建社会的典型性所致，它还反映了一种对启蒙时代理性思维逻辑的贯彻。同带有经验主义深刻烙印的英、美革命比较起来，法国革命无疑具有更浓厚的哲学思辨

---

① 参见乔治·勒费弗尔：《法国革命史》，第155页。
② 参见同上书，第131~133页。

色彩。它是人类大同理想的一次空前规模的宣示和实践。这种炽烈的追求平等的热望固然是法国人的骄傲，然而它在18世纪毕竟只是个不切实际的幻想，而任何被不合时宜地付诸实施的幻想，不论其闪烁着多么炫目的光芒，终究总是要归于破灭的。尽管法国人在相当长的一段时期内拒不承认这种幻灭的必然性，还要前赴后继地力争把幻想变成现实，并把一个比一个更激进的革命派别推向前台，可是谁又能否认，在这个过程中他们也无时不在为一种不祥的幻灭预感所困扰、所折磨呢？

二、荒谬的公民划分

法国大革命中的所有革命者，无论是米拉波、西哀耶斯，还是丹东、罗伯斯庇尔，都有这样一个共同的目标：把每个法国人由"臣民"变成"公民"。而他们所说的"公民"又都含有一种卢梭主义的严格含义，即意味着组成一个政治共同体的全体个人都拥有积极参与公共事务、首先是积极参与立法的权利。这种意义上的"公民"自然是与作为君主制时代君主个人臣属的"臣民"截然对立着的。在革命者们看来，既然已经宣布了同旧法国的决裂，法国人就不应再是君主的消极臣民，他们应该积极参与国家的公共事务；法律不应再是国王专横意志的产物，而应像《人权宣言》所宣布的那样是"公意的表现"，而"所有公民都有权亲自或通过他们的代表协助立法"。因此，就其本性来说，"公民"这个称号是以承认每个人都有平等的政治权利作为当然前提的。

然而，原则归原则，一旦接触到实际，革命资产阶级便立即失却了他们在宣布这些原则时所显示出来的那种大无畏的气概，显得多少有些磨磨蹭蹭、忐忑不安，甚至常常背弃这些原则，想方设法限制人们的平等权利。

首先他们就没敢贸然贯彻宗教宽容，没敢立刻把不属于法国天主教派的各种"异教徒"纳入"公民"的范畴。《人权宣言》通过于1789年8月26日，可制宪会议迟至12月27日才同意给新教徒以公民权。法国南部的犹太人取得公民权还得等到一个月之后，而东部的犹太人则等到两年后，即1791年12月27日才成为法国公民。其次，革命资产阶级迟迟不愿废除黑奴贸易，不愿承认法属殖民地黑奴的公民权；制宪会议在1791 年 9 月 24 日还极其荒谬地把"有色人种"（包括混血儿和自由黑人）的政治地位问题交由浸透着种族歧视精神的殖民地议会去定夺，后来的吉伦特派立法议会只是迫于黑人起义的压力才于 1792 年 3 月 28 日承认了有色人种、自由黑人的公民地位。最后，法国革命人士也只是为了借助黑人的力量来抵抗英国对法属殖民地的进犯，才被迫于共和二年雨月十六日（1794 年 2 月 4 日）无条件废除了奴隶制。法国本土的工人照说是享有公民权的，可他们也被禁止结社和罢工——1791 年 6 月 14 日通过的"勒沙白利埃法"公然剥夺了他们这些保卫自身利益的权利。

不过，最突出地反映了法国革命人士深层意识中那种有限平等观的，还是制宪议会关于"积极公民"与"消极公民"的划分。

这一著名的划分乃是西哀耶斯的创造。1789 年 6 月国民议会成立后，西哀耶斯在宪法委员会的请求下，撰写了一份题为《关于确认人和公民权利的理论阐释》的报告。在这个报告中，西哀耶斯区分了两种不同的权利：一种是"自然的和民事的权利"，人们组成社会的目的就是为了维持这种权利；另一种是"政治权利"，这类权利是社会赖以形成的手段。为了语言表达的简捷起见，西哀耶斯把这两种权利分别称作"消极权利"和"积极权利"。在对"权利"的这种区分的基础之上，西哀耶斯进一步提出了他关于积极公民和消极公民划分的"理论"：

> 一个国家的所有公民都应享有消极公民的权利：大家都有使自己的人身、财产、自由等得到保护的权利，但并非所有人都有积极参与组成公共权力的权利，并非所有人都是积极公民。妇女（至少在目前状况下）、儿童、外国人及所有不对公共机构作任何捐助的人，均不得对国家施以积极的影响。所有人都能享受社会的好处，但唯有赞助公共机构的人才能成为社会大企业的真正股东，唯有他们才是真正的积极公民，真正的社会成员。①

西哀耶斯心目中的"积极公民"，一般得满足这样几项标准：有法国

---

① 转引自小 W. 塞维尔：《积极、消极与大革命的公民概念》，见 C. 卢卡斯主编：《法国革命与近代政治文化的创造》第 2 卷，第 107 页。

国籍，男性，成年人，从事非家仆性工作，有丰厚的收入，或对国家有一定的财政资助（纳税人）。这些标准只要有一条没达到，在西哀耶斯看来都没有资格成为积极公民。

应该说，西哀耶斯的主张的确渗透着作为资产阶级的一种明智的理性思考，一种对客观实际的认识。外国人不能充当法国的积极公民，是因为他们对法国的忠诚是不可靠的，对他们应存有戒心，依法保障他们的人身和财产的安全是可以的，授以参与立法的权利则不可；妇女和儿童算不上积极公民，是因为这部分人生性懦弱，对成年男人有一种天然的依赖感，缺乏独立于男性家长之外的积极的个人意志；家仆也不能做积极公民，因为他们类同于妇女、儿童，是由契约关系规定了的主人的附庸，必须唯主人之命是从，没有自己独立的人格。如果说妇女、儿童和家仆在公共生活中的消极性决定于他们在私人的家庭生活中的消极性的话，那么，那些没有足够的工作收入的人，包括乞丐、流浪汉等，他们在政治上的消极性则是由他们在经济上的消极性所决定的：他们是经济活动方面的失败者，在社会财富的生产中起不到积极的作用，基本上只是纯粹的消费者，是社会的负担。这种消极的经济地位使他们不能以纳税的形式来参与对国家活动的支持，而由于在社会这个大"公司"里不占有任何"股份"，他们对国家事务没有发言权自然也是"天经地义"的了。

然而，这种公民的二分法，虽然绝对符合资产阶级的价值观念，却绝对符合不了革命者们所使用的"公民"概念的卢梭主义意义，因为我们知道，这种意义上的"公民"坚决主张组成某政治共同体的全体个人都可以积极地参与该共同体的公共事务。公民，强调的本来就是在政治权利方面的人人平等，而把公民划分成消极公民和积极公民，则恰恰否定了这种平等。这种划分所肯定的，只不过是人们在"消极权利"（即受法律保护的权利）方面的平等，这就大大降低了卢梭的"公民"概念的平等性。

这也就是说，西哀耶斯的"消极公民"概念是对卢梭"公民"定义的篡改。按照卢梭的意思，凡是"公民"无一例外都应当是"积极"的，"积极公民"的概念本身已经是一种同义反复，而"消极公民"则完全是一种逻辑的混乱，是一个自相矛盾的概念。如果说真的存在着这样的"消极公民"的话，那么这种"公民"实际上根本算不上公民，而只能是一种"臣民"而已。既然如此，西哀耶斯为什么还要别出心裁地杜撰出"消极公民"这么个概念来呢？西哀耶斯似乎考虑到，直截了当地采用"臣民"一词从理性和政治上看都是不妥当的。首先，"臣民"从来就不是一个"准确的词"，它指的是某种"屈服于国家法律"的人，但同时也暗含着对君主的人身服从，而且，"臣民"不是指某种对法律的单一的服从，而是指某种对于国家、法律和国王人身的非常多样化的关系，这种关系正是旧制度的"团体秩序"（指旧制度下法国社会按等级和行业分成众多团体的状态，这是当时法国社会的一个极其重要的特点，我们在下面还要专门谈到）所特有的东西。西哀耶斯使用"消极公民"而不使用"臣民"一词，在一定程度上似乎就是因为前者暗含着某种对于国家的单一性质的关系，而这种单一的关系乃是实现对法律的均等服从的条件。因此，在西哀耶斯看来，把享有法律的充分保护但没有选举权的人称作"消极公民"，比把他们称作"臣民"要更准确一些。

另一方面，从政治上看，在当时法国继续使用"臣民"一词来称呼那些不应享有积极的政治权利的人很可能会引起麻烦。因为把占全国人口的大多数或数量相当可观的一部分成年男性居民宣布为一个狭小公民团体的"臣民"，在一场以国民平等的名义而进行的革命中显然并非明智之举：这样做实际上是把只占人口一小部分的"积极公民"摆到了贵族的位置上，使他们变成绝大多数人口所"无权监控"的"集体君主"。这就势必加深和激化这两部分居民之间的矛盾，酝酿新的政治动荡。相反，若是使用"公民"一词，则可以制造出一种名义上人人平等的气氛，即使冠之以"消极"二字，听起来仍然显得比臣民要好得多，能够给人一种表面上的公平感和虚假的满足感。所以，"消极公民"一词除了强调国民对法律的一致服从之外，还有其试图模糊大多数人政治上的屈从地位、掩饰新生法兰西民族中的阶级矛盾的意思。可见西哀耶斯用心之良苦！

不过，尽管"消极公民"看起来比"臣民"一词更易于让人们接受，但在正式法律文件中直接使用这个词似乎仍会使制宪议会的议员们感到忐忑不安。结果，1791 年宪法虽然采纳了"积极公民"概念，却始终没敢明确写入"消极公民"一词。该宪法给"积极公民"下了这样一个定义：年满 25 岁以上的男性，非家仆，在他的居住区住过相当长的时间，参加过公民宣誓，缴纳过至少相当于三个工作日价值的直接税，既没有遭到破产也不曾在法庭上受过控告的人，并规定唯"积极公民"才有权出席各地推举立法议会代表选举人的初级议会或参加国民自卫军。可是，尽管 1791 年宪法只字不提"消极公民"，但暗示是非常明白的：所有没资格充当"积极公民"的人当然只能被视作"消极公民"。而且，在不涉及正式法律文件时，人们也并不忌讳使用"消极公民"一词——比如在国民议会的辩论中，这一用语就随时可闻。

　　从当时大多数议员的心态来看，这种"消极公民"与"积极公民"的划分也被认为是顺理成章、无可非议的。实际上，他们还并不满足于仅仅这样笼统地把国民划分为两个层次。于是我们看到，1791 年宪法又对积极公民作了进一步的等级划分，结果形成了这样一个"公民级别表"：

公民 ⎰ 消极公民
　　 ⎱ 积极公民 ⎰ 初级议会选民（推选参加立法议会议员选举的选举人）
　　　　　　　 ⎱ 立法议会议员选举人

根据 1791 年宪法，所有"积极公民"都有权参加立法议会代表的选举人的选举，而若要成为选举人，一个人就不仅必须是积极公民，而且必须是一个相当富有的财主才行。

　　这种按照财富划分公民等级、使个人政治权利的大小取决于其财富的多寡的做法，无疑是对卢梭主义的公民权利平等原则的公然违背，因而自一开始就受到了以罗伯斯庇尔为首的激进民主派议员的反对。只是左派的斗争虽然也有过一些成效，但这种成效终究很有限，而且最终也未能扭转 1791 年宪法在这方面的基本倾向。如制宪议会最初曾将公民划分为四个等级，即受法律保护但无政治权利的消极公民，可以参加选举人选举的积极公民，可以担任选举人的积极公民和可以当选为立法议会议员的积极公民。其中积极公民的三个等级是由各自大小不等的纳税额所决定的：纳税额达到三个工作日价值便可以成为一般的积极公民，达到十个工作日价值者便可有资格充任选举人，达到了一个"银马克"（8

盎司白银，约52锂）者便有可能当选议员。这一法案一出笼，便当即遭
到了格雷古瓦教士和罗伯斯庇尔等人的抗议。1789年10月28日，罗伯
斯庇尔严正指出：

> 一切公民，无论是谁，都有权担任各级代表，没有比这更符合
> 你们的人权宣言了。在人权宣言面前，任何特权、差别和例外都应
> 该消除。宪法规定主权在民，在人民的每个成员。因此每个人均有
> 权协助制定那些约束自己的法律，也有权参加管理公共事务，亦即
> 自己的事务。不如此，人人权利平等、每个人都是公民的原则便没
> 有真正实现。①

然而，罗伯斯庇尔的这种唯一合乎人权宣言逻辑的主张，在当时的
制宪议会里却得不到大多数人的赞同，而那项被民主派报刊抨击为"连
让-雅克·卢梭也会被排除在国民代表之外"的荒谬法案，则仍于1789
年12月22日被顺利通过了。只是由于民主派的顽强斗争，制宪议会才
被迫于1791年夏天对宪法草案加以修订，取消了关于银马克的规定，承
认了任何积极公民在原则上都可以当选为立法议员。但是与此同时，制
宪议会又大大提高了选举人的财产标准：根据不同情况，他们的财产应
分别相当于150、200和400个工作日的价值。总之，1791年宪法最终也
没有放弃基于纳税额的公民等级划分，罗伯斯庇尔关于成年男子普遍公
民权的主张在制宪议会里颇有些荒漠呐喊的味道。

然而两相比较起来，毕竟罗伯斯庇尔的主张更符合逻辑。这就产生
了这样一个问题：为什么制宪议会的法理学家们如此漠视逻辑？也就是
说，为什么他们一面通过人权宣言宣布一切公民权利平等，一面却又硬
要在权利方面把公民分成不同的等级？

人们固然可以从这些革命者的资产阶级本性去解释这种逻辑混乱。
如索布尔所称：制宪议会议员们是"现实主义者，不能不为迎合一些人
而限制另一些人，并且不在乎自己的成果中存在种种矛盾。他们坚信：

---

① 比舍和卢主编：《法国革命议会史》，第3卷，第215页。

为本阶级谋利益就是捍卫了革命"①。但是这只是问题的一个方面。从另一方面来看，这种逻辑混乱也深刻地反映了这样一个事实，即这些在旧制度下曾饱受贵族特权压迫之苦的资产阶级代表人物，虽然痛感必须降低贵族阶级地位和废除封建特权，因而得以在抽象的意义上喊出最激进的"人人权利平等"的口号，但一旦接触到具体的改造社会生活的任务时，却并不能一下子彻底摈弃封建社会心态对自己的影响，而对等级秩序的无限尊重和迷恋，也恰恰是这种社会心态的基本特征之一。

英国历史学家彼得·坎贝尔博士曾这样指出：要了解旧制度时期法国人的心态，首先必须了解规定了当时法国社会结构的三个社会概念，即等级制、团体主义和特权。这些概念均起源于遥远的中世纪，其精确的本源已无从查考。其中等级制概念与至今仍盛行不衰的中世纪"大存在链"观念似有密切的关联。所谓"大存在链"观念认为，宇宙万物间，上至天使，下至最低级的无生物，中间贯穿着等级分明的人类社会，存在着一种由上帝制定的自然等级制，其中人人都有自己的位置，而且人人都必须安分守己，默默接受上帝的安排，不得有任何变换等级位置的野心，否则就有受天谴之虞。人类社会的等级制度由此带上了神圣不可侵犯的色彩，任何违背纲常的行为都被视作大逆不道，都要受到世人的责难，比如一直到18世纪中期，在对地位卑贱的人模仿上流人士衣着的行为说三道四者仍大有人在。② 甚至在当时的启蒙思想家当中，绝大多数人也只是要求法律面前的身份平等，卢梭关于社会和政治领域的平等论点不仅和者甚寡，而且往往被斥为异端邪说。

像等级制一样，"团体主义"也是法国封建社会结构的基石之一。当时的法国社会的一个重要特点，就是被分成了无数个"团体"，千千万万的个人都在这种团体中生活并由此获得自己的荣誉、尊严和身份。个人也只有把自己同某个团体联系在一起才能在社会上安身立命。这一状况自何时开始形成尚不清楚，但到了17世纪，法国几乎所有的职业群体都已形成了各自的团体组织，各个团体都具有自己的守护神、礼仪、规章

---

① 参见阿尔贝·索布尔：《法国大革命史》，中国社会科学出版社，1989年，第133页。

② 参见 P. 坎贝尔：《法兰西旧制度》，牛津，1988年，第36～37页。

制度和在社会阶梯中的位置。团体主义的观念就这样渗入了社会生活的方方面面。

团体主义的观念之所以重要，不仅是因为每个团体实际上都是社会阶梯上的一个等级，而且还由于它们的存在与在法国旧制度时期特别根深蒂固的"特权"观念有着极为密切的关系。旧制度时代的每个团体或等级都有着自己的一套权利或特权。"特权"这个词在大革命时期带有贬义，可对于旧制度时代的人们来说却是必不可少的东西。它意味着某种为社会的某些成员所享有并受到法律保障的、有益的或表示敬意的权利或差别。而且，特权几乎无所不在：社会的第一、第二等级享有特权，许许多多的法院享有司法裁判特权，有些省整个地享有免纳王室盐税或直接税的特权，有些城市也享有财政免税权。这样一来，连一个农民或一个城镇工人较之其他村庄的农民或其他城镇的工人都可能是某种特权的享有者。特权观念本身无疑源自中世纪关于人类不平等和差异天然合理的看法，但王朝习惯于在缺钱花时出售特权的做法显然也助长了这种观念。在当时人们的心目中，"特权"往往同"自由"是一个意思，不过这种"自由"和现代人所说的"自由"风马牛不相及；后者是一种关于同自然权利联系在一起的个人自由的抽象概念，而前者则是属于某个群体的具体权利。这种权利还深为当时的政治理论家所珍视，被认为是防止法国堕入专制暴政的有效保障。①

总之，在法国封建社会的传统观念中，存在着一种异常深刻的、与对等级和团体秩序的尊重密切相关的特权意识。尽管在旧制度末期，某些站在时代前列的有识之士日益强烈地感到这种特权制度主要是为封建贵族阶级服务的，是压迫、剥削第三等级的工具和束缚生产力发展的羁绊，他们却很难立即同这种制度实现彻底的决裂：他们本身狭隘的阶级利益不允许他们这样做，他们迷恋特权的传统心态也顽强地阻止他们这样做。既然如此，他们对平等的追求也就只能是非常有限的，如狄德罗就并不一概贬斥一切特权，而主张把特权区分为正当特权和非正当特权；而伏尔泰则在《哲学辞典》中认为，不平等是永恒的和命中注定的，"如

---

① 参见 P. 坎贝尔：《法兰西旧制度》，第 37～38 页。

果不永远保持成千上万有用的、同时又一无所有的人，人类便不可能生存下去。"① 制宪议会的革命者们在打着"权利平等"的旗号反对门第贵族的同时，却又不自觉地试图以金钱贵族取而代之，并对公民进行新的等级划分，也同样说明了他们在克服传统束缚方面的艰难。

三、女公民的悲哀

在制宪议会里提出并坚持"公民级别表"的人们并不能代表整个革命派阵营，其实他们只是革命派阵营中最保守的极右翼，是受传统束缚最严重、同旧世界决裂的信念最不坚定的分子。他们这种违背"人人权利平等"的原则，把人民大众排除到政治生活之外的做法，势必引起人民大众以及革命资产阶级的左翼——即与人民大众联系较为密切、受传统束缚较轻、同旧世界决裂的信念较为坚定的民主派势力的强烈不满和反抗。早在 1789 年 11 月 18 日，马拉就在《人民之友报》上向人民发出了战斗的召唤："与直接税额成正比的代表制把国家交到了富人手里。而一向被控制、压迫和奴役的穷人，他们的命运永远不可能通过和平的方式得到改善……但是只有当人民甘愿服从时法律才具有权威。如果说人民已经砸碎了贵族的枷锁，那么它也必将砸碎阔佬们的枷锁。"

果然，1792 年夏季的人民革命运动在把大革命奋力推向深入的同时，也在事实上从法国的政治语言中驱除了"消极公民"这个反平等的词语。在 8 月 10 日起义之前的几个星期里，巴黎许多区的初级选举议会公然蔑视宪法的规定，向广大消极公民敞开了自己的大门，而推翻了王权同时也推翻了 1791 年宪法的"8·10"起义，则一劳永逸地废除了"消极公民"的概念。1792 年 9 月 21 日，法兰西第一共和国成立。罗伯斯庇尔欣喜若狂，他在《致选举人的信》第 1 期上豪迈地宣布："王权已被消灭，贵族和僧侣也已消失，平等的统治开始了！"在激进民主派看来，共和，理所当然应该意味着"真正的平等"。然而他们心目中的这种"真正的平等"，又究竟是个什么样的概念呢？

---

① 参见阿尔贝·索布尔：《法国大革命史》，第 44、41 页。

且不论这种平等观在社会民主意义上仍受着什么样的局限（尽管雅各宾派后来甚至发展到把财产权置于生存权之下，并从生存权引出了"享受平等"的结论，但对私有制的维护和对经济自由的肯定却终究使之化为泡影），即使在政治权利方面，它也并没有，而且远远没有真正承认"人人平等"：因为占人口半数的妇女仍然没有得到政治上的解放，她们仍然不得享有和男人同等的参与政治活动的权利。

在 1792 年夏季的共和革命浪潮中，法国妇女似乎开始被赋予某种政治上的积极性，其最突出的标志便是"女公民"（citoyenne）这一称呼渐渐走向普及。在此之前，"公民"（citoyen）一词在法语里似乎是专门为男人而设计的，人们很少用过它的阴性形式，大概是因为妇女是天然的"消极公民"，没有实际的公民权，故连消极意义上的公民身份都被人们忽略了。自大革命开始直到 1792 年 8 月，妇女的运动一直局限于由生计问题引起的骚动，偶而发生的一些女权主义的抗议和要求，不是被无情地压制了下去，就是被当作了耳边风。例如，1790 年孔多塞曾在他的报纸上呼吁"承认妇女的公民权"，结果招致舆论的猛烈围攻。1790 年 2 月，一位名叫特鲁瓦涅·梅丽库尔的比利时妇女来到哥德利埃俱乐部，提议在巴士底狱遗址修一座圣殿，受到人们的热烈欢迎，可是当她要求以"顾问"身份加入该俱乐部时，主席先生却表示爱莫能助。1791 年 7 月，男爵夫人埃塔·帕尔姆号召妇女参与民族再生运动并对政府施加影响，但人们只是"出于礼貌"才听完了她的演说。1791 年 9 月，女作家奥林普·德古日发表《妇女与女公民的权利宣言》，强烈抗议压迫妇女，主张妇女应享有一切男人的权利，然而这份女权运动的纲领性文件，却不曾引起任何反响。小学教师当萨尔倒是在 1790 年就破天荒地成立了一个"男女友爱社"，准许妇女在那里出席会议、参加表决并上讲坛发表演说，但即使在这里，也严格限定妇女人数只能是男子会员的五分之一。

这种压制妇女参政权利的状况，随着共和运动的发展和"公民"、"女公民"称谓的广为流行，的确有所好转。人们之所以在这个时候开始时兴不论男女一律以"公民"（称女性为"女公民"）相称，显然是因为当时的斗争形势严峻，国王已丧失了信誉，贵族在加紧反革命阴谋活动，需要充分调动人民大众的力量，尽可能地唤起人们的爱国主义热忱来保卫革命，而"公民"这一神圣而庄严的称号，也的确有助于造成一种人人平等的社会气氛，能使人产生一种作为国家主人翁的荣誉感，由此促发高度的公民责任感和积极性。就这样，在8月10日起义之前，"（男）公民"和"女公民"这种平等主义的称呼就已经在巴黎和外省各地普遍取代了带贵族气味的"先生"和"夫人"的称呼，而到8月10日起义的时候，"（男）公民"和"女公民"就已成为准官方的称呼用语了。

也许正是出于对"公民"称号的革命动员功能的深刻感知，在8月10日起义后不久，有人试图用法律的形式把这一情况固定下来。1792年9月23日，即宣布共和后的第三天，沙利埃在国民公会打断正常的议事程序，迫不及待地提出了一项要求把"公民"的称呼定为对所有法国人的正式称呼的动议。尽管国民公会当时无暇专门讨论这个问题，后来也不曾就此问题通过任何决议，但"公民"的称呼仍然约定俗成地在共和派的演说中和官方的文件中得到了普遍的采用。

对"公民"称呼的普遍使用无疑体现了一种为保证革命胜利而动员民众的考虑，但它同时也标志着对旧制度关于称呼的等级制的更彻底的否定。革命前法国是一个等级森严的社会，在对人们的称呼上也同样等级分明，自上而下存在着这样一个称呼的阶梯："陛下"、"殿下"、"阁下"、"大人"、"先生"和"夫人"，其后还有更平民化的"勒修"和"拉达姆"（相当于"先生"和"夫人"），最后便是不加头衔直呼其名的称呼法（或在法律文件中直统统地称某人为"那个名叫……的人"）。在大革命之初，革命语言倾向于把"先生"和"夫人"用作对人们的一般称呼（巴黎的雅各宾俱乐部会议记录通常都在发言人的姓名前冠以"先生"的尊称），但到了1792年，共和派们便对此越来越难以接受了。9月24日，雅各宾俱乐部根据沙博的建议，取消了"先生"的称呼。革命者对"先生"（monsieur）一词日益反感，显然是因为这个词从词源上看是从"领主"或"老爷"（monseigneur）一词演化来的，因而带有显见的贵族社会的污迹。"先生"、"夫人"这类流行于旧制度时代上流社会的称呼也的确与"平等"、"共和"及讲究"公共性"的精神格格不入，因为它们不仅意味着社会差异的存在，而且还浸透着阿谀奉承和矫揉造作的宫廷作风，散发着私人生活浮华虚荣的气息。与此相反，"公民"的称呼却意味着道德和对公益的献身，可以使人们经常不断地意识到自己是主权的积极而平等的成员，从而培养起"公而忘私"的优秀品质。总之，称"先生"除了带有不平等的意味之外，还有使公共生活沾染上虚伪浮华的危险，而称"公民"则既强调了人人平等，又可以把公共美德注入私人生活之中。

取代"先生"一称可以用现成的阳性"公民"一词，这个容易；可是用什么词来取代"夫人"呢？看来也只有用"公民"的阴性形式——"女公民"了。然而可能存在什么"女公民"吗？或者说，一个卢梭主义意义上的真正的公民可能是女人吗？——这个在我们今天看来荒谬透顶、但对当时的革命民主派或雅各宾派来说却是至关重要的问题，显然在他们开始使用"女公民"一词时被忽略了。他们似乎只顾推广"公民"的称呼以创造平等气氛去了，而并没有意识到"女公民"的概念实际上根本不能见容于他们关于性别秩序的传统观念，也不曾料到"女公民"一词的使用会带来一种令他们难堪、恼火的局面。

称女人为"女公民"，这对当时法国的广大妇女来说不啻翻天覆地的巨变。它意味着女人从此也被接受为享有主权的积极成员，也获得了和男人同等的参与国家政治生活的权利，这在以前是她们连想也不敢想的事情。事实上，一些妇女也的确由此开始积极活跃于政坛。到1793年春，就已有不少妇女获准加入无套裤汉的各民众社团。1793年7月，一个名为"两性无套裤者社会和谐社"的民众社团明确规定："将一视同仁地接纳女公民参加本社的爱国主义活动。"更有甚者，一位名叫克莱尔·拉孔勃的女演员还成立了清一色由妇女组成的"革命共和派女公民俱乐部"。该俱乐部并不专门讨论妇女问题，而是像男人的政治俱乐部一样大谈国事，并往往采取直接行动来干预国家政治，即使冒生命危险也无所畏惧。这个俱乐部的成员曾积极投身5月31日至6月2日的起义，并在起义中发挥过相当重要的作用，为从国民公会中清洗吉伦特派立下了汗马功劳。事实上，拉孔勃的"女公民俱乐部"甚至比任何男公民团体都更热衷于战斗：投身保卫革命的武装斗争，是它明确写入会章的首要宗旨。

然而即使是这些政治热情极高的妇女，她们对女公民职责的看法也往往自相矛盾。这种矛盾性在人权区的一个女公民代表团在"女公民俱乐部"宣读的一篇演说词里，表现得极为鲜明。这个代表团是专为向该俱乐部赠送一面战旗而来的。它的演说者盛赞该俱乐部"砸碎了偏见的锁链"，把自己从狭隘的家务小天地里解放了出来，表现了不甘于在政治事务中处于消极或中立地位的革命气概，同时也对"富于敏感性和思想表达能力的妇女竟被排斥在公共事务之外"的状况表示强烈愤慨，并希望该俱乐部高举这面"象征平等"的旗帜，像男公民一样去示威请愿、去参加典礼、去投身起义；可是与此同时，她又明确地承认，由于女性天生比男性弱，两性的职责应有所差异：

> 权利宣言对男人和女人是一视同仁的，差异在职责方面，就是说有公共职责，也有私人职责。男人履行的主要是第一种职责，这是造化本身所规定的。造化赋予男人以强壮的体魄和各种有力的器官，使他们具有在军队、议会和各种公共集会胜任各种艰苦工作的一切手段，他们才得以占据各种职位。理性和便利条件规定了该如此的，我们不必去硬争。

> 相反，妇女的首要义务是私人的职责，她们被赋予妻子和母亲的温柔职能，这些职能给她们带来了没完没了的家务活，她们为此花去了大量的时间，因而较少有空闲……①

尽管演说者接下来又认为可以把"造化的强制要求"和"对公益的热爱"调和起来，认为妇女在忙完家务之后仍然可以不时地去履行"公民"的职责，但男人和女人在政治权利方面的完全平等毕竟已难以成立：因为两者首先在参与政治活动的机会上就是不平等的。而女人要想真正实现这一平等，就必须彻底抛弃"妇女操持家务是造化的要求"这个 18 世纪的传统见解，打消结婚成家生孩子的念头，就像"女公民俱乐部"的著名领袖克莱尔·拉孔勃和鲍林娜·莱昂那样，走独身的道路。可这样的女人又究竟能有多少？

妇女政治俱乐部兴起于大革命最激进的年头，它们本身也带有极端

---

① 转引自小 W. 塞维尔：《积极、消极与大革命的公民概念》，见 C. 卢卡斯主编：《法国革命与近代政治文化的创造》第 2 卷，第 115～116 页。

激进的色彩。这种过激的色彩无疑是引起雅各宾派当权者强烈敌意的一个重要原因，它们后来就是随同忿激派一起被镇压下去的。但是，说过激主义是女公民俱乐部覆亡的唯一原因，则不免有些以偏概全，因为除此之外，我们还不能忘记这样一个事实，那就是雅各宾派对妇女参政有一种本能的反感。我们知道，丹东就是出于这种反感而经常奚落罗兰夫人，从而同吉伦特派结下不解之怨仇的。① 恐怕这位从一开始就反对划分积极公民和消极公民的革命家，未必曾真的认为把妇女定为消极公民有什么不对。雅各宾派似乎大都抱有这种偏见：搞政治是公事，它从来都是男人的专利；女人代表着私生活，应规规矩矩地待在家里做家务，不可干预公共的政治生活，否则就破坏了秩序——女人参政不仅会败坏女性温和贤淑的形象，而且还构成了对男人特权的僭越。因此，从他们的口中，人们是不可能听到对妇女参政行为的赞誉之辞的。山岳党人阿马尔连妇女戴富于革命象征意义的小红帽都持有偏见："她们今天要戴小红帽，明天就会得寸进尺，很快就要扎皮带、挎手枪了。"在他看来女人戴小红帽是一个不祥的征兆，它预示着妇女要打破性别秩序，要争取在政治事务中同男人平起平坐的权利。如果说她们戴小红帽还只是一个象征的话，那么她们组成的俱乐部就是一个实实在在的威胁了。埃贝尔派分子肖梅特对此十分恼火："人们是从何时开始习惯于看到妇女不去恭顺地照料家务和孩子，而跑到大庭广众间的讲坛上来夸夸其谈的？"法布尔·德格朗蒂纳在议会上则破口大骂那些妇女政治俱乐部，说它们"不是由家庭的母亲、家庭的闺秀、照应兄弟的姐妹们组成的，而是由一伙女冒险家、女游侠骑士、获得了自由的侍女及女掷弹手们组成的"。显然法布尔道出了绝大多数议员的心声——他的话音未落，讲台下早已爆发出一片雷鸣般的掌声。

1793 年 10 月底，借口女公民俱乐部在菜市上强迫别的妇女戴小红帽、穿长裤引起了纠纷，国民公会终于开始认真考虑禁止妇女结社的问题了。治安委员会发言人阿马尔为此提出的一套系统的论证，集中地反映了雅各宾派关于妇女公民权的基本观点。他的中心论点是妇女参政破

---

① 参见温德尔：《丹东传》，耶鲁，1935 年，第 157～158 页；马德兰：《丹东传》，伦敦，1921 年，第 224～225 页。

坏了"社会的一般秩序"，因为如果妇女担负起民众社团所固有的各项繁重任务，如揭露敌人的阴谋诡计，对作为个人的公民、对所有政府官员甚至立法机关进行监督，按共和主义道德的要求宣传鼓动群众，通过对政治法律的缺点和变革问题展开深入讨论来提高自己的觉悟水平，等等，那她们就不得不牺牲造化赋予她们的更为重要的职责，即从事家务活动的功能。阿马尔强调提出：

> 这种由造化本身赋予妇女的私人功能事关社会的一般秩序，这种社会秩序是男女之间的差别造成的。男人和女人各自有适合于自己的职业，各自的行为都被限定在这种圈子之内，谁也不得逾越，因为给人类立下这些限制的造化在专横地统帅着一切，任何法律对它都是无能为力的。

那么，男女之间究竟存在着一些什么样的差别呢？阿马尔对此做了一个比上文提到的那位人权区女演说家更为绝对、更为细致的描述，概括起来说，就是男人不仅比女人更强壮有力，而且更勇敢、更聪明和更有能力进行深入而严肃的思考。正因为如此，国家大事非男人莫属，家务事才是女人首要的而且是唯一的职责。

当然，阿马尔并不否认妇女也应该按自己的方式来为国效力。他认为妇女至少有义务让孩子们从小就学会热爱自由和道德，为此也应当允许妇女学一点政治。但是必须注意，允许妇女学政治绝不是允许她们干政治。阿马尔说：

> ……民众社团在议争时，她们可以列席。但是，生来就是为了让男人温柔的她们，对于这种与构成女性魄力的温柔稳重不相容的激烈争论，是否应该积极参加呢？
> 应当说这个问题实质上涉及了风俗，而没有风俗就没有共和国。……你们难道愿意在法兰西共和国看到她们把作为女性全部美德源泉的矜持和对家庭的义务统统抛在一边，像男人一样参加政治集会并登上讲坛吗？

在阿马尔看来，出现这样的局面毋宁说是极其危险的，因为：

……女人由于其生理构造方面的原因，很容易陷入激奋状态，而这种状态对于公共事务是有害的；而且由感情冲动所导致的误入歧途和混乱，很快就会毁掉国家的利益。女人们若是卷入了热烈的公共辩论，那她们将灌输给孩子们的，就不再是对祖国的爱，而是各种仇恨和偏见了。

而妇女若是待在家里，用符合贤妻良母角色的方式来为祖国服务那就完全是另外一种情形了——

她们可以开导她们的丈夫，把一些珍贵的想法（这些想法只有经常安安静静地待在家里才能产生）告诉他们，并利用私爱所赋予她们的一切手段来加强丈夫对祖国的爱。而在家里受过平静的家庭讨论启发的男人，又将把某位高尚的妇女给他出的一些有益的主意带到社会上来。①

这真是绝妙的和谐！从这里我们似乎看到了一幅秩序井然的革命时代风俗画：男女各守其位，各司其职，互爱互补，共同前进。只是在这些男女之间，显然少了一点在理论上对当时的人们极为重要的东西，这就是"平等"。在外面、在公共场合抛头露面，干轰轰烈烈的国家大事，建功立业，青史留名，只是男人的独占权利；妇女则只能老老实实地待在家里，做家务、看孩子、照料丈夫，参加政治集会时只能默默地旁听，有意见只能在家里跟丈夫发表，似乎命中注定就该这样窝窝囊囊、无声无息地活一辈子。这当然不公平，然而在雅各宾派看来这绝对地合乎"秩序"，因而天经地义，无可非议。

不言而喻，阿马尔等人在这里强调的"秩序"，无非是一切小生产社会所共有的、在法国旧制度时期根深蒂固地存在着的"家长制"和"男尊女卑"的传统观念。这也就说明了这样一个问题：即使这些比较坚定地立志同旧传统彻底决裂的革命者，也并没能够完全摆脱传统观念对他们的束缚；尽管他们按照"人人权利平等"的原则取消了"积极公民"与"消极公民"的划分，他们骨子里的"大男子主义"却终究使他们不

① 参见《导报》，第18卷，第299～300页。

能容忍妇女享有和男人同等的政治权利。既然如此，所谓"女公民"，在他们的心目中实际上也就并不能算作真正意义上的"公民"，而只能同"消极公民"一样是一种"臣民"的同义语。大概也正因为根本不愿承认妇女的公民权，阿马尔在他的长篇报告中始终拒绝使用"女公民"一词，一概称她们为"妇女"（femmes）。结果国民公会在共和二年雾月 9 日（1793 年 10 月 30 日）这一天顺利通过了禁止妇女结社的决议，拉孔勃的女公民俱乐部和其他所有妇女社团也于雾月 23 日横遭解散，拉孔勃本人则被投入监狱，最后下落不明。

就这样，在旧传统势力的庞大阴影之下，即使在大革命最激进的年头，哪怕是在狭小的政治权利的范围内，"平等"也都只是一个空虚的幻梦！

第二编　"祖国在危急中"

　　立志与旧传统彻底决裂的法国革命人士很快就发现，他们给自己规定的任务实在太艰巨了。传统这东西，绝不是人们说决裂就能决裂得了的。作为千百年社会生活经验积淀下来的文化无意识，传统隐藏于人们的心灵深处，又自然流露于人们日常生活的一言一行之中，如幽灵飘忽不定，似鬼魂纠缠不休，刚刚从门口扔出去，就已从窗户飞进来。

　　然而，大革命所遇到的障碍还远远不止于此。革命的对象——旧制度各种代表人物的强烈敌意，层出不穷的反革命阴谋活动，欧洲封建反动势力的四面包围和武装干涉，此起彼伏的国内王党叛乱和"联邦派"暴动，乘人之危的不法奸商囤积居奇制造饥荒……所有这一切，使得整个革命历程处处危机四伏，步步险象环生。处于这种环境中的革命者自然也就免不了总有一种如临深渊、如履薄冰的危机感，总要把神经绷得紧紧的。在他们所面临的种种艰难险阻中，最主要的无疑是封建贵族势力的拼死抵抗。法国贵族阶级历来就拥有特别雄厚的政治、经济实力，与之较量本来就不易制胜，更何况他们还同欧洲各国封建势力勾结了起来，形成了国际性的反革命运动。尤其是国内外封建势力的进攻不仅采取着明火执仗的方式，而且常常表现为玩弄阴谋暗中破坏的形态，这就使法国革命者更加不得安宁了。"明枪易躲，暗箭难防"的道理谁都明白，但法国人由于其独特的历史传统的原因，再加上现实政治斗争的空前复杂激烈，对这个道理的感受似乎比任何别的民族都更为深刻。结果，他们在大革命中始终保持着一种对于"阴谋"的超常的敏感和警惕，或者说，一种对于"阴谋"的无法摆脱的忧虑始终萦绕在他们的心头，构成了他们特有的那种异常强烈的危机感的中心点。

　　总之，法国人在 1789 年开始的革命是一个空前伟大的事业，一项空前规模的历史工程。无论这场革命能否真正完成（为此而怀疑、焦虑的革命者并不在少数），反正要完成这样的革命不能只靠少数人，而必须动员最广大的人民大众。只有人民大众都起来了，同心同德地跟他们干，革命资产阶级才能有足够多的眼睛去识破贵族的阴谋，才能有足够强大的军队去粉碎敌人的进攻。同时，也只有充分调动了人民大众的政治积极性，资产阶级的革命精英们才有可能提高他们的觉悟水平，从而实现民族再生的理想，完成同旧传统的彻底决裂。

当然，人民大众一旦被动员起来参与了革命的政治，大革命的政治文化也就难免被打上人民大众文化的深刻烙印，大革命的具体过程也必将由此出现许多史无前例的新现象、新问题——我们在下边的有关章节里将谈到的，只是其中的一些重要方面。

第四章 吉凶未卜的革命

> 一场革命之中，每天都会频频发生风暴和危险……
>
> ——《巴黎革命报》

积极投身法国革命洪流的人们天天都在谈革命、干革命，可是"革命"这个词在当时，在他们的心目中，究竟有着什么样的含义？

提出这个问题，决不是无聊的故弄玄虚。因为生活在当今时代的我们，也是在天天谈革命、干革命，也有着自己一套关于"革命"的习用说法，而这种说法显然不适用于、至少是不能完全适用于18世纪末法国的"革命"。

问题并不仅仅在于所谓革命"性质"上的差异。更重要的，还是由于同样的"革命"一词，在不同的时代、不同的国度，客观地存在着词义学上的差异。必须承认这种差异，因为它深刻地反映着不同时代和不同国度在文化心态上的不同特质。无视这种区别，硬要用我们自己关于"革命"一词的理解去套18世纪末法国人所说的"革命"，就不仅无法接近历史的真实，而且非闹笑话不可。

因此，为了更深刻、更准确地理解法国大革命及其政治文化的一系列个性特点，很有必要对法国革命者所使用的"革命"一词的实际意义作一番考察。①

---

① 美国芝加哥大学K. 贝克教授的《论革命》一文（载C. 卢卡斯主编：《法国革命与近代政治文化的创造》第2卷），对"革命"的词义在法国大革命时代的演变作了精彩的阐发，展示了许多为我们所鲜知的材料，为笔者在此描述当时法国人那种充满危机感的革命观提供了便利。

一、"革命"——可咒的动乱

西欧历史上从 16 世纪到法国大革命爆发这个时期，在西方史学界通常被称为"早期近代"。也就是说，西欧在这个时期开始走上了近代化的道路。

语言的演变是时代变迁的镜子。从当时的法语来看，一个引人注目的倾向正在悄悄地但又是不可逆转地显露出来：这就是"革命"一词从默默无闻变得越来越流行，日益成为人们的热门话题。

有一项专门研究从统计学角度大致反映了这一趋势：①

年　代	"（各种）革命" 一词的出现	语言资料 的总字数	频率（%）
1600—1699	152	18 269 513	0. 000 83
1700—1799	2 526	37 499 880	0. 006 73
1700—1750	392	12 805 037	0. 003 06
1751—1770	782	10 879 911	0. 007 18
1771—1789	504	10 651 996	0. 004 73
1789—1799	848	3 162 936	0. 026 81

一位名叫让·玛利·吉尤木的历史学家，通过比较分别在 1571 年、1664 年、1691 年和 1782 年印行的四个马基雅维利某作品的法文译本，发现了这样一个有趣的事实：1571 年的版本中毫无"革命"一词的踪影，1664 年的版本出现了一处，1691 年版本又多了一处，而在 1782 年版本里，"革命"这个词竟一下子出现了 25 次之多！

在此之前的法语里，"革命"（révolution）一词似乎只具有类似于天文学意义上的"公转"、"绕转"或"循环"的意思，反映的是一种古老的人类事务的"轮回"观，指出各事物均按环形运动，转完一圈便回到出发点。可是在马基雅维利该作品的法译本里，"革命"的意思主要地并

---

① 转引自 K. 贝克：《论革命》，注 3，见 C. 卢卡斯主编：《法国革命与近代政治文化的创造》第 2 卷，第 59 页。

不是这个，而是命运的变化、人类事务的偶然的变动、人类时间流程中突发的革新和混乱（无序状态）。简言之，"革命"在这里指的是人类生活的各种多变性和不稳定性。在马基雅维利看来，这都是人们感情用事的结果，而遏制、平息它们乃是政治等级的职能所在。

毫无疑问，"革命"一词在这里完全是贬义的，是可咒的动乱。17世纪末和18世纪出版的各种法语辞典对这个词也是这样定义的。如1690年出版的《孚雷蒂埃辞典》称：Révolution，除了其天文学的含义之外，"也指世间发生的各种离奇的变化"。该辞典为此提供的如下例句说明了这种"离奇"究竟意味着什么：

> 没有哪个国家不曾蒙受一些重大的革命和没落。所有最伟大的君主都遭遇过革命。亚历山大的驾崩在他的国家引起了一场重大的革命。

1694年出版的《法兰西学院辞典》则指出，"革命"一词通常用来表明"命运及世间事物中的波动和巨大变化"，它具有"重大、迅速、骤然、突如其来、离奇古怪、不可思议、令人震惊"等特点。到1717年，法兰西学院又进一步赋予该词以较明确的政治意味，说它指的是"在公共事务、世间事物中发生的变化"。启蒙时代编纂的《百科全书》说得更明确："革命作为政治术语，指的是一个国家的政府中发生的某种变化。"

如果说上面的那些定义强调的不过是"革命"的变动性特征的话，那么，1704年出版的《特雷乌法拉辞典》则强调了"革命"的消极含义，或者说"革命"的动乱性特征。该辞典给"革命"一词下的定义是："人世间发生的各种离奇的变化：灾祸、不幸、没落等"，并给出了一系列同义的拉丁词汇，如 publicae rei commutatio（公益的变化），conversio（剧烈变化），calamitas（灾难），infortuniom（不幸），imperioccasus（政权的没落）等。该辞典虽然借用了《孚雷蒂埃辞典》中有关"革命"的一些例句，但也意味深长地增加了这样一个例句："在一场如此重大的、正在酝酿着的革命的前夜，人人都显得惶恐不安。"这个定义和这些例句在该辞典1721年、1732年和1752年的版本里一直维持未变。对"革命"一词的"动乱"意义更为敏感的语言学者大概还是黎世莱

(Richelet)，他的《法语辞典》早在 1690 年就十分简洁地把"革命"定义为"风潮、混乱和变化"。同时，他还选择了这样一个例句来突出"革命"的威胁性："对可能在一场使他们心惊胆战的革命中发生的一切，他们都要多加提防。"

总之，在当时人们的心目中，"革命"不是什么好事情，而是动乱性的变化，是安定状态的被打破，犹如洪水猛兽可恨可畏。既然如此，"革命"一词在当时日益频繁地出现在文人墨客的笔端，就不能说不是一个意味深长的现象：它既反映了西欧各国伴随着近代化进程而出现的动乱频仍、"礼崩乐坏"的非常局面，又表明了近代早期各国政府对于如何保持"稳定"这一问题日益严重的关切和焦虑。

也许正是出于维持"稳定"的需要，专制统治者的御用文人们有意无意地给"革命"一词涂上了一层相当消极、保守的色彩，结果使得这个词在使用中表现出如下四个特点：

第一，常以复数形式出现。因为在当时人们看来，秩序具有单一性、统一性，破坏秩序的"革命"则不可能具有这种性质，它势必有无限多样的不同表现方式。所以，各辞典例句中的"革命"一般均采用复数形式（Révolutions），而且即使在使用单数的"革命"的时候，也要在该词之前加一个不定冠词（une），以表明这只是众多"革命"中的一个，并加以适当的形容词使之个别化。

第二，"革命"是人们在事后作历史研究的对象。它是已经发生的事情，发生得很突然，而且非经人类行为者有意识的选定。与其说它是人们事先筹划好的，不如说它是事件的结果，是一种只有在发生之后才能被研究的现象。因此人们在辞典定义中均采用"发生"来作"革命"的运作动词，它表明一切"革命"均是自行"发生"的，不是人为地制造出来的。

第三，作为事后的研究对象，作为事件的结果，革命没有自己内在的年代表或动力源。革命存在于时间之中，但革命内部却没有时间的存在。

第四，革命与其说是作为一种行动被实行的，不如说是作为一个事实被经历的。如果说革命来自人类的行动，那也纯属偶然，是作为结果而不是作为事先订好的方案出现的。即使在它被人们预测而不是作为已经完成的事实被人们观察的时候，人们也倾向于消极地领悟它而不是积极地实行它，《特雷乌法拉辞典》所举出的那个例句（即"在一场如此重大的、正在酝酿着的革命的前夜，人人都显得惶恐不安"）就反映了这种心态。也正因为如此，"革命"这个词的某些积极的形式，如"革命者"或"革命的"（révolutionnaire）等，在所有这些辞典里都找不到。事实上它们在 1789 年以前根本就不存在。①

旧制度时代的御用文人这种力图把"革命"一词消极化的倾向，极为突出地反映在他们的政治争论和史学研究中。这方面一个显著的例证便是 17 世纪末期关于英国"光荣革命"的一场争论。这是一场发生在法国流亡国外的胡格诺教徒和绝对君主制卫道士之间的小册子战。英国 1688 年革命曾使胡格诺派流亡者们感到欢欣鼓舞。他们纷纷撰文著书，为威廉三世取代暴君詹姆斯二世登上英国王位大唱赞歌，称这一事件是大快人心的"La Révolution d'Angleterre"（"英国革命"），由此在法语中首次创造了"革命"一词这种单数的、带定冠词的而且是大写的用法。胡格诺派文人这样做，显然是为了强调这一事件的重要意义，为了指明这一事件给英国带来的变化是积极的、健康的，与往日所发生的那些动乱性的"革命"不可同日而语。在他们看来，这次"革命"的确是一次天文学意义上的"循环"，即一次向被过去历代王朝统治时期一系列"革命"（动乱）所颠覆了的根本法律的真正复归，它是预示整个欧洲恢复自由的新时代即将来临的曙光。另一方面，在法国专制王朝的御用文人那里，这次英国革命由于推翻了英国君主制政府的正统形式，破坏了专制主义的统治秩序，自然令他们恨之入骨，引来了他们的疯狂攻击和漫骂；同时，为了抵御英国革命的影响和胡格诺派的宣传，他们也用小册子的形式对胡格诺派的观点展开批判，从而掀起了这场论战。

在这个过程中，这帮御用文人为了突出这场英国"叛乱"的重大性，也时不时地使用"La Révolution d'Angleterre"的写法。但是他们也懂得，为了不让胡格诺派通过把英国革命"特殊化"来宣扬革命的企图得

----

① 参见 C. 卢卡斯：《法国革命与近代政治文化的创造》第 2 卷，第 43 页。

逞，最好还是坚持使用小写的、复数的"革命"一词，把英国革命重新
归结为一种动乱。耶稣会派历史学家约瑟夫·道尔良神父完成于 1693 年
的《英国君主制时代历次革命史》便清楚地体现了这一策略。道尔良在
这本书里，力图把英国历史写成一部好的统治和糟的统治不断来回更迭
的动荡史，并认为这种动荡一般总要导致巨大的灾难，即导致某一位国
王被废黜并被投入监狱，成为某一位篡位者的牺牲品。这部著作深受当
时法国统治者赏识，在 18 世纪曾多次再版，流毒极广，以致作者关于英
国历史充满"革命"亦即动乱的观点竟成为 18 世纪法国人所共知的常
识。更有甚者，自道尔良发端，18 世纪法国的历史编纂学还逐渐形成了
一种奇特的体裁，即"革命史学"。当时的史学家们显得特别热衷于写各
国的"革命"史，或者说热衷于从各国的"革命"方面来编写它们的历
史。道尔良本人在 1734 年就又发表了一部《西班牙历次革命史》。而在
这方面享誉最高的人物还是修道院长勒内·德·韦尔托。他首次出版于
1695 年的《瑞典历次革命史》，到大革命之前重印了不下二十次。他的
《罗马共和国政府历次革命史》在 1719 年初版后，也曾再版了十二次以
上。他于 1689 年初版的《葡萄牙谋反史》，在 1711 年改名《葡萄牙历次
革命史》重新出版后，在 1789 年以前也再版了十二次左右。此外，还有
大量类似的历史著作出自其他作者笔下，如写西班牙的（1724），写荷兰
的（1727），写科西嘉岛的（1738），写匈牙利的（1739），写波斯的
（1742），写君士坦丁堡的（1749），写热那亚的（1750），写穆斯林帝国
的（1750—1752），写俄国的（1760），写苏格兰和爱尔兰的（1761），写
罗马帝国的（1766，1783），还有写波兰的（1735—1755）。甚至还有人
写了一部《欧洲历次战争和革命要事录》（G. 德马克著，1721），试图把
整个欧洲历史一股脑儿统统归结为"革命"史。

　　所有这些"革命"史家，究竟是以一种什么样的观念作为共同立论
依据的呢？曾对这些作品做过系统研究的吉尤木指出，这种立论依据就
是当时统治者对于政治稳定的热切向往，以及认为只有绝对君主制才能
实现政治稳定的观点，而所有这些"革命"史学作品，无一不浸透着对
于政治动乱的忧虑。我们知道，迷恋秩序、求稳怕乱，本是君主专制时
代法国统治阶级的典型心态，而描述各国动乱的这种"革命"史学之所

以在 18 世纪的法国如此盛行，则无非是因为预感到大革命风暴就要来临，统治阶级对于秩序和稳定的追求变得空前迫切而已。同时，他们把一切改变现存社会秩序的企图统统贬斥为非人为的、消极的动乱，似乎也暗含着一种规劝、警告人们不要着手实行革命的用心。

二、"革命"——理性的进步

在 18 世纪法国专制王朝的御用文人们看来，作为政治动乱的"革命"是可怕的、可咒的，因而他们苦心经营的"革命"史学还有着这样一个特点，即它只写其他国家的"革命"史，而不写法国的"革命"史，仿佛法国的历史上从未发生过这种"革命"似的。实际上，他们这种"革命"史学正在企图通过展示别国的政治动乱延绵不断来衬托法国的"政治稳定"，来突出法国专制制度的"优越"和"功绩"。

然而这种保守、反动的史学远不是当时法国史学潮流的全部。18 世纪毕竟是法国的启蒙时代，文坛上活跃着许许多多进步思想家，史学领域自然也不例外。有一部史学著作就突出地代表着与那种御用文人"革命"史学截然对立的倾向，这就是著名启蒙思想家马布利的一本专门描述法国"革命"史的书——《法国历史批评》（二卷本，分别出版于 1765 年和 1788 年）。尽管马布利笔下的"革命"也是"动乱"的同义词，在这一点上他和那些御用文人的看法并没有什么区别，但是由于马布利写的恰恰是法国的"革命"史，就是说，他对法国历史采取的态度不是极力粉饰而是无情鞭挞，这就使他的"革命"史学本身带上了鲜明的革命色彩。在该书一开头，马布利就开宗明义地宣布："我想通过这本书介绍自高卢时代以来法国人所服从的各种政府的不同形式，并揭示出究竟为什么这些政府总是不得安宁，为什么千百年来一直处于各种革命状态下。"在马布利看来，法国的专制君主制不仅没能像那些御用文人所说的那样保证了政治稳定，反而引发了一系列"革命"和"混乱"。对于英国历史的看法，马布利也同那些专制制度的卫道士们截然相反，认为英国由于历来重视民族的意愿，讲自由民主，因而他们的历史最少动乱，保持着稳定持久的政治秩序。

马布利把形成英法历史这种差异的原因归结为两个民族政治素质的不同。他觉得法国人的政治素质明显低于英国人，因为他们目光短浅，只求治标不求治本，不像英国人那样善于从根本上解决政治问题，13世纪初两个民族对暴君约翰的不同斗争方式就足以说明这一点。据称，约翰治下的法国人同这位国王的斗争始终只局限于提出革除某些具体弊端的要求，而精明的英国人却知道一开始就迫使他订立《大宪章》（1215），从而从根本上保住了自己的自由权利。这份带有根本大法性质的文件从此成了英国人制服王权专横的锐利武器，其效用有如"紧箍咒"，百试不爽。正是这个根本法有力地维护了英国的政治稳定，使多次"革命"都化解于萌芽状态。而法国人则由于缺乏这种根本法意识，无力于建立明确的法治秩序，便只好在层出不穷的政治动乱——"革命"中备受煎熬了。

不过，虽然在政治观上和专制主义"革命"史学截然对立，可马布利也并没有走到否定"革命"就是"动乱"这一公式的地步。事实上，对于导致剧烈变动的、能在人类事务中造成混乱的"革命"，马布利始终感到厌恶——也正是在这种厌恶之上，建立着他对专制制度的深恶痛绝。然而，他是否因此就一口咬定"革命"没有任何积极意义了呢？

这便是马布利和那帮专制主义卫道士之间的又一个不同点了。而这个不同点似乎更为重要。

在马布利看来，"革命"固然是破坏秩序的坏事，但对于一个民族来说还有比它更糟糕的事情，那就是不自由或受奴役。如果一个民族不得不在"革命"和"奴役"之间作出抉择的话，也就是说如果一个民族只有通过"革命"才能摆脱奴役的话，那么这种"革命"就是可以接受的。这一观点是他在自己的另一部著作里借一位虚构的"英国绅士"之口表达出来的。马布利笔下的这位"英国绅士"认为，只要一个民族还没有因专制暴君的长期压迫而完全丧失改变现状的信心和勇气，只要这个暴君的权力还需要进一步加以巩固，就有可能恢复自由：因为如果统治者的权力还可以进一步扩大的话，这同时也意味着它还可能碰到新的困难，意味着它的成长可能被遏止，意味着它可能被动摇和被取代。"所以"，这位"英国绅士"用一种颇富煽动性的语调说道，"我认为那些革命还是有可能发生的；因此一个好的公民应该希望——从他的身份、力量和才能来看他也必须——做出努力，来使这些革命有益于他的祖国。"

"革命"可能对祖国有益！在流行着对"革命"即动乱的仇视和恐惧心态的旧制度法国，这一观点的宣布不啻是一声惊雷。专制王朝的御用文人不是力图把"革命"消极化吗？马布利偏反其道而行之，向法兰西民族吹响了把"革命"积极化的号角！他告诉人们，"革命"尽管是一种动乱，但通过这种动乱却可以达到不同的目的；如果法兰西民族摆脱了偏见，决心掌握自己的命运，它就会抓住这个机会来推进自由的事业；反之，倘若法兰西民族没有这种政治自觉性，则专制制度就必然要利用这个"革命"来加强它对人民的压迫和奴役。从这个观点来看，一场革命就不仅仅（或者说不一定）只是一次由于感情用事而引起的混乱，因而它也就不仅仅（或者说不一定）只能作为一个消极的事实来经历。相反，一个摆脱了偏见，下决心恢复自由的民族完全应该把它转变成一种积极的行动。

尽管马布利从未完全破除"革命"即"动乱"这一传统概念，但他毕竟首先冲破了裹在"革命"周围的那团消极性迷雾，并且赋予其一种有可能推动人类社会自由民主化的积极意义。应该说，马布利在旧制度法国的"革命"观上打开的这个缺口是意义深远的：它是"革命"的词义在法国由政治动乱向社会理性的进步转变的重要开端。

另一些著名启蒙思想家，如伏尔泰、达朗贝尔等，则为"革命"词义的这种转变做了进一步的理论工作。当时这些启蒙学者也热衷于谈论革命，不过他们的着眼点跟那些御用文人，甚至跟马布利，都迥然不同：他们关注的不是那些政治层面的"革命"事件，而是处于社会与文化层面的长期的变革过程。结果便产生了这样一种情况，即以往通常被用来表达政治不稳定或动乱的"革命"一词，在他们的著作中开始成为某种健康的社会转变过程的指代，被用来表达人类精神进步的历史节律。"革命"的词义本身也在这里经历了一个不断被积极化的过程。

以伏尔泰的《论各民族的风俗与精神》一文为例。按伏尔泰本人的话来说，他写此文的"主要目的"，是"在政府的一系列革命中探究人类精神的一系列革命"。他特别重视艺术和科学的革命性演进，而把国家的种种"革命"仅仅看作文化进步的副产品。据统计，"革命"一词在这篇论文里出现过 63 次，其中 41 次指的仍然是政治上的动乱，但也有 12 次被用来指称由艺术和科学的发展所体现的人类精神的进步，并常常被冠以"正当的"、"严肃的"、"伟大的"等带积极色彩的形容词，而在其余的情况下，则是按把上述两种概念结合在一起的方式（即把作为事件的革命和作为潜在的转变过程的"革命"加以混同）来使用的。这样，"革命"的传统词义便在伏尔泰的笔下被大大地拓宽了，并且在拓宽的过程中发生了带根本性的变化，也就是说"革命"一词第一次被引入人类精神的领域，不仅成了某种积极的文化转变的代名词，而且成了把这种文化转变同市民社会中某种深刻的政治变动联系起来的纽带。实际上，即使是政治领域里的"革命"，由于它是艺术和科学革命所引起的某种附带现象，是深层文化转变的外部表现，也在这里开始被赋予一种前所未有的具有世界历史意义的进步性色彩。

达朗贝尔对"革命"一词的用法也鲜明地反映了这种崭新的革命观。在他看来，由君士坦丁堡陷落和印刷术发明开始的理性复萌，就是一场具有世界历史意义的"革命"——"人类要摆脱野蛮状态，也必须来一场这样的革命，以改变世界的面貌"。在启蒙运动中做过积极贡献的孔多塞，则进一步指出了这种"革命"在改变各民族命运方面的不可逆转性：它一经发生，就将一往无前、势不可挡地发展下去。

其实，在这些启蒙思想家的心目中，他们所从事的启蒙运动本身就是一场"革命"。1764 年 4 月 2 日，伏尔泰在致一位友人的信中写道："法国人什么都要晚一步，但他们终于也赶到了。启蒙之光已普照大地，日益深入人心，以致稍有动静人们就会奋起。那将是一场大热闹，年轻人真是有福气，他们将看到各种美妙的事物。"这场"大热闹"究竟指什么？伏尔泰的意思是很明白的：那将是一场由启蒙运动引发的政治革命。因为就在同一封信中，伏尔泰还这样说道："我所见到的一切都在为一场必将到来的革命播撒种子，可我恐怕是没有福气看到这场革命了。"1767年，伏尔泰又在另一封信中写道："一场革命已在精神领域进行了约 15年之久，那将是一个伟大的时代。学人们的疾呼在预报一场巨大的变化，就像乌鸦的啼鸣在预报好天气一样。"这里，伏尔泰不仅流露出对未来法国大革命的神往和期待之情，而且已经公开把作为这场大革命的准备和先声的启蒙运动，也看作一个具有革命意义的事件或过程了。在他的眼里，似乎"革命"既可以指一个总的社会转变过程，又可以指这个总过程中互相关联的各个阶段，如当时的启蒙运动和未来的大革命，其中前者是后者的准备和精神先导，后者是前者的继续和在政治层面上的反映，但无论前者还是后者，又都可以被视作一个过程，而且都是有世界历史意义的人类进步的过程。

　　强调革命是一种"过程"，实际上也就是把革命认作一种"时代"，而承认"革命时代"的存在或有可能出现，可以说是启蒙思想家或受启蒙思想影响的人们的一个共识。早在1762年，卢梭就在他的《爱弥儿》里写道："我们已经临近危机状态和革命时代。"后来的孔多塞也在他的《人类精神史纲》的引言中说："一切都在表明，我们正在进入人类的一个大革命时代。"既然革命成了一种"时代"，那么它就不再像御用文人们所说的那样，仅仅是"事后的研究对象"、"事件的结果"了：它也有了自己的时间，有了自己内在的年代表。

　　启蒙思想家这种把革命看作"过程"或"时代"的观点，不仅使时间进入了革命，而且有力地促进了革命的积极意义的普遍化——也就是说，使革命在一般的意义上成了"具有世界历史意义的人类前进过程"的同义词。著名作家路易·梅西耶（1740—1814）在他的《巴黎景象》（1782）一书中，就不仅把启蒙运动，而且把即将由启蒙运动引发的政治事变都看成这样的"革命"。他说："仅仅三十年工夫，我们的观念中就发生了一场重大的革命。舆论已在今日的欧洲取得了不可抗拒的优势。因此，考虑到启蒙运动的进展及其将引起的变化，这一运动将很有可能给世界带来极大的好处。这一震荡长空的普遍呼声将传遍和唤醒整个欧洲，并将令形形色色的暴君为之战栗。"梅西耶认为，这种变化首先是启蒙作家为自己争取替各民族利益和人道事业辩护的"合法权威"的结果，而"这种普遍的倾向将很有可能产生一场有益的革命"。不仅未来的法国大革命，即使是发生在遥远的大西洋彼岸的北美独立战争这样的政治事件，在当时崇尚理性进步的法国人看来，也都属于这种"有益的革命"的范畴，故被称作"美洲革命"。修道院长冉蒂宣称："盎格鲁—美利坚人独立这一事件，最适于促进将给地球带来幸福的革命。在这个新生的共和国里，蕴藏着将使全世界富足的真正宝藏。"孔多塞也著文详尽阐述了"美洲革命"将对全人类、对欧洲和对法国产生的积极影响。曾对当时美洲发生的事件作过深入研究的法国史学家和哲学家雷阿尔，则从最广泛的意义上强调了革命的积极意义，指出："一场革命发生之日，就是我们进入新时代之时。"

法国 18 世纪的启蒙思想家们，就是这样使"革命"渐渐变成一个受人们欢迎的褒义词的。在他们的影响下，人们变得越来越习惯于称呼一个在他们看来有利于人类进步的事件为"革命"，并对法国即将到来的革命寄予越来越殷切的期望。

三、"革命"——社会的危机

人们在期待着未来的革命，但未来的革命究竟是个什么样子？

也许不少人对这一问题的看法相当乐观。他们似乎认为，既然革命并非动乱，而是启蒙运动的积极成果，是在理性的指引下进行的，那么它就将是一个平稳、一帆风顺的过程，其间没有暴风骤雨、惊涛骇浪，没有尔虞我诈、阴谋诡计，更没有刀光剑影、血雨腥风，有的只是至虔至诚的理性崇拜，轻言慢语的问题讨论，温文尔雅的你谦我让，和公意达成、革命成功时的万众欢腾、普天同庆……总之，那将是一个理性的阳光普照大地的时代，一个祥和、升平的世界。

这大概也就是为什么"革命"在当时许多开明作家笔下会被涂以"仁爱"的色彩。就未来的法国大革命而言，它就曾被设想为"将不是通过武器的力量、强制和暴力，而是通过普遍的信心、根据全国所有等级的一致意愿来进行的"，被设想为一场"最彻底"同时又是"最有益"的革命。有人还这样鼓吹：未来的大革命作为启蒙运动的结果，也以"17、18 世纪在精神领域发生的革命"为渊源；而这场 17、18 世纪的革命乃是"讲礼貌、重知识"的现代欧洲之母，所以经过开明知识分子的准备，未来的大革命也将以仁爱的方式进行，它将通过公共讨论来普及和强化自己的原则。

　　当然，也并非所有的人在当时对"革命"的看法都这样乐观。很明显，当卢梭说出"我们已临近危机状态和革命时代，谁能保证你那时候会怎样？"（《爱弥儿》）的时候，当马布利认为革命即使有可能被导向好的结局也仍然是一种"动乱"的时候，他们就已经流露出一种对于革命的形态和前途的深切焦虑。他们似乎隐约地感到，革命是一种令人捉摸不定的危机状态，有可能出现各种动荡、危险和艰难困苦，对于每一个人都是一场严峻的考验；它意味着一个民族为摆脱奴役将不得不付出一定的代价，或者说一个民族要取得革命的最后胜利必须作出坚韧不拔的努力。总之，革命绝不是一场轻松愉快的游戏。

　　在大革命前的法国，最明确地表述过"革命"的这种"危机"特征的人，大概莫过于兰盖（Simon-Nicolas-Henri Linguet）——当时的一位报纸主编。他的《政治年鉴》（全名为《政治、民事和文学年鉴》）在大革命前曾经是最受人们欢迎的报纸，每期印数多达两万份，居当时全欧之冠。就在这家报纸上，兰盖向人们发出警告：即将到来的革命绝不像哲学家和行政改革者们所许诺的那样是一场"和平的转变"；其实任何革命都是一场"危机"，是决定一个患病的社会生死存亡的转折点。

　　《政治年鉴》开始出版于1777年，1788年年末停刊。该报纸的头几期对启蒙思想家所鼓吹的"革命"作了认真的分析。兰盖忧心忡忡地指出，这场正在降临的"革命"带着"文化与社会进步"的外观，似乎要在欧洲文明史上创造一个"最幸福最和平"的时代，可在实际上却是对欧洲的一个严重的威胁。因为在当时社会内部已集聚了许多破坏性的力量，而"革命"极有可能把这些力量释放出来。关于当时欧洲的现实状况，兰盖认为有两大特点：一方面，那里已经出现了空前的、普遍的繁荣：城市得到了美化，而且在相互攀比中变得越来越美；交通得到了改善，变得方便而安全；乡村中建起了许多城堡，奢侈的欲求在那里聚敛了应有尽有的宝藏，为艺术的研究准备了充足的对象——"享乐从来没有过地普遍化、方便化和社会化了"。另一方面，欧洲又面临着空前严重而紧迫的"天下大乱"的危险。危险的根源是一种彻底的绝望情绪，其后果将是人口的骤减；而且，由于长期养尊处优，当时的人们已不复拥有他们的祖先对付类似情况的本领，故而灾难将会更加严重。何以竟会产生这种危险的绝望情绪？在兰盖看来，这全是废除农奴制造成的。我们知道，随着农村中商品经济的发展，农奴制的西欧封建庄园在 14、15 世纪全面衰落并瓦解，大量农奴由此获得了自由。这本是一种历史的进步，它推动了封建制度的崩溃，促进了近代商业社会的产生，因而是值得欢迎的。可是兰盖却并不认为这是什么幸事。相反，他认为像这样仅仅为剥削的目的而解放农奴是非常有害的，因为这种使广大群众沦为雇佣奴隶的新形式的剥削，虽然造就了欧洲的普遍繁荣，但同时也造成了严重的阶级分化，形成了严峻的阶级对立局面，以至于很有可能发生斯巴达式的"奴隶战争"，导致血流成河、生灵涂炭。在处境日益悲惨的平民百姓的绝望和少数阔佬的奢华之间，只能靠刺刀和绞架来维持某种平衡。而刺刀和绞架虽能制服民众的骚乱，却"既不能扑灭每日都在他们心中升腾的怒火，也不能消除把他们折磨得筋疲力竭的贫困，而这种贫困也只是通过消耗那些可怕的力量才抑制住他们的激情的"。兰盖认为，在这种情况下只存在两种可能性：或是受武装力量遏制的被压迫者在不幸中默默地死去，进而使欧洲的繁荣也归于消灭；或是被压迫者忍无可忍，推举出某一位"斯巴达克斯"，率领他们揭竿而起，奋力推翻吃人的现存秩序以争取"真正的自由"。这也就是说，当时的欧洲只有两个前途：不是在平静中走向毁灭，就是在暴力革命的烈火中获得新生。

兰盖无疑是相当激进的。实际上，正如某些学者所指出的，他的某些言论已经预示了 19 世纪社会主义对资本主义的批判。除了内容上的激进性以外，兰盖的言论还以其形式上的富于鼓动性著称。在革命前夕的法国报刊界，兰盖被认为是最善于调动读者感情和意志的新闻工作者，他的报刊能给人们留下这样一种印象，即"文字"可以变成一种高效政治炸药，这种炸药可以被用来摧毁它所攻击的任何目标。看来，也许正是内容上的激进性和形式上的鼓动性之间的结合，使兰盖得以在大革命前的欧洲报刊界获得独占鳌头的巨大成功，并成为革命时代法国激进报刊唯一的也是最重要的先驱。

但是，同其言论内容的激进性比较起来，更引人注目的还是兰盖的写作风格，亦即语言形式上的鼓动性。最近出版的一本兰盖传记的作者指出："即使兰盖不是某种已经存在的写作风格的创造者，他也一定是使用这种风格的最非凡、最聪明的老手。唯有他能够使这种风格成为政治批评和思想传播的有效工具。"他的成功，使他的写作风格引起了革命时代许多报人的效仿，其中不仅有布里索、马拉、巴贝夫等许多革命思想家，甚至反革命的马莱·杜邦和热月时期最成功的反革命作家里舍尔-塞里兹等都受过他的重大影响。兰盖的写作风格概括起来有如下一些基本特点：（1）热衷于把观念的冲突变成人格的冲突，即通过诽谤论敌来宣扬自己的主张，且用词粗鲁，不加虚饰；（2）遇到难关时往往归咎于别人的"阴谋"，大叫有人捣鬼；（3）强调宣传一个观点要经常讲、反复讲，对论敌要穷追不舍、狠打"落水狗"。总之，兰盖在写作上重视的不是理性的启示，而是感情的激发，他为达到某种政治目的而调动读者的情绪和感情的超凡能力，是他的巨大社会影响力的重要源泉。

鉴于兰盖对当时法国社会公众的巨大影响，他关于革命的预言对于人们的政治心态所产生的作用自然不容忽视。这一预言本身就足以耸人听闻，可兰盖似乎还嫌其不够味，还以他特有的那种富于感染力的笔调来刻意加以渲染，给人以种种悬念，引起对事态发展的种种猜测，并使人产生一种紧迫感。在指出了欧洲前途的两种可能性之后，兰盖紧接着又这样告诉人们："各种情势都在一天天地向我们逼近，我一定会在本报如实报告情况，让这些情势引起人们的注意。"而在后来的各期报纸里，兰盖向他的读者们展示的却是一系列相互之间缺乏关联的事件，似乎这个时期一切都乱了套，完全违背了正常的事态发展进程，比历史上任何其他时代都更充满各种稀奇古怪的事情。这样一来，兰盖的报纸便显示了一种非常独特的"时代感"，好像时代已不再像人们通常所感到的那样呈现稳定的线性流动状态，而是断断续续、一段一段互不相连，像醉汉似地打着一个比一个可怕的趔趄，蹒跚前行。显然，这种时代的进程每一步都可能是一个危机，而每一个危机都会把欧洲带到世界末日般的大灾难的边缘。也就是说，未来的大革命弄不好会是一场突发的全面崩溃！

不过，兰盖似乎还颇懂一些辩证法，很知道一些"祸兮福之所倚"的道理，因而这种悲观主义还只是他的"革命"观的一个方面。另一方面他也常常表露出某种乐观情绪，因为他在指出欧洲随时可能面临巨大灾难的同时，又表示相信：任何情形都可能向其反面突然转化，因而，每一场大难至少都会带来实现"千年至福"理想的可能性。基于这种观点，他常常突发奇想，提出一些奇特的救世之道。例如，1778年，他曾主张所有大国同时宣布破产，"扎入浴缸洗个澡，用这种猛烈而有益的办法来恢复青春，然后它们就会获得它们以往从未有过的活力"。1788年，他又呼吁国王同平民联合起来扫除一切特权机构。然而，兰盖这种"千年至福"的乐观主义，似乎丝毫也没有减轻他在人们心中造成的那种关于"革命"的世界末日般的危机感，相反，就像绘画中两种极不协调的色调放在一起，能使人产生一种莫名其妙的恐惧感一样，它只能使这种危机感更加深化。

这样看来，兰盖在大革命前夕的法国，很像一个在"革命"问题上妖言惑众的巫师：他一方面以危言警世，在人们的心头罩上世界末日即将来临的恐怖阴影，另一方面又宣扬一种"否极泰来"的可能，鼓动人们以超常的努力去争取"千年至福"的前途，使得本来已惊恐万状的人们变得更加躁动不安。总之他在以其非凡的语言天才操纵社会心理，给当时的法国带来一片令人窒息的紧张空气。

四、"革命"——矛盾的综合

1789年7月14日巴士底狱被攻陷，标志着法国终于跨入了革命的时代。

是日夜晚，当路易十六被告知这一事件时，他曾不安地随口问道："这是一场叛乱吗?"拉罗什福科公爵利昂库尔的回答语味隽永："不，陛下，这是一场革命。"——利昂库尔在这里说的"革命"显然仍具备旧革命概念的一切特征。它不同于"叛乱"，是因为它比"叛乱"更严重、更危险。因而"革命"一词在这里，倾注着王公贵族对"七·一四"事件的仇恨和恐惧。

然而，如上所述，"革命"一词在当时法国已不仅仅只有这个传统的定义。事实上，关于"革命"已经形成了好几种相互竞争的"话语"。随着巴士底狱的陷落，"革命"也开始从思想意识的范畴变成现实。而一旦脱离了思辨进入生活和历史的范畴，正如索布尔所指出的，"革命这个词便具有了新的意义"①。于是，我们便又回到了本章一开头就提出的那个问题：这个"新的意义"究竟是什么？或者说，对于作为这场革命的直接或间接参加者的当时法国大多数人来说，"革命"究竟意味着什么？

从近年来学者们的研究成果来看，革命时代的"革命"概念，实际上体现了前革命时代各种"革命"话语的一种变态的综合。这种综合的过程，极其清晰地反映在 1789 年开始发行的一家报纸——《巴黎革命报》上。

这家由普吕道姆主办的革命报纸，在大革命时代读者最众，影响极大。开始的时候，它对"革命"的认识似乎还带有显著的传统印记。它的名称——Révolutions de Paris——用的是复数的"革命"一词；普吕道姆的初衷也不是想办一份报纸，该报的第一期原先只是一份以《巴黎的革命》为题的不曾标有"第一期"字样的小册子（出版于 1789 年 7 月 18 日），内容也只是对巴士底狱陷落前后一周内巴黎发生的重大事件所作的综述，后来因销路看好，连续再版了数次之后，他才产生了把它变成定期刊物的念头。这说明在革命乍起时的普吕道姆的心目中，"革命"仍无非是给国家事务带来出乎意料的变化的一些突发事件而已。

决定办报后，普吕道姆在《巴黎革命报》第一期的第五版上通告读者，该报将在每周周一向人们提供前一周的事态演变的准确细节。这也就是说，普吕道姆及其同仁已经感到，在法国政治生活中发生的这些重大事件远未就此了结，它们还会继续下去，"革命"已由传统意义上的"过去发生的事情"变成了活生生的现实，因而有无限期地加以跟踪报道的必要。这样出了几期之后，普吕道姆他们又感到仅对事件作逐日报道意犹未尽，于是又开辟了一些新的专栏，通过这些专栏一面对一系列事件作编年史式的记载，一面对这些事件作结构和意义上的分析。渐渐地，这些新栏目又从补充性的位置上升为报纸的主体内容，《巴黎革命报》也由此被赋予了一种编年史的结构，成了一份记述革命、鼓吹革命的革命报刊。

随着这份革命报刊的形成，一个新型的"革命"概念也慢慢地被锻造了

---

① 参见阿尔贝·索布尔：《法国大革命史》，第 514 页。

出来。人们看到，在这家报纸上，呈复数形态的、一次又一次接连发生的"革命"（Révolutions）先是变成带不定冠词的"一场革命"（une révolution），然后又变成带定冠词的"刚刚进行的惊人的革命"（l'éonnante révolution qui vient de s'opérer）；"这些革命"（ces révolutions）变成了"这场在我国永垂史册的革命"（cette révolution à jamais memorable dans les fastes de notre histoire）。不仅呈单数形态而且带敬重情调的大写的"法国大革命"（Révolution française）这一专门术语也应运而生。这时的"革命"显然已不再是那种突如其来、出乎意料和只能作为事后研究对象的变化了。革命在这里被看成了一个过程，它有了自己的内在时间，有了自己的内在动力和年表，而且可以"永垂史册"、流芳百世——总之，革命被积极化了。

然而，这时的"革命"概念，是否纯粹就是启蒙运动所讲的那种高度积极的"革命"概念的摹本呢？《巴黎革命报》在1790年1月发表的一篇社论表明，事情并不那么简单。

这篇题为《大革命导论》（副标题为"1789年革命的锁钥"）的社论，极有可能出自当时一位名叫艾利塞·卢斯塔洛的新闻工作者的手笔。它系统地向读者阐述了该报业已形成的关于"1789年革命"的基本看法，在塑造革命时代法国人的政治心态方面起过不容忽视的作用。从一个方面来看，卢斯塔洛笔下的"革命"的确和启蒙学者所谈论的革命相去不远。"法国大革命"在这里被誉为一场使世界面貌改观的史无前例的事变，是对过去的激进的决裂，法兰西民族将通过它一举砸碎千百年来一直套在他们脖子上的专制锁链，成为世界上最先摆脱专制主义奴役的民族，并由此为其他受专制主义压迫的民族树立一个自由的样板，唤起他们向专制暴君奋力抗争，最终实现全人类的解放。显然，《巴黎革命报》的这篇社论运用着类似启蒙学者的语言，把法国革命描绘成了一场具有世界历史意义的、有利于人类进步的事件。

然而这毕竟还只是该报关于"革命"的看法的一个方面，而且即使在这里，也已经暗含着一种截然不同于启蒙学者的关于"革命"的理解。也就是说，虽然该报在认为法国革命将促进人类社会进步这一点上与启蒙学者并无二致，但它在无形中所强调的另一点，即这场革命必须由一个备尝专制压迫之苦的民族来完成，却与启蒙学者对于"革命"的乐观态度格格不入。一般说来，在启蒙学者眼里，"革命"似乎是启蒙思想广泛传播所引起的自然结果，并不需要一个"备尝专制压迫之苦"的民族的存在作为其发生的必要先决条件，而且它的前途必然是光明的。可《巴黎革命报》的这篇社论却偏偏唱出了另一个调子，主张受专制压迫的"过度的痛苦"和"启蒙思想的传播"这两个条件，对于一场革命的发生都不可或缺。这种认为只有当专制压迫强化到使人们忍无可忍时才有可能发生革命的观点，则无异于是说革命在某种程度上是出自"官逼民反"，因而是一种绝望而后挣扎求生的行为，至于能否"反"成，能否实现"否极泰来"，谁也不敢说有绝对把握。因此，在这层意义上，革命也就成了一种凶吉难卜的"赌博"，一种"孤注一掷"或"背水一战"，整个民族、社会的盛衰存亡即在此一搏。可见，在《巴黎革命报》关于革命是备受专制压迫之苦的民族的抗争的观念中，潜藏着兰盖的影子。

兰盖对卢斯塔洛的影响无疑是深刻的。在这篇社论中，卢斯塔洛为了证明法兰西民族当时所受的专制压迫已经到了不堪忍受的程度，曾用兰盖的语言对法国历史作了一个马布利式的简述。他说："法国从未有过宪法……自建立君主制以来，我们一直交替地呻吟于封建专制和内阁专制之下。"尽管封建专制也违反自然法则，但比起"令人恶心至极"的内阁专制还显得稍好一些；至少领主不像掠夺成性的大臣，还会像喂牲口一样让农民吃上饭。可是黎世留破坏了领主专制，建立起内阁专制，结果国王、朝臣、僧侣、高等法院、各省总督、形形色色的行会和团体都成了专制统治的分享者，整个社会机体都为专制主义精神所浸染，专横霸道的风气肆虐天下，几至登峰造极。因此，这是一个病入膏肓的社会，而法国人革命则是这个社会为战胜病魔而作的最后一次奋力拼搏，或者说是决定这个社会生死存亡的一场危机。按卢斯塔洛这篇社论的话来说，就是："当所有的药剂都用过之后，就必须来一场危机，只有强健的体格才能扛住这种危机。"既然是一场危机，那它自然也是一个充满暴力和危险的可怕时刻，一个激动人心而又痛苦异常的时期。对于这一点，《巴黎革命报》似乎从一开始就清楚地意识到了：该报的头几期在指出历次革命事件的必要性的同时，也没有忘记对这些事件的"恐怖"性加以强调。

如："这一天是令人生畏的、可怖的，它显示了被压迫的人民向压迫者的复仇"；"让我们把目光从这些令人痛苦的恐怖场面移开吧。但愿今后人们将铭记受害者们的善举。"该报还形象地把革命比作风暴，指出："一个国家一旦发生了革命的风暴，该国原有的国民性就会消逝得无影无踪，最可爱、最温柔的人民很快就会变得极其凶残、极其野蛮……"

实际上，《巴黎革命报》所说的"革命"还远远不只是一场风暴。风暴总是短暂的，电闪雷鸣、雨骤风狂不大会儿就会复归平静。可惜革命已不再是这种转瞬即逝的事件，而是一个有自己内在时间的过程，具有一定的时间上的延续性，也就是说是一场为时相当长的风暴，或者说是为数相当多的风暴的一个总和，其危险性、破坏性之大也可想而知。用《巴黎革命报》自己的话来说，就是："一场革命之中，每天都会频频发生风暴和危险"，"每个行动日都有自己的一些不同特征，……都有自己所由产生的一些动机，都有自己震慑民族敌人的一些可怖的场景"。可见，革命时代本身就是由一连串生死攸关的时刻构成的，每一天都会发生革命与反革命之间的殊死搏斗，每一天都必须在死亡和自由之间作出选择，每一天都是决定法国和人类命运的转折点！

这的确是一种充满危机感的革命观。当然，这种革命观不过是在1790年初提出来的，而且也可以说只是《巴黎革命报》的一家之言，然而，不论是从该报在大革命时代的广泛影响来看，还是从后来的革命年代里人们的一般言论来看，都可以认为这种革命观已经体现了法国革命者关于革命的基本看法。何况，后来的革命进程还以实实在在的层出不穷的内忧外患，无可辩驳地证实了卢斯塔洛的预见。也许在大革命初期，人们不大有这种危机感，对革命的看法普遍比较乐观，总觉得胜券在握，信心十足。这方面话说得最天真的莫过于拉法耶特，在他看来，"人民一旦想要自由，他们就是自由的了。"可是，形势的发展很快就打消了这种盲目乐观。早在1789年夏，罗伯斯庇尔就开始怀疑："我们会自由吗？我看这个问题还值得考虑。"米拉波后来也写道："迦太基丝毫没有被摧毁。"1793年的严峻形势曾使救国委员会特派员让·邦·圣安德烈忧心忡忡。他在1793年3月26日致巴莱尔的信中指出："现在经验证明，革命远远没有完成……我们只有一个选择：或者将国家之舟驶入港口，或者与它同归于尽。"随着革命的深入发展，巴贝夫等平民革命家日益觉醒，逐渐认识到不仅应当推翻专制压迫，而且应当推翻财产压迫，革命的意义由此发生了升华。如巴贝夫的《人民保民官报》第 34 期〔共和四年雾月 15 日（1795 年 11 月 6 日）〕曾这样指出："什么是一般的政治革命？尤其是什么是法国大革命？它是一场贵族与平民、富人与穷人之间的公开的战争……当大多数人的生活极其艰难，再也无法忍受时，通常就要爆发被压迫者反对压迫者的起义。"这里所说的"革命"，实际上已经超出"资产阶级革命"的本义，已经是无产阶级革命的先声。但是即使在这时，巴贝夫关于革命的基本特征的阐释仍活灵活现地运用着兰盖或卢斯塔洛的语言。请看发表在共和四年霜月 9 日（1795 年 11 月 30 日）《人民保民官报》上的《平民宣言》的这段结束语：

> 让我们再重复一遍：所有的苦难都达到了极点，它们再也不能继续恶化了，只有通过彻底的动荡才能改变！让一切都混同在一起！让各种成分都打乱、交叉、互相冲突！让一切都回到混沌状态，一个崭新的、再生的世界将在这混沌状态中诞生！

法国大革命就是这样一场惊心动魄的危机。这场危机何时是头已不可预料（想想法国革命者给自己规定的那个空前绝后的艰巨任务吧），其最终结局更是不得而知。然而人们又不能不密切关注那可能达到的事关法国和人类命运的结局。人们承认偶然性将会在这里起重要作用，但弄好了就是"千年至福"，弄不好就是"世界末日"，这种兰盖式的宣传又将迫使人们最大限度地发挥自己的主观能动性，咬紧牙关拼死一搏。这也就是说，大革命时代法国人对革命的看法不仅带有启蒙思想家的积极眼光，而且也深深地刻有兰盖的印记。这种综合性的革命概念无疑也有自相矛盾的一面。如果说启蒙运动的革命观给法国革命者带来的主要是鼓舞的话，那么兰盖的革命观所带来的，则毋宁说是一种难以名状的、深深的担忧和恐惧，而这种危机感又免不了将深深地影响革命者的思维方式和行为方式。

第五章 为民族"再生"而战

> 要是在开始时没能一举成功，我们就再也成功不了了，因
> 为人民会对革新产生一种无法克服的厌倦情绪。
>
> ——蒂里昂（国民公会议员）

民族的"再生"（Régénération），也是法国大革命时代的一个中心话语。在革命者们看来，"革命"和"民族再生"原本就是一回事，法国大革命不仅要使法兰西民族摆脱奴役，而且还必须把法国人变成"新人"。

这种"新人"观念在大革命前的法国即盛行已久。那时的时代精神中充斥着对人类初始状态的神往，表现为各种关于刚踏上文明之路的休伦人①、来自森林深处的野人、漂泊到幸运岛的遇难船员、初见光明的盲人之类的故事到处流传，似乎只有人人都返璞归真，回到自然状态，让整个人类历史从头开始，这个世界才有希望。这种梦幻般的意象在当时绝大多数启蒙思想家那里都得不到接受，唯独在卢梭的学说里留下了浓重的印迹，并在一定程度上通过卢梭在革命法国所享有的崇高威望，转化为广大革命者心目中一个极为执着、不容动摇的基本信念。著名革命家勒佩勒蒂埃曾注意到这一信念在整合革命阵营方面的重要功能，认为那些被革命政治的风风雨雨弄得四分五裂的人们之所以最后又能重新联合起来，就是因为人人都怀有这种创造新民族的理想。人们还看到，甚至在热月之后，这一理想仍然不失为革命的基调。

同英国和美国的革命比较起来，这种民族再生的理想无疑又是法国革命的一个独特之处。作为"决裂信念"的具体表现之一，它不仅使法国革命的任务大大复杂化了，而且给整个革命过程带来了一种无与伦比

---

① 休伦人：18 世纪北美印第安人的一支，当时尚处于原始社会的末期。

的紧迫气氛。

一、"再生"没有榜样

民族的"再生",意味着新民族的创造。然而,所谓"新民族",又究竟意味着什么?或者说,一个新民族,究竟应该符合哪些标准?

实现民族再生的决心,无疑来源于对该民族人性普遍异化的深切感知。人失却了自己纯朴善良的天性,社会中充斥着欺诈、压迫和腐化,所以才有必要对民族进行一番更新改造,而这种更新改造最理想的目标,无非是实现全民族人性的复归——即回到风俗淳厚的原始自然状态。因此,法国革命者常常表现出对初民社会的钦羡:那里没有教士,没有行政官,也没有主人奴隶;那里夜不闭户,路不拾遗,无需任何法律。在当时法国一些偏远的岛屿和荒漠地区,实际上仍残存着这种社会,如巴莱尔认为在巴斯克地区的水手和牧民中就存在着某种"古老而又崭新的民族"。至于古希腊、罗马人,在熟读过普鲁塔克、塔西陀等人作品的法国革命者心目中,则代表着某种"准新民族":尽管算不得全新,这些古代人离原始状态还是很近的,他们的社会毕竟刚形成不久。法国革命者言必称古希腊、罗马,常常以古希腊、罗马的英雄们自比或相互称谓、借喻,格拉古、布鲁图斯、墨西乌斯·斯基沃拉、德希乌斯、加东之类的名字在大革命中不绝于耳,这些情况并非偶然。

法国革命者理想中的"新民族"实际上是部落式的,具有散居各地、相互隔绝、小国寡民的特点。这种新民族的成员最讲究美德,他们聚集到一起组成社会就是为了进行各种美德的传习,合乎道德的社会交往是他们唯一的内在特征。他们显见的外在特征则是一无所有:没有工商业,没有科学,也没有大城市,没有任何奢侈的需求。这种极端低下的生活水平并不是缺陷,反而应被看作一种无与伦比的优点:正因为他们什么都没有,人的本性才得以完好如初地保持在他们身上,他们才可以当之无愧地被称作新人、真正的人。这样看来,要实现民族的再生,让人人都重新获得人的本性,最好的办法似乎就是让人人都放弃财产,成为一无所有的古式新人。

这种对"财产"或"财富"的厌恶，一开始就在制宪议会的辩论中反映了出来。法国人长期的财富积累在那里被称作是一种"不幸"，甚至被称作是一种"噩运"。据认为，制宪议会议员们这样看待法国的财富至少有三点理由：首先，这种财富带有专制、僧侣和封建的标记；其次，它标志着一种不协调的人际关系，使各种互相矛盾的习惯得以共存；最后，它是法国历史上所有腐败现象的渊源。这三点理由足以说明，对法国人的更新改造不可被视作仅仅是对他们之间相互关系的重新调整，也就是说，绝不能指望在这个民族的过去找到某个令人满意的回归点。由此看来，流行于大革命时代的关于法国历史的悲观、虚无主义情调，以及由此而来的与旧传统彻底决裂的信念，同"财富"在革命者心目中的这种消极的历史作用有着一定程度的关系。

不过当时的法国人也知道，要创造一个新民族，倒也不是除了先让每个人都穷得叮当响之外别无他途：看看新大陆上刚刚昂首挺立起来的美国人吧，这个民族毫无疑问是崭新的，可他们却并不那么穷。他们之所以显得"新"，显得与众不同，似乎是因为他们特别注重"平等"的缘故。法国人注意到，当时的美国虽然人人都是地产主，但人人的财产都差不多，既无大贫，也无大富，既不穷困潦倒，也不奢侈腐化，体现着一种中等富裕程度的、小康的"平等"。这个民族突出的实际上是史前新人的另一种特征，即平等。不同的只是史前新人的平等是人人都一无所有的平等，而美国人的平等则是人人都程度相似地有点什么的平等而已。这里应顺便指出，对于经过革命的美国人，法国革命派常常还是津津乐道的，但对于同样经过革命的英国人，法国人更多地则投以鄙夷的目光——他们讨厌英国人身上那股呛人的贵族味，从不以为英国人是什么"新人"，尽管他们在大革命前夕对英国人的"自由"多少有些羡慕，但很快他们就发现这种"自由"远远不够理想了。

现在的问题是：古希腊、罗马人和获得独立的美国人这两种类型的新民族，究竟有无可能成为法国人自我更新的参照模式？看来法国革命人士在这个问题上是有过一番缜密思考的。然而，尽管人人都对这两种新民族充满艳羡之情，他们却都不约而同地否定了它们对于法兰西民族再生的榜样价值。究其原因，差异太大、国情不同自然是很重要的一点，但强烈的民族自尊心和处处力求标新立异的心理，似乎也起了不容忽视的作用。

难道可以把现代法国人变成古代希腊人或罗马人吗？国民议会议员拉波·圣太田认为这根本不可能。他无可奈何地承认，每当他想从古代的制度风习中借鉴点什么的时候，他就感到"颓丧无力"，因为"这些古代民族以及他们的时代和我们之间有着太多的差异，我们实不能如此好高骛远"。在他看来，古希腊、罗马的"天之骄子"是令人倾倒的，可惜法国人再也无法达到这个水平了。①

对于法兰西民族和古代人之间的差异，法国革命人士的看法远非完全一致，但他们毕竟人人都清楚地意识到了这种差异，并由此形成了一种强烈的意向、一个鲜明的共识：必须抛开一切模式，走自己的路！这种不法古人、力争创新的民族再生意识，许许多多的法国革命人士都曾豪迈地表达过。如国民公会议员谢尼埃就曾指出：由于古代社会和当代法国社会在经验、财产和实证知识诸方面差异太大，欲按古代模式再造当代法国，无异于妄想把成人变成稚童；因而在实现法兰西民族再生的问题上，人们应该创造而不应该剽窃，应该勇于创新而不应该拘泥以往。② 由此看来，法国革命者所崇尚的"古代"，与其说是历史上的古代，不如说是空想中的古代。

既然古代人因同法国人差异太大而不可学，美国人的榜样自然也就因同样的缘由而被排除了。尽管法国人在大革命一开始就学着美国人的样子要搞一份"人权宣言"，可他们仍十分注意强调法国革命与美国革命的差异，十分注意显示自己的特色，似乎生怕给人们留下他们是美国人学生的印象。拉波·圣太田的言论最典型地反映了法国革命者的这种心态。他在 1789 年 8 月 23 日说过这样一句话：如果制宪议会议员要"不惜一切代价地模仿"别人的话，那么最值得模仿的也就是"宾夕法尼亚模式"了。但是紧接着，他就又强调指出："法兰西民族，他们天生就不是一个跟别人学的民族，而是一个让别人跟他们学的民族。"③ 看来，尽

---

① 参见《导报》，第 14 卷，第 803 页。

② 参见《导报》，第 18 卷，第 351～352 页。

③ 参见《导报》，第 1 卷，第 378 页。

管出于对自由的热切向往，法国人无论如何也不能忽视美国人在争取自由方面为人类树立的光辉样板，但是既然他们同时也下定了决心要同旧世界彻底决裂，他们也就不可能向任何一种现成的模式认同，即使他们可以接受某种现成模式的某些原则，他们也不愿意接受这种模式本身——原因很简单，一切现成的东西无疑都有陈旧之嫌，都应该被抛弃，至少不应该照搬到法国来：须知法国革命正是要抛弃全部的旧传统，要创造一个史无前例的全新的民族！

著名政论家孔多塞当时也曾对法国革命和美国革命的不相容性作过详细的论证。其大致思路是，美国人搞革命为的是推翻外国贵族的压迫，具体说来就是拒绝向远在万里之外的母国纳税，而法国人则相反，他们的革命旨在推翻本国贵族的压迫，即摧毁一套由一部分人压榨另一部分人的税收制度——一个是较单纯的民族战争，一个是错综复杂的等级或阶级之间的国内战争，这种差异自然也就决定了法国革命较之美国革命的相对艰巨性，具体表现在美国人只有一种很松弛的束缚需要解除，法国人所憎恶的束缚却既多且紧（除了经济束缚之外，还有其他种种束缚，比如宗教上的不宽容），因而美国人在革命中还可以把许多旧社会的东西保存下来，而法国人则不得不把旧社会的一切统统摧毁。根据这一思路，孔多塞敏锐地指出：较之美国革命，法国革命必须遵循一些更完美、更精确、更深刻的原则，它不仅需要改造法国的政治结构，而且需要改造法国的社会结构。

王政派议员穆尼埃对美、法革命各自特点的看法同孔多塞等人恰好相反，他认为美国人在革命时什么也无须维持，倒是法国人还需要维持他们的国王——靠国王来召集国民议会（1789 年 9 月 4 日的讲演）。然而，既然他的这种看法只不过是从另一个角度证实了两国革命的不相容性，那么，在否认美国革命对于法国革命具有榜样价值这一点上，他同孔多塞等左派议员实际上仍然是一致的。

仅有的两个"新民族"的样板都遭到了否定，这就决定了法兰西民族再生的非同寻常的冒险性。按照历史学家莫娜·奥祖夫的看法，这种冒险性表现为三种不可能性：首先，人们不可以把法国人看作一个正在诞生的民族，因为正如加尼埃 1792 年 11 月 17 日在雅各宾俱乐部所说的那样，这是"一个正以自己的破砖烂瓦自我重建的社会"；其次，人们不可以回归到历史进程中过去的某一点上，那种在 18 世纪早中期盛行的复兴法国古宪法的观念已渐渐无人问津；最后，人们还不能只作某些改革：早在 1789 年 7 月间，制宪议会的议员们就表现出了一种反对搞小打小闹的改革的强烈意向。甚至连当时的王政派议员克莱蒙-托内尔都认为，靠简单地改革弊端和修复宪政来实现民族再生，那简直是天大的笑话。修修补补的改革对于民族再生是无济于事的，要再生就必须切切实实地创新，具体到宪法问题上，就必须彻底抛弃一切旧规章，用一页崭新的白纸书写法国人的权利宣言。

显而易见，如此激进的"再生观"，不过是法国革命"决裂"信念的另一种表达而已。也正因为如此，就像与旧传统的彻底决裂绝非易事一样，这种"民族再生"自然也将是一个充满搏斗的过程。

二、"再生"任重道远

在法国革命者的词典中，关于"民族再生"存在着两种截然不同的概念。

一种是奇迹式的，或者说是圣宠式的"再生"。它认为新人是在突然间"创造"出来的，不是慢慢"形成"的，无需什么方法，不要任何审慎，也谈不上有什么障碍——新人随着革命的冲动自然而然应运而生。孔多塞就这样说过："一个幸运的事件一下子就为人类的希望开拓出广阔的前景，一个瞬间就把今天的人和明天的人拉开了一个时代。"(《公共教育问题回忆录》)再看看"奇迹式"再生观的其他表述：不用动手，吹一口气，就能实现民族再生："你们向毫无生气的尸骸吹了一口气，先政立时就开始建立，并已表现出积极的活力。尸体在自由的触及下复苏，而且获得了新生。"(米拉波：《第一次演说》)甚至连气都不用吹，只需想一想就可以达到目的："要调整世界的命运么？你们只要有这个愿望就够了。你们是新世界的创造者，说一声光明在此，光明就到了。"(布瓦西·当格拉：《就艺术和鼓励艺术的必要性呈国民公会和教委的若干意见》)——在这里，我们似乎看到了神奇的严新气功：全身的放松入静、断骨的愈合、陈年痼疾的祛除，均无需任何动作和时间，只消施加一个意念足矣。

另一种"再生"概念则是任务式的，主张"再生"是一个艰巨的任务，需要人们付出艰苦的努力。由于从旧社会脱胎出来的新社会难免带有旧社会的痕迹，故革命的冲动并不能自由驰骋，前进的道路上将布满障碍，其中既有外在的障碍（即各种旧制度拥护者的顽强抵抗），也有更危险的内在障碍（即人民内部的各种旧记忆、旧意识、旧风俗、旧习惯），而所有这些障碍的存在，无非说明了这样一个道理：革命的圣宠并不能普施于每一个人，同一个民族中会同时存在着新人和旧人。共和二年雾月 8 日（1793 年 10 月 28 日），救国委员会的机关报《反联邦主义者》明确宣布："我们中间的确有新人，他们不曾为革命所吓倒；他们适逢良机，焕然新生，以适应新秩序的需要。但是也有一些假爱国者，他们在我们中间败坏着道德。"甚至那些新人的创造者，即那些被称作"掌握着民族命运的导师"的人，也常常会加入反抗民族再生的行列。因此，说民族再生可以一蹴而就，那是海外奇谈；用谢尼埃的话来说，那些自以为已经在他们的工作中"赋予足以使人们变成新人的强大智慧和神奇力量"的人，简直就是疯子。要真正实现民族再生，还是得丢掉幻想，直面现实，脚踏实地，一步一步地来。

历史学家还发现，这两种对立的"再生"概念并不能相应地同大革命中不同的政治派别或不同的发展阶段联系起来，因为人们常常可以看到同一个人或同一篇演说交替地表达出这两种概念。例如，在 1789 年后曾旗帜鲜明地鼓吹过奇迹式再生的孔多塞，也曾大骂过法兰西民族的劣根性，说这个民族在墨守成规方面堪称世界之最。国民公会议员格雷古瓦教士主持制定过许多统制经济的措施（反映着任务式的再生观），但他同样也承认"自然比我们更聪明"，承认有时候还是应该实行自由放任（反映着奇迹式的再生观）。强烈憎恨雅各宾专政的吉伦特派分子迪劳尔，在共和七年获月看到共和主义教育因缺乏计划和制度而濒临失败的时候，由于深信共和制的真正敌人是民众的古老习俗，竟也提出了根除一系列民间陋习和迷信的主张。而热烈的山岳党人迪昂，却用极严厉的字眼抨击过拉栖第梦式的乌托邦空想（把斯巴达咒骂为一座"修道院"）。显然，在这两种再生观之间，我们看不出温和派和激进派，或革命的上升阶段与下降阶段的区别。

那么，又怎么解释法国革命者在再生观问题上的这种自相矛盾或逻辑混乱呢？一般说来，人们之所以在两个相互矛盾的概念之间来回摇摆，往往是由于这两个概念之间存在着某种共同点的缘故。稍加分析，我们就不难发现：尽管奇迹式的再生观和任务式的再生观看起来毫无调和的余地，但却有着一个共同的本质特征，即它们都企图忽略时间。奇迹式的"再生"，以为施加一个意念就能创造一个新世界，自然是不打算考虑任何时间因素的；而任务式的"再生"强调什么都得靠人动手去干，不可异想天开坐等"天神报喜"，则含蓄地否定了时间本身具有任何改造世界的能力，从而以另一种方式排除了时间。历史学家基内曾这样说过：法国大革命的天性就是"取消时间"，"它什么也不留待明天去做，什么也不付诸经年的行动；它甚至不愿给自己七天的工夫来创造一个世界。"[1] 基内无疑是抓住了大革命的一个重要特征。大概正是这种共有的特征，为两种不同的再生观的相互转换提供了一个支点。

法国革命者这种忽视时间的潜意识，反映了他们对于时间的一种卢梭式的厌恶感或不信任感。似乎在革命者的心目中，时间这东西总是成事不足、败事有余。它能把一切变老、变旧，能把一切送入坟墓、变成历史。人类那无限美好的自然状态就是毁在时间手里的，也正是时间造就了所有令人厌恶的旧传统、旧习惯。因此，更新法兰西民族的伟大革命事业绝不能有时间的参与，必须在革命中废除时间。不仅如此，大革命还要对时间本身进行更新改造——"共和历"的编制似乎就部分地反映了这种意图。这种对于时间的片面看法和偏执态度，甚至可以被认为是法国革命激进化的一个重要源泉。

从另一方面来看，法国革命人士之所以会在两种再生观之间徘徊不定，似乎还出于他们不同的现实政治需要。显而易见，在法国革命时代，相应于这两种再生观实际上还存在着两种新人观。也就是说，按照奇迹式再生观的逻辑，自大革命发生之日起法兰西民族就已自动更新，人人都成了"新人"；而按照任务式再生观的逻辑，随着大革命的爆发而发生

---

[1]　参见 M. 奥祖夫：《法国革命与新人观念》，见 C. 卢卡斯主编：《法国革命与近代政治文化的创造》第 2 卷，第 214 页。

的并非法兰西民族整体上的更新，而只是部分的更新，即只是出现了一部分"新人"，整个民族呈现着一种"新人"与"旧人"共存的局面。应该说，第一种再生观所讲的"新人"是一个相当虚幻的概念，第二种再生观所讲的"新人"才具有比较实际的、带原则性的意义：很难想象崇尚理性的法国革命者会真的相信或长久地相信那种神话般的全民蓦然更新，他们之所以提出这种"新人"概念并不时地予以强调，在一定程度上很有可能是出于唤醒和动员民众的策略考虑，实际上他们并不真的承认每个人都已成为"新人"，就像他们把每一个人都称作"公民"，可在实际上只承认一部分"积极公民"的公民权一样。就像罗伯斯庇尔一边极辞盛赞"人民"，一边又告诫国民公会注意法国只是一个"没有共和派的共和国"一样。激进的革命派把法国人分成"好公民"和"坏公民"的做法表明，革命者心目中的"新人"实际上是有着一套很严格的原则界定的，而这套原则界定，即使在热月反动之后很长一段时间内也不曾被较温和的革命派完全放弃。

由此看来，尽管在革命法国存在着两种关于民族再生的看法，但在实际上支配着人们行为的，主要地却只是那种充满紧张感的任务式再生观。而且可以想见，革命越是深入，它碰到的障碍就会越多，任务式的再生意识也就会越强烈。即使是那些虔诚地信奉奇迹式再生观的革命者，随着革命形势的发展也难免表现出日益明显的向任务式再生观趋同的倾向。与此同时，革命者还愈来愈认识到了"时间"的重要。既然奇迹式的再生不可企及，再生就只能是一个过程，就只能在时间中进行，这就必须考虑到时间，必须尊重时间，必须学会利用时间为人们提供的一切有利的东西。

对此，国民公会议员拉卡纳尔就曾深有所悟。他在一份关于设立师范学校的报告中提出：时间"是人类的伟大导师"；时间"那样富于各种耸人听闻而又引人注目的教训，本应是共和国无与伦比的全能教师，遗憾的是人们在大革命中曾经还想不理睬它！经验还使人们认识到，时间不仅能使人们长阅历、增见识，它本身还具有一种弃旧换新的改造功能。"共和二年雾月23日（1793年11月13日），议员巴齐尔根据某无套裤汉活动分子的意见，主张国民公会立即通过一项法令，规定公民间以

"你"相称以取消带贵族气派的"您"这一称呼。然而议员蒂里奥表示不敢苟同，他认为这样一种革新理应由时间去进行："到理性有了充分发展的时候，我们再来制订这项法令也不迟。"巴齐尔动议的被否决，说明利用时间来完成再生已成为大多数人民代表的共识。

但是时间的确也有它消极的一面。按莫娜·奥祖夫的话来说，时间"具有某种滞缓性和迟钝性，能够让人的行动受到各种关系的缠阻，使人进退维谷、壮志难酬，好像永远难达初衷，永远难免偏向"。经验告诉人们：时间具有褪色的能力，它会使一切失去光泽，会败坏人们关于"新"的观念，甚至会使人们对革新的事业本身感到厌倦。旷日持久的革命，无休无止的动员状态，也的确能令人精疲力竭，从而很自然地产生厌倦情绪，而这种情绪，越往大革命后期，我们就越容易从革命者的言论中感觉出来。"一鼓作气，再而衰，三而竭"的道理，法国人一样明白。如国民公会议员蒂里昂在共和二年雪月29日（1794年1月18日）就这样慨叹：

> 要是在开始时没能一举成功，我们就再也成功不了了，因为人民会对革新产生一种无法克服的厌倦情绪。[1]

时间带来的麻烦还远远不止于此，民族再生的时间若是拖久了，还会引发出无数乱七八糟的事情，这些事件又会经常不断地转移人们的视线，浪费人们的精力，从而妨碍民族再生事业的顺利进行。法国革命者对这种由时间的延续所产生的"事件"的干扰性影响，也是深有感触的。共和三年风月（1795年2至3月间）人民主权节期间，安德尔省的一位乡村教师作讲演谈到为什么"再生"迟迟不能实现时，就这样断言：那是因为，"人们必须没完没了地征服，首先有一个暴君需要推翻，接着又有他的崇仰者们需要惩处，有许多危害我们安全的阴谋分子需要揭露，有各种扼杀自由的阴谋需要挫败，有罗伯斯庇尔及其同伙需要消灭，有形形色色道德败坏分子需要责罚，有反法联盟的各国君主需要打倒，有许多财政事务需要调整，有各种旧习惯需要革除。"这位乡村教师所列举

---

[1]　《法国革命与近代政治文化的创造》第2卷，第227页。

的，很多不过是法兰西民族在再生的道路上必然会碰到的障碍，但也包含有某些说不清道不明的事情（比如说"罗伯斯庇尔及其同伙"究竟何许人？"道德败坏"究竟是什么意思？等等）。被革命时代的波折搅得晕头转向的人们，难免下意识地把这些混乱不堪的事件归结于偶然性，归结于时间的消极影响，归结于夜长梦多。蒂里昂所说的"要是在开始时没能一举成功，我们就再也成功不了了"，显然也强烈地反映了这种"夜长梦多"的忧虑。

时间的这种令人沮丧的消极性，无疑给革命者带来了令人窒息的紧迫感。光阴似箭，时不我待。民族再生即使不能一蹴而就，也必须拿出顽强的拼搏精神，雷厉风行地去干，只有快马加鞭，只争朝夕，才能保证再生的成功！法国革命者为实现民族再生之所以会作出种种异乎寻常的努力，其深层的动机大概就在这里。

三、"再生"需要教化

既然任务式的再生观在大革命中占有实际上的主导地位，"新人"的创造说到底便成了个教育的问题；既然"新人"不能像玩魔术那样在瞬间变出来，那么就只能通过教化来培养了——当然，这就需要花一定的时间。尽管新人的教化不可拖延过久，但也不可操之过急，正确的做法是耐住性子，以无与伦比的毅力和恒心，在时间轴上妥善地布置教育的努力。

任务无疑是艰巨的。然而，充满革命理想主义精神的法国革命者，尤其是"决裂"信念更为坚定的山岳党人，并没有被这一任务的艰巨性所吓倒。在山岳党国民公会期间，他们为实现这种民族再生所作出的坚韧不拔的努力，实际上已构成了一场名副其实的"文化大革命"。

培养新人的努力，应当因人而异。对于儿童来说，事情似乎应该简单得多，因为他们幸运地诞生在革命时代，还不曾沾染上旧社会的坏毛病就开始受新风尚的熏陶，所以只要通过一段时间的良好教育，在他们幼小、纯洁的心灵上播下爱国的种子，即可造就一代新人。然而即使在这里，也应该看到任务的艰巨性：因为革命时代的社会虽然已出现了新风尚，但还并没有完全革除旧风尚。"新"战胜"旧"还需要一定的时间，而旧的事物只要依然存在，就免不了会对新的一代产生消极的影响，故而对儿童的教育实际上是同旧习惯势力争夺下一代，这就来不得半点马虎——尤其是旧习惯势力在法国又是那样的强大而顽固！为了战胜这种旧习惯势力，保证把下一代培养成新人，法国革命者深感有必要用一张广阔而密实的"网"把儿童们罩起来：这张网首先应该是一张学校网，即应该建立足够多的学校，让孩子们仅从这么多的学校的存在本身就能强烈地感到学习的必要；其次，这张网应该是一张紧紧围绕在儿童身边的共和主义的教育网，以便能像谢尼埃所希望的那样，"强化共和主义对儿童的影响，并在其周围筑起爱国主义的坚固壁垒"；最后，这张网还应当是一张教师网，而教师们都得像卢梭笔下的爱弥尔的导师那样循循善诱，精通于重复法，用比约-瓦莱纳所倡导的"反复比较法"和具有无声说服力的例证来教育学生。正是基于这些原则，国民公会在小学教材及教育方法、法语教学和师资培训方面进行了大量的改革。

少年儿童的教化已经如此费力，成年人教化的艰巨性更是可想而知。成年人都是从旧社会过来的人，带有许多旧社会的污迹，形成了硬性的旧思想、旧习惯，必须经过一番脱胎换骨的改造才能获得新生，而这种脱胎换骨的改造又只能是一个更长期、更艰苦的过程，需要动员一切手段，进行连续不断的努力。

对成年人进行教化的另一个显而易见的困难在于，由于这教化已不可能在正规的课堂里进行，所以需要把整个社会变成一个大学校，因而也就需要把教化新人的努力渗透到日常生活的方方面面，需要让新思想文化占领公共的和私人的一切领域。

故而法国革命派对成年人的教化尤其关注。早在1791年9月，雅各宾俱乐部就设想了五种教化手段，即报刊、历书、歌曲、舞蹈和戏剧。但在实际工作过程中，人们的方法又有很多新的发展。到共和二年，国民公会投入巨大的人力、物力和财力来推动民族再生，并专门为此成立了一个智囊团——由知识界精英组成的"国民教育委员会"，从而使新人的教化手段日趋丰富和大众化。我们可以从以下几个方面来统观一下共和二年新人教化的基本方式及其特点。

——报刊、告示和大众历书。大革命带来了法国报刊业的勃兴：1788 年巴黎获准发行的报刊仅十余家，而在 1791 年民众报刊被禁之前，竟一下子涌现出 500 多家。新闻记者成了无冕之王，按德穆兰的话来说，他们"行使着一种检察院的职能，可以检举、传讯、免诉和定罪"。当然，他们也应该担负起塑造新民族灵魂的使命。但到了共和二年，由于雅各宾专政需要严格符合官方意图的新闻导向，许多持不同政见的报刊，如埃贝尔的《杜歇老爹报》、雅克·卢的《法兰西共和国政论家报》、德穆兰的《老哥德利埃报》等相继被封闭，报人成了一种危险的职业，导致了报业的相对萧条，而发行量近 8000 份、在外省和民众社团广为传阅的《山岳派日报》又价格昂贵，无套裤汉一般都买不起，故当时教育大众最有效的宣传品，实际上还是贴满街头巷尾的各种告示。这些告示，包括各种经济信息、检举揭发、官方布告和节日海报，寓精神动员和道德教化于经常不断的情况通报之中，把人民群众同大革命的进程紧紧地黏合在一起，对当时大众心态的影响无疑是相当可观的。

大众历书是城乡广大下层人民最喜爱的生活必需品。它价格低廉，一般劳动者用半个工作日的收入就可以买一本，故其宣传大众的价值历来为雅各宾派所重视，被认为是"乡下人的课本和图书馆"。雅各宾俱乐部在 1791 年 9 月就曾发动人们想办法把历史变成一种革命教科书，让人民大众通过它来了解有关大革命的历史、法国人品行的变化、公民的权利和义务等方面的知识，并悬赏征求设计方案。结果科洛·德布瓦的《热拉尔老爹历书》从 42 种应征方案中脱颖而出。该历书用家庭谈话的方式向村民们讲解大革命的各项原则，宣传技巧比问答式的权利义务入门读物高出一筹，因此逐渐成为革命派推行民族再生的重要读物之一。在 1791 年，政治历书的发行量尚小，与传统历书的比例仅为 7∶21。情况在 1792 年还不见怎么改观，但从 1793 年开始就迅速发生了变化：在 1793 年，这一比例变成 18∶10，在共和二年又上升到 16∶2，在共和三年的雅各宾时期则高达 24∶3。除了促进大革命的原则在民众中的传播外，这些政治历书还在加强雅各宾派资产阶级和城乡无套裤汉之间的联盟方面起了不小的作用。

——文学、音乐、戏剧和美术。共和二年花月 27 日（1794 年 5 月

16 日），救国委员会专门颁布法令，号召文学家们大写爱国主义诗歌和共和主义剧本，歌颂斗士们的丰功伟绩，并在一切面向大众的文学作品里宣传共和主义道德。事实上，文学艺术在整个大革命时期都积极充当着革命的宣传工具。据统计，大革命十年产生的革命歌曲多达 3000 多首，其中流传最广的有著名的《马赛曲》、《出征歌》、《卡马尼奥拉》、《就这么办》等。早在 1791 年 1 月，瓦兹省的一家报纸就这样评论诗歌在大革命中的作用："它是政府对群众的一种宣传手段……这个手段具有无比的威力。让丰富多彩的诗节来展现我们的革命吧！……爱国主义将通过它照亮人们的心灵，并给年轻人带来欢乐。"

在戏剧方面，自 1791 年 1 月 13 日制宪议会废除剧院方面的特权制度以后，巴黎营业的剧院迅速增至近 50 座。在 1793 年，这些剧院便成为向国民灌输公民责任心的学校。国民公会议员德拉克罗瓦深知革命戏剧对公民心态的教化性影响，认为只要看过《布鲁图斯》一剧，人人都会成为勇于刺杀暴君的壮士。8 月 2 日，国民公会下令：在巴黎市府指定的一些剧场每周必须上演三次描写布鲁图斯、威廉·退尔的悲剧或其他表现革命时期重大事件和自由卫士的美德的剧目，而且每周可由国家负担一次演出的费用，人民可免费观看。1794 年 1 月 20 日，国民公会向至少为人民免费演出过四场的巴黎各剧院提供了十万锂经费，戏票由市府官员向公民分发。演出时间规定在下午 5：30 到 9 点之间，以方便劳动群众。这一措施在外省也得到广泛推行。由于当时风行革命古典主义悲剧，不少剧作家因此成名，其中最多产的是马利-约瑟夫·谢尼埃，他善于从古典作品和法国历史中汲取题材并注入革命的精神，借古喻今。其次内·勒默西耶、法布尔·德格朗蒂纳等剧作家也颇负盛名。革命时期创作和上演的戏剧达 2000 余部，除了传统的悲剧、喜剧等体裁之外，革命时代的法国还出现了由克鲁比尼等人创造的一种新歌剧，即渗透着爱国主义思想的"救世歌剧"。据说政府还曾试图创造一种群众性的政治鼓动戏剧，每逢节日庆典，人们就在广场上演出各种含有革命意义的叙事乐曲、英雄主义的戏剧和现实题材的哑剧，以此烘托和强化革命的时代气氛。

山岳派政府不惜重金鼓励革命戏剧创作与演出，同时对违背雅各宾精神的戏剧严加杜绝。1793 年 8 月 2 日的法令规定：任何剧院不得上演败坏公共精神和宣扬王权迷信的戏剧，否则将予以封闭并逮捕法办首恶。政府成立了 12 个专门审查剧目的委员会，它们在两个月内审查了 150 部戏剧，其中 33 部被禁演，25 部被修改，如《威廉·退尔》被改成《瑞士无套裤汉》,《答尔丢夫》被细心地剔除了一切带宫廷或贵族气息的内容。1794 年 5 月，拉辛和高乃依的作品从舞台上销声匿迹，弗朗索瓦·德·纳夫沙多的《帕美拉》和谢尼埃的《蒂莫莱昂》等作品，也因为有一两句台词被认为带反革命意味而被撤销。

美术界的艺术家们也被革命政府动员起来投入教化新人的工作，雕塑家们制作了许许多多古代英雄人物（如布鲁图斯）和思想家（如伏尔泰、卢梭、富兰克林）的胸像，这些胸像布满了当时经常举办的各种美术展览会。共和二年美术沙龙的寓意雕像无不表现着人民、哲学或自由等主题。无数宣传革命的胸像和雕塑被用来装饰公共建筑和民众社团的集合场所。面向人民的革命绘画艺术更是一片兴旺。在 1789 年有 350 幅绘画参展，1793 年展出了 1000 幅，1795 年则多达 3048 幅。其中最著名的作品有《人民的胜利》、《巴士底狱废墟上的无套裤汉节日》、《英勇的无套裤汉进攻杜伊勒利宫》等。许多参展人，如达维德、普鲁东、热拉尔、凡卢、凡尔奈、布瓦利等，都成为彪炳于世界绘画史册的人物。受到人们的交口称赞的达维德的《马拉之死》被宣布永久挂在国民公会大厅，成千上万地为人们所临摹复制，成为共和二年雅各宾派教化人民的典型绘画作品。

——图书馆、档案馆和博物馆。国民公会议员们强烈反对民众运动不分青红皂白地焚书的做法，认为保存图书就是为"人民与国王"之间的斗争保存物证。山岳党人罗姆指出："我们的图书馆里充满了关于国王恶行的罪证，他们的狐朋狗友，或者说他们的奴隶或同谋，很想毁掉这些为整个人类所关注的案卷。"（1793 年 10 月）由此，焚书成了一种企图在全人类心目中败坏大革命声誉的阴谋。国民公会通过了一系列有关保存图书的法令。不过，尽管强调保存图书的重要，革命者仍没忘记要用批判的眼光来看待收藏的图书，仍主张毫不留情地铲除"毒草"。如国家书志署署长于尔班·多梅格打报告给国民教委，要求"用革命的解剖刀审查庞大的书库，割去图书躯体中发生坏疽的部分"，要求从藏书中"清除预示死亡的浮肿，只留下表明健康的丰腴"。各种档案资料在旧制度时代是由私人保存的，很难为公众所利用。大革命一开始就结束了这一局面。1789年创立了国家档案馆。国民公会在1794年6月也曾投入大量资金来发展这一事业。此外，国民公会还建立了许许多多的博物馆来保护受到"汪达尔主义"风潮威胁的各种艺术品，而保护这些艺术品的目的，自然也是为了教化公众以推动民族再生的事业。山岳派历来把"杰出的艺术品"视作实现民族再生的"重大教育手段"。1793年10月法令这样规定："有艺术和史学价值的、可以运送的文物古迹，若带有某些违禁的、清除起来难免造成损害的标记，得送交最邻近的博物馆，以便作为国民教育的材料妥加保存。"国民公会还规定一切博物馆免费向公众开放，从而使各种艺术遗产第一次成为人民的财富。1793年8月，卢浮宫开始向公众展出绘画和雕塑艺术品。1793年11月8日，中央艺术博物馆成立。1793年12月18日法令，责成每个省都要按奥什市（热尔省省会）博物馆的榜样建立一个博物馆。

——公民的、爱国主义的节日。法国革命人士一开始就非常重视节日对新人的教化功能，而这一倾向的登峰造极，便发生在共和二年。当时的雅各宾派精英人物普遍认为，初级国民教育的功效来得太慢，而节日却能相当迅速地在成年人和年轻人中传播公民精神。有些人甚至认为比起节日来，学校教育简直是无用的或至少应该是辅助性的。让·邦·圣安德烈就这样说过："给人类带来幸福的并非科学，而是道德。……如果我们真想成为共和主义者，我们就必须至少忘却一半我们所知道的东西。"（1793年6月）。在1793年12月关于组织国民教育的法令中，"全国的和地方的节日"和民众社团的公民会议、剧场、公民游戏、军事演习等一起被列为"国民教育第一阶段"的内容。实际上，节日在革命者心目中往往被认为是教化新人的最重要的手段。如谢尼埃说："谈到道德教育，人们首先想到的就是国民的节日。"罗伯斯庇尔也认为节日是国民教育的重要部分。共和二年的节庆活动不仅极为频繁，而且规模宏大，气派非凡，像一场场巨型的总体表演，人们穷尽一切手段来加强宣传效果。例如，雾月20日（1793年11月10日）在埃贝尔派分子肖梅特鼓动下举行的"自由节"庆祝活动，就很像是一场戏：那一天，被更名为"理性庙"的巴黎圣母院内被改装一新，大厅中垒起一座象征山岳派的、布置得花团锦簇的小山，祭坛上熊熊燃烧着象征真理的火焰。典礼伊始，鼓乐四起，两列手持火炬的白衣少女飘然走下小山，随后山顶上缓缓地出现了一位由女演员装扮的"自由神"，只见她头戴红帽，身穿白袍，肩披蓝披风，神态安详而庄严。周围的群众顿时为之沸腾，高唱《自由颂》，跳起欢快的舞蹈……共和二年牧月 20 日（1794 年 6 月 8 日）罗伯斯庇尔主持的"最高主宰节"更是盛况空前：那雄壮的乐曲，五彩缤纷的仪仗，50 万人的游行队伍，可以令任何一个参加者或目击者没齿难忘。威廉·退尔区职员吉尔巴尔万分感慨地在当天的日记中写道："我不相信在以往的历史上能找到这样的日子。"

罗伯斯庇尔、达维德、谢尼埃、戈赛克，被认为是这些节庆活动的灵魂：一般原则由罗伯斯庇尔制订，具体实施由达维德安排，节日颂歌则主要由谢尼埃写词、由戈赛克谱曲。在通常情况下，这些节庆活动都被设计成人民大游行，人人都必须参加，并必须按照职业、性别和年龄排成行列，每一类人都有明确的标记，井然有序，整个过程也必须严格遵循预定的计划，以保证活动的成功。当时全国性的重大节日有 1789 年 7 月 14 日（攻克巴士底狱）、1790 年联盟节、1792 年 8 月 10 日（推翻王权）、1793 年 1 月 21 日（处死路易十六）、1793 年 5 月 31 日（排除吉伦特派）的周年纪念活动，其次是一些纪念革命烈士的节日，被革命的敌人杀害的马拉、勒佩勒蒂埃、沙利埃以及巴拉、维亚拉等在这些节日里成为人们顶礼膜拜的偶像。此外还有 36 个每隔十天就有一次的全国性节日，旨在反复激发人民的共和主义情感，弘扬各种美德，加强道德风尚的教化。

——普及法语。由于新生的法兰西民族必须是"统一不可分割"的，而统一的语言是民族统一的重要保证，故而要真正实现全民族的再生，就不能不注意法语在全国境内的普及。而从革命初期的一份报告来看，情况是令人担忧的：全国 2600 万人口中竟有 1200 万不懂或不能正确地理解法语，不同的方言多达 30 余种。议员格雷古瓦对此忧心忡忡："我们在语言方面犹如置身于巴别之塔。"历届革命议会都力图树立作为"自由的语言、平等的工具"的法语对各地"粗俗的方言俚语"的优势地位，尽量使用法语颁布法令。在各革命俱乐部，用法语说话被认为是爱国主义的表现。但在雅各宾专政之前，人们对各种地方语言仍保持着一定的尊重，不少法令和政治宣传品仍在当时被译成克尔特语、佛莱芒语、阿尔萨斯语等文字，这样做部分地是出于避免使大革命自我孤立的动机，但也反映了那些较温和、保守的革命派热衷于地方自治的倾向。1793年内战的爆发，使方言土话对革命的危害性更显突出，日益被人们视为各种反革命势力的工具和宣传革命价值观的头号障碍，从而使雅各宾派下定了普及法语的决心。共和二年雨月8日（1794年1月27日），救国委员会发言人巴莱尔宣布废除一切方言。他指出："在民主国度，听任公民不懂民族语言从而不能监督政府，无异于卖国……曾光荣地表达过《人权宣言》的法语，理应成为全体法国人的语言。共同的语言是沟通思想的工具，是最有效的革命因素，我们必须把它交给人民。"据此，国民公会作出"一切公文和公证书均必须使用法语"的硬性规定，并命令有关部门在十天之内完成向不说法语的各地区派遣法语教员并在那里建立师范学校的任务。不过，人民群众中的法语普及并不能主要靠学校，而只能在各种民众社团里，在各种节庆活动中，通过各种识字课本、革命歌曲和公民誓词，并通过其他各种民族统一的促进因素如新法规、新习惯和新度量衡（1793年8月公布的米制和克制）的贯彻来进行。由于语言统一化的成功有赖于革命政治的全民参与，因而普及法语的运动还在一定程度上带动了对人民群众的发动，如在阿尔萨斯和弗朗德勒地区，法语的普及和民众的动员就是同时展开的。

——共和历。共和二年的革命精英们懂得，民族的再生不仅需要教化的时间，同时也需要时间的教化。如果说雅各宾派在1791年倡导大众历书政治化还只是为了发挥私人时间的教化功能的话，那么他们在1793年创造"共和历"就是要进一步启动公共时间的教化功能了。制订共和历的设想其实自推翻君主制之日起就开始酝酿。当时有一个大众历书的设计方案曾考虑到把月分成三旬，并以一些博学多才的"诚实人"（如摩西、达·芬奇、笛卡尔等）的名字来取代格里高利历中诸圣的名字。但直到共和二年初，国民教育委员会才为此组织一些数学家和诗人成立了一个专门班子，其核心人物便是诗人法布尔·德格朗蒂纳。1793 年 10 月 5 日，国民公会通过了罗姆关于从共和国的第一天（1792 年 9 月 22 日）开始实行共和纪年的动议。1793 年 10 月 24 日，一部被认为"在当时已知最正确的天文学和历史学基础之上巧妙推演了大自然和农业生活"的新历法终于出台，并迅速印发全国。

共和历对月和日有一套崭新的划分法。由于已经过去的共和一年的元旦恰好是秋分，故新历法不再像旧历法那样分割季节，而完全顺应自然秩序：一年的 12 个月每月都是 30 天，每三个月为一个季节。月份不再取罗马神的名字，而是同天气或农作物生长的自然进程联系了起来，分别命名为葡月、雾月、霜月、雪月、雨月、风月、芽月、花月、牧月、获月、热月、果月。用以补足地球公转所需时间的额外五天最初被称作"无套裤汉日"，后来又分别定为才智节、劳动节、美德节、舆论节和报酬节。为了避免星期与月份的交叠，同时也为了取消基督教传统的礼拜天，每月的 30 天被分成三个"旬"，天则按其在旬中的次序被命名为"旬一日"、"旬二日"等。每旬的第 10 天——旬末日被设作休息日，相当于礼拜天。此外，一年中还有 288 天被以植物、花卉和当季农业收获物的名称命名，如果月里的黍日、西瓜日、啤酒花日、高粱日、玉米日等；另有 36 个旬中日被以家畜的名称命名。36 个旬末日则分别带有酿酒桶、压榨机、犁铧、钉齿耙、鹤嘴镐、连枷等生产和劳动工具的名称。显然，共和历编制者的意图，是想通过对日和月的这些新安排和新名称，来向人民大众（首先是占人口绝大多数的农民）灌输一种崇尚自然、尊重劳动的新价值观。同时，由于新历法较之旧历法更为明晰和严谨，更接近人们日常挂虑的问题，因而也比较容易为社会公众所接受，尽管它要求人们改变的是千百年来形成的习惯。头一年，人们在政府文件上使用共和历表示日期时，还需要在一边注上旧历，但第二年就完全没这个必要了，添注旧历几乎成了可笑的事情。事实上，在共和二年的"文化革命"所创造的所有新事物中，共和历应该说是最长寿的一个：它不仅为一代法国人施行了 12 年之久，而且还在后来法国历史上的革命风暴中屡屡被战斗的人们所重新采纳或提及，如 1848 年的革命派称他们的斗争为"共和五十六年革命"，巴黎公社社员们使用着"共和七十九年"的年号，第二次世界大战期间的抵抗运动，甚至1968年的"五月风暴"，也都曾激起过人们对共和历的怀旧情绪。共和历无疑是共和二年革命精英最富于人民性的、影响最深远的改革之一。

——监狱和断头台。法国革命派还深深懂得：民族的再生毫无疑问是一个破旧立新的过程，要立新首先必须破旧。固然新人教化的上述种种手段同时也负有"破旧"的使命，是对旧世界的"批判的武器"，但由于旧习惯势力过于根深蒂固，又由于民族的再生必须"只争朝夕"，故破旧的工作还应该诉诸威力更大、效率更高的"武器的批判"，即必须使用革命暴力的手术刀一劳永逸地切除新社会肌体内部的一切毒瘤。这种革命暴力的一般体现便是以监狱和断头台为代表的对所谓人民之敌的恐怖专政。

革命者不能不为大革命所遇到的顽强抵抗而感到忧虑或悲观。罗伯斯庇尔关于法国是一个"没有共和派的共和国"的惋叹，便是这种悲观情调的反映。无论如何，罗伯斯庇尔对此深信不疑：在当时的法国，即使并非完全没有好公民，但大量存在着的终究是未经改造的旧人；即使并非所有的旧人都反对新生，但毕竟其中因循守旧、敌视革新者不在少数。事实上，这种危害革命的旧人几乎无所不在：从社会学的角度来看有僧侣、行骗者、江湖术士等故弄玄虚、靠骗人吃饭的家伙，以及那些只知照本宣科、人云亦云、偏执盲信的旧小学教员；从地理学的角度来看有孤陋寡闻、自私自利的乡下人；从性别的角度来看有女人——特别是那些嘴里老念叨着传统民谚、不停地散布坏预言、总感叹一代不如一代的老太婆。显然，不把这些形迹可疑、道德败坏、影响恶劣且冥顽不灵的旧人完全清除掉，就谈不上民族的总体更新，而制服他们的最简捷有效的办法.便是剥夺他们的自由，直至于以肉休消灭。这种恐怖专政，不仅是净化社会、淳化风俗的直接手段，而且也可以同时起到教化新人的作用——因为在罗伯斯庇尔看来，"恐怖"本身就是一种道德。在共和二年雨月17日（1794年2月15日）的国民公会上.罗伯斯庇尔明确指出：

　　没有道德的恐怖是有害的，没有恐怖的道德是无力的。恐怖无非是迅疾、严厉而不可动摇的正义，因此也是道德的一种表现。它与其说是一项特殊的原则，不如说是适应祖国最迫切需要的普遍民族原则的结果。

同时，罗伯斯庇尔还这样殷切希望：

> 愿以往有名的受奴役国家法兰西超越历史上的一切自由民族而成为各民族的榜样，使压迫者为之胆丧，使被压迫者为之快慰，使世界为之增光。愿我们在用自己的鲜血促进我们的事业的时候，至少能看到普遍极乐时代的灿烂曙光。①

因而，一方面，雅各宾恐怖统治并不仅仅是为了"救国"，它同时也是为了建立法兰西民族的"光荣"，为强化道德的灌输以尽快实现民族的再生。另一方面，监狱的铁窗和镣铐，断头台上的头颅和鲜血，也不仅仅只可以威慑敌人，它们同时也可以鼓舞人民的斗志、增强人民的信心并激发他们为公益献身的精神。由此看来，罗伯斯庇尔派实行恐怖统治，很可能也自以为是在以一种特殊的方式做着新人教化的工作。

---

① 《导报》，第19卷，第402、424页。

第六章　革命的宗教礼仪化

在法国革命最初几年里，社会固有的那种自我神化或创造
神明的倾向空前显著地表现了出来。

——E. 迪尔凯姆：《宗教生活的基本形式》

法国大革命不论在"破旧"方面，还是在"立新"方面，都具有一种异乎寻常的宗教礼仪化色彩，表现在它极其重视破除旧的象征体系和建立新的象征体系，力图把革命过程本身和刚刚建立的新社会神圣化。

托克维尔对法国大革命的宗教特征感受特深。他在《旧制度与大革命》一书中指出："法国革命是一种政治革命，但它却是按宗教革命的方式运行的，并带有某种宗教革命的外观。"著名社会学家迪尔凯姆则认为："1789 年的原则"本身就构成了一种宗教，这种宗教"有自己的殉道者和传道者，深深感化了广大群众，最终还产生了一些伟大的事物"（《宗教生活的基本形式》）。法国革命史学家马迪厄系统研究过构成这种革命宗教的一系列象征符号，认为它们是"资产阶级和人民的共同产物"（《革命崇拜的起源，1789—1792》）。

资产阶级精英无疑曾自觉地推动过大革命的宗教礼仪化，但其最根本、最强大的动力却来自人民大众的参与，整个"革命宗教"也因此而表现出引人注目的人民大众文化的特质。

一、破除旧象征的"宗教革命"

任何宗教都少不了得有一套被神圣化了的"象征符号"，特别重视象征物的认知功能和表达功能，是所有宗教的共同性。在迪尔凯姆看来，重视象征物的作用，乃是人类社会的天性，因为"群体的理想只有通过

具体实现到能为所有人看到、理解和记忆的物件上，才能得到表达和为人们所知晓"（《价值评价和现实评价》），所以人类社会有一种"自我神化的自然倾向"（《宗教生活的基本形式》）。不过，迪尔凯姆也注意到，这种圣化象征物的事情并不是随便什么时候都会发生的，它必须以"巨大的群体震荡"的存在、"人们相互间的影响变得异常频繁和积极"、"产生了一种普遍的激动"等为前提条件，也就是说，它是人民群众大规模参与社会运动的后果，而这也正是法国大革命时代的情形。

然而法国革命中群众动员的意义似乎还不仅仅在于它强化了社会的交互作用。人民大众本身较之资产阶级精英人物更具有重视象征符号的倾向，这一点也是我们在研究革命宗教起源的时候所不应忽视的。索布尔曾认真地研究过人民大众这种极易将社会事物象征符号化的天性。他指出，在无套裤汉看来，其他阶层的行为无不可以归结为符号，每句话，每个动作，甚至服装在他们看来都具有象征意义，可以表达各种情绪，因而他们对残酷压迫他们的旧制度的反抗，也往往表现为对被认为是旧制度象征物（或是模拟像，或是财产，或是建筑物，或是作为"替罪羊"的某个具体的压迫者个人等）的攻击。而这样一来，他们实际上也就把自己的行为"象征符号化"或"礼仪化"了。其实这再自然不过：既然其他阶级的行为是各种情绪的象征表现，无套裤汉自己的喜怒哀乐、理想追求当然也可以用象征符号的形式表达出去；何况，对于不善文字表达的他们来说，还有什么比这种仪式化的象征符号更好的表达方式呢？应该说，这种心态反映了下层民众不谙理论、非理性的大众文化色彩较浓的特点。

巴士底狱在很大程度上就是被人民群众当作旧制度的象征攻克和夷平的。"7月14日"本身也因此成为人们心目中自由的象征。农民在"大恐慌"期间捣毁领主城堡、焚烧封建权利文书的行为，同样也具有破除旧制度象征的意味。随着国王反革命面目的日益暴露，人们的共和意识日益强烈，国王和君主制本身逐渐沦为旧制度的一部分，它们的各种象征表现也自然而然地成为人们攻击的对象。自1791年6月国王逃跑事件发生之后，路易十六的象征形象不断衰落，由"法国的好国王"依次变成"法国人的国王"、"专制君主"、"暴君"和"无耻的公猪"。在

1792年7月14日的"联盟节"庆祝活动中，已出现了悬吊和焚烧封建王朝徽章的情况。"8·10"起义的第二天，人们就拉倒了胜利广场上路易十六骑马的巨型塑像，同时也拆除了新桥上的亨利四世塑像。所有地方的类似塑像和百合花标志（波旁王朝的象征）均被拆毁，王室的题铭纹章也通通被铲除。路易十六被处死这一事件本身就具有强烈的礼仪化色彩，因为作为君主制度的象征，这头替罪羊必须成为共和制新社会的祭品。在1793年夏，这场破除君主制象征物的运动进入了高潮，人们一举扫除了包括圣德尼大教堂中历代国王的陵墓、王室画像、表现宫廷生活的戏剧等在内的一切带有王权印记的东西。一切带有国王名字的城市、街道和广场也另取了新名。当时的许多节庆活动都含有废除君主制的礼仪化的表现，如对国王的模拟像进行悬吊、砍头或焚烧，同时焚烧其他种种君主制的象征物。礼仪化的"焚烧"行为最突出地反映着大革命政治文化的人民大众色彩，因为暴动的人民历来就喜欢用火来摧毁一切压迫的象征。在他们看来，"火"的那种"既壮观又彻底的破坏能力使之具有一种近乎神奇的、必能起净化作用的价值"（索布尔语）。除了君主制的象征物之外，当时还有难以尽数的封建典籍文书、贵族的纹章饰带等封建制度的标志，也在一堆堆的熊熊烈火中化为灰烬。

共和二年非基督教化运动的发生，给人一种法国大革命似乎要向上帝本身宣战的印象。它说明这场革命不仅要破除旧的世俗权威，而且要破除旧的宗教权威，同时也反映了新兴的革命崇拜同旧基督教崇拜之间不可调和的冲突。

大革命从一开始就表现出了对基督教的不恭。事情是由当时的财政困难引起的。早在1789年9月，人们就开始侵犯教会的财产——把"得体礼拜"非必需的银器充公。到年底，制宪议会又决定拍卖教会财产（包括地产），为发行指券（财政票据，后来迅速变成革命时代的货币）准备基金。1790年4月13日，制宪议会进一步废除了天主教的国教地位，7月12日又通过了无视天主教会组织法的"教士法"。1792年8月10日起义之后，法国革命者对基督教的不恭便渐渐变成了敌意：一切男女修道院均被国家征用，1792年11月国民公会议员康邦开始建议停发教士的薪水，不久人们又开始没收教堂的贵金属以维持指券的信用，撤除教堂的大钟以制造兵器。自 1793 年 6 月起，全国范围内教堂外的基督教节日活动均被禁止。到了 9 月，一些地方的教堂便开始遭到破坏，并被改作他用。9 月 21 日国民公会特派员富歇在纳韦尔大教堂主持了革命崇拜的偶像之一——布鲁图斯胸像的揭幕仪式；10 月 10 日，他禁止了一切教堂以外的宗教活动，并把葬仪和墓地世俗化，在墓地的入口处挂上写有"死亡是永久的安眠"的牌子，这一做法很快推广到全国各地。另一位特派员勒基尼奥把罗什福尔的教堂改为真理庙。驻索姆省的特派员迪蒙则废除了七天一次的礼拜天休息日，把它改为"旬末日"。有些特派员还把教堂的珍贵物品当作"盲信和愚昧的装饰物"加以没收，并鼓励教士结婚。这些情况说明，非基督教化运动的确有一种精英文化的动力源——它是由一些极端的雅各宾分子在外省首倡的。

但是，非基督教化运动的高潮却发生在 1793 年冬和 1794 年春的几个月份里，而当时正是人民运动风疾雨狂的时期。共和二年雾月 16 日（1793 年 11 月 6 日），国民公会宣布各市镇有权自行决定放弃天主教，由此引发了一场空前规模的反基督教大扫荡。短短的三周内，巴黎地区的所有教堂被关闭、征用得一干二净，一切基督教礼拜活动（包括在私人场所进行的礼拜活动）均被强行禁止。雾月 17 日（1793 年 11 月 7 日），巴黎主教戈贝尔被迫来到国民公会宣布放弃教职。前一天，曼纳西市的无套裤汉们还胡乱穿着教士的服装，手执从教堂抢来的各种器物，涌入国民公会举行亵渎基督教的"化装舞会"。到 1794 年 2 月，全法国已找不到一处公开的或私下的天主教活动场所，这种状况至少持续一年以上（在旺代直到 1795 年 2 月拉若内绥靖协定签订，在其他地方则要等到 1795 年 6 月政教分离法颁布，才有教堂重新开门），在有些地区甚至持续了三四年之久。①

索布尔特别强调非基督教化运动的非官方性质，认为它"是从外部强加给国民公会的"。可是他关于该运动起源的解释却显得有些含糊不清甚至自相矛盾。一方面，他认为非基督教化运动起源于人民群众对教士

---

① 这是根据 S. 比扬奇的《共和二年的文化革命》（巴黎，1982 年）一书的说法。勒费弗尔的《法国革命史》所言有异，据勒氏称："直到热月，仍有一些教堂对外开放，虽然其数量越来越少。"（第 325 页）。

的敌意，因为自 1790 年起反抗派教士就站到了贵族一边，而"8·10"事件之后，宪政派教士也日益表现出温和主义倾向，他们为推翻王政、绞死国王而痛心疾首，到 1793 年便充当了吉伦特派和联邦派的同情者和追随者。然而，在谈到科尔贝依地区的无套裤汉为什么会在共和二年雾月来国民公会进行反基督教示威时，他却又强调起这些事件的外部因素来，说这"也许是受反对宪政派教士的各种反革命阴谋的挑动，也许是迫于一些有革命军支持的、在科尔贝依县征集谷物的本省和行政会议特派员的压力"。[①] 英国史学家考勃也主张是巴黎派出的特派员和开到农村去的革命军发动了这场运动。可是伏维尔的研究却证明，在有些特派员和革命军没有去过的地方也有这种运动的发生，而且声势毫不逊色。据此，他认为解释这一现象不应只从外部条件找原因，而应"从当地革命群众的情况，从雅各宾分子的活动团体和俱乐部等社会内部的因素寻求答案。因为这些才是非基督教化运动发生、发展的核心因素"。[②]

由此看来，非基督教化运动的发动者虽然只是少数极端激进的雅各宾精英分子，这场运动的声势和力量却显然来自人民大众，首先是无套裤汉的热烈支持，而人民大众的支持，又无疑是因为那些精英分子反对基督教信仰的激烈主张，引起了视基督教为旧制度象征和帮凶的民众心态的强烈共鸣。

引起以罗伯斯庇尔为首的雅各宾派当权者不满的，很可能也正是非基督教化运动的这种人民大众文化的色彩。该运动刚刚形成浩大的规模，罗伯斯庇尔就开始制造舆论，说废除基督教是一个政治错误，会促使大批笃信天主的人民群众尤其是农民起来反对革命，并试图把这一运动说成是一个反革命阴谋。然而这种论点，听起来似乎更像一种取消人民运动的借口。因为，从事实上看，非基督教化运动并没有在农村地区激起什么引人注目的动荡。尽管罗伯斯庇尔派比较早（在 1793 年 12 月初）就采取了反对非基督教化运动的姿态，但这似乎仅仅只是个姿态，实际收效甚微，共和二年霜月 16 日（1793 年 12 月 6 日）国民公会通过法令

---

①　参见阿尔贝·索布尔：《法国大革命史》，第 270 页。

②　参见马胜利、高毅：《伏维尔对法国大革命心态史的研究》，载《史学理论》1989 年第 2 期。

重申了信仰自由，可是就在两天后，议会又根据巴雷尔的建议表示无意触动已经采取的措施，结果使霜月16日法令几乎成了一纸空文，被封闭的教堂仍关着大门，以潜在方式进行的非基督教化运动仍在发展。国民公会的大多数代表仍坚持严厉制裁拒绝放弃信仰的教士。他们甚至在芽月6日（1794年3月26日）通过法令停发了圣职津贴，不少县政府也停止给教士发薪。到1794年春，开门的教堂还在日益减少——然而，并没有听说这些情况激起过什么新的叛乱。看来罗伯斯庇尔如果不是故意造谣的话，也是在故意歪曲事实，即在别有用心地夸大人民群众对基督教的依恋，而低估他们当时出于仇恨封建制度而敌视基督教的情绪。他主持的革命政府之所以要遏止非基督教化运动，恐怕主要还是因为这种带过激色彩的运动使当时来自人民群众方面的危险更形突出。勒费弗尔就强调指出过这一点，他说："对救国委员会来说，它有更加紧迫的问题要考虑：非基督教化运动是否掩盖着一种政治阴谋？毫无疑问，这一运动反映着无套裤汉的感情；上等阶级的伏尔泰主义在平民阶级中历来几乎没有信徒，而现在，平民阶级对教会的敌对情绪却更加强烈，这就是一个证明。因此，信仰问题上出现的危机加剧了各地区和各俱乐部中旨在威胁救国委员会的鼓动。"①

非基督教化废神运动的另一面就是"革命崇拜"的造神运动。勒费弗尔曾明确地指出，非基督教化运动的发生，是由于"大多数无套裤汉已不参加宗教典礼，人们的传统信仰逐渐同自1789年起开始孕育的革命信仰发生对立"的缘故，正因为如此，勃兴于大革命时代的这种新宗教很自然地同非基督教化运动本身一样，带有异常突出的人民大众文化的性质。我们从"革命崇拜"的一些约定俗成的具体内容上可以清晰地看到这一点。

"革命崇拜"的具体内容是由一系列象征物和礼仪（可以被视作革命的戏剧化象征表现）构成的。在象征物方面，有难以尽数的"圣物"（如三色徽、自由树、自由帽、祖国祭坛，象征主权统一不可分割的束棒、象征平等的天平或水平仪、象征警惕的眼睛、象征山岳派的小山、象征

---

① 参见乔治·勒费弗尔：《法国革命史》，第323页。

共和国的"玛丽安娜"、象征法兰西人民的"海格力斯"以及象征某些新价值观念的抽象的神明形象，等等），还有许许多多为人类进步或革命献身的"圣人"或"英雄"（如布鲁图斯、伏尔泰、卢梭、马拉、勒佩勒蒂埃、沙利埃等）；在礼仪方面，则有各式各样的节庆典礼活动，按伏维尔的说法，这些革命节日完成着"神圣性和价值观念转移"的工作。要把这一整套庞杂的象征体系的来龙去脉逐一交代清楚，当然是不可能的，这里我们只能就某些方面综合地考察一下人民大众文化对它们的影响。

二、革命象征物的人民性特质

首先，许多主要的革命象征物直接来源于人民群众的文化创造。如自由树，最初的表现是佩里戈尔地区的农民在 1790 年 1 月反领主起义时树立的五朔节花柱，其形状颇似绞架，常常挂有恐吓性的标语，前去调查骚乱的政府官员称之为"起义的象征"或"起义纪念柱"。然而很快它就成了革命崇拜的一般象征，并演变成"活树"（一般为橡树或白杨）的形式，风靡全国。在 1792 年 5 月前，全法国已种植了六万株自由树。革命时期的每次典礼上都树立着它的形象。革命派以它为革命认同的中心，对它钟爱备至，胆敢砍树的反革命分子往往会被处以死刑。在"圣人"方面，如果说资产阶级精英心目中正统的圣人只是布鲁图斯、伏尔泰或卢梭之类人物的话，那么被反革命分子杀害的马拉、勒佩勒蒂埃和沙利埃，作为"自由殉道者的三位一体"在共和二年成为人们的崇拜偶像，则是由"新英雄崇拜所掀起的强大群众舆论潮流所造成的"（伏维尔语）。索布尔也指出："对殉道者的崇拜来自人民群众对马拉的崇敬。在 1793 年夏季的危机中，无套裤汉通过这种崇拜表达自己坚定的共和主义信念、人民的同心同德及革命信仰的勃发。"在索布尔看来，这种对自由殉道者的群众性崇拜，甚至标志着革命崇拜的成熟和普及化的开始："1793 年 8 月间，巴黎许多区和民众社团都参加了纪念马拉的盛大葬仪和马拉、勒佩勒蒂埃胸像的揭幕式。新宗教信仰的各种特征由此开始明朗起来。在 9 月里，由于无套裤汉最终取得了优势地位，这种新宗教信仰也开始普遍化。"后来，大规模展开的非基督教化运动更是有力地推动了对殉道者崇拜的确立：它同理性神崇拜融为一体，在已变成理性庙的各教堂里，三位自由殉道者的画像取代了天主教诸圣人的画像。尽管这种崇拜表达出来的民众激进倾向很快引起了革命政府的不安，并在后来随同非基督教化运动一起受到了一定的压制，但三位殉道者的偶像仍得到了稳固的确立：他们的胸像遍布剧院、咖啡馆等公共场所，甚至被置放到国民公会大厅。直到共和三年雨月间（1795 年 2 月初），热月反动分子才拆除了这些胸像，并在它们原来的底座上放上了布鲁图斯、伏尔泰、卢梭等人的胸像，从而用精英的英雄崇拜取代了人民大众的英雄崇拜。

有些革命圣物本来不是法国民众首创的，而是某种精英文化的产物，但在革命中经过人民大众的加工改造，被赋予下层人民的新形式和更激进的思想内容，并通过群众的斗争和资产阶级的文化上的让步，而逐步成为革命高潮时期革命象征的典型形式。自由帽在大革命上升时期的演变，便是这方面一个最突出的例证。自由帽的历史源头可以一直上溯到古希腊、罗马。希腊神话中古希腊的解放者卡斯托尔和波吕克斯戴过一种圆锥形的帽子，后来古代罗马在菲罗尼亚女神庙举行解放奴隶的仪式时，通常都要给被解放的奴隶戴上一种名叫"庇勒斯"的圆帽，以示其获得了自由，"庇勒斯"遂由此成为个人解放或政治解放的象征。这种以帽子象征自由的做法经过文艺复兴的弘扬而成为西方世界特有的一种文化，如尼德兰革命中出现过作为尼德兰标志的"乞丐帽"，美国革命中出现过象征十三个殖民地的"十三星帽"，在英国革命中也出现过平等派士兵将《人民公约》别在军帽上抗议克伦威尔的情况。

法国革命一开始，古罗马的"庇勒斯"就被崇尚古风的革命精英奉为革命崇拜的圣物，而且很快便由此产生了两个变种：一种是由画家达维德（这是一个平民倾向较强的精英人物）的画笔创造的弗里吉亚帽，另一种就是无套裤汉常戴的小红帽（红色无边尖顶软帽）。弗里吉亚帽之所以能成为一种自由帽，是由于达维德 1788 年的一幅画作《巴里与海伦》，塑造了一个深得资产阶级喜爱的头戴红色弗里吉亚帽的巴里形象。这种小亚细亚人戴的帽子本来并没有什么意义，它同"自由"联系起来只是一些文人穿凿附会的结果。不过，尽管存在这三种形式的自由帽，在大革命第一阶段的革命象征体系中占据着正统地位的，却只有庇勒斯和弗里吉亚帽，它们的颜色一般也都是白色或蓝色。小红帽的不入流，说明当时人民大众尚被排斥在社会政治生活的主流之外。

然而人民大众仍然珍视自己的权利和价值观，坚持以小红帽来象征革命与自由。随着大革命第二阶段共和主义运动的发展，资产阶级越来越感到需要人民大众的支持，由此促成了小红帽地位的迅速上升。1792年春，吉伦特派为了准备对外战争，开始对民众进行武装上和心理上的动员，其手段之一就是大力提倡以长矛为标志的武装权的平等（当时消极公民被剥夺了自我武装的权利）和以小红帽为标志的服装的平等。布里索甚至在雅各宾俱乐部主张通过法令来确立对小红帽的崇拜。尽管他的建议因罗伯斯庇尔和佩蒂翁的反对而受挫，但小红帽的走红毕竟已势不可当。1792年4月，因参加"南特兵变"而被斐扬派政府判罚苦役的士兵获赦。在巴黎人民为此而举行的欢庆活动中，小红帽经过一场"民主的洗礼"，终于一跃而成为革命象征物群中一颗最耀眼的明星：由于获赦的苦役犯大都头戴小红帽，前往庆贺的巴黎群众也都模仿着戴上了小红帽，整个庆典现场成为一片小红帽的海洋。历史学家米什莱曾这样评述说："人们采纳了最贫穷的农民戴的小红帽。大家觉得红色比任何颜色都好看，是最艳丽、最为大众喜爱的颜色。当时谁也没想到红色也是血的颜色。"[1]

由此，下层人民的小红帽成为革命崇拜最重要的圣物之一。1792年6月20日，当巴黎群众冲入王宫抗议国王解除吉伦特派大臣职务的时候，路易十六被迫恭恭敬敬地戴上了小红帽；7月15日，法军将领凯莱曼在威森堡号令部下，要他们把小红帽作为"法兰西自由最珍贵的标志"来加以捍卫，并规定只有资历最深的士官和军功卓著的士兵才有戴小红帽的权利。"8.10"起义之后，无套裤汉在革命中的地位更趋重要，对小红帽的崇拜也渐渐发展到无以复加的程度：巴黎市府总议事会规定所有市议员都必须戴小红帽，国民公会专门下令不许苦役犯再戴小红帽以免渎圣；在各区民大会上，只有戴小红帽的人才可以发表演说；在各教堂，立宪派教士不得不戴着小红帽做弥撒；在非基督教化运动中，巴黎主教

① A. 热拉尔：《弗里吉亚帽与马赛曲》，载法国《历史》杂志1988年7至8月号，总第113期，第46页。

戈贝尔也是戴着小红帽在国民公会放下了他的牧师十字架。与此同时，在政府公文上，在各种印章、硬币上，在公民节日的庆典上，在咖啡馆和剧院的墙壁上，甚至在房顶、船桅及大路的千步碑上，到处都出现了小红帽的标志。

小红帽实际上就是法国大革命最激进、最人民大众化时期的象征。它的这种无与伦比的神圣化，标志着无套裤汉已上升为法国革命的支配力量，尽管这个阶段是短暂的。也正因为如此，它最为一切保守分子和反对分子所痛恨，并在热月反动时期受到了最无情的围剿。从共和三年雪月起，由有产阶级子弟组成的反动别动队——"金色青年"团伙便开始高喊着"打倒小红帽"的口号，向一切实物的和象征的小红帽发起冲击：人们头上戴的小红帽被抓下来踩入污泥，公共场所的小红帽象征物或被扯下来撕个粉碎，或被蒙以三色饰带。共和三年风月 20 日（1795年 3 月 10 日）《法兰西报》的社论咬牙切齿地咒骂："看到人们对小红帽的那种愚蠢的崇仰，我们简直要以为我们的革命是一群帆桨战舰上的苦役犯所为……我们为什么要选择红色？难道只是为了向世界宣布只有在自由的圣坛上洒上人血才能获得自由？"绶带蒙住小红帽，形象地体现着资产阶级亚政治文化对于人民大众亚政治文化支配地位的恢复。

另外，大革命时代的"革命崇拜"中似乎还有这样一种圣物，它纯粹是资产阶级精英分子的创造物，在形式上也很难说和人民大众文化有什么联系，但由于表面看上去质朴而美丽，或许还有其他什么原因，故而深得百姓喜爱，结果被人民大众"借用"来作为表达他们的理想和情感的象征物，该物件本身也由此在获得广泛的群众性认同的基础上被赋予极高的神圣性和人民性。这就是三色徽一类东西。三色徽作为大革命最初的象征物之一，虽然是精英文化的产物，但它不仅仅只是资产阶级政治愿望的代表，同时也糅合了人民大众的期望，因而能够像自由树和一般形态的自由帽一样，在整个革命时代享受着圣物的光荣。据考证，最初出现的革命标志（其意义颇似我国"文化大革命"时期所风行的"领袖纪念章"）是用绿色缎带制作的，但很快人们就发现绿色是阿尔图瓦公爵（路易十六的一个以顽固保守出名的弟弟，后来复辟王朝的查理十世）的仆从服装的颜色，于是便创造了一种由红、白、蓝三色组成的圆形标志取而代之，其中红色和蓝色是巴黎徽记的颜色，它们之间的白色则是波旁王朝徽记的颜色。三色徽一出现，就立刻被人民大众接受了。1789年7月13日，三色徽被巴黎人采纳为集合的标记，由此迅速风行全国，成为法国人民心目中神圣不可侵犯的革命象征物。无论大革命时代的政治风云怎样变幻，领导集团怎样更迭，三色徽扎根在人民大众心中的神圣性都不曾动摇过。民众自始至终都认为，对待三色徽的态度就是对待革命的态度，谁侮辱了它，谁就侮辱了法兰西民族本身。众所周知，1789年10月巴黎妇女进军凡尔赛、把图谋不轨的王室弄回巴黎置于人民密切监视之下的事件，就是以关于反动军官在凡尔赛肆意践踏三色徽的传闻为导火线的。1789年年底，爱国者开始在帽子上戴三色徽。渐渐地在形形色色的小花饰中，在政府公文、教堂钟楼、公共建筑及自由树上，都出现了三色徽标志。1793年出现了一张由半文盲的人写的告示，把不佩戴三色徽的人斥为居心险恶的"温和派、斐扬派和贵族"。正是民众对三色徽的特殊感情，促使立法议会在1792年7月15日通过了规定所有男子必须佩戴三色徽的法令（后来国民公会又把这一规定扩大实行到所有妇女头上），由此使三色徽的"圣物"地位得到了法律上的确认。

　　大概正是由于三色徽掺入了太多的民众感情，这个本来属于法国资产阶级革命一般标志的象征物，甚至引起了部分资产阶级分子的敌视，在热月反动开始后首先受到了毁辱的就是它。据警察局报告，热月政变一个月之后，一些有产阶级的妇女在去剧院看戏时就开始无视法律规定，拒绝佩戴三色徽；当值勤的监督人员出面干预时，马上就有一些手执大棒的"金色青年"拥上前来为她们帮腔，甚至对监督人员施以暴力。到共和三年雨月，就有人在剧院里公然喊出"打倒三色徽"的口号。虽然男子必须佩戴三色徽的规定一直无人敢违反，但有关妇女的这一规定却渐渐废弛了，在共和三年期间还发生了多起妇女佩戴的三色徽被人扯去的事件；即使在男子方面，也出现了某些"金色青年"有意把三色徽戴在脑后以示轻蔑的情况——一份警察局报告气愤地说："看来他们很快就要把它戴到屁股上去了。"

　　最后，我们还不应忽视"革命崇拜"中象征"人民"或"共和国"那种人像形式的圣物。这种圣物本是资产阶级精英为教化人民而创造出来的，且由于其趣味高雅、含义深奥，始终未能得到人民大众的普遍理解和认同，但它本身的形态在革命上升时期所经历的演变，却清晰地反映着资产阶级精英对人民大众由漠视到重视的态度变化，从而表现出相当程度的人民性来，而这种情况无疑也加强了"革命崇拜"的人民大众色彩。"玛丽安娜"和"海格力斯"的形象在革命象征体系中的浮沉升降，即有趣地说明了这一点。

在刚宣布共和的时候，人们选用于国玺图案上的象征"共和国"的是一位自由女神。其原型是人们熟知的罗马自由神，人们把她看作为一位普通少女，用一种调侃的亲切口吻把她唤为"玛丽安娜"Marie-Anne。在 1792 年的国玺上她被表现为持长矛、倚束棒而立，头戴形状接近小红帽的弗里吉亚帽。这是自由女神在大革命中的一种中庸式的表现法，较激进的是 1793 年流行的袒胸前进、面目凶狠的自由女神形象，较保守的则是常见于 18 世纪 90 年代后期的那种自由女神：她们大都懒洋洋地坐着，表情呆滞而平静，通常不持长矛或不戴自由帽。

随着革命的深入，雅各宾派愈来愈需要人民的支持。1793 年 6 月底，富歇在一次演说中热情讴歌巴黎人民，把他们喻作巨人海格力斯[①]；这个比喻启发了画家达维德的灵感，于是在他精心策划的 1793 年 8 月 10 日庆典中，在自由女神"玛丽安娜"的侧畔，出现了一个代表法兰西人民的"海格力斯"：他头戴小红帽，一手紧搂束棒，一手挥舞大棒猛击"联邦主义九头蛇"。国民公会主席向参加庆典的人们宣布："法国人民！你们在这里看到的正是你们自己那富有教益的象征形象。这位巨人强有力的手把各省重新联合起来，束作一捆，从而造就了法国的伟大与力量。他就是你们！"《巴黎革命报》发表社论欢呼：这是刻画得最好的"法国无套裤汉的形象"！三个月后，国民公会决定把海格力斯作为主题搬上国玺，以取代玛丽安娜。

国玺上的自由女神必须为大力神海格力斯所取代，这在一定程度是由于海格力斯的男性气质迎合了当时国民公会议员反对妇女参政的心态（他们前不久刚刚取缔妇女政治俱乐部），但主要地还是因为海格力斯具

---

① 海格力斯：又译赫丘利，罗马神话中的英雄，亦即希腊神话中的英雄赫拉克勒斯（大力神），主神宙斯和阿尔克墨涅所生，据说神勇无敌。

有雷霆万钧般的力量，这种力量是当时雅各宾派最需要的，而它的拥有者只能是人民，这是一条在革命进程中已多次显现出来的绝对真理。所以应该用海格力斯的形象来象征人民、赞誉人民，并把它抬到至高无上的地位，以便充分唤起人民大众对雅各宾政权的认同感，从而稳固地占有他们的革命伟力。也正是基于这种考虑，当时达维德还打算在巴黎新桥曾树有亨利四世塑像的地方，树起一座高达 46 英尺的海格力斯像。该塑像将用法军缴获的敌军大炮来化铜铸造，并将尽力显示"力量和朴素的特征"，以颂扬人民的美德，在它的身上将镌刻若干重要词汇：眉宇间刻上"光明"，胸前刻上"自然"与"真理"，双臂刻上"力量"与"勇敢"，双手刻上"劳动"；此外，塑像的一只手还将擎起象征自由与平等的两个小天使，他们紧紧地依偎在一起。据达维德的解释，这是表示自由与平等完全取决于人民的才华与美德。

《巴黎革命报》刊登的一幅关于海格力斯的漫画，在人民性和激进性方面又比达维德的设想前进了一大步。达维德的海格力斯是裸体的，看不出具体的社会身份，基本上是个抽象的人物，既超阶级又超党派政治，沉稳典雅，高深莫测。而漫画上的海格力斯则是粗鲁而真实的无套裤汉：戴着小红帽，卷着裤管，不修边幅，胡子拉碴，右手挥舞着大棒，左手在熊熊的圣火上烧烤"国王"，胸前写着"食国王者"。可是一般的民众似乎始终也没有弄懂海格力斯形象有什么象征物的价值，并不把它看作什么重要的圣物。如 1794 年 1 月 21 日格勒诺布尔市举行的节日庆典中，人们并未看到任何大力神雕像，倒看到了两个活人装扮的"法兰西海格力斯"，他们用大棒乒乒乓乓地打倒现场所有国王、教皇和贵族的模拟像。可见，海格力斯在这里并不是圣物，而只是充满大众文化气氛的狂欢场面的一个组成部分，而民众的狂欢又是以对传统角色的嘲弄和颠倒为基本特征的。

达维德的海格力斯巨塑计划并未来得及落实。不过一些临时性的石膏像还是出现了。在 1794 年 6 月 8 日最高主宰节典礼上地位显赫的海格力斯塑像虽然规模小一些，但却严格地遵循着达维德的方案。以海格力斯为主题的国玺不知何故也一直未曾完全取代以玛丽安娜为主题的国玺，但前者毕竟曾用在了 1794 年 6 月到 1797 年 6 月的政府法令文件上。

1795 年 8 月的一项关于共和国硬币的法令还把海格力斯像用作银币图案，把自由女神像用于较小的铜币，不过这时的海格力斯已经被温和化了，或者说已被驯服：他显得苍老、明智、中庸、慈祥，不再是巨人，不再挥动大棒，自由与平等二神也不再是他手掌上的小天使，而成了一对偎依在他怀里的小妹妹。1799 年以后海格力斯终于被人们忘却，与保守的共和国关系密切的玛丽安娜在维持了一段时间之后也被拿破仑本人的形象所取代。但是这种湮没毕竟只是暂时的，将来随着共和主义运动的复兴和社会主义运动的兴起，他们注定又要被人们召唤回来。事实也将继续证明海格力斯比玛丽安娜更富于人民性：海格力斯虽然曾于 1848年、1870—1878 年和 1965 年一再重现于法国的钱币上，但较之同时作为共和国象征而重现的玛丽安娜，他已明显地成为次要人物，不再享有他在共和二年所拥有的至尊地位；而作为社会主义和工人阶级的象征形象，海格力斯却在英国工人运动中享受着特殊的光荣：英国工联主义运动在 1818 年就已经被人们称作"慈善的海格力斯"，19 世纪 90 年代的英国码头工人工会高举着画有海格力斯形象的旗帜。法国作家福楼拜的巨著《情感教育》（19 世纪 60 年代末出版）中的主人公、工人杜萨笛耶第一次出现时便带有"某种海格力斯"的特征，看来也不是偶然的。似乎达维德所设计的那尊双手刻有"劳动"一词的大力神形象，不仅仍深深地印在 19 世纪人们的脑海里，而且已经被人们下意识地同他们关于工人阶级的集体想象联系在一起了。

三、革命节日中的狂欢文化

至于革命崇拜的礼仪——各种节日庆典，我们已经知道，它们从来就是资产阶级革命精英极为重视的新人教化手段。大革命时期的节庆活动，许多都是精英人物制定、规划和组织的。尤其是在共和二年，雅各宾专政使自发性的群众节庆活动渐渐销声匿迹，节日的官方教化性色彩空前突出。但是尽管如此，革命节日所固有的那种大众文化的特质却从来也没有消逝过。我们可以从以下几个方面来说明这一点。

首先，革命时期的节庆活动与天主教国家传统的狂欢文化有着不可分割的内在联系，而这种狂欢文化向来就具有强烈的大众文化色彩，甚至被认为是大众文化的最高表现形式。在乡土社会和天主教传统深厚的法国，节日主要集中在收获时节及圣诞节、忏悔节期间，而且许多都带有狂欢的性质，人们在这时似乎把生活中的一切烦恼都抛在脑后，尽情地寻欢作乐，大吃大喝，狂歌乱舞，展示各种性象征物，戴着面具进行非礼仪化的放纵。这种狂欢活动的一个极为突出的特征，就是打破现存秩序。本来乡土社会是极重视等级秩序的，各等级界限分明，上下有序，不可混淆。可在举行狂欢活动的时候，所有这些限制似乎都不存在了，人们同欢共乐，全无高低贵贱之分，庆典仪式上的社会等级甚至被颠倒着排列。这是一个解脱的时刻，一个意味深长的颠倒正常价值观的时刻，尽管这种"颠倒"只是暂时的、闹着玩儿的或者说象征性的，但它却深刻地反映着人们要从丧气的生活条件和压抑人的世间秩序中摆脱出来的潜在愿望。显而易见，这种狂欢活动是对现存社会秩序的一种象征性的颠覆（俄国学者巴赫金甚至据此认为大众文化在本质上是一种颠覆性文化）。也正是这种"颠覆性"特征，使狂欢活动和革命具有了某种亲缘关系：因为革命无疑是最具有颠覆性的东西，与狂欢活动不同的只是革命的颠覆性更具有实际意义而已，狂欢无非是象征性的"革命"，而革命也无非是除去了面具的狂欢。事实上两者就是紧密联系在一起的，节日常常会引起纠纷甚至严重的动乱，而群众性的动乱又往往带有某种狂欢节的气氛。说过"革命是被压迫者和被剥削者的盛大节日"这句名言的列宁，显然对此深有同感。革命能在群众中引起狂欢，大概是再自然不过的事情了——还有什么能比终于实实在在地吐了一口恶气更大快人心的呢？

　　法国大革命开始时的一些重大革命事件本身就具有浓厚的人民大众狂欢文化的色彩。巴士底狱被攻克后，人们把守备队司令德洛内的脑袋挑在矛尖上游行，并在夷平该城堡后的广场上竖起一块木牌，上书："大家都来跳舞！"类似的革命节日第二年又重现于马赛：人们攻取了那儿的一座被称作马赛"巴士底狱"之一的要塞——圣尼古拉堡，然后跳着法兰多拉舞在全城游行，有人还用棍子挑着被杀死的要塞司令博塞的肚肠，嘴里吆喝着："货色新鲜啊，谁要？"当1791年在阿维尼翁市格拉西埃街杀死贵族的儒尔当等爱国派分子获赦时，当地人民也举行了庆祝游行，其中有传统的酒神彩车招摇过市，年轻人在车上开怀畅饮，一片狂欢节的热烈气氛。

在法国，尤其在法国的外省，群众的狂欢活动很早以来就具有突出的非基督教化特点。很多狂欢活动都发生在传统的基督教节日里，从而使之褪去了不少宗教色彩。如在奥维涅地区，人们在宗教节日期间最热衷于从事的活动是玩九柱戏或骰子戏，在漂亮女人和社会名流的窗前起哄（所谓"沙里哇里"），看被砍去脑袋后的鹅表演，或在隐修院的内院狂歌乱舞。在普罗旺斯，青年人则喜欢搞一种所谓"假充好汉"的闹剧：他们着戏装，佩刀枪，簇拥着载有异教神灵的彩车，随同一列列滑稽可笑的游行队伍行进，同时燃放烟火。此外，还有许多群众性节庆，如五月植树节、赛马、牲畜献祭，以及爱克斯地方的塔拉斯各龙大典，都没有任何基督教性质。大革命的节日表现出日益强烈的世俗化或非基督教化倾向，发源于外省的非基督教化运动的发生及其各种礼仪表现，如理性神崇拜、反宗教化装舞会等节日的出现，显然也直接体现着人民大众狂欢文化的这种反基督教传统。即使是还有主教做弥撒这种基督教内容的1790年7月14日的联盟节庆典，也已出现了数万人共同宣誓效忠祖国之类世俗的新因素（伏维尔据此认为这是一个反映了旧时代向新时代过渡的节日）。而且这个节日本身也是从大众文化风气更浓厚的外省发源的：最初是东南部德罗姆省首府瓦朗斯附近的埃图瓦尔地方各国民自卫军部队举行的联盟宣誓活动（发生于1789年11月29日），后来，从多尔到邦蒂维的国民自卫军（1790年年初），从里昂到斯特拉斯堡或里尔的国民自卫军（1790年春），都相继效法搞起了类似活动，形成了一股普遍团结联盟的风气，影响到巴黎，才酿成了攻克巴士底狱一周年时在马尔斯校场上举行的全国性联盟节。

其次，革命节日的人民大众文化特质还表现为人民大众对节日的广泛参与。大革命中各种自发的、群众性的节日自不待言，即使在这类民众节日被一概取缔的恐怖统治后期，民众的参与仍然是各种官方组织的节日的基本特征。如1794年夏天的"最高主宰节"前夕，为组织一支5000人的合唱团，政府动员了歌剧院演员和音乐学院学生，让他们深入巴黎各区教唱《最高主宰颂歌》。这次节庆的游行仪仗空前壮观，人数多达 50 万之众。实际上自第一次全国联盟节起，资产阶级精英们一直就很注意把人民大众组织到官方举行的节日活动中来，尽管各个时期统治者的目的并不完全一致。在伏维尔看来，这一情况说明，精英分子关于节日的指导思想深受狄德罗和卢梭的影响。这两位启蒙思想家都认真探讨过新时代的节日形态问题。狄德罗对宫廷贵族的节庆活动极为反感，甚至不能接受意大利式的剧院演出活动，说它追求的是"在只有几百人的昏暗角落里娱乐"；卢梭也认为剧院里的演出绝不是人民的节日，在他看来，人民的节日应当在光天化日之下进行，这里没有演员和观众的区别，人人都来表演："在存在着自由的情况下，哪儿充满人群，哪儿就一片惬意。在广场的中央插上一根装有花冠的长矛，把人民聚集到那里，你们便有了一个节日。更好的做法是：让观众去参加演出，让他们自己变成演员，让每个人都走到别人当中并使自己得到愉悦，以便使大家更紧密地团结起来。"[1] 卢梭和狄德罗的这种节日理论在促使资产阶级精英注重革命节日的群众性方面无疑是有重大影响的，但仅仅把原因归结为这一点却不免显得单薄。因为很显然，资产阶级在革命的某些阶段需要人民大众的支持，以及某些富于革命理想的精英分子需要通过节日来教化人民大众，恐怕也是官方节日中出现大规模民众参与的不可小视的原因。

　　当然，人民大众本身的参与热情所起的作用似乎也不可低估。大革命时期尤其是在共和二年法国民众参与节日活动的热情之高，可以从他们在剧场看戏时的表现略见一斑。戏剧这种"节庆"形式尽管为狄德罗和卢梭所不齿，但由于雅各宾派十分重视戏剧的民族教化功能，用之作为"开明民族的初级学校和国民教育的补充手段"（1793 年 9 月 5 日《导报》），故不仅没有被排除，而且还在革命高潮时期显出一派繁荣发达的景象。而且，当时在剧院看戏已不再是社会上层的特权，许许多多的无套裤汉也在政府的赞助下大模大样地进入了剧院，从而使剧院观众的成分发生了本质上的变化。同时，大约多少还是受了些卢梭思想的影响，这时的观众已不再是以往的那种消极的接受者了。据称他们已变得"从

① 　参见米歇尔·伏维尔：《革命心态》，巴黎，1985 年，第 159 页。

未有过的好激动、爱吵闹和蛮不讲理"。戏文中反派角色的台词往往会激起观众的一片狂呼乱骂，而一听到富于爱国心的唱段，人们就又会群情激奋地跟着大吼大唱起来。在演出快结束的时候，观众们还会涌上舞台和演员们一起载歌载舞，直至终场。这里我们看到，在充满政治参与热情的无套裤汉的奋斗下，人民大众的狂欢文化甚至侵入并改造了精英文化的典型产物——戏剧，把它变成了一种有声有色、名副其实的民众节日。

四、日常生活的革命化

法国革命时代的日常生活方式、社会风气的革命化，看起来好像与革命的宗教化没什么关系，实际上这一进程始终是与基督教的衰落和革命崇拜的兴起密切相连、相伴而行的，而且也同样反映了人民大众极其重视象征符号的特性，同样带有大众文化与人民性的鲜明特色。试从如下诸方面来看：

地名人名的革命化。出于消除封建遗迹和建立教化新人的环境的考虑，法国革命者很早就注意到了更改地名的必要性。1790 年制宪议会曾颁布法令称："被前领主以其家族的名字命名的村庄、城镇和教区可以恢复原名。"1792 年 8 月 10 日以后，法国人又自发地掀起第二次改地名运动，所有带有历代国王和贵族姓名的市镇都换上了反映该地地理特点的名称。如诺让-勒-鲁瓦（国王）被改为诺让-上马恩。地名中的"伯爵"或"子爵"也为"共和国"或"人民"所取代，如旺代的冯特内-勒-孔特（伯爵）被改为冯特内-勒-波卜勒（人民）。

但真正具有普遍意义的大规模改地名运动，却是在 1793 年夏秋时分，随着人民大众政治热情的普遍高涨和非基督教化运动的深入发展而发生的。各民众社团和无套裤汉革命委员会在这里发挥着引人注目的促进作用。为数 3000 以上的市镇在未经中央政府任何强制的情况下改变了名称，而大部分新地名都带有明显的革命意味：如凡尔赛被改为"自由摇篮"，沙多-梯也里被改为"马恩河畔的平等"，等等。有些市镇仍保留了自己的传统名称，但加之以"人民"一词以强调人民的国家主人翁地位。许多市镇则通过在自己的名称中加入"山岳"的字眼以表示对山岳派的拥护。深受人民大众崇敬爱戴的自由先烈——革命崇拜的"圣人"们也成为新地名的重要来源。此外，还出现了许多诸如长矛-沙波、自由-小红帽、阿恩-无套裤汉、无套裤汉郊区、芒什无套裤汉、无套裤汉港、卡马尼奥拉之类的新地名，极鲜明地反映着无套裤汉运动对地方生活的重大影响。不曾改名的市镇（其在数量上仍占绝大多数，约有 37000 个）也以同样的方式修改了许多街区、街道的名称。

与此同时，法国人的姓名也在革命时代发生了重大变化。许多活动分子、将军、革命军战士和"红色神甫"通过法律认可的民事命名礼给自己另取了带革命意味的新名，而且根据当时的法律，这种新名不得再行更改，违者将判罚。新名一般都是各种共和主义美德的名称或自由先烈的名字。另外还有不少成年人给自己取了革命的别名，如格拉古·巴贝夫。①

不过，在人名革命化方面较之成年人改名更具有普遍意义的，还是新生儿被赋予新的"革命的名字"。千百年来，法国的父母亲都是机械地把祖父母所使用的基督教圣人的名字传给子女。是大革命第一次打破了这一古老的习俗，使得布鲁图斯、马拉、勒佩勒蒂埃、自由、平等、山岳等带革命崇拜性质的名字变得像让、皮埃尔、玛丽之类一样流行。这种姓名的革命变革似乎也同人民大众政治文化的影响息息相关。直到 1793 年 9 月，取革命名字的新生儿在数量上一直是有限的，一般不超过总数的 3%。然而在共和二年，随着非基督教化运动的蓬勃展开和民众社团政治作用的加强，这个百分比在无套裤汉的政治参与比较积极的各地区骤然上升，最高的高达 60%，最低的也达到了 25%。而在那些强烈反对非基督教化运动、民众社团的影响比较薄弱的地区，这个百分比则低于 20%。从给新生儿取革命名的家长的社会成分来看，也同样能够感受到下层人民对这种做法的特殊兴趣：在科尔贝依地区，这些家长的 1/3 是农业工人（日工、泥瓦工或挖土工）；而在凡尔赛地区则大都是鞋匠、锁匠、小商贩和自由职业者。

---

①　巴贝夫（1760—1797），原名弗朗索瓦·诺埃尔·巴贝夫，因崇拜古罗马保民官格拉古兄弟而以格拉古·巴贝夫自称。

日常生活用品的革命化。既然革命本身成了一种宗教，成了人们普遍的崇拜对象，它的各种象征自然也会广泛地渗入社会的日常生活，像旧宗教的十字架、圣母玛丽亚或各个圣徒的形象一样在人们的日常用品上留下印记。如在当时的家具和陶瓷器皿上，在鼻烟盒、剃须盘、镜子甚至夜壶上，到处都画着各革命日的情景和表示共和的图案，或写着诸如"我们相亲相爱、情同手足，准能成功"、"为国家而死无上光荣"之类的共和箴言。象征自由、平等、理性等新价值观念的女神雕像成为资产阶级共和派家庭中常见的摆设。买不起这些玩意儿的穷裁缝、穷鞋匠们也会在墙上挂一个革命历或贴一张千篇一律的共和图案，或摆上一尊廉价的革命先烈石膏像。棋与牌等大众娱乐用品也受到了革命崇拜浪潮的强烈冲击。从 1790 年起就开始流行一些"革命的"跳鹅棋戏。在共和二年，所有广泛流行的游戏都在形式上和规则上得到了改造，被涂上浓郁的革命色彩。如 1793 年 11 月 11 日的《导报》上有一篇文章专门谈论了国际象棋的"革命化"问题。据称，当时法国在国际象棋方面高手如云，民间也盛行着象棋热。大革命带来了其中"国王"和"王后"权力的变化，也改变了"车"和"象"之类带封建意味的棋子的作用和走法。共和二年则试图进一步对这种象棋进行军事化和民主化的改革：如把以往以"臣属"身份出现的"卒"改成步兵，"象"改成龙骑兵，"车"改成炮，"王后"改成副官，"国王"则改成必须"将"之的暴君。以往的一方"将死"另一方的结局，也拟改成由一方通过"封锁"把另一方困死而告终。

国际象棋的这种革命化改革究竟落实情况如何，我们不得而知。扑克牌的改革情况则要清楚得多。在 1792 年 3 月，扑克牌中红心"Q"上的王后形象就已被梅里库尔市的著名女公民特鲁瓦涅所取代，而"J"牌上的王子则变成了著名无套裤汉将领桑泰尔。但新扑克牌大量涌现的时期还是共和二年，即发生在国民公会 1793 年 10 月 12 日关于改造旧制度社会娱乐方式的法令颁布之后。当时玩牌戏也是法国人日常消遣的重要方式之一，故扑克牌制造业比较兴旺，经登记的扑克牌作坊有 20 所，生产的"革命扑克牌"达 40 余种。其中"K"牌上国王的形象一般均为战争之神、艺术之神、贸易之神、和平之神或海军之神所取代；"Q"牌上的王后变成了头戴小红帽、手执长矛的自由女神，分别象征着宗教信仰自由、出版自由、艺术自由、贸易自由、职业自由和婚姻自由；"J"牌上的王子则主要是各种平等的象征形象，常常画成军人的模样，有时也画成下层人民的模样，如画成无套裤汉以代表身份的平等，或画成古代奴隶以代表种族的平等。也有些纸牌反映出一种更具有精英文化色彩的革命崇拜，如 1793 年 11 月由八位艺术家制作的一副牌，那里的"K"牌上画的是布鲁图斯、卡通①、梭伦和卢梭四位贤人，"Q"牌上画的是审慎、联盟、正义和力量四种道德的象征，"J"牌上则画有汉尼拔、墨西乌斯·斯基沃拉、荷拉斯和德希乌斯四位古代勇士。艺术家夏阳在共和二年制作的一副牌被认为是最成功的作品之一，从形式上看，它也是共和二年大革命的一个缩影："老K"上的国王在这里变成了启蒙思想家（方片 K 是伏尔泰，梅花 K 是卢梭，等等），"Q"牌上分别画着代表正义、力量、节欲和审慎的四个德行女神，"J"牌上出现的则是一些共和派形象——其中三个是穿军服的士兵，一个是英姿勃勃的、战斗着的无套裤汉。

　　语言和服装的革命化。在法国大革命中，由于人民大众的政治参与，语言和服装也日益被赋予不容忽视的象征意义。就语言而言，它在大革命时代是一个极富有权威性的东西——按林·亨特的说法，国王的"神赐领袖魅力"这个法国社会传统的神圣中心在革命中事实上转到了"语言"方面；其所以会如此，是因为当时国王的权威在一天天走向崩溃，而新生的民族又一直（也许直至波拿巴上台）不能容忍某一个人，也找不到一个合适的机构（如议会），或一份合适的文件（如宪法），来取代国王的位置。大革命时代政治权威的动荡不稳、频繁更换，只能说明当时实际上是"语言"（或代表民族说话即操纵舆论的能力）这个社会因素在随心所欲地摆布着一切。②

　　既然"语言"的这种权威性表现在政治家必须操纵舆论来支配群众，既然语言的权威只有通过人民大众的力量才能得到实现，那么，说出的

①　卡通（Caton d'utique，公元前 96—前 46）：古罗马政治家，曾任保民官、元老院议员，先后反对过庞培和恺撒，塔波苏斯战役（公元前 46 年）后自杀。
②　参见林·亨特：《法国革命中的政治、文化与阶级》，第 26 页。

话能否让平民百姓明白并喜爱，对于政治家们来说，便至关重要了。而人民大众极其重视象征符号的天性，又使"每句话"在他们看来"都具有象征意义"（索布尔语），这就注定了大革命时期革命派语言的大众性。著名马克思主义理论家保尔·拉法格在他的《革命前后的法国语言》一书中曾这样指出：

> 革命召唤了一个新的阶级参与政治生活并且同时创造了这种政治生活：直到那时为止在国王的内阁中秘密处理的国家事务，将要在报纸上和议会会场上公开讨论。舆论变成了一种力量，必须和它商量，并倚重它的协助，借以支持政府。这种新的政治条件要求一种同样新的语言，嗣后这种语言又从政治界转入纯粹是文学的领域之内。①

拉法格这里说的"新语言"就是一种同 18 世纪矫揉造作的贵族语言截然对立的平民语言，它犹如一阵阵暴风雨涤荡着 1789—1794 年间的法国政坛。贵族的语言被扔在了一边，人们纷纷采用民间的风格说话、写文章，大批野蛮粗鄙的单词猛烈地冲击着旧法语"雅致的铁箍"——最典型的例证可以举埃贝尔的《杜歇老爹报》。该报满纸粗话，因而深得无套裤汉的喜爱。例如他曾这样给王后玛丽-安托瓦奈特画像："这只奥地利母大虫到处被人们看作法国最无耻的婊子。人们公开指责她在烂泥中和仆人滚在一起，很难指明创造了那些出自她那皱褶重重的肚皮的畸形、驼背、患坏疽病的早产儿的是哪一位粗汉。"具有讽刺意味的是，最初倡导这种平民语言的并非资产阶级革命派，而恰恰是贵族阶级自己。据说贵族阶级在革命之初就感到，要战胜资产阶级必须首先争取人民大众，于是便"毫不犹豫地放弃了宫廷语言而采用菜市上大娘们的语言"（拉法格语）来对民众作宣传，由此出现了诸如《使徒行传》之类的右派报纸和《矢车菊将军拉法耶特传》之类的匿名小册子，里面充斥着下里巴人的淫猥语言。不过革命资产阶级很快就表现出他们在使用平民语言方面到底是技高一筹。其所以能如

---

① 保尔·拉法格：《革命前后的法国语言》，商务印书馆，1964 年，第 45 页。

此，显然是因为他们不仅有迎合大众趣味的需要，而且更重要的是他们本身就有一种贵族阶级所不可能有的革命决裂意识和对民众更深刻的了解。恰如拉法格所指出的那样："由于在说和写的时候毫不把传统放在心上，他们毫无拘束地使用手头上的词汇和短语；由于日常使用，他们知道这些词汇和短语的力量和用处，并不顾虑到它们曾经被宫廷和各沙龙禁止过。"① 应该说在共和二年的革命者中盛行的以"你"相称的做法，也是革命时代语言风格大众化所带来的一个新事物。平民百姓不喜欢人们以"您"相称，很大程度上是因为这种称呼法是宫廷和上流社会的规矩，透着一种虚情假意、故作多礼的贵族气派，与民众的风俗习惯和价值观念格格不入。而以"你"相称，根据一个无套裤汉活动分子的说法，则可以导致"较少的傲气、较少的差异、较少的敌意和较多的亲密气氛、较多的兄弟情感，因而可以导致更平等的局面"②。

至于服装在大革命中的象征符号意义，那就更显而易见了。从三级会议开幕之日起，服装就成了不同政治势力的符号：走在入场行列中的第三等级代表身穿朴素的黑衣，而贵族代表则衣着华丽多彩，并且趾高气扬地戴着羽冠、花边和金饰物。结果，当时的人们便约定俗成地把服饰的朴素或寒酸看作"爱国派"的特征或标志，并很快使之成为女性服装的一种时髦的风格。1790年的一些时装报刊向妇女们推出了一种被称作"制宪服"的朴素时装，到1792年这种时装又被配以流行于共和派中的小红帽而成为一种"平等装"。据《时趣报》的介绍，1790年的"贵妇人"，服饰艳丽，而"爱国妇女"则通常穿着单蓝色调的呢制服，戴黑毡帽，帽上别着三色徽。

在男子的服装方面起初并没有什么确定的时髦样式。在革命初年，革命派强调的是取消服装上的各种讨厌的差别。宗教服装逐渐被废除，而市政官员服装的唯一差别只是多了一条三色绶带。后来，随着大革命的深入发展和无套裤汉政治重要性的增长，人们越来越注重在服装上体

---

① 保尔·拉法格：《革命前后的法国语言》，第46～47页。

② 转引自林·亨特：《法国革命时期的私生活》，1985年在北京大学历史系的讲演稿，打印件。

现社会平等的价值观，无套裤汉的服装样式也很快在男子中流行起来，连一些资产阶级政客都穿上了无套裤汉的短衣、长裤和木底鞋。事情显然是由越来越广泛地卷入大革命政治的无套裤汉对服饰象征意义的特殊关切而引起的。尽管发明"无套裤汉"这一称号的人可能是王政派的莫里神甫，但这一称号迅速为人民大众所普遍接受，却深刻地反映着人们喜欢"以衣取人"的惯有心理。在无套裤汉看来，便于劳动的长裤是人民大众的标志，正如紧身套裤是游手好闲的贵族和资产阶级的标志一样。在 1792 年以后，小红帽、卡马尼奥拉服和宽大的长裤几乎成了判定无套裤汉和真正共和情感的标准。1793 年的一份半文盲写的告示甚至把"不买民族服而买其他服装的人，尤其是不以无套裤汉的称号和发式为荣的人"定为十恶不赦的温和派和贵族。这种强调服装平等的潮流甚至在 1794 年还曾促使官方产生过制定和推广统一的平民制服的打算。是年 5 月，救国委员会责成画家议员达维德改革国民服装。大约是由于当时的人民运动已经发生了无可挽回的退化，无套裤汉的作用已远远不如几个月之前那样重要的缘故，达维德设计的平民制服显然远离了无套裤汉的服装风格，而是糅合了古代的、文艺复兴的和戏剧的各种因素．带有精英文化的较高雅的趣味（一件带腰带的敞胸紧身短上衣，一条紧身裤，一双短靴或皮鞋，一顶窄边软帽和一领大半身长的斗篷）。但尽管如此，这种试图让所有公民（不论是军人还是平民）一律穿制服的设想，却终究反映着一种人民大众的对于服装象征性的高度重视和对于社会平等的强烈追求。如以达维德为首的"人民共和艺术社团"曾声称，当时法国人的穿着方式是与一个自由的民族不相称的；如果个人品质要革命化，服装也必须全面革新。在他们看来，服装革新的一个重要目标就是消灭人与人之间的社会差别，如果服装还在表现着社会差别，那平等又从何说起？

尽管达维德的平民制服设想颇受救国委员会赏识，他画的图样被印制三万份发往全国各地，但实际的服装始终没有能够生产出来，不久后的热月反动不仅使这种统一平民制服的设想化成了泡影，而且迅速扫荡了共和二年无套裤汉化的服装时尚。当然，在热月反动期间蒙受打击的还远不止于此。实际上，随着资产阶级日益表现出强烈的结束革命、恢复社会正常秩序的意向，随着无套裤汉被逐步赶出政治舞台，整个带有深刻的人民大众文化印记的革命崇拜都在这时日趋衰微。然而，人们在革命中形成的重视各种象征符号的习惯却并未因此而改变。例如，热月反动时期的"金色青年"总穿着方领制服、紧身套裤、花纹长袜和大敞口的皮鞋，蓄有怪诞的"卡德奈特"式发型，而他们的主要活动之一就是拿着大棒在街上追打因服饰朴素而被认为是雅各宾党的人，或通过穿破衣烂衫装扮无套裤汉来肆意嘲讽、丑化无套裤汉及其服装。就在国民公会快要结束它的历史使命的时候，它还在格雷古瓦教士的倡议下煞费苦心地通过了给未来督政时期的各级政府官员制定"官服"的决议（1795 年 10 月 25 日）。关于这样做的理由，格雷古瓦说道："符号的语言有它自己的雄辩术。有特色的服装也适用于这一格言，因为这些服装可以引起各种与其宗旨类似的观念和情感，尤其是当它们用自己的生动性抓住人们的想象力的时候。"〔共和三年果月 28 日（1795 年 9 月 14 日）的讲演〕甚至直到 1798 年 12 月，"五百人院"还曾讨论过对不佩戴三色徽的国民的惩处问题。看来法国革命精英对平民服饰的关切，实际上在整个督政时代都不曾完全消失，只是那种带有平等精神的平民制服的想法，已不再能够引起他们的兴趣罢了。

第七章　谣言的泛滥

谣言在革命进程中振奋着精神、积聚着怒火、引导着恐惧。

——B. 巴茨柯：《国王罗伯斯庇尔》

每一位研究法国革命史的人，大约都会对"谣言"在大革命过程中的作用产生深刻的印象。

谣言的泛滥，是法国革命有别于其他国家的革命的一个独特的政治文化现象。翻开法国大革命的历史，五花八门的谣言俯拾即是，比如：1789年7月14日前后关于贵族军队要来镇压制宪议会、屠杀巴黎人民的谣言；"大恐慌"时期在乡村中盛传的关于盗匪、贵族的阴谋和外国军队入侵的谣言；1792年9月屠杀之前关于"监狱阴谋"和外国间谍将在巴黎的男人们上战场之后杀戮妇孺的谣言；在审判国王期间关于某"短剑骑士"昼伏夜出暗杀革命者，企图营救国王的谣言。军事失利时往往会传出关于外国间谍和将军叛变的谣言，粮食紧张时便注定会出现关于有人囤积或糟蹋小麦想饿死人民的谣言，统制经济时期则始终流传着关于指券要贬值或废除的谣言。此外，还有各种出于政治迫害目的而散布的进行人身诽谤的谣言，如王后玛丽-安托瓦奈特与王子乱伦、丹东要当摄政王、埃贝尔阴谋复辟王政、罗伯斯庇尔欲娶路易十六之女图谋继承王位……真如天方夜谭，无奇不有。

这些谣言大都是捕风捉影的胡编乱造，至少是对事实的严重歪曲或夸大，可它们却十分容易令当时的法国人信以为真。在这些谣言的刺激下，人们经常性地处于亢奋状态，极易于为激情所驱使而做出各种剧烈的举动来。诚如日内瓦大学历史学教授巴茨柯所言："谣言总是和大革命相伴行进。谣言在革命进程中振奋着精神、积聚着怒火、引导着恐惧。"① 事实上，整个法国大革命，从它的爆发，到它步步走向激进，直至热月的发生、发展，处处都离不开谣言这个因素。因此，在某种意义上，可以说没有谣言，就没有法国大革命。那么，大革命时代为什么会出现如此引人注目的谣言现象？这些谣言现象对于大革命的实际进程究竟产生过什么样的作用？这些就是本章要回答的问题。

一、谣言的起源

谣言，本是极普通的社会心理现象，只要有人群存在就有可能发生谣言，古今中外概莫能外。

然而谣言的蜂起，却至少必须具备两个条件。第一，社会行将发生或已经发生重大变故、天下行将大乱或已经大乱。值此之际，人们在忐忑不安、惊恐万状之余，往往易于以讹传讹地解释变乱的原因，叙述事变的情状，或揣测未来的命运。第二，社会缺乏高效率的大众宣传媒介，或者说虽有这种宣传媒介，但它由于种种原因并不能得到社会公众的信赖，人们主要地只能依靠"交谈"来口头传递"小道消息"，而"交谈"的固有特性就是易于歪曲消息，一个消息经过一传十、十传百，往往会被篡改得面目全非。

大革命时代的法国，无疑充分具备这两个条件。我们知道，早在大革命前夕，法国人就对行将到来的革命有一种惴惴不安的危机预感，而随着大革命的爆发和革命进程的演进，他们的危机意识还将变得愈益强烈。另外，革命时代法国绝大多数人都目不识丁，即使有报纸也不会读，其中有五六百万人甚至连法语都不会说，消息的传播完全依赖传统的口头渠道。

可是，仅仅指出产生谣言的这两个必要条件，还不足以解释法国革命中谣言现象的特殊性。因为很简单，这两种情况的存在并非法国革命的特点。革命时代的英国和美国同样也经历着历史性的巨变，同样也缺

---

① 　B. 巴茨柯：《国王罗伯斯庇尔或如何结束恐怖统治?》载法国《争鸣》杂志第 39 期，1986 年，第 113 页。

乏近代化的消息传播媒介，然而在这两场革命中，谣言的地位显然均远不如在法国革命中那样突出。看来，法国革命谣言现象的起源一定还有自己的特点。

在缺乏近代化的大众宣传媒介方面，要找出革命时代的法国和革命时代的英、美两国之间的差异显然是不容易的。而在关于社会变故的危机感方面，则只要稍加比较，差异便一目了然了：原来，法国革命中谣言现象之所以格外突出，乃是由于革命时代法国人的危机感远比革命时代的英国人和美国人强烈的缘故。而造成这种差异的原因，自然又是同法国革命那种独特的、翻天覆地的激进性或彻底性分不开的。

我们已经知道，构成法国革命者危机意识中心点的，是一种对于反革命阴谋活动的无法摆脱的忧虑，这种忧虑心情，是人们在革命时代的英国和北美殖民地所感受不到的。也正是这种长期萦绕在人们心头的"阴谋忧虑"，才使革命法国的危机感显出特殊强烈的色彩。

在当时革命者的言论中，我们几乎随处都可以看到这种"阴谋忧虑"的印记。比如，迫于暗藏敌人的威胁，人们对"揭穿假面具"之类的话题总是极感兴趣。这种言论不仅每日都会出现在马拉、埃贝尔等激进报人的笔端，而且自大革命一开始就经常挂在所有革命者的嘴上。早在1789年7月，就有人专门创办了一份叫做"国民揭发者"的报纸。到1793年，几乎所有的革命演说都要说上一段关于谨防"阴谋"的套话。久而久之，人们对"阴谋"、"揭发"等词汇的运用简直达到了滥用的程度。如1794年年初的一张文理不通的匿名文便这样告称：

> 无套裤汉是敲响警钟的时候了……当心，是时候了，内战正准备停当，你们是所有那些在想象中统治共和国的恶棍的玩物。他们都是阴谋家，巴黎所有商人都是，我揭发他们。我说的那两句话都是纯粹的实话，那些就要念这些话的人中有几个要说我是个阴谋家，因为我说了实话。①

果然，这份文告很快便被人们当作"埃贝尔分子"的宣传品告发到

---

① 转引自林·亨特：《法国革命中的政治、文化与阶级》，第39页。

警察局。

在孚雷看来，这种对于"阴谋"的无法摆脱的忧虑，犹如一根红线贯穿在法国革命者的全部言论之中。① 而大革命时代甚嚣尘上的种种谣言，也正是以关于各种"阴谋"的传闻为基本内容。谣言的泛滥，显然与法国革命者对"阴谋"的极端忧虑和警惕有某种内在的联系。

法国革命派的"阴谋忧虑"固然与革命时代实际存在的各种反革命阴谋活动有关，但也并非独出此源。除此之外，它还有十分独特的法国式文化心态背景，那就是法兰西民族长期以来一直具有的一种特别担心"阴谋"的传统心态。这种古老的"阴谋忧虑"主要涉及的是生计问题。旧制度时期的法国是个典型的小农经济国度，土地析分严重，农业生产力的水平十分低下，人民的生活极为困苦。饥饿的威胁使人们特别担忧和痛恨那种囤积粮食制造饥荒的"阴谋"，尤其是法国民间长期以来就流传着不少关于贵族的武器窖、秘密文件和囤积粮食的传说（有人认为这是因为当时法国民众普遍相信有大量珍宝埋藏于地下），所以一遇食物匮乏，他们就会自然而然地怀疑到有人故意捣鬼，并往往由此演成攻击想象中的粮食投机商、抢夺面粉和强行限价等暴力行为。及至旧制度末年，法国统治集团的内讧愈演愈烈，政治危机日渐深重，百姓对于粮食投机的疑虑也开始同国家政治挂钩。在18世纪60至70年代，政府经常变换粮食贸易政策，时而自由放任，时而秘密施以政府干预，结果激起了高等法院方面的严重敌意。大法官们利用舆论工具大肆攻击内阁权臣甚至国王本人，说他们蓄意制造饥荒以期从中牟利，政府方面则进行反宣传，把那些桀骜不驯的大法官说成是粮食危机的真正祸根。政界高层的这种相互攻讦，越发加重了民众对于危害人民生计的"阴谋"的忧虑，而且促使人们日益把疑虑的目光投向国家机关。人们愈来愈相信：至少与百姓生死攸关的粮食供应已经受到了政界各派势力别有用心的操纵。显然，人民大众这种日益具有政治色彩的"阴谋忧虑"是很容易同大革命之初资产阶级精英分子对"贵族阴谋"的忧虑融合起来的，事实上也正是这种融合，才造成了大革命时代那种强烈得异乎寻常的关于"阴谋"的忧

---

① 参见 F. 孚雷：《思考法国革命》，加利马尔，1978 年，第 78～79 页。

虑气氛。

不过，要说明这种融合，还不能忽视一个极为重要的中介因素，那就是大革命前夕流行于法国城乡的匪患恐惧。

在大革命将至的法国，社会上出现了各种不安定的征兆。仅从经济方面来看，严峻的形势就大有要把法国人逼上绝路的架势；1788年农业严重歉收，波罗的海和地中海地区战云密布、商道不通，中欧和东欧的市场也因战乱而趋于关闭，西班牙后来又禁止了法国布匹的进口，使法国工业和对外贸易遭到接二连三的沉重打击。法国政府的政策也在无意中促成了形势的恶化：1787年完全开放谷物贸易的国王敕令原想刺激农业的发展，不料却因1788年的歉收而引起了食品价格的腾涨；1786年法国同英国签订贸易协定，本来是为了引进英国先进的工业技术，不料想却因开放过猛而使法国民族工业受到摧毁性的冲击——如亚眠和阿贝维尔原有的5672台织布机中竟有3668台因此而停机，在针织品工业方面被迫停开的机器则多达7/8。当然，这同时也意味着成千上万的人加入了社会上的失业大军，意味着法国城乡已充满饥饿的人群。

走投无路的人们为了生存，只好出门行乞，而要饭对于当时许多法国人来说已经是习以为常的事情。农村中至少有1/10的人口常年在外讨饭。一遇粮价上涨，还会有大量收入微薄的工资劳动者加入乞丐的行列。乞丐们一般也都会得到人们的同情和施舍，但他们那一张张陌生的、哀怜的脸庞突然出现在门前，也难免会给人们带来某种恐惧。此外，已经缴纳过什一税（据称其中一部分是专门用来救济穷人的）的农民对于仍有要饭的不断登门，也会很自然地渐渐感到厌烦和不满。何况在真正的乞丐中也的确混有不少二流子式的职业乞丐，这些人被认为是十足的懒汉、无赖，直令那些朴实勤劳的农民极为痛恨。

这种由乞丐引起的普遍的不安，又因当时社会上大量流动劳动者的存在而变得更加强烈。由于农村地少人多的矛盾日益严重，更由于大量工人的失业，法国的道路上奔波着无数找工作的人。1788年10月，特鲁瓦市登记在案的失业者计有10200人，实际上其中的6000人早已离开了城市，而他们之中的许多人很可能就在东奔西颠地找工作。自然，这种找工作的过程往往也就是行乞的过程。1789年法国的各大城市（尤其是巴黎）之所以会出现惊人数量的流动人口，根本原因也就在这里。除此之外，还有不少人，或是因不满现状，或是受冒险精神驱使，或是为了逃避兵役，或是打季节性短工，或是跑小买卖，也在离乡背井、浪迹四方。所有这些流浪汉，即使算不上严格意义上的乞丐，也会时常来到农民家里讨吃、歇脚或借宿过夜，从而给日子本来就过得紧巴巴的农户们带来不堪忍受的负担。1789年巴苔市附近维朗布兰地区的陈情书就曾这样抱怨："乞讨正在缓慢而巧妙地把我们弄垮并拖向毁灭。"另外，流浪汉们的公德状况也令农民们深为不满。那些流浪汉并不一定都是坏人，然而自古衣食足而知荣辱，常年飘零、衣食无着的悲惨处境自然不可能把他们都造就为循规蹈矩的谦谦君子，小偷小摸的事在所难免；在公开场合下他们也不大注意尊重别人的财产，常常大模大样地摘吃树上的水果、践踏地里的庄稼。可是尽管心里恼火，考虑到立着的房子躺着的地，更由于小农经济的分散与孤立性，农民们谁也不敢得罪这些行踪不定，什么事情都干得出来的家伙。

随着经济形势的恶化，流浪汉的人数愈来愈多，农民的恐惧感也与日俱增。在1789年，如同繁殖到一定数量的耗子一样，流浪汉们开始成群结队地游荡，这就更加令人生畏了。由于人多势众，他们的胆量也比以往更大，开始为所欲为，肆无忌惮，渐渐形同匪帮。他们会在某农户的男主人离家下地或赶集的时候突然闯进去，向女主人要吃要喝。若是觉得该农妇不够慷慨，他们就会自己动手，各取所需，索要更多的钱财，甚至钻进仓房住下赖着不走。更有甚者，他们还开始了夜间行乞活动，一伙一伙地在深更半夜敲门要饭，直搅得鸡犬不宁，人心惶惶。快到麦收的时候，人们又惊恐地发现这些流浪汉在像蝗虫一样吞噬他们的劳动果实：许多庄稼还没熟透就被人在夜间割去；割下的麦子还没扎成捆，就不知从哪儿涌来了大群"拾麦穗的"。在6、7月间，类似的警报雪片似地飞向各地政府，到处都在急切地要求派兵保护麦收。但是毕竟由于作恶的流浪汉太多，警力有限的政府实际上已束手无策。

这些流浪汉的威胁已经够严重的了，然而这还远不是令当时人们恐惧的全部因素。在旧制度末期，法国还活跃着不少真正的犯罪团伙，他们四处流窜，贩卖私盐，打家劫舍，杀人放火，无恶不作。其中最著名的是以江洋大盗卡尔图什为首的盗贼集团，尽管这个匪首在 1721 年就已被车轮刑处死，但直到大革命前夕人们对这个集团仍记忆犹新。最可怕的是这种匪帮似乎永远也斩不尽、杀不绝。1783 年警方曾在卢瓦河源头地区的奥热尔粉碎了一个类似的犯罪团伙，可是这个团伙很快就又重新纠集了起来，并留下许多新的劣迹，其影响之大，直到督政府时代还能令法国人谈虎色变。在 1789 年春给人们带来巨大恐怖的还有一股叫做"面具人"的匪徒。3 月，他们抢劫并杀害了几名正从事三级会议代表选举的教区长官，有 40 名面具人还窜到了巴黎附近的丹皮尔镇；4 月底的一天夜里，又有 15 名武装匪徒袭击了埃汤普地区的农民，掠夺并捣毁了他们的农庄。同时，社会上也沸沸扬扬地传开了有关流浪汉团伙开始行凶的消息，而这种消息是很容易为人们所相信的，因为在百姓的下意识中，那些到处游荡、令人厌恶的流浪汉本来就是潜在的匪徒。一时间，整个法国似乎遍地都是盗匪，一种强烈的匪患恐惧由此迅速蔓延全国。

从事实上看，当时法国的匪患远没有人们想象的那么严重，盗匪的猖獗只是局部地区的现象，普遍的匪患恐惧完全是"谣言"的产物。而这一情况的出现也是同当时法国社会和大众文化的特点分不开的。首先，正如我们在前边所谈到的，当时法国消息的传播基本上只有口头交谈这一渠道，民众无法得到准确的消息，而且由于愚昧无知，大多数人都没有能力透过各种夸张或歪曲事实的谣言来洞悉真相。其次，由民间故事保存了不少人们对于往年匪患的记忆，而这些大众记忆无疑有助于促使人们轻易相信类似的谣传。事实上，法国农村千百年来一直就在不断地遭受着各种半兵半匪的武装人员的蹂躏，谁也不知道这些人究竟来自哪里，究竟为何打仗，由此很自然地产生了许许多多有关匪徒烧杀奸淫的恐怖故事，世世代代流传不息。值得注意的是，由于百年战争等国际战乱所带来的巨大灾难，法国人对外国军队的恐惧尤其刻骨铭心，这显然是大革命之初出现的许多有关外敌入侵的谣传的心态基础。

三级会议召开后，第三等级同特权等级的矛盾迅速激化，"爱国派"产生了对"贵族阴谋"的深切忧虑。由于同特权等级传统的阶级矛盾，人民大众自然很容易接受"爱国派"资产阶级的宣传，把自己担忧的匪患和第三等级代表关于"贵族阴谋"的说法联系起来。所谓"贵族阴谋"

并非毫无根据的杜撰，如各路贵族军队向巴黎地区集结，显然含有要对第三等级实行弹压的意思；然而三级会议的资产阶级革命精英们动辄把问题归结为"贵族阴谋"，一味过高地估计贵族的能力，也的确使"贵族阴谋"的危险在很大程度上被夸大化、幻想化了。早在5月，当第三等级和特权等级为三级会议的表决方式问题争执不下的时候，爱国派们就开始怀疑特权等级要阴谋解散三级会议，并解除受第三等级欢迎的财政大臣内克的职务。6月3日，来自图尔的议员马约写道，当时"天上人间的一切势力，即僧侣和贵族，都联合起来，密谋永久保持对平民的奴役和压迫。"6月17日宣布国民议会成立后，没有一个人相信特权等级会就此让步；尽管路易十六最终承认了国民议会，人们仍怀疑这是阴谋者在玩花招争取时间。军队在巴黎周围的出现无疑是人们担心的一个重要缘由。7月10日，来自特鲁瓦的议员贝隆勃尔写道："大家一致相信，军队的开进是在实施某种暴虐的图谋"，这是"用铁杖统治我们的贵族阶级"策划的一场"穷凶极恶的阴谋"。7月11日内克被解职，使人们对"贵族阴谋"的存在更加坚信不疑了，其实宫廷这一愚蠢的行动并没有经过周密的筹划。①

爱国精英的这些宣传无疑曾引导过全国的舆论，对人民大众的心态产生过重大的影响。当然，人民大众之所以能够很快接受"贵族阴谋"的说法，也有其重要的内因根据。其中一个很重要的方面就是大众文化那种传统的"阴谋忧虑"。在百姓心目中，"阴谋"无处不在，既然在粮食问题上有层出不穷的阴谋，那么在政治问题上也必然会有人搞阴谋诡计；何况，政界上层那帮坏蛋在搞粮食阴谋、投机牟利方面不是一直很拿手吗？如今自己的特权地位受到威胁了，他们自然要使开浑身解数，包括使用各种阴谋手段来加以维护。另外，自三级会议开幕以来，人民大众自己对于"贵族阴谋"就有一种模糊的预感。因为，千百年来领主和农民、贵族和市民之间激烈斗争的历史，已经在他们的灵魂深处积淀了一种文化无意识，即法兰西阶级斗争具有不可调和的性质，贵族阶级绝不会不经战斗就自行退出历史舞台。他们也许没有读过什么历史，但

---

① 参见乔治·勒费弗尔：《1789年的大恐慌》，纽约，1973年，第60页。

他们熟知各种民间传说，也忘不了贵族阶级曾怎样将一次次"扎克雷"或"克洛堪"起义淹没在血泊里。正因为如此，他们深信贵族阶级肯定要对革命进行反扑，尤其对贵族的暗中算计至为关注。巴士底狱里可能已经没有多少囚犯了，可它那阴森森的黑影仍然能勾起圣安托万郊区人们的恐惧和愤怒之情；乡间的那些贵族城堡里可能早就不再有士兵和火炮，剑戟和甲胄可能早就锈蚀尘封，然而只要这些建筑还兀然矗立在地平线上，农民心中的忧虑和仇恨就难以平息，谁知道那里面在发生着什么？那些黑洞洞的大门反正不会意味着仁慈与和平。

而且，为什么恰恰在这个时候，即在第三等级企图通过三级会议来限制王室贵族的专制特权、伸张自己的政治权利的时候，法国会出现如此严重的饥荒，会有那么多人丧生，会有那么多人行乞、流浪？尤其是——为什么恰恰在此时会出现那么多盗匪？显然，在当时的法国，把这些情况同"贵族阴谋"联系起来并不需要特别丰富的想象力。事实上，革命时代的整个第三等级都坚信，所有这些现象无一不是贵族阶级有预谋地精心制造出来的，它们体现了一个空前庞大而险恶的反革命阴谋，其基本思路就是企图通过搞垮经济、制造饥荒来把革命人民饿死，而那些四处流窜的匪帮，则无非是为贵族实施反革命阴谋的一支支别动队。

就这样，随着三级会议的召开，法国民间传统的"阴谋忧虑"，通过革命前夕盛行的匪患恐惧，迅速同资产阶级革命精英对"贵族阴谋"的强调结合了起来，形成了革命时代法国特有的那种对反革命阴谋无法摆脱的忧虑。谣言在这种心态的形成过程中无疑起过重要的作用，而这种特殊的忧虑感一经形成，也会反过来成为法国革命特有的谣言现象的滥觞。

二、谣言与危机意识

强烈的"阴谋忧虑"使人们成天提心吊胆，也促成了人们想象力的超常发挥，各种谣言于是不胫而走，而谣言的广为流传以及由此而产生的一些后果，反过来又进一步加重了人们对"阴谋"的忧虑。

这就意味着，在革命时代法国这样独特的环境中，任何一件微不足道的事情，都有可能在转瞬间造成一场巨大的社会恐慌。勒费弗尔在他的《1789年的大恐慌》（1932）一书中讲了这样一个故事，颇为典型地反映了当时谣言产生和流传的一般情况。

据说，1789年7月4日上午8时左右，在诺曼底的比尔西市和维尔市之间的大道上，一个下地干活的老太婆发现路边有两个男人，模样有些古怪：一个躺在地上，愁眉苦脸，憔悴不堪；另一个则在那里踱来踱去，面露绝望。走过两人身边后不久，老太婆碰到了一个正骑着马在路上闲逛的地方长官的儿子。老太婆便把她所看到的情况告诉了他，说那两人看上去挺像土匪，好不可怕。那少爷听得此言，毛发尽竖，当即飞身策马，旋风也似地直奔维尔方向而去，一路上高呼不止："强盗来了！"消息就这样迅速传扬开去，而且越传越邪乎："强盗"的人数在比尔西还是两个，传到普勒斯勒就变成了10个，传到瓦西便增到了300，及至维尔时又翻成了600，最后在圣罗、百由和卡恩，人们竟纷纷传言有3000盗贼啸聚山林，并在维尔一带拦路抢劫、杀人放火，吓得各市市长坐立不安，到处告急求援。坦什布雷市市长在致冬弗隆市市长的信中写道："坦什布雷市国民自卫军仅有500条枪，无法抵御前来进犯的强敌，何况还有许多内部的暴徒每时每刻都在加入他们的队伍。因此急盼冬弗隆市国民自卫军带足弹药，火速驰援我市。"事发后不到七小时，方圆二百多里都响起了告急的警钟。卡恩市当局立即采取措施，指派奥尔德内将军率地方守备队和国民自卫军迅速进击，当时还有三万多市民自愿随军前往助战。直到整个诺曼底一片惊慌，准备进行全民动员的时候，人们才发现，并没有什么盗匪啸聚山林，那两个徜徉路上的"怪人"不过是当地的一对父子俩，儿子患有疯症，父亲在一旁照料他。闹了半天，震天动地，结果是一场虚惊！

当时在"阴谋忧虑"或匪患恐惧的困扰下如惊弓之鸟的法国民众，就这样容易听信谣言，就这样善于在传谣过程中把谣言变得越来越离奇。这一状况曾经引起过革命者的关注和不安。比如在第21期《普罗旺斯邮报》上，米拉波就撰文指出：

> 在这危难时刻，笃信和夸大凶险新闻成为一种普遍习性。没有什么比这更使观察家感到震惊。仿佛逻辑本身已不在于计算可能性

的程度，而在于把最不着边际的传言当作真实。于是，这些传言便编造出行凶事件，以阴暗的恐怖刺激人们的想象。我们宛如一群孺子，越是可怕的故事越是认真去听……①

当时的法国民众身处于乡土社会，又缺乏受教育的机会，本来就有轻信谣传的自然倾向，这种倾向在革命危机时期则表现得尤其突出。比如，在大革命初期，外省的人们对传自凡尔赛和巴黎的关于"贵族阴谋"的种种说法均信以为真。1789 年 5 月 20 日，奥尔良市的一份文告强烈谴责"同贵族、僧侣和所有高等法院相勾结的各亲王"套购粮食，认为他们"想通过在全国制造饥荒来搞垮三级会议，想把一部分法国人饿死并使另一部分起来反对国王"。人们对第三等级代表传出的贵族在调动军队、在招募匪徒准备"清洗巴黎"的消息也深信不疑。如潮的谣言，或者说被严重夸大的贵族阴谋，不仅会在人们心中唤起更强烈的恐惧，而且也能激发起一种强烈的抗争情绪，这也就是勒费弗尔十分重视的"自卫本能"和"惩戒决心"。在法国革命中作用极为显著的群体暴力，无疑就是这种抗争情绪的直接产物。

1789 年 7 月初，人们对大批军队在巴黎市郊的集结愈来愈不安，愈来愈愤怒。尽管国王通过掌玺大臣解释说，军队开来只是为了预防骚乱，不是企图镇压巴黎人民，可是人们根本不信。正是在这一日益增长的威胁面前，巴黎人民开始表现出自卫本能。7 月 10 日，巴黎第三等级的选举人再次集会市政厅，表示了"尽早使巴黎城建立起一支资产阶级自卫军"的意愿。这支资产阶级的民兵队伍很快就建立了起来，担负起保卫首都"公共安全"的任务。7 月 12 日下午，内克被解职的消息传到巴黎，"贵族阴谋"在人们的心目中更加具象化，并激起强烈的反应：经纪人当即关闭了交易所以示抗议，贴现银行股票暴跌，从 4265 锂猛降到4165 锂；同时人民群众也开始行动起来。在不久前被奥尔良公爵开放为公共娱乐中心的罗亚尔宫花园里，卡米耶·德穆兰等演说家纷纷发表演讲，号召人们拿起武器。不久，自发的游行示威队伍走上街头，并开始与王家保安部队发生冲突。谣言纷传，说是国王的军队将从蒙马特尔高

---

① 转引自阿尔贝·索布尔：《法国大革命史》，第 105 页。

地和巴士底狱炮轰巴黎，郊外的大批盗匪也将进城劫掠。顷刻间，巴黎群情激愤，警钟长鸣，各主要路口都筑起了街垒，武器商店被抢劫一空。7月13日白天，动乱愈演愈烈。激动的人们成群结队穿行于巴黎的大街小巷，到处寻找武器。蹄铁铺的工人们一大早就开始锻造枪矛。下午，王家保安部队开始转向武装的民众方面。7月14日，为了得到更多的火器，人们先是涌入荣誉军人院，夺取了三万多支枪，接着便冲向巴士底狱。

如果说在此之前，巴黎人民对于贵族阴谋的威胁所表现出来的还只是自卫本能的话，那么他们攻打巴士底狱的行动就第一次显示出了他们的惩戒决心。战斗是由巴士底狱守军悍然向群众开枪而挑起来的。尽管守军武器精良又占据有利地形，但义愤填膺的群众毫不畏惧，前赴后继，英勇作战，直至最后在转向人民方面来的原保安部队和国民自卫军的支持下攻入堡垒，在愤怒地杀死了六名守军官兵之后，又在市政厅门前处死了投降的守军司令德洛内，并割下他的首级，挑在矛尖上游行示众！

内克的免职在外省也同样激起了强烈而迅速的反响。许多城市里的人民群众开始夺取银库、弹药和军需库，成立常设委员会，责成其组织民兵并向邻近市镇和农民求助。里昂市三级会议于7月17日宣布：若凡尔赛的制宪议会被解散，他们将停止收税。7月20日，尼姆的市民断言：一切胆敢把保卫国家的武器对准法国人的人都将被认为是恶棍和卖国贼，并告诫军队中的尼姆人一律"不得服从任何使自己的同胞流血的凶残命令"。第戎驻军司令被拘捕，贵族和僧侣被禁止外出。雷恩市市民还鼓动士兵开小差，并发动事变赶走了驻军指挥官。后来，在巴士底狱被攻克的消息鼓舞下，各市镇资产阶级又纷纷就势发起"市政革命"，接管了各地的政权。

与此同时，"贵族阴谋"的传闻也激动了法国的广大乡村，成为在1789年7至8月席卷全国的"大恐慌"的重要导因。尽管不识字的农民没有给后世留下什么能表明他们心态的文字材料，但许许多多和农民最接近的乡村教堂神甫却用他们的笔透露了不少情况，说明有关"贵族阴谋"的流言蜚语的确曾传播到农村并引起了普遍的愤慨。当时，城市资产阶级为了取得农民的支持，也曾对农村做过大量宣传鼓动工作。而广大农民一般也能予以积极的响应。如布尔市在 7 月 18 日向各地方教区发出的派丁参加城市民兵的呼吁就收到了良好的效果。在塞纳河畔的巴尔大法官辖区，选举人组成的常设委员会决定在每个村庄组建一支民兵，并迅速得到了落实。7 月 19 日，多菲内省的爱国派临时委员会号召该省城乡平民拿起武器，结果很快就在全省普遍建立起民兵武装。其实，农民本身也不乏革命的主动性，高度的警惕往往能使他们表现出异常强烈的自卫本能和惩戒决心。7 月 24 日，卡尔瓦多斯省的农民逮住了逃亡中的库瓦涅公爵；7 月 26 日，流窜到维勒诺克斯的巴黎卫戍司令伯桑瓦尔男爵也被农民抓获。许多类似的故事可以反映农民对可疑分子的警觉。如当时正在法国考察的英国农学家亚瑟·扬就曾被农民抓住过四次。其中有一次人们曾命令他戴上三色徽，并告诉他这是第三等级的规定，不是领主者就应服从。亚瑟·扬出于好奇，问道："假如我是个领主，那又会怎么样？""怎么样？"农民的回答毫不客气，"那当然会把你吊死喽，活该你倒楣！"尽管农民当时并不曾吊死过嫌疑犯，但一种仇恨领主的强烈情绪，在这里却绝非虚构。

如果说城市平民的惩戒决心主要表现为拿起武器推动和支持资产阶级的"市政革命"的话，那么，农民惩戒决心的主要表现便是反对封建领主的土地暴动。法国农民世世代代梦寐以求的就是真正属于自己的小块土地。各种古老的封建权力，如领地附加捐、领主年金、土地转让税等，不仅是对农民极其沉重的经济盘剥，而且在法律上严重限制了农民对自己小块地的占有欲，令他们恨之入骨。三级会议的召开使农民模糊地感到了解决他们土地问题的可能，然而，种种迹象表明贵族在搞阴谋，企图使他们的土地渴望化为泡影。关于盗匪在为贵族服务的谣传又进一步加深了农民对这种贵族阴谋的担心。7 月 28 日，针对到处有人在破坏麦收的消息，一位来自普罗旺斯的议员写道："没人知道这种可耻的割倒未成熟庄稼的主意究竟是谁出的，人民只能认为这是垂死的贵族阶级策划的一个阴谋。贵族和僧侣在首都受到了猛烈攻击，于是他们就想通过破坏麦收，通过把首都陷入饥饿来施以报复。……无论如何，这种破坏行为已被视为内阁和贵族的阴谋。"在 7 月 14 日之后，还有一个谣言在广为流传，说的是由于各市镇当局都采取了严密的保安措施，盗匪们现在都跑到乡下来了。这个谣言极大地强化了当时法国农村的恐慌气氛。正是这些被夸大的贵族阴谋和想象中的盗匪活动，在给农民带来恐惧的同时，也激起了他们的万丈怒火。为了不让贵族阴谋得逞，为了保证自己的土地梦想这次能够成为现实，他们感到还是先下手为强，应该在盗匪赶到之前采取行动，向封建制度发起直接进攻！于是，各地农民开始手执武器，闯入城堡，夺取记载封建权利的契约文书并付之一炬；如遇有顽抗的领主，他们就烧毁他的城堡，甚至把他本人绞死。这就是被称作"大恐慌"的1789年7至8月间法国农民自发起来夺取土地的斗争。尽管这一斗争往往引起了作为地产主的城市资产阶级的血腥镇压，但这种镇压并没有改变斗争的结局："大恐慌"之后，封建制度受到沉重打击，许许多多法国农民终于成了自己耕种的土地的实际主人。

由"贵族阴谋"的传闻激起的法国公众的这种抗争情绪往往非同寻常地强烈，以致透出一种令人生畏的杀人欲。1789年7月18日的《南特通讯》上刊登了一封巴黎商人的来信（写于7月15日），信中称："我们要取20个脑袋，而且我们就要把它们取来了。"该刊物的第23期上又登出了另一封来信，说是已有一百多个坏蛋被愤怒的人民杀掉了，"有些被吊死在路灯柱上，其他的就在他们自家的台阶上被砍去了脑袋，他们的尸体被拖上了大街，被撕成了碎块，被抛进了河里或垃圾堆中"。在瓦尔罗梅地区也流传着这样的消息：第三等级的人们在7月14日杀死了许多贵族，巴黎和凡尔赛的街道和广场上到处都是人头。这些消息显然也都是严重夸大事实的谣传，但民众心中的仇杀冲动毕竟是一种真实的存在。而且，无风不起浪，当时的确有不少人死在起义者手中。如巴士底狱守军司令德洛内，巴黎商会会长弗莱塞尔，巴黎总督贝蒂埃及其岳父——财政总监富隆等，就是在7月间被民众处死在沙滩广场上的。其中，曾说过"人民没面包，可以吃草料"的富隆尤为人民所痛恨，受到了最无情的惩处：人们在他下颏挂上一串荨麻，嘴里塞满青草，胸前还系着一捆草料；人们先是在路灯柱上把他吊死，然后再砍下他的脑袋，并血淋淋地送到后死一步的贝蒂埃面前，令他亲吻。最后，又把他们的尸体扒光了衣服拖到街上示众。所有被砍下的脑袋，都被高高地挑在矛尖上游行。不仅百姓充满了这种仇杀的狂热，就连那些平时温文尔雅的资产阶级精英人物，这时也显得异乎寻常地杀气腾腾。如巴纳夫在富隆和贝蒂埃被杀之后，就曾在议会上说过这样一句名言："难道他们的血就那么纯洁吗？"罗兰夫人也曾在一封致议员博斯克的信中咬牙切齿地写道："如果国民议会不把两个臭名昭著的家伙送上法庭，或者说，如果我们爱国的德希乌斯们不砍掉两颗脑袋，那你们就全都疯了。"① 由此看来，当时的法国人，无论是胼手胝足的劳苦大众，还是平素文质彬彬的资产阶级政客，都陷在了一种近乎狂乱的精神状态之中，都倾向于认为只有诉诸群体暴力，诉诸最极端的肉体消灭，才是粉碎"贵族阴谋"的有效途径。

这种夸张的抗争情绪，很大程度上源自关于"贵族阴谋"的夸张的谣传，而由这种抗争情绪所激发的群体暴力行为，无疑又会加强社会的紧张气氛，从而加强人们的危机意识，其结果，自然又为新的、更富有想象力的、更夸张的谣言的产生和流传准备了土壤和条件。循环，似乎永远也没个头。更何况在后来的革命过程中，也的确有真正的"贵族阴谋"在层出不穷。人们对"贵族阴谋"的恐惧还将随着对外战争的爆发，随着国内各地反革命武装叛乱的发生，随着内忧外患形势的日益严峻，而持续地得到强化。在这种情况下，任何谣言的产生都将不足为奇，而谣言在人们心中所煽起的抗争情绪，或者说自卫本能和惩戒决心，也将更其强烈、更其偏激，由此导致的群体暴力则更加骇人听闻，其中最显著的例子便是1792年的9月屠杀。而1793年开始的恐怖统治，实质上不过是无政府状态的群体暴力的组织化、程序化而已。

三、谣言的功能

1789年，谣言如潮、动乱迭起的事态震动了整个政界，也引起了人们新的疑虑。谣言在保守势力方面被认为是出于革命党人居心叵测的捏造；而在革命派方面，则很自然地被看成了"贵族阴谋"的一部分。如米拉波在第21期《普罗旺斯邮报》上发表的那篇文章，就怀疑关于匪患

① 参见乔治·勒费弗尔：《1789年的大恐慌》，第85页。德希乌斯（Decius，201—251），罗马帝国皇帝，248—251年在位，曾迫害基督教以巩固罗马帝国的统一。

的种种谣言的传播是"自由的敌人"所为，并呼吁人们保持镇定与谨慎。纳皮阿斯·皮盖也说，农村中的匪患恐惧是一些"煽动闹事的破坏分子"故意制造的，他们"一天到晚专门散布谣言，凭空捏造内战"（9月17日在香槟的讲演）。看来，很可能早在大革命时代的初期，法国革命者就从谣言所煽起或加强的普遍恐慌与激动的气氛中，感受到了它内含的某种不容忽视的特殊政治功能。

也很可能，从大革命一开始，无论在保守势力方面，还是在革命阵营方面，人们就在有意识地利用谣言来为自己的政治目的服务，例如，关于巴黎市内及市郊有盗匪出没的谣言，就既被国王用来作为他往首都调动军队的理由，又成了革命资产阶级建立民兵队伍的借口，而所谓的"盗匪"，大部分不过是在巴黎一带流浪的失业工人。

在革命派方面，尽管他们当时尚未蓄意造谣，却为武装民众做了许多传谣的工作。盗匪的普遍存在似乎是无可置疑的，从各地传来的消息不断地证明着这一点。于是，有些革命派便开始巧妙地利用这一危险来为他们武装民众的计划作辩护。例如，布尔市政府在按当地居民的强烈要求建立起该市的民兵武装后，就是依据有关匪患的传闻来向本省的军区司令官做解释的。同样，沙多贡蒂埃的市政委员会也利用"大恐慌"迫使上级政府认可了他们组建民兵的行动。不仅如此，在革命派看来，关于匪患的谣言还可以利用来动员群众，尤其是动员那些思想较保守、没有国王批准就不情愿武装自己的市民拿起武器。

发生在1792年9月初的巴黎大屠杀，可以说是革命派利用贵族阴谋的谣传动员民众拯救革命的又一突出的例证。革命的法国在当时的确面临着空前危急的形势：入侵的外敌节节进逼，攻陷了被称作"法兰西铁门"的隆维，包围了通向巴黎的门户——凡尔登要塞；同时西部的旺代地区也传来了即将发生大规模武装叛乱的情报。严重的内忧外患在首都引起了普遍的激动情绪，数以千计的嫌疑犯被抓进了监狱，一支支市民义勇军营队火速组织起来准备开赴前线。正在这时，由于人们对国内叛卖活动的强烈担忧，一个耸人听闻的谣言又在不胫而走，说是在义勇军离开巴黎后，关押在各监狱的嫌疑犯将发动暴乱，杀戮义勇军战士的妻子儿女，做入侵敌军的内应。消息传开，举城哗然。一种既恐慌又愤激的气氛迅速充满巴黎的大街小巷。

其实，据历史学家的分析，当时犯人们即使在盼望普鲁士军队的到来，也并不想冒险举行暴动。[①] 不过对当时的巴黎百姓来说，这个谣言却相当可信，因为各监狱的看守不仅人数少，而且素质差，常常发生犯人越狱逃跑和捣乱反抗的事件，况且当局本身也曾公开表示过担心，怕刑事犯会成群结队地在城内流窜作案。于是，震惊之余，人们发出了雄狮般的怒吼：到监狱去！谁也不愿带着后顾之忧上前线，谁也不愿在去前方打仗的同时还担心叛徒和阴谋家在后方屠杀自己的妻小！他们要在上前线之前对这些后方的隐患作一次先发制人的攻击！一场触目惊心的监狱屠杀就这样开始了。从 9 月 2 日下午直到 9 月 6 日，五天的血洗，使巴黎各监狱在押犯人的半数共一千多人死于非命，其中顽固派教士和其他政治犯只占四分之一，另外四分之三均为普通刑事犯。

在这一事态的发展进程中，当时的革命领袖们又是怎样动作的呢？政治倾向最激进的马拉显然曾利用谣言对屠杀进行过公开的煽动。他不仅亲自告诫义勇军战士们在未审判在押人民之敌以前不要离开首都，而且还企图把这种屠杀行为推广到全国去：在他的参与下，巴黎市府监视委员会起草了一份告外省爱国者书，号召他们前来保卫巴黎，并在出发前把当地的反革命分子斩尽杀绝。丹东虽然不曾这样明目张胆地利用谣言鼓动杀人，但是，身为司法部长又是"8·10"起义后临时政府实际首脑的他，却不但没有想办法辟谣安民和制止屠杀，反而对这种"人民私刑"采取了奇怪的纵容、支持的态度。据认为他可能早就知道会发生屠杀，因为下达屠杀令的市府监视委员会里有他的好几个密友，而且在屠杀前一天，他还同这几位好友几乎同时采取行动，试图把在押的一些熟人、朋友从监狱里弄出来。可是尽管如此，他却没有打算采取任何防范、保卫措施。屠杀迫在眉睫的时候，新闻记者普吕道姆曾央求丹东加以制止，但得到的却是冷冷的回答："我无能为力！"据罗兰夫人的揭发说，丹东在 9 月 2 日下午离开行政会议时，监狱视察员格兰普累曾请示过丹东，要求他保护监狱，丹东却铁石心肠，断然拒绝："我管不了犯人的事

[①]　参见乔治·勒费弗尔：《法国革命史》，第 216 页。

了，让他们好自为之吧！"屠杀开始后有人为某一在押女贵族找丹东求情，他威严地恫吓道："巴黎人民今天正在消灭奴役、重建自由，谁反对人民司法，谁就是人民之敌！"在 9 月 3 日那天，丹东甚至直接指使自己的朋友富尼埃屠杀了奥尔良监狱里的一批囚犯。至于他这样做的动机，他后来曾对沙特尔公爵（即后来法国七月王朝的国王路易-菲利普）说过这样一段话："我当时是想让所有去香槟地区（抗击敌人）的巴黎青年身上都沾满血迹，这样我们才能相信他们的忠诚。我是想在他们和逃亡贵族之间开出一条血河。"[1] 由此可见，丹东对"九月屠杀"的放纵，实际上是在不动声色地利用着关于犯人暴动的谣传来动员民众，让他们下决心破釜沉舟，与入侵的敌军血战到底。瓦尔米战役（1792 年 9 月 20 日）的胜利很大程度上就是丹东这一策略的成功：那一天，在"民族万岁"的口号下奋力顶住欧洲最骁勇善战的普鲁士军队的人们，正是这些"九月屠杀"的参加者巴黎无套裤汉。

　　然而如此屠杀毕竟是惨无人道、令人发指的。于是在一年后的 1793 年 9 月，当形势再次严重恶化的时候，我们看到丹东出于防止类似事件重演的动机，推动了雅各宾恐怖统治的建立。这种"恐怖统治"，无非是以有组织、有理性、讲法律程序的官方暴力，来取代像"九月屠杀"那样无组织、无理性、不讲法律程序的群众暴力，它既可以满足人民大众对敌对分子的惩戒要求，同时也可以在一定程度上避免滥杀无辜。然而，也正如我们所知道的，在当时把持政权的罗伯斯庇尔派心目中，这种恐怖统治不仅是"救国"的武器，而且也是实现"民族再生"的一种手段。在以"彻底决裂"为宗旨的激进派看来，整个法兰西民族可以简单地划分为"好公民"和"坏公民"（或"新人"和"旧人"）两大部分，而那些"坏公民"或"旧人"慑于汹涌的革命潮流，往往又是以"戴小红帽的假爱国者"的面目出现的，因而他们认为为了实现整个民族的新生，革命者必须随时注意识破和揭露这些暗藏的敌人，并坚决地把他们清洗出去。而且，能否对"坏公民"具有高度的警惕性，能否善于并敢于揭发各种暗藏的敌人，在罗伯斯庇尔派看来也是衡量一个人是否具有公民

----

① 　参见 N. 汉普逊：《丹东传》，伦敦，1978 年，第 82 页。

责任感（也就是说是否是"好公民"）的重要标准之一。如此强调"清洗"的必要性和"检举"的重要性，难免会引起"告密风"的盛行。而"告密风"又总是一发而不可收的：它使得人人自危，进而又迫使人人都以"告密"来自保或施行报复，最后的结果只能是假情报满天飞、嫌疑犯遍地走。

正是在这种情况下，人们看到在种种旧式谣言的侧畔，又不可遏止地兴起了一种新型的谣言——这就是以革命政府的"官员"为情报来源、以各种官方渠道为传播途径、以无中生有或歪曲事实的人身诽谤为基本内容、以对异己分子的肉体消灭为最终目的的"恐怖式谣言"。

这种谣言现象的出现，无疑反映着革命者对于谣言政治功能认识的进一步深化。如果说以往他们只是被动地利用社会上业已流传的谣言来为自己服务的话，那么，现在他们就已经在主动地制造并散布谣言来推动自己的事业了。既然谣言能够如此有力地刺激人们的情感，须臾不能离开人民大众支持的革命精英们自然应该以更积极的姿态去运用它，应该让它成为他们纯化民族、排除异己、扫清绊脚石的锐利武器！

革命政府的实际领导人罗伯斯庇尔、圣茹斯特等人，看来就是运用"恐怖式谣言"的一些高手。为了搞掉吉伦特派，罗伯斯庇尔早在1791年年底和1792年年初关于战争问题的争论中，就开始含蓄地攻击吉伦特派同宫廷相互勾结；在1792年"九月屠杀"即将开始之际，他又放出风声，说吉伦特派著名领袖布里索是敌人的同党，这话差点儿使他成了"人民私刑"的牺牲品，只是由于丹东的干预才幸免于难。后来革命法庭在处死21名吉伦特党人时（1793年10月31日），给他们定的主要罪名又是所谓在各省组织"联邦主义"叛乱，外省各城市的一些吉伦特派领袖也因此被处决。而"联邦主义"这一罪名本身就是一种诽谤。吉伦特派大都是忠实的共和主义者，尽管他们迫于巴黎激进派的压迫而参与了各地的叛乱，但他们并不愿意与王党贵族反革命势力为伍，并不赞成那种分裂共和国的地方自治，不赞成实行美国式的联邦制。据知只有比佐和巴巴卢两人鼓吹过"政治地区化"主张，希望部分地恢复各省失去的权力。① 勒费弗尔也曾这样指出："一些真诚的共和分子像平原派一样反对极端民主派，他们参加了地方自治运动，但在其中只占少数。地方自治运动的主力是仍然拥护君主制的资产者、顽固派神甫的信徒以及旧制度的拥护者，他们全都自称是吉伦特派，但这只是掩人耳目的招牌而已。"② 因此，通过扣上"联邦派"的帽子把吉伦特派定为"反革命"，并把他们送上断头台，实际上就是一种运用"恐怖式谣言"剪除异己的做法。

同样，在铲除忿激派、埃贝尔派和丹东派的过程中，罗伯斯庇尔派也曾一而再、再而三地运用过"恐怖式谣言"这一武器。我们知道，忿激派的著名领袖雅克·卢曾被罗伯斯庇尔诬为"奥地利人的间谍"，后来又在种种最骇人听闻和毫无根据的罪名下被投入监狱，终至含愤自杀。为了使镇压埃贝尔派的行动不至于激怒无套裤汉，罗伯斯庇尔巧妙地利用人们当时对"外国阴谋"的担忧，把被认为是"外国间谍"的普鲁里、克洛兹、佩雷拉等人列入埃贝尔、龙森、樊尚和莫莫罗集团，制造假象，以证明埃贝尔派"勾结外国、图谋不轨"。对丹东派的清洗更突出地反映了罗伯斯庇尔以"恐怖式谣言"杀人的惯技：他帮助圣茹斯特起草的公诉状公然诬告丹东及其朋友参与了旨在推翻共和国的阴谋，并在国民公会上把丹东说成一个"早已腐化了的偶像"，迫使那些不相信丹东会叛变、企图为他辩护的议员噤若寒蝉。为了从道德上和政治上搞臭丹东，罗伯斯庇尔等人还有意地把因营私舞弊、贪赃枉法而被起诉的法布尔、沙博、巴齐尔等人，臭名昭著的投机倒把分子爱斯帕涅教士，有历史污点的威斯台尔曼和据认为道德败坏、玩忽职守的埃罗·德·塞舍尔，以及被控参与了"外国阴谋集团"的古兹曼和弗雷兄弟等人，和只因鼓吹"宽容主义"而被捕的丹东及卡米耶·德穆兰等人混在一起审判，并特意制造出有人阴谋劫狱的谣言，以此为借口阻止丹东进行申辩，终于顺利地砍下了他的脑袋。紧接着，罗伯斯庇尔派又利用"劫狱阴谋"的谣言来清洗反对派的残余分子，一举处死了著名埃贝尔派分子肖梅特和埃贝

---

① 参见 A. 弗雷斯特：《联邦主义》，载 C. 卢卡斯主编：《法国革命与近代政治文化的创造》第 2 卷，第 309～327 页。

② 乔治·勒费弗尔：《法国革命史》，第 352 页。

尔及德穆兰的遗孀等人。

罗伯斯庇尔和他的战友们并非嗜血成性的阴谋家，他们剪除各派异己势力或许也并非出于个人野心或派别的私利。作为卢梭的忠实信徒，作为既有坚定的革命理想又不乏某种现实主义精神的革命者，他们深信要保证革命的胜利必须同时反对温和派和过激派。在共和三年雪月5日（1793年12月25日）《关于革命政府的原则》的报告中，罗伯斯庇尔曾指出："革命政府必须在两块暗礁——软弱和鲁莽，亦即温和主义和过激主义——之间航行。因为温和主义并不是稳健，就像阳痿并不是贞洁，而过激主义貌似刚毅，也犹如水肿貌似健壮。"① 既然铲除乱党是革命的需要，那么无论用什么手段来达到这个目的都将只是个技术问题，因而都不可以根据道德的理由来加以指责。即使是造谣惑众、恶意中伤、肆意诽谤，只要能有效地、迅速地打倒乱党，都应当毫不犹豫地采用，无须考虑其道德上的正当不正当。

另外，"恐怖式谣言"之所以能够成为罗伯斯庇尔派清洗异己势力的重要手段，还因为这种谣言在恐怖时期的特定条件下，特别易于征服人心，能够迅速地使受控者毁誉，从而丧失舆论支持的缘故。反对罗伯斯庇尔派的各"乱党"的头目一般都曾对革命有过杰出的贡献，是深得众望、声名显赫的革命家，然而他们的光荣和声望在"恐怖式谣言"面前却显得极其脆弱，简直不堪一击，这究竟是为什么？原因就在于当时的恐怖统治培育了一种由于过度激动而失常的社会想象力，一种"恐怖之下无怪事"的倦怠心理，以致人们已习惯于对一切传闻，哪怕是最荒诞不经的传闻，都见怪不怪地贸然接受，懒得去作认真推考。恰如巴茨柯所指出的，在恐怖时期——

> 由于连续不断的清洗运动，由于告密被誉为公民美德，由于愈来愈多的人受到指控，一个又一个新阴谋被大白于天下，人们的情绪激动到了极点。在这种气氛下，是不存在什么不可怀疑的人的。那些昨日的英雄不是一样被揭去了面纱、露出了革命敌人的真面目了吗？他们的热情不过是一层伪装，在伪装的背后隐藏最险恶的打

---

① 《导报》，第19页，第51页。

算，隐藏着贵族与王党的阴谋。……对于这种想象力来说，难道还有什么不可接受的东西吗？①

显然，这里发生的是这样一个辩证的过程：是"恐怖式谣言"有力地强化了人们的危机意识或对"阴谋"的恐惧心理，而对"阴谋"的超常的忧虑反过来又大大便利了"恐怖式谣言"产生、传播和发挥政治作用。难怪罗伯斯庇尔他们造起谣来是那样肆无忌惮、信口开河！

具有讽刺意味的是，即使是善于用"恐怖式谣言"铲除"乱党"的罗伯斯庇尔，后来也无可奈何地栽倒在这种谣言的淫威之下。据史料记载，在热月9至10日的夜间，当巴黎市府把被捕的罗伯斯庇尔等人劫往市政厅的时候，巴黎各区的大街小巷，特别是在聚集着准备起义的各区自卫军的沙滩广场上，突然传开了耸人听闻的消息：罗伯斯庇尔是一个巧扮成革命者的王党分子，他企图营救路易十六之子并把他扶上王位；他已同路易十六之女秘密订婚，企图有朝一日僭取王位，并为此准备了一枚带有百合花图案（波旁王朝的标志）的御玺。这个显然是由政变当局有意识地散布出去的谎言，立即产生了促使起义者军心涣散的效果：集合在沙滩广场上整装待命的起义军战士们犹豫了，害怕了，终于在瓢泼的大雨下四散回家，以致当国民公会的军队在凌晨一点钟赶到市政厅时，广场上已空无一人！结果，巴黎市府未经战斗就被打垮，罗伯斯庇尔等人在万众唾骂之下被砍去了脑袋。

头一天还权势煊赫、万民崇仰的"不可腐蚀者"，第二天就身败名裂、横死断头台，这一事实不仅再次说明了"恐怖式谣言"的厉害，而且还向一切希望结束恐怖统治的人们提供了一个"以恐怖制恐怖"的成功范例，这个范例将深刻地影响热月时期反动派的行为方式。尽管在罗伯斯庇尔倒台之后，作为一个制度的恐怖统治行将寿终正寝，作为恐怖统治产物的"恐怖式谣言"也将随之成为历史，然而"谣言"这一法国革命政治文化特有的因素却并没有因此而销声匿迹。在热月时期，由于大革命的"危机意识"仍然存在，"阴谋"和"暗藏的敌人"之类仍然是

---

① 　B. 巴茨柯：《国王罗伯斯庇尔或如何结束恐怖统治》，见法国《争鸣》杂志第 39 期，第 115～116 页。

挂在人们嘴上的热门话题，因而各种各样的政治谣言也仍然不绝如缕。如芽月起义前后的巴黎，社会上曾盛传着恐怖分子要在默东建立人皮制造工场，有半数议员拒绝审判比约·瓦莱纳等四名雅各宾派恐怖主义者并企图逃往夏龙地区等谣言；在葡月暴动时期，又有雅各宾派"嗜血者"要屠杀老弱妇孺，国民公会将准许士兵在巴黎随意抢掠两小时等说法在沸沸扬扬。不同的只是，这时的造谣者已不再是激进民主派，而是形形色色的反动派、变节的老恐怖分子和"金色青年"团伙了。各种想象中的"阴谋家"则成了雅各宾派、无套裤汉活动分子和共和派人士。由此看来，伴随着热月时期政治、经济、社会各领域奔腾激荡的反动潮流，还出现了一场"谣言的反动"——就是说，"谣言"这个以往曾推动雅各宾专政建立和强化的因素，这时已经蜕变成反动分子制造白色恐怖的工具，已经在为资产阶级清除激进民主主义势力、结束人民运动以建立资本主义社会的正常秩序，甚至在为王党分子争取波旁王朝的复辟而发挥作用了。

第八章　革命政治的公开性

公开性是人民的保障。

——共和二年巴黎无套裤汉的口号

维克多·雨果的《九三年》曾这样描述国民公会政治运转方式的开放性特征:"国民公会里有一个向人民敞开的窗户,这就是那些公民旁听席,等到这只窗户不够用的时候,人民就打开大门,街上的人就涌进议会里来了。这种群众走进议会的景象是历史上最令人惊奇的景象之一。"

其实,一这种开放议会的奇观并非革命高潮时期的国民公会才有。正如我们所知道的,早在大革命的序幕阶段,即在第三等级代表酝酿成立国民议会的时候,就已经出现了"四千群众闹议会"的情景,而且在大革命高潮之后,革命议会也一直不曾向寻常百姓关上大门(至少在名义上仍然保持了公民的旁听权)。实际上,革命议会始终向公民开放这一事实只是从一个侧面反映了大革命政治文化的一个基本原则,即"公开性"的原则。

表面上看来,所谓政治的"公开性",强调的无非是政治的民主化或自由化,它要求打破君主专制时代国家的神秘性和特权等级对政治事务的垄断,向公众开放政治空间,让人人都获得知政、议政和参政的权利,从而把政治由特权等级的禁脔变成人民大众的事业。因而这种"公开性",本来是任何一场推翻专制制度的政治革命都应当奉行的一个基本原则。

然而,在法国大革命的具体历史条件下,人们对"公开性"的理解却远远超出了它的这层表面意义。也就是说,由于普遍存在着强烈的危机意识或对贵族反革命阴谋的超常忧虑,"公开性"不仅被视作人民大众行使自身政治权利的依据,而且被看成杜绝政界一切阴谋诡计的根本手段。结果，"公开性"在法国大革命中被赋予特殊重要的意义，并被严格贯彻到政治生活的各个方面，而其对大革命的政治行为方式和大革命的整个发展过程所产生的深刻而复杂的影响，是我们研究大革命政治文化时所绝对不应忽视的。

一、公开性——法国革命的铁律

在前面的有关章节中，我们已经通过大量事实表明：在法国革命时代，国家和公共精神曾以实行民族再生的名义广泛侵入传统的私生活领域，导致了日常生活普遍的政治化或革命化。不言而喻，这种公共领域的大规模扩张的另一方面，自然也就是私人领域的前所未有的退缩，用林·亨特的话来说，便是大革命时代的"私生活遭受了西方历史上最全面的打击"①。

这是一个扬公抑私的时代。

这个时代要求人们必须大公无私，公而忘私。爱国者之所以可敬，正是因为他们爱"国"，具有热心于公益的可贵品质。在法国革命者看来，一个好的公民，或者说一个"新人"，应该具有高度的公民责任感，应该能够时刻关心国家大事，处处以民族利益为重，自觉地以个人利益服从公共利益——大革命的民族再生运动，实际上就是以创造真正的"公民"（即具有公共精神的国民）为目标的。

不止如此，这个时代还对人们提出了更苛刻的要求，即要求人们通过在灵魂深处爆发革命、狠斗"私"字一闪念等努力来"破私立公"——完全类同于我国"文化大革命"期间时兴的那一套做法。这种做法的观念基础，是一种关于公私利益尖锐对抗犹如水火不能相容的流行意识。有学者指出，在17、18世纪的法国，在财产意义上与国家或国家事务相联系的公共利益表现出日益明显的非私营化倾向，"私人利益越来越被认为与公共事务不相协调，个人被规定为国家控制范围以外的东西"（林·亨特）。这种关于公私矛盾不可调和性的潜意识在大革命时期

---

① 参见林·亨特：《法国革命中的私生活》，1985年在北大历史系的讲演稿，打印件。

表现得尤其突出。在当时人们的心目中，私人利益无一不是对公共利益的潜在威胁；一个人如果以不冷不热的态度对待革命，那显然是公民责任感缺乏（亦即"自私"）的表现，这时即使他是个无套裤汉，也难免被扣上"贵族"或"温和派"的帽子；而一个人如果公然用不正当手段谋取私利，则无异于赤裸裸的反革命。因此，革命容不得半点私利，革命的成功有赖于人人根除一切私心杂念，有赖于大公无私的世界观的普遍确立。如 1793 年 12 月解放市（里昂）的共和派临时监督委员会的一份公告曾这样宣称：

> 为了真正成为共和派，每个公民都必须对自身来一场同改变了法兰西面貌的革命一样的革命。……任何热衷于冷酷的投机钻营的人，任何打算从一块土地、一个职位或一种才能中谋取私利的人，……为人如此而胆敢自诩共和派者，实属欺天之罪。……这种人即使逃离了自由的国土，也会被迅速缉获并将在这块自由国土之上洒下他们的污血。①

在共和二年雨月 17 日（1794 年 2 月 5 日）《论政治道德原则》的报告中，罗伯斯庇尔也明确地表达了一种要以公共利益淹没或取代私人利益的观点。他宣布，在革命的法国，应该"以道德取代私心"；而"道德"不是别的，正是"对祖国和法律的热爱"，是"把一切私人利益汇同于公共利益的高尚献身精神"。他的结论也明显地透出一股杀气：

> 在法国革命的制度下，谁不道德谁就是拙劣的，谁腐败谁就是反革命。②

既然每个公民都破除了私心、舍弃了小我，那么按照逻辑他们就应该个个都是坦荡君子，相互之间都能够开诚布公、直来直去——任何矫揉造作、虚情假意，都只能说明居心叵测，怀有不可告人的算计。读过雨果《九三年》的人，大概都不会忘记罗伯斯庇尔、丹东和马拉在孔雀

---

① 转引自林·亨特：《法国革命中的私生活》。
② 参见《民报》，第 19 卷，第 403 页。

街咖啡馆的那次惊心动魄的会谈。这段描写尽管带有文学性的夸张，却典型地反映了大革命时代革命者相互交谈的标准方式。

这种透明性意识，尽管不曾得到理论上的阐明，却在实践上深刻地支配着大革命时代人们的思想和行为方式。一个很显见的例证，便是由埃贝尔《杜歇老爹报》所表现出来的对"政客"的不信任或蔑视态度。1791 年 9 月 1 日，《杜歇老爹报》就行将举行的立法议会选举向它的读者提出了这样的忠告："公民们，如果你们不希望被别人出卖，就请谨防上表面现象的当。不要相信花言巧语……不要被漂亮的谎言所迷惑。……要是你们认识某一位不爱出风头、没有野心的公民，那么就选他好了，准保没错。"一个在政治上有才干有抱负的人为竞选议员而奔走呼号，会被怀疑为心怀鬼胎、妖言惑众，而一个并不积极从事竞选活动的默默无闻者却被认为是议员的当然人选，这种思维方式实际上使政治家职业失去了合法性，同时也否定了对大众情感的职业操纵法——因为政治家往往会出于某种目的而掩饰自己的真实意图，而情感的有专业技巧的操纵则无疑会妨碍人们对政治问题的独立思考，从而妨碍人们自己真实的情感和态度的表达，并且会在公民中形成各种极不正常的"派别"，总之会破坏人与人之间应有的"透明度"。正是循着这种思维方式，埃贝尔笔下的"杜歇老爹"一向是快人快语，从来不巧言令色，或大喜，或狂怒，总以最简单、最明确的方式淋漓尽致地表达自己的内心情绪，一副"心底无私天地宽"的豪放模样。

然而大革命毕竟需要政治家，需要巧舌如簧、能言善辩之士。革命议会的议员很多仍然是靠他们那出类拔萃的口才获得选票的。但是，大革命时代的社会透明性意识却并没有因此而沦为一种虚妄，或一种不起实际作用的幻想。实际上，即使在政治家群体中，这种社会透明性意识往往仍然能够通过人们的一言一行顽强地表现出来。比如，观点比较激进的议员大都特别注重情绪的真实性，讲究的是作演说时要把话直接说到听众的心里，通过打动听众的心灵来激发他们内心中最真实的情感。罗伯斯庇尔甚至认为，善于运用这种"心灵雄辩术"，是一个人民代表最起码的资格之一。这种演说风格或技巧尤其盛行于国民公会之中，当时人们的演说里经常出现"frémir"（微颤、战栗、发抖）这一能令人情绪激动的字眼就是一个例证。显然，这种力求让人们袒露出自己真实情怀的演说风格，反映的仍然是一种对社会透明性的执着追求。

而且，尽管政治家的存在得到了容忍，对社会透明性的追求却使革命时代的法国人怎么也不能容忍划分成党派的政治家的存在。在法国革命者看来，任何党派都是某种集团利益的体现，而任何集团利益又都是部分个人利益的有害的集结，是一种扩大了的"私"字，其危害性要比个别的个人利益大得多。西哀耶斯就在他的《第三等级是什么?》这本小册子里指出：人心中有三种利益，即公共利益、集团利益和个人利益；个人利益和集团利益均处于公共利益的对立面，但个人利益由于其各不相同，结果都不能对公共利益产生什么影响，而那种"使一个公民仅与若干他人相一致的"集团利益则不同，由于它能"促进人们共同商议，结成联盟，由此策划出危害共同体的计谋"，因而是一种对社会最危险的利益；由这种利益联合起来的人们，会成为公众最可怕的敌人。①

西哀耶斯是从反对"贵族政治"的立场出发抨击集团利益的。他认为特权等级是集团利益最坏的形式，特权者"或因他声言不完全服从普通法，或因他声言享有特殊权利"，本身就是对共同权利的背离或对公共利益的叛逆，故而"特权阶级是有害的，不仅因其集团精神，而且因其存在本身"②。在法国大革命时代，任何主张"集团"或"团体"的合法性和必要性的理论都被舆论主流斥为贵族的谬说。如孟德斯鸠就因宣传介于君主和人民之间的一些"中间团体"（corps intermédiaires）可以保障自由、抑制专制，而在大革命前夕招致许多进步小册子作者的严厉驳斥。据说，西哀耶斯在谈到孟德斯鸠时，总要嘲讽地在他的名字前冠以"贵族"的头衔。就连政治态度相当保守、后来成为国民议会王政派议员的穆尼埃，也认为孟德斯鸠关于"中间团体"的观点纯属一派胡言；在他看来，"中间团体"不但不能抑制专制制度，恰恰相反，它们还会在一定条件下同国王勾结起来，帮助国王奴役全民族。穆尼埃的结论是：孟德斯鸠从未忘记他本人就是一个贵族和高等法院法官，他的《论法的精

---

① 参见西哀耶斯：《论特权·第三等级是什么?》，商务印书馆，1990 年，第78 页。

② 同上书，第81 页。

神》是一部对自由事业有害的书。① 1788 年至 1789 年间出版的许多小册子，证明了孟德斯鸠在大革命前夕对政论界的影响的严重下降，而这一情况至少在部分上是由他那崇尚集团精神的贵族理论造成的。

尽管西哀耶斯或穆尼埃等政论家对"集团利益"或"中间团体"的否定似乎还并不是对"党派政治"的直接抨击，但只要对"集团利益"或"中间团体"的危害性稍作进一步的分析，就将不可避免地得出否定"党派政治"的结论。显而易见，任何小集团或所谓中间团体都只是由部分人而且往往是少数人组成的，这种"结党行为"本身就说明这些人具有不同于所有人的共同利益的特殊利益，也正是这种特殊利益决定了他们所结成的党派的封闭性，即是说他们必然会关起门来密谋策划，从事一些见不得人的勾当，以期顺利地实现他们自己的特殊利益。如果人人都拉帮结派，如果一个社会不再是由一个个独立的个人而是由一个个相互封闭的利益集团或党派组成的，那么这个社会还有什么"透明性"可言？公共利益还有什么安身立命之地？如此社会，必然是一个充斥着党派纷争、尔虞我诈，横行着垄断与特权、阴谋与腐败的世界。

所以，革命时代的法国人不论在理论上，还是在平时的政治实践中，都普遍表现出一种异常强烈的"反党派政治"的倾向。西哀耶斯在他的《第三等级是什么？》中尽管没有明确提出反对党派政治，但是他对"集团利益"的猛烈抨击，以及他关于"个别意志是构成普遍意志的唯一成分"、"人民的立法机构只能负责保证普遍利益"的种种言论，却已在实际上否定了党派政治的合法地位。而孔多塞则早在大革命前夕，就在理论和实际的结合上阐明了政党制度的危害性。他以英国为例，指出这种制度为贿买大开方便之门，助长了腐败和垄断特权，因而破坏了自由。在国民议会时期，穆尼埃提出的暗含着两党制的美国式二院制主张曾遭到绝大多数议员的无情否决，米拉波的"立宪党"计划也是知音难觅空悲切。到了大革命最激进的年头，人们更是把"打倒乱党"的口号喊得震天价响。共和二年风月 23 日（1793 年 3 月 13 日），圣茹斯特在《关于外国人乱党的报告》中宣布："所有党派都是罪恶的，因为它游离于人民

---

① 参见维·彼·沃尔金：《18 世纪法国社会思想的发展》，商务印书馆，1983 年，第 397 页。

和民众社团之外并和政府闹独立。所有乱党都是罪恶的，因为它企图分裂公民。"① 国民公会议员沙博也宣称："只存在一个政党，即阴谋家党，其余的便都是民众党。"也只有在法国大革命中，我们才能领略到这样一种奇特的景象：尽管在大革命过程中实际存在着（这当然也是势在难免）形形色色的政治派别，但却没有一个派别承认自己是一个派别，更遑论真正有过一套作为一个严格意义上的政党所应当具备的纪律和组织机构；尽管革命中始终充斥着党派倾轧或一"党"专政，然而所有这一切又无一不是假"反党派政治"或"加强革命团结"之名而行。

不准搞党派政治，意味着政治活动必须高度透明，或者说必须完全向公众开放。一切政治讨论都必须公开进行，一切政治观点都必须在大庭广众前曝光。议会的合法性有赖于挤满群众的旁听席的存在。任何沙龙、行会或私人团体都必须立即解散。政治倾向最为激进的巴黎无套裤汉在贯彻"公开性"原则方面也比任何其他社会阶层都来得彻底：在巴黎各区民众政治俱乐部的会场上，甚至有专职的"检察员"来回巡查，目的是制止一切交头接耳的"私下交谈"；巴黎无套裤汉还对无记名投票的秘密选举方式极为反感，他们无视有关法律规定，积极倡导过唱名表决、鼓掌表决乃至全场起立表决等公开化的选举方式。

那么，究竟是什么缘故，促使法国革命者如此强调政治的"透明度"或"公开性"呢？

二、公开性与危机意识

不容否认，法国革命者的公开性意识带有卢梭的"真实性"观念（即主张人人应襟怀坦白）和"公意"理论的深刻烙印。林·亨特曾明确指出："大革命的政治观念是卢梭主义的。"② 苏联学者维·彼·沃尔金也认为孔多塞对政党制度的批判"既重复了卢梭的观点，也重复了重农学派的观点"③。而重农学派反对政党制度的理由，无非是认为这种制度

---

① 《导报》，第 19 卷，第 691 页。
② 林·亨特：《法国大革命中的私生活》，第 2 页。
③ 参见维·彼·沃尔金：《18 世纪法国社会思想的发展》，第 407 页。

会导致较强的政党统治和役使较弱的政党以及主权的分割，从而破坏自由和国家的统一，所以仅就这一点而言，重农学派同以"主权统一不可分割"为由强烈反对党派政治的卢梭实际上也并没有什么差异。卢梭的《社会契约论》被法国革命者奉为"圣经"，在孟德斯鸠的声望衰落之后，便主要是卢梭、百科全书派、马布利等激进思想家的学说在推动着法国革命沿上升路线前进，这些众所周知的事实也足以证明大革命的公开性原则同卢梭主义的内在联系。

然而，若是把卢梭主义这种精英文化的东西断定为法国革命者公开性意识的唯一的决定性因素，却显然失之偏颇。甚至前者能否被归结为后者的主要动因都很值得怀疑。因为这里显然存在一个问题：孟德斯鸠和卢梭同样都是对世界资产阶级革命时代贡献卓著的启蒙思想家，可他们在法国大革命（尤其是它的上升阶段）中的遭际为什么却如此大相径庭？问题或许还可以从比较史学的角度来提：差不多同时代的美国革命对孟德斯鸠和卢梭基本上是取同尊并重态度的，而法国革命则明显地厚此薄彼，即一味偏爱卢梭而冷落乃至奚落孟德斯鸠，这又是怎么回事？

这种问题自然是不难回答的，但无论用什么方式回答，答案都势必会涉及两国革命截然不同的大众文化氛围。简言之，革命时代的法国存在着西方世界最根深蒂固的封建传统和最强大的贵族势力，因而也普遍存在着社会公众对贵族阶级极其强烈的憎恶心理，贵族气息浓厚的孟氏理论在此情况下当然难以见容；而在几乎完全没有封建传统、没有贵族等级的北美各殖民地，国内阶级矛盾相对和缓得多，人们的注意力主要集中于摆脱宗主国的控制以过上独立自由的生活，故而绝不至于因孟氏的贵族色彩而拒绝对他的理论精华实行兼收并蓄。

社会历史条件的重大差异，还决定了法国革命和美国革命在历史使命上的不同的侧重点。似乎可以这样说，法国革命的主要任务是"破"，而美国革命的主要任务则是"立"。"破"者，破除旧世界、旧传统也。在当时的法国要为资本主义发展开辟道路，首先遇到的必然是正在没落然而仍然强大的贵族阶级的拼死抵抗，故革命需要以极大的毅力作韧性的战斗，也即需要在"破"字上狠下功夫。美国革命显然没有这一层困难，它在用一场相当单纯的民族独立战争推翻了英国的殖民统治之后，基本上就只剩下如何在一个本来就很新的基础上组织民主自由的新社会这一个问题有待解决了。也就是说，法国人在革命中优先考虑的是如何战胜封建贵族阶级的反动势力，而不可能像美国人那样，可以优哉游哉地对宪法或民主政治制度的问题进行冷静缜密的思考。尽管法国革命人士看起来特别注重宪法问题，曾翻来覆去地讨论和制定宪法，然而大革命却始终产生不出像《联邦党人文集》那样周到而精辟地论述宪法问题的历史性文献，可见他们实际上并没有多少时间和精力可以投到这方面来。法国人对宪法政治制度问题的思考毋宁说是比较仓促、草率的。

众所周知，革命时代的法国人对贵族阶级不仅极其憎恶，而且深怀恐惧。他们诅咒发誓要同贵族血战到底，但对于能否最终战胜这个拥有强大传统势力的敌人，他们在内心中却并没有十足的把握。同时我们也已经知道，最令他们担忧的危险，是贵族及其拥护者在暗中进行的各种反革命阴谋活动。应当说，正是在这种具有广阔的大众文化背景的"阴谋忧虑"中，蕴藏着使卢梭学说中的"真实性"和"反党派政治"观念化为一种普遍的公开性意识的强大动力。

比较一下建国之初的美国人和革命时代的法国人在党派政治问题上的看法及对策，也许有助于我们更深刻地理解这一论点。毫无疑问，熟谙卢梭学说的美国政治思想家也是了解党派精神的危害性的，也厌恶人们在政治上搞派性。但是，美国人并没有把卢梭的话当作圣经信条。按照卢梭的看法，一国之内不存在任何派系似乎是可能的，而对此美国人就明确表示不敢苟同。《联邦党人文集》中麦迪逊提出的观点大概是最有代表性的。他先是从"性恶论"的立场出发论述了"党争"现象是人类社会的必然，而后又把这种必然性建立到一个令人不得不服的唯物论基础之上：

> 热心于有关宗教和政体的不同意见，以及其他许多理论和实践上的见解，依附于各种野心勃勃、争权夺利的领袖或依附于财产使人们感觉兴趣的人，相继把人们分为各种党派，煽动他们彼此仇恨，使他们更有意于触怒和压迫对方，而无意为公益而工作。人类互相仇视的倾向是如此强烈，以致在没有充分机会表现出来时，最琐碎、最怪诞的差别就足以激起他们不友善的情感和最强烈的冲突。但是

造成党争的最普遍而持久的原因，是财产分配的不同和不平等。有产者和无产者在社会上总会形成不同的利益集团。债权人和债务人也有同样的区别。土地占有者集团、制造业集团、商人集团、金融业集团和许多较小的集团，在文明国家里必然会形成，从而使他们划分为不同的阶级，受到不同情感和见解的支配。管理这各种各样、又互不相容的利益集团，是现代立法的主要任务，并且把党派精神和党争带入政府的必要的和日常的活动中去。①

与此同时，麦迪逊还本着崇尚自由和尊重实际的精神，指出了"消除党争原因"的不可能性。他说，消除党争原因的方法不外乎两种，即或是消除其存在所必不可少的自由，或是给予每个公民同样的主张、同样的热情和同样的利益；然而第一种方法如同"因为空气给火以破坏力而希望消灭动物生命必不可少的空气"一样愚蠢；第二种方法又纯粹是不切实际的空想。因此，他明确地告诉人们，不要去徒劳无益地设法排除党争的原因，解决这一弊病的方法只能是对它的影响加以控制。② 事实上，由于对洛克和孟德斯鸠热烈主张的分权学说的由衷信奉，由于受到过英国的政党制政治文化传统的影响，美国人的内心深处很可能还存在着一种承认党派政治"必要性"的下意识，否则，美国何以自1787年费城制宪会议起就出现了具有一定组织形式的政党？何以能够在内战前就基本形成了两党制格局？对这些问题就难以得到完满的解释。承认利益集团存在的必要性，本来就是同承认权力的分割与制衡的必要性紧密相连的。

相形之下，革命时代的法国人在这一点上就远没有美国人那样通达、潇洒。同美国人的实际倾向恰恰相反，法国人似乎力图不折不扣地贯彻卢梭"国家之内不能有派系存在"的训令。让法国人承认"党派政治"对于民主政治制度的必要性或必然性显然是不可能的。而且，由于深受卢梭学说中普遍道德观和国家至上主义的影响，法国革命者还天真地相信无须彻底改变社会经济基础，只需通过强化道德教育和"自由的专制"

---

① 汉密尔顿等：《联邦党人文集》，商务印书馆，1980年，第46~47页。

② 同上书，第46、48页。

等政治手段就可以杜绝党派纷争。总之，革命的法国要不遗余力地反对党派政治，即使这一斗争会在实际上损害公民的政治自由，甚至在一定程度上危及财产权，也在所不惜。

18世纪末大西洋两岸的人们都知道，党派政治之所以不可取，从理论上说是因为它违背了主权统一不可分割的原则、阻碍了公意的形成，从实践上看是因为它容易导致种种破坏公益的阴谋活动。然而在对策上，当美国人只满足于"治标"（即对党争的有害影响加以控制）的时候，法国人却似乎下定了"治本"（即不允许任何党派合法存在）的决心。或者说，当美国人以"自由"的名义承认了党派政治的合法性的时候，法国人却同样以"自由"的名义彻底否定了党派政治的合法性。显然，党派政治对于"自由"的危害性或危险性，在法国人的心目中要比在美国人的心目中大得多，而其所以会如此，当然只能是因为党派政治中必不可少的密室策划行为触动了"阴谋恐惧"这根法国人最敏感的神经。在本来已充满贵族阴谋危险的法国革命中，若是承认了党派政治或密室策划的合法性，简直无异于为各种阴谋活动的猖獗大开绿灯，无异于在自由之敌的疯狂进攻面前解除武装。结果，在法国革命者的词典中，"党派政治"成了阴谋的同义词，"利益集团"意味着对统一民族的背叛；大革命中的任何一个政治派别，只要被扣上"乱党"的帽子，就等于被宣布不受法律保护，人人可得而诛之。甚至可以这样说：反党派政治的强烈倾向集中体现着革命者出于阴谋恐惧而追求政治公开性的顽强努力。

另外，我们还可以从巴黎无套裤汉坚持在选举中实行公开表决的行为方式中，来进一步体会大革命中阴谋忧虑同公开性原则之间的密切联系。1791年宪法曾规定了立法议员的二级选举制（即由一般积极公民选出选举人，再由各地区选举人会议选议员），并规定选举人会议使用无记名投票方式表决。巴黎无套裤汉对此深为不满，他们认为只有存心不良的人才秘密行动，因而强烈要求选举人会议的表决不仅应采取唱名方式，而且应在大庭广众之下公开进行。1792年8月27日，旺多姆广场区和邦迪区终于作出了有关决定；邦迪区的决定还明确指出："为了使人们得以了解每一个选举人的意愿"，选举人会议应在尽可能多的公民围观下举行，这是"揭露阴谋和迫使选举人不滥用职权"的唯一有效措施。由此，公开唱名选举的做法被引入国民公会选举的一切活动之中；1792 年…
月巴黎市府官员选举的过程中，人们又一次提出了投票方式问题。按照
1792 年 10 月 19 日国民公会通过的选举法，投票仍须采取秘密方式（反
映了革命精英对政治活动的正常秩序和合理化的关注），但不少无套裤汉
对此很不以为然。如米拉波区声称选举法规定的秘密投票方式有"秘密
状态的危险性"，要求唱名表决；长矛区也指责秘密投票是"一种破坏自
由的方式"；先贤祠-法兰西区则"不顾法律和市政厅的规定"，决定唱名
选举。尽管当时并非巴黎所有的区都采用了这种公开选举方式，但人们
的普遍意向却是相当清楚的：据统计，在有案可查的 26 个区中，15 个
区曾实行过唱名选举和点名投票的办法，其余 11 个区虽然依法采用了秘
密投票方式，但它们却对唱名投票心向往之，并热切地期望着选举法允
许以后的选举采用这种方式。

饶有趣味的是，无套裤汉在选举方式上的这种公开性立场显著地呈
现出随形势变化而变化的特点：形势越是紧急，无套裤汉对实行公开选
举的要求就越是强烈，而一旦形势趋于缓和了，他们也就不那么反对秘
密投票了。例如在 1792 年 8 至 9 月间的危机中曾积极主张唱名投票的一
些区，到秋天形势显得有所好转的情况下就又恢复了秘密投票的选举方
式，尽管更激进的一些区还在坚持着唱名投票；而从 1793 年 3 月起，随
着危机的再度出现和日趋严重，无套裤汉又重新表现出对秘密投票的强
烈反感，并转而采取越来越激进的公开表决方式。巴黎各区在 1793 年 3
月选举各自的革命委员会的时候，一般都采用了唱名投票，有些甚至采
用了起立表决的方式。到 1793 年夏天，鼓掌表决的方式也盛行起来。在
无套裤汉们看来，起立或鼓掌这些具有高度透明性的选举表决法比唱名
方式更能慑服犹豫不决分子和排除反对派。在这充满内忧外患的危机时
刻，人们从未有过地把秘密投票方式同"阴谋"的危险联系到了一起。5
月 21 日，槌球场区的一位无套裤汉告诉人们："不要秘密投票，否则阴
谋集团就会得逞。"无套裤汉在团结区的影响比较薄弱，但他们仍在 6 月
27 日以谨防阴谋的名义推动区民大会作出决议：选票将由投票人署名，
否则无效。到 1793 年夏，唱名选举的做法更是在巴黎各区迅速普及，以
致共和二年初，秘密投票方式已在巴黎全市完全绝迹，个别顽固坚持实

行秘密投票的温和派分子甚至判作嫌疑犯而锒铛入狱。①

在恐怖统治时期，无套裤汉还曾力图在司法部门彻底贯彻公开性原则，以防止暗藏的自由之敌在法庭上搞阴谋活动以削弱革命恐怖的严厉性。当时在巴黎的革命法庭陪审团已采取了以唱名投票的方式表态，但刑事法庭的陪审团仍有不少固守着秘密投票的旧方式，无套裤汉对此深为不满。共和二年霜月 30 日（1793 年 12 月 20 日），革命区的自由人协会明确提出："按照法律对罪行进行宣判的法官、审判员、陪审员公民，应当向人民报告他们的判决理由，他们应当向公众说明他们的所有想法，以便公众对此做出自己的判断。……作为自由、正义、平等的根本原则的公开性，将使他们获得他们应有的全部力量。"然而直到共和二年风月 21 日（1794 年 3 月 11 日），我们仍然能够听到无套裤汉对刑事法庭陪审员的秘密表决方式的抱怨——据观察员布什塞什称，当时"人们注意到，这种秘密方式使不止一个囤积居奇者保全了性命；因为，如果用唱名方式，这些陪审员本应当宣布被告有罪，但他们却用秘密方式使被告免受处分"。刑事法庭陪审团迟迟不愿放弃秘密投票方式，缘出国民公会对普通法庭抛弃惯用司法程式的反感，这显然反映了相对保守的资产阶级政治文化对激进的人民大众政治文化的某种抵制。共和二年春罗伯斯庇尔控制的巴黎市府正式禁止各区无套裤汉搞公开选举，也同样说明了这一点。但是不应忘记，正是罗伯斯庇尔本人的鼓动，才促使旺多姆广场区的无套裤汉在 1792 年 8 月作出了实行唱名选举的创举；而且在选举国民公会的时候，资产阶级自己也在巴黎采取了唱名投票的方式。所以，雅各宾派资产阶级在某些方面不愿完全附和无套裤汉的要求，或在确立了雅各宾专政，而且形势有所好转之后就不再容忍无套裤汉的唱名投票等做法，并非因为他们毫不担忧反革命阴谋，而只是由于阶级地位的不同，他们所担忧的"阴谋"的范围比起无套裤汉来要小得多，因而他们对"公开性"的追求也就不如无套裤汉那么热切罢了。何况，像无套裤汉那样过于激进地追求政治公开性，也的确构成了对资产阶级的经济、政治利益的现实威胁，资产阶级不能无条件地、永久地容忍这一套，也是理

---

① 《巴黎无套裤汉与法国革命，1793—1794 年》，格林武德，1979 年，第 139～140 页。

所当然的事情。

三、反党派政治与专制独裁

深刻制约着法国革命者政治行为样式的公开性原则有多方面的表现，如政治会议对公众的开放，个人的襟怀坦白，私人团体活动的被禁止，选举及法庭表决中的唱名投票，等等；但其中影响最为深远者，恐怕还是那种反党派政治的价值取向。

不言而喻，反党派政治也就是反政治多元化，意味着对大一统或普遍一致的肯定与追求，这种观念与近代自由主义的政治理想格格不入，却与形形色色的专制主义结有不解之缘。法国大革命之所以表现出极权专制主义的强烈倾向，之所以会出现雅各宾专政、热月党专政、督政府专政并最终导致拿破仑的个人独裁，战争形势的胁迫固然十分重要，但反党派政治的心态所起的作用显然也不可低估。我们已经知道，法国革命者之所以有着异常强烈的反党派意识，是因为强烈的"阴谋忧虑"使他们倾向于把一切党派活动都等同于阴谋诡计。然而要在当时的法国杜绝一切党派活动毕竟是不可能的。诚如麦迪逊所言，一个社会，只要它承认并保护个人的自由权和财产权，就绝无可能阻止各种利益集团和党派的出现。法国革命中林立的党派和激烈的党争，也是有目共睹的事实。实际上，即使最反对党派政治的革命者（一般说来政治态度越是激进，反党派倾向就越是强烈），他们的活动也都不可避免地带有一定的党派行为的性质，尽管他们的"党派"距现代意义的"政党"还相差甚远。可是对于这一点，他们自己不是意识不到，就是拒不承认。要他们相信民主制度下党派政治的必然性是困难的。然而，既然他们自己说到底只能以某种党派的形式活动，他们反党派政治的斗争也就不能不带有党派斗争的色彩。也就是说，他们的反党派并不是不要党派，而只是不要别人的党派，只是力图通过剥夺其他党派的合法地位来确立自己党派的一统天下而已。

这样，我们便接触到了法国革命政治文化中一个至关重要的因素——即容不得对立党派存在的思维定势。正像法兰西阶级斗争绝少调和余地一样，法国革命中的党派斗争也表现出一种你死我活的决斗风格。每一派政治势力都自以为天降大任于斯，是不容置辩的人民或公意的代表，其他党派则都是图谋不轨的乱党，带有严重的威胁性，不除之不足以定国安民。如此心态下的各个党派之间，当然不可能有任何真正的相互信任与和平竞争，有的只能是没完没了的相互排斥和倾轧，不到某个占优势的党派把其他党派统统打倒或彻底制服，这种斗争就不可能止息。显然，如此势不两立的党派决斗只有可能导致两种结局：或是在各派力量悬殊较大的情况下，由占优势的党派用最极端的手段排斥其他党派从而实现"一党专制"，或是在各派势均力敌的情况下，由某个野心家打着"超党派"的旗号建立个人的独裁统治。

雅各宾专政便是在特定的危机形势下，由这种激烈排斥敌对党派的思维定势促成的一党专制。这是大革命中出现的第一次一党专制，或许也可以被称作近代世界史上一党专制的第一次重大试验。在行为方式上，雅各宾派的一党专制表现出这样一些显著的特点：

（1）运用恐怖手段排斥异己。当时，一切与雅各宾派（严格说来应该是把持革命政府的罗伯斯庇尔派）意见不合的政治派别，都会被以各种往往是莫须有的罪名扣上"乱党"的帽子，而一旦沦为"乱党"，它们就完全丧失了合法性，等待它们成员的命运，就只能是被作为嫌疑犯扔进黑牢，甚或被作为人民之敌送上断头台。雅各宾专政期间先后被无情取缔的，有吉伦特派、忿激派、埃贝尔派和丹东派，而且它们的领袖不是成批地被处决，就是被迫自杀，大都从肉体上被消灭掉了。

（2）以"超党派"姿态赢得人心。罗伯斯庇尔派似乎深深地懂得，要以"公开性"、"反党派"的名义成功地排斥异己，最关键的就是他们自己不能给人留下丝毫拉帮结派的印象。党同而伐异，毕竟非君子所为。因此，当雅各宾俱乐部内部埃贝尔派和丹东派的争斗愈演愈烈的时候，罗伯斯庇尔曾力图摆出公允的仲裁人的姿态，对两派不偏不倚，各打五十大板。在镇压了埃贝尔派后不到两个星期，革命政府就又以同样极端的手段除掉了丹东派。当时，罗伯斯庇尔还以这样娓娓动听的语言，向国民公会表明自己不屑于拉帮结派的"光明磊落"：

　　我曾经是佩蒂翁的朋友，但他的真面目一经暴露，我就抛弃了他。我也曾和罗兰有过来往，但他一叛变我就揭露了他。丹东要步他们的后尘，在我看来，他只能是祖国的敌人。①

甚至对于"雅各宾派"（les Jacobins）这一称号，身为雅各宾派领袖的罗伯斯庇尔都表现出一种神经质的忌讳。早在 1792 年 2 月 26 日，他就在雅各宾俱乐部提出：不应使用"雅各宾派"这个简单的称呼来指代雅各宾俱乐部，而必须不厌其详地使用"设于雅各宾修道院的宪法之友社"这个全称，因为"雅各宾派"这个称呼，"由于敌人不断加予我们的种种诽谤，很容易使人们联想到行会甚至乱党"②。

（3）以保证革命阵营团结一致的名义，杜绝一切向中央政府闹独立性的活动。曾经为确立雅各宾派统治立过赫赫战功的广大民众社团，即因此而蒙受了"兔死狗烹"的悲剧命运。这些民众社团是继小学教师当萨尔于 1790 年 2 月成立"男女爱国者友爱会"之后，首先在巴黎发展起来的，当时通常以"区民大会"的形式出现。作为巴黎各区无套裤汉政治活动的中心，它们比雅各宾俱乐部更富于群众性，往往表现出更激进的革命要求，并在推动大革命步步走向激进的历次重大革命事件中，一贯地充任着排头兵的角色。雅各宾派的崛起，一刻也离不开这些民众社团的支持，而为了取得这种支持，雅各宾派也乐意容忍它们保持自己的特色，并尽可能地满足它们的要求。然而，一旦大权在握、江山坐稳，雅各宾派继续对民众社团的独立性宽大为怀，显然就很难了。1793 年 9 月 9 日，国民公会禁止各区民大会"常川集会"（当时表示处于紧急动员状态的一种做法），即已开始表露出对民众势力的不容。可富于战斗性的各区活动分子并不示弱，他们或是把些区民大会改造成区民社团，或是创立一些新的民众团体并通过相互连成一气，来保持自己的战斗力。这些独立于雅各宾俱乐部之外的社团（因其成员都是区国民自卫军战士，故通常被称作区国民自卫军协会）构成了巴黎人民运动的基层组织，各区的活动分子即通过它们来左右各区的政治，监督行政机构，并向市政当局甚至中央政府施加压力。在共和二年秋季至春季这段时间里，类似

① 《导报》，第 20 卷，第 96 页。
② 参见《罗伯斯庇尔全集》，第 8 卷，巴黎，1954 年，第 206～207 页。

的民众组织形式迅速发展到全国各地，形成了一批强大的组织网络，在遏制国内反革命势力方面发挥了决定性的作用。可是尽管如此，这些体现着人民运动独立性的民众团体，却终究不能与坚决拥护中央政府的雅各宾俱乐部及其分部长期共存。革命政府在完成了对埃贝尔派和丹东派的镇压之后，便立即大张旗鼓地开始了对这些民众团体的讨伐。这场围剿，是通过把雅各宾俱乐部的"总部"树立为"舆论的唯一中心"，并打着"团结"和"统一革命力量"的旗号来进行的。结果，巴黎各区的39个区民社团纷纷在共和二年花月和牧月间被迫解散，一个始终含有自己的独立愿望的民主习惯的人民运动就此被强行纳入雅各宾派的框框。当然，随之而来的便是大革命中资产阶级与人民大众之间联盟关系的结束和尖锐对抗的开始，而这一后果对于革命政府的致命性，是罗伯斯庇尔派做梦也没想到的。

热月反动虽然结束了雅各宾专政，却并没有结束雅各宾派所创始的一党专制制度及其各种行为方式。容不得敌对党派存在的一党专制倾向仍然公开或隐蔽地盛行于热月党统治的时期，甚至雅各宾派推行一党专制的行为方式，也在不同程度上为热月党人所遵循。众所周知，热月党的统治（它实际上一直延续到波拿巴上台）从一开始就离不开排斥敌对派别的政治暴力。没有"金色青年"的棍棒恐怖，没有"葡月将军"的炮火镇压，热月党统治的确立就无从说起。无论在热月党国民公会时期，还是在第一、二届督政府时期，执政的热月党人都强烈地倾向于排斥异己，并频频使用恐怖手段来制服来自左右两方面的反对派。在共和三年，热月党国民公会不仅用断头台和流放的方式摧毁了整个山岳派势力，而且通过重申1792年和1793年颁布的惩治流亡者和教士的法律，最后还通过波拿巴的大炮，阻止了工党势力的卷土重来。共和三年宪法的通过似乎表明热月党人要重开政治自由的局面了，然而他们同时表现出来的反党派政治的强烈意向一开始就注定了这种政治自由的短命性。共和四年雾月14日（1795年11月5日）的督政府成立宣言明确宣称，这个政府将"严厉镇压一切乱党，熄灭任何党派意识"，并号召全体共和分子"团结起来"（无非是要求人们和政府保持高度一致）。因而，一旦重新取得合法地位的雅各宾派和其他更激进的派别发展壮大起来，并表现出对社会平等的热烈追求时，督政府的"政治自由"便迅速让位于专制独裁。霜月14日（12月5日）督政府签署了对巴贝夫的逮捕令。雨月1日（1796年1月21日），督政官勒贝尔发表演说同时对保王派和雅各宾派大加鞭挞，重申"在共和国面前任何派别都应消除"。风月7日（2月26日）督政府重新封闭雅各宾俱乐部，接着又下令追查雅各宾派的报刊和撤销雅各宾分子的公职。被捕获的巴贝夫集团则在共和四年牧月被残酷地处死在断头台上。而当利用政府的右倾而重新崛起的保王派控制了两院，试图与督政府分庭抗礼的时候，等待他们的也只能是武装政变式的猛烈打击。果月18日政变的直接结果，不仅是保王派的65位头目被勒令流放圭亚那，177名议员被除名（而且没有替补），42家报刊被取缔，同时也是热月党政治自由尝试的彻底结束。由此建立的第二届督政府在排斥反对派方面更是无所不用其极。为了通过共和六年春末的议会改选来取得驯顺的议会多数，督政府事先就作了精心的准备。由于当时保王派已经噤若寒蝉，督政府面临的威胁主要来自左的方面，即正在以"立宪派联谊会"的形式进行宣传活动的"新雅各宾派"。对反对派的极端仇视和恐惧，促使督政府为阻止这种威胁进入立法团使出了浑身的解数，甚至采用了一些近乎政治流氓式的手段。比如，在选举前，它就一边在全国各地大造舆论，呼吁人们注意"来自两个方面的反对派"这种双重危险，一边利用手中的行政权力，免除许多左派官员的职务，在许多城市宣布戒严以制造紧张空气，并借口检查路捐执行情况，派遣巡视员向各地特派员下达指令和分发经费；在选举过程中，督政官梅兰蓄意在许多选举人大会中制造分裂，即煽动一部分拥护政府的选举人单独召开选举会议，并操纵两院拥护政府的议员通过决议承认他们的选举结果。共和六年花月22日（1798年5月11日），唯督政府马首是瞻的两院多数派公然通过了臭名昭著的"花月法令"：19个省的由分裂分子选出的议员全部获得承认，没有发生过分裂的8个省的选举结果反被宣布无效，另外还有60名左派官员被取消了当选议员的资格。结果，106名通过合法程序当选的议员被拒斥于议会大门之外，政府提出的191名候选人却被顺利地安插进了两院。应当说，在以"反党派"或"超党派"为名、行党同伐异之实方面，督政府的恐怖统治和共和二年的雅各宾专政完全是一脉相承的，不同的只是在为人处世方面，督政们远不如罗伯斯庇尔派来得磊落和坦荡：罗伯斯庇尔派能够公开宣布"自由的专制"，宣布停止选举，而督政府却既要搞一党专制，又要觍着脸皮为自己的统治蒙上一层"民主选举"的遮羞布。

同罗伯斯庇尔派一样，督政府也丝毫容不得任何跟自己存有二心、闹独立性的政治势力，不管这种势力曾经是它多么亲密的盟友。勒费弗尔曾指出，督政府之所以要费那么大的气力严密控制共和六年的选举，是因为它"不仅要排斥雅各宾派，而且要排斥拉马克这样的独立派（尽管拉马克原是吉伦特分子）"[1]。不过，最典型地反映着热月党政权的这种狭隘性的事例，恐怕还是热月党国民公会对"金色青年"的排斥和镇压。"金色青年"团伙本是由仇视雅各宾专政的有产阶级（主要是资产阶级）子弟组成的，曾在热月反动期间充当清除雅各宾势力的别动队，为巩固热月党人的政权立有汗马功劳。然而应该指出的是，这种团伙在政治上具有双重性，表现在它不仅是热月党人推行反动政策的一个手段，同时又是热月反动的一个富于主动精神的推动因素，一贯地显示出超前于热月党人的反动热情，常常推着热月党人走路。比如，"金色青年"的许多无法无天的暴力行为，如成群结伙地在大街上追打雅各宾分子，在剧院阻挠革命戏剧的演出，在国民公会旁听席上驱赶雅各宾派群众，以及肆意冲击雅各宾俱乐部和国民公会，亵渎革命崇拜的各种象征物（从撕扯妇女身上的三色徽、清除小红帽时尚，直到四处捣毁马拉等革命烈士的胸像）等，都是未经政府许可的，甚至是违背热月党国民公会多数派的初衷的，常常不能为他们立即接受，只是在事态发展日趋严重，形成了强大的舆论压力之后，热月党政府才被迫顺应他们的要求，从而加速了反动的进程。作为反动的"工具"，"金色青年"曾在实际上帮过热月党人的大忙，也曾因此得到过热月党人的悉心培植和庇护；然而作为反动的"发动机"，"金色青年"却从一开始就表现出一种"独立性"，因而也就难免被热月党人视作一种潜在的异己势力。这就注定了它与热月党的联盟的短暂性。果然，一旦激进民主派被彻底摧毁，日渐流露出保

[1]　参见乔治·勒费弗尔：《法国革命史》，第440页。

王倾向的"金色青年"便开始成为热月党人的绊脚石，最后终因参与王党暴乱而被取缔。由此看来，热月党人与"金色青年"关系的演变和雅各宾派与无套裤汉革命斗士关系的演变，尽管意义迥异，但制约着它们的政治文化机制却没有什么两样。

说到这里，也许有必要重申这一事实，即我们所谈论的大革命中的"一党专制"，远不可与近现代政治中的"一党专制"同日而语。因为法国革命政治文化中异常强烈的反党派意识，使当时的法国人打心眼里厌恶有组织的政治，也就是说使他们根本不屑于组建有组织有纪律的"政党"（当时盛行于世的珍视个人自由的价值观也许也在强化着这种心理取向）。法国革命中搞一党专制的"党"，无论是罗伯斯庇尔的雅各宾派，还是热月党或所谓"督政派"，都不过是一个个由政治主张大致相同的人们组成的松散的联盟而已。但是从另一方面，人们也不得不承认，这种"联盟"，不管多么松散，但毕竟也是一种组织形式，甚至可以说是某种政党的雏形。既然如此，它的专制统治显然也就既不应当被简单地定义为某种"全民共有的国家"①，又不能被视作纯粹由一个人说了算的个人独裁，而应当恰如其分地被称作某种尚未定型的"一党专制"。当然，这种统治形式的不成熟性也反映了它内在的一种深刻的矛盾性，这就是它一方面强烈地反对有组织的政治；另一方面却在政治实践中遵循着一定的组织形式。这一情况，无疑在很大程度上决定了它本身的弱不禁风，从而决定了当时法国政局的动荡不安。资产阶级的利益当然不能容许这种情况无限期地持续下去。于是，当第二届督政府内外交困、走投无路的时候，复兴法兰西的伟大使命便历史性地落在了拿破仑·波拿巴的肩上。

共和八年雾月 18 日（1799 年 11 月 9 日）的政变，似乎开始了波拿巴用个人独裁解决自雅各宾专政以来一直困扰着法国的上述矛盾的尝试。值得注意的是，波拿巴的个人独裁十分醒目地打着"超党派"和"反党派"的旗号。在督政府时期，他就明确主张"绝不允许反对派的存在"，"政府应该是国民的真正代表"，后一句话实际上道出了他对滋生党派政

---

① 林·亨特心目中的雅各宾专政，参见林·亨特：《法国革命中的政治、文化与阶级》，第 47 页。

治的土壤——议会本身的蔑视。事实上他也是一贯以人民的真正代表自居，让立法机构沦为彻头彻尾的橡皮图章。波拿巴似乎深深地懂得，在一个讲究"透明性"、"公开性"和"反党派政治"的国度，却坚持把政权交给一个有一定组织形式的政治派别或寡头集团的做法，不仅荒唐，而且有害，因为在政府具有某种派别精神的情况下，是不可能真正封住其他党派的嘴巴的，而各党派之间基于"公开性"意识的异常激烈的相互排斥，则势必使国家陷入危险的长期动乱。因此，他决心一不做、二不休，以君临天下的姿态革除政府的党派精神，进而彻底杜绝一切反政府的派别活动，把大革命的"公开性"原则一举推向极端。在走向个人绝对权力的道路上，他首先考虑的是如何摆脱对曾帮助他取得政权的雾月党的依赖，为此他与教会重新修好，大赦流亡者，四处网罗亲信，不论是贵族还是资产者，是王党还是共和派，只要愿意听命于他，他就予以任用，由此促成了雾月党势力的分崩离析，并在他的麾下使当时统治阶级的不同派别达成暂时的团结。在个人势力的圈子之外，他则严厉禁止了一切派别的政治活动。在当时的整个法国政坛上，只响彻着一个声音，这就是拿破仑·波拿巴的声音，而在他本人看来，这也就是"人民"自己的声音。

显而易见，"公开性"原则的这种彻底贯彻，同时也就是它的寿终正寝。个人独裁往往能在一定时期内促成一个民族的稳定和强盛，但由于牺牲了人们起码的政治自由，它更容易把这个民族拖入灾难——这并不仅仅是拿破仑时代告诉人们的真理。

四、导致雅各宾派衰亡的心态因素

在谈到热月政变的成功，以及此后雅各宾派决定性地走向衰亡的时候，人们一般都只是把原因归结于战争形势的好转导致的资产阶级与人民群众联盟关系的破裂，甚或归结于雅各宾派的主要领袖之间的不团结和自相伐绝，以及无套裤汉活动分子大批应征入伍离开了首都等客观因素。"公开性"或"反党派政治"的心态因素对雅各宾派和人民运动产生的消极影响则很少受到重视。

我们知道，热月时期愈演愈烈的镇压人民运动的反动进程，如果不是从 1793 年 9 月忿激派的被镇压开始的话，也应当始自共和二年芽月——索布尔就认为，埃贝尔派在芽月的垮台，拉开了热月反动的序幕。然而一个显见的事实是，无论是对忿激派的镇压还是对埃贝尔派的镇压，尽管都严重地损害了无套裤汉对革命政府的感情，却终究都没有激起无套裤汉的强烈反抗。这里也许还有一些其他的原因，但革命政府在采取这些镇压行动时所打的"肃清乱党"的旗号，肯定也是一个不容忽视的因素。既然社会上盛行着"反党派政治"的群体心态，既然政治倾向最激进的无套裤汉对于"公开性"的追求也最为强烈，那么，要想让无套裤汉在消灭这些深受他们喜爱的政治派别时至少保持沉默，除了把这些派别打成"乱党"之外，难道还有什么更好的做法吗？

同样的因素显然还在一定程度上解释了热月政变为什么会顺利成功：很难想象，当热月党人散布的"罗伯斯庇尔派"阴谋复辟王政的谣言在巴黎各区不胫而走的时候，本来就已经得罪了人民群众的雅各宾派还有什么可能组织任何真正的反击。

热月政变之后，雅各宾俱乐部虽然没有马上被封闭，但这个曾在大革命中充当过先锋队的革命团体却再也未能重振当年的雄风，而是在滚滚如潮的反动势力面前无可奈何地走向了没落。在这个过程中，雅各宾派本身和人民群众对"公开性"原则的迷信或迷恋，似乎起了不小的消极作用。

共和三年葡月 23 日（1794 年 10 月 16 日）《民众社团治安法》的通过，及其在雅各宾派和人民大众中引起的反响，为此提供了一个典型的例证。本来，雅各宾派的战斗力很大程度上来自它在巴黎的总部和全国各地的分部之间的通讯联系和联合行动，而且雅各宾派对此一直就有着相当清醒的认识。共和二年贝尔维尔民众协会的一份通报曾经指出：为了战胜反革命和反法联盟，"全国所有的公民都要集合在革命社团里，这些社团之间要相互联系，还要有一个中央社团或总社"。吉伦特派曾十分反感雅各宾派的全国联络网，主张"切断民众社团之间联系的线路"。对此，兵工厂区的一个代表团曾在国民公会驳斥道："还是让这些有益的线路继续存在下去为好。正是这些线路将把边远地区的各个部分同中心地区联结起来，只有它们将能确保未来体制的牢固性。"索布尔也曾指出：由联合和通讯联络结合在一起的这张社团之网，构成了一个政治派别的骨架，使雅各宾派在共和二年大革命的关键时刻起到了类似政党的支柱性作用；巴黎的雅各宾总部正是通过这种联合和通信联络集中并指导群众的革命力量，使之提高了效能。①

然而，热月党人提出了《民众社团治安法》，他们要结束这一局面了。该法令规定："现有各民众社团之间任何以集体名义进行的联合、集会、联盟和联系，均属颠覆政府和危害共和国统一的行为，必须严加禁止"；各民众社团"不得集体撰写任何意见书或请愿书"，并且必须尽快将成员名册报政府有关部门备案。这无疑是要从根本上搞垮雅各宾派，可雅各宾派在这关键时刻却表现出惊人的麻木不仁。在关于该法令的议会辩论中，著名山岳派领袖比约·瓦莱纳和科洛·德布瓦明哲保身，一声未吭。其他几位山岳党人也显得出奇地胆怯心虚，未敢据理力争，只是虚晃几枪便退下阵来。《民众社团治安法》的通过，无论如何也应该被视作雅各宾派的一次严重失败。然而令人惊讶的是，这一败绩竟在当晚的雅各宾俱乐部里被人们当成了一次了不起的"胜利"。人们看到，山岳派议员莫尔在汇报完国民公会关于该法令的讨论情况之后，竟厚着脸皮声称："对于自由来说，这次会议并不算失败，因为它牢固地确立了所有爱国者都笃信不疑的一些原则。"著名山岳党人克拉苏更是见解独特。在他看来，这项明明旨在限制雅各宾派的法令反而使雅各宾派"获得了新的力量"，因为它"驱除了贵族分子制造的一个幽灵，这个幽灵企图让人们相信各民众社团图谋不轨，妄图充当人民与国民公会之间的中间权力"。另一位山岳派议员古戎则强调该法律有遏制乱党猖獗的积极意义，从长远看仍对革命有利。他告诫他的雅各宾派战友们说："法律既已制定，我们就得服从。如果说这一法律会让我们在眼下吃些苦头，那么将来它一定会替我们报仇的。这个法律将把乱党分子送上断头台，善良的人们将为之欢欣鼓舞。"②

---

① 阿尔贝·索布尔：《雅各宾派与雅各宾主义》，见王养冲编：《索布尔法国大革命史论选》，华东师范大学出版社，1984 年，第 43~44 页。

② 参见《导报》，第 22 卷，第 255 页。

雅各宾俱乐部中充满了自欺欺人的精神胜利气氛，巴黎民众对《民众社团治安法》的反应也同样令人失望。从法令颁布后警察局搜集的情况看，公众舆论至少并不曾对这项法令表示出强烈的反对态度。如葡月27 日（10 月 18 日）的警察局报告称：

> 昨天，在通常总有人群聚集的一些场所仍挤满了人。没有发现任何损害公共精神的迹象。人们对于有关民众社团的那项法令意见纷呈。尽管说理的方法各异，但大家的目的却是一致的，即都是为着共和国的统一和不可分割。①

在自己的结社、集会与请愿自由受到严重威胁的时候，素有反压迫传统的巴黎民众却毫不警觉且不思奋起，这已经很可悲；而他们在此时仍拘泥于"共和国统一和不可分割"的教条，则更是迂腐得可以：殊不知维护所谓"共和国统一不可分割"，恰恰正是热月党人炮制《民众社团治安法》的借口！如此讨论问题，合乎逻辑的结论当然只能是雅各宾派老老实实地缴械投降。果然，葡月 28 日（10 月 19 日）的警察局报告宣布：《民众社团治安法》已经得到了大部分公民的完全拥护。这项法令的贯彻，使雅各宾派在组织上不可避免地陷入瘫痪状态。但反动势力并不就此罢休。事过还不到一个月，以"金色青年"为急先锋的反动潮流便把封闭雅各宾俱乐部的问题提上了议事日程。共和三年雾月 22 日（1794年 11 月 12 日），政府各委员会的发言人莱涅洛正式就此问题向国民公会提出了一份决议案，决定雅各宾主义生死存亡的严重关头来到了。然而，国民公会的雅各宾派议员在这时仍表现出惊人的消极和软弱：一百多名山岳派中，仅有两人（迪凯努瓦和沙勒）分别表示了一下抗议，看到得不到人们的理睬，他们也就没再敢吱声。结果，封闭雅各宾俱乐部的决议几乎是被一致通过的。至于山岳派议员为何如此忍让，历史学家布吕奈尔的解释是：那是因为他们考虑到"革命的团结局面不应受到破

---

① 参见 A. 奥拉尔编：《热月反动和督政府时期的巴黎》，第 1 卷，巴黎，1898 年，第 179 页。

坏"！①

像葡月 25 日法令一样，雾月 22 日法令在人民群众中引起的反应仍然令人瞠目。据当时的新闻媒介报道，巴黎的民众一连好几天都在跳着"卡马尼奥拉"舞庆祝这一事件。雾月 23 日（11 月 13 日）的《共和国邮报》称："还从未见过这么快乐的小规模庆典。这种庆祝活动不曾受到任何官方的指使或影响。曾长久地卷入野蛮暴行的人民，似乎又恢复了他们快乐、人道和善良的天性。"

随着雅各宾俱乐部的被封闭，加入该俱乐部的外省各民众社团也顷刻覆亡了。不仅如此，一些并未加入雅各宾俱乐部、但有着类似政治倾向的民众社团（如哥德利埃俱乐部），也同时受到了这股反动狂潮的冲击。特别是由忿激派和埃贝尔派幸存分子组成的选举俱乐部，由于它在雅各宾俱乐部垮台后实际上充当了巴黎人民运动的新领导中心，很快成为热月反动分子的重点打击对象。雾月 30 日（11 月 20 日）的《爱国与文学年鉴报》在报道了政府对巴黎各民众社团的监视和镇压行动后，明确宣布："已经提上日程的各种治安措施，不仅是为了对付雅各宾俱乐部，同时也是为了对付一切与雅各宾派联合的民众社团，尤其是为了对付选举俱乐部的。"据同一天的《晚间信使报》报道，治安委员会于雾月 29 日下令封存选举俱乐部的文件，中止它的会议，理由是该俱乐部同雅各宾俱乐部"有着共同的命运、共同的原则和共同的忧烦，两者在感情上息息相通"。其实，选举俱乐部同雅各宾俱乐部之间的派性成见也是很深的，为此前者甚至在舆论上充当过热月反动派镇压后者的帮凶。然而唇亡齿寒，在雅各宾俱乐部被解散之后，选举俱乐部仅在它所在的博物馆区苟安了一个多星期，便被人驱逐了出去，很快就在共和三年霜月初（1794 年 11 月底）完全销声匿迹。而选举俱乐部垮台的直接后果，便是巴黎各区右转进程的加速。从葡月底起，"金色青年"就已经开始干预各区的区民会议，攻击各区的革命委员会，并夺取各区的领导权。到霜月10 日（11 月 30 日），原先由雅各宾派控制的巴黎各区绝大部分都落到了反动分子手里，由此开始了对各区无套裤汉活动分子的残酷迫害。这一

① 参见 F. 布吕奈尔：《最后的山岳党人和革命的团结》，载论文集《吉伦特派与山岳派》，巴黎，1980 年，第 305 页。

事态发展严重削弱了巴黎的人民革命力量，尽管巴黎无套裤汉在共和三年芽月和牧月又发动了两次起义，企图重整旗鼓，但终因力不从心而连遭失败，随之被彻底逐出大革命的政治舞台。

显而易见，雅各宾派的衰亡对于大革命的下降发展具有非常关键的意义，而雅各宾派本身的萎靡不振、软弱无能，也是促成它迅速败落的一个重要动因。至于这个动因的构成，最主要的无非是这样两个因素：雅各宾派同无套裤汉关系的破裂和雅各宾派本身没能组成真正的政党。正如我们在前边提到过的，这两个因素中无论哪一个，又都与"公开性"或"反党派政治"的社会心态有着不可分割的联系。在大谈"所有的党派都是罪恶的"时候，在打着"肃清乱党"的旗号镇压忿激派、埃贝尔派和丹东派的时候，雅各宾派的领导人们在某种程度上的确也是出于对"党派政治"的强烈反感，因为他们自己就从未有过建党的意识。尽管雅各宾派通过建立起全国性的组织网，在共和二年的革命中起过"类似政党"的支柱性作用，但由于缺乏必要的组织纪律和相对稳定的领导机构，这个政治派别并未就此成为真正现代意义上的政党，至多只不过是它的一个雏形而已。罗伯斯庇尔反对称"雅各宾派"，坚持称俱乐部性质的"宪法之友社"，实际上也是力图通过强调该团体的松散性来避"结党"之嫌。1792 年 5 月的一期《巴黎革命报》曾就此发表评论，指出：在"雅各宾派"这个称号背后，

> 有某种既滑稽又不祥的东西。它带有乱党的味道。……但是，事情已经发展到了这种地步，以致宪法之友们也许已经无法摆脱"雅各宾派"这个名字了，他们已经以"雅各宾派"著称于世，即使罗伯斯庇尔本人反对这个名字也无济于事了。他们的唯一办法就是，努力以公民责任心、审慎、善行和智慧来为这个名字赢得尊敬。①

不言而喻，在对党派政治存在普遍反感的群体心态条件下，雅各宾派要赢得人们的尊敬，就必须做出一种姿态，拿出一些行动，来表明自己并不是一个"乱党"，并不是一个以搞阴谋诡计为能事的"党派"。事实上，

---

① 转引自阿尔贝·索布尔：《雅各宾派与雅各宾主义》，载王养冲编：《索布尔法国大革命史论选》，第 38 页。

雅各宾派的许多言论和行动，都反映出了他们力图避免给自己染上破坏革命团结的乱党色彩这一深层心理。德穆兰在 1791 年 2 月 14 日《法国和布拉邦的革命》中，就曾极力强调雅各宾俱乐部政治上襟怀坦荡、光明磊落和忠实积极的特点，认为：

> 雅各宾俱乐部是国家真正的研究委员会，在安分守己的公民眼里，它没有国民议会那么危险，因为在那里，揭发、评论都是公开进行的；对坏人来说，它却要可怕得多，因为它同各地相关的社团通信联络，对 83 个郡的每个角落都了如指掌。它不仅是令贵族闻风丧胆的激烈的审判官，它还是矫正一切恶习、帮助一切公民的伟大的检察官。确实，俱乐部在国民议会旁边似乎行使了检察署的职责。①

德穆兰的这一观点，直到热月时期还为雅各宾派所坚持。共和三年葡月 25 日（1794 年 10 月 16 日），山岳党人克拉苏在雅各宾俱乐部批驳了关于该俱乐部"企图充当人民和国民公会之间的中介权力"的谎言，认为这不过是贵族分子的恶意中伤；在他看来，雅各宾俱乐部的"组织特征"，即在于它"自创立之日起就是政府本身及其各部门的监督者"。

历史学家米什莱也曾指出，雅各宾派的特点即在于它总是忧心忡忡地监视着当局，监视着官吏、教士和贵族，它是大革命用以监视的眼睛，用以控诉的声音，用以打击的手臂。

由此可见，雅各宾派始终以保持高度革命警惕、忠实贯彻"公开性"原则为其坚定不移的行为准绳。它竭力向公众表明自己不屑于搞任何秘密的派别活动，不屑于充当政府当局的幕后操纵者，也就是说不屑于成为一个现代自由政治意义上的"政党"，而只满足于行使合法政府身边的"检查署"、"监督者"的职责，充当大革命警惕的"眼睛"、舆论的中心和战斗的力量。

毫无疑问，雅各宾派的这种心态仍然是法国革命者"危机意识"的突出表现。我们知道，作为革命资产阶级中最具有革命彻底性的派别，

---

①　转引自阿尔贝·索布尔：《雅各宾派与雅各宾主义》，载王养冲编：《索布尔法国大革命史论选》，第 39 页。

雅各宾派对于革命现实的不稳定感，对于反革命"阴谋"的忧虑也格外强烈。实际上，雅各宾主义以特别强调"联合的战略"和"统一的策略"——即特别强调革命阵线的团结一致为其政治上的特点，也正是雅各宾派特殊强烈的危机意识的必然反映。雅各宾派对革命团结的高度重视有多方面的表现，他们不仅相当注意团结一切可以团结的力量（如罗伯斯庇尔始终不愿审判73名吉伦特派议员、救国委员会始终拒绝从军队中开除以前是贵族但当时忠于共和国的军官，等等），而且不惜以恐怖手段打击在他们看来对团结有害的各种"乱党"势力，同时还十分注意以身作则，即努力用自己对"公开性"原则的模范遵守，来为全体共和国公民作出表率。在大革命上升时期，雅各宾派的这种团结政策无疑是卓有成效的——它确保了革命政府的建立和巩固，拯救了革命和共和国并推动革命达到了一个相当彻底的结局。然而，这种政策也不可避免地产生了一些严重的副作用或后遗症。通过滥施恐怖，残酷镇压忿激派和埃贝尔派，雅各宾派表面上维护了革命阵营的团结一致，实际上却在激进民主主义势力内部造成了深深的裂痕；通过一贯地片面强调和推行团结政策，"公开性"原则被严重教条化了，形成了不良的心理积淀，使雅各宾派产生了对"革命团结"的盲目依恋，失去了在客观政治形势发生剧烈变化时的应变能力，以致当旧日的联盟因胜利的形势而不可逆转地陷入瓦解的时候，当反动势力已在为扼制激进民主主义的发展而磨刀霍霍的时候，雅各宾派却仍旧沉湎于"团结"的梦幻之中，迂腐地死守不搞党派政治的僵硬信条，不敢也不屑于以党派的形式组织起来展开坚定有力、灵活机动的政治斗争，终于在反动派的大举进攻面前迅速丧失了抵抗力。

至于巴黎的人民大众——无套裤汉，众所周知，他们对"公开性"的热切向往，比起雅各宾派来更是有过之而无不及。比如他们在选举时极热衷于搞唱名投票或鼓掌表决，在雅各宾派看来就很有些过火。后来，由罗伯斯庇尔的心腹帕扬把持的巴黎市府终于下令禁止了这种无套裤汉的选举方式。然而即便是恐怖统治的高压，也没能把无套裤汉对政治公开性的追求压制下去：他们随即纷纷离开了各区的区民大会，以表示对资产阶级选举方式的拒绝和抗议。这一情况，显然从一个方面说明了无套裤汉比雅各宾派更担心"阴谋"，或者说反映了无套裤汉较之雅各宾派更为深刻的"危机意识"。这也正是无套裤汉极易听信有关"乱党"、"阴谋"之类谣言的原因。由此看来，对于热月党人以"乱党"的罪名消灭罗伯斯庇尔派，以维护"共和国统一不可分割"为幌子限制雅各宾派的活动，并以"共和国不得有二权并存"为由封闭雅各宾俱乐部和选举俱乐部时，巴黎无套裤汉为什么竟能够听之任之甚或随波逐流，也就更容易理解了。

在雅各宾派的衰亡中蕴涵着深刻的历史教训，而第一个从中获得某种启示的很可能是巴贝夫。这位空想共产主义的著名思想家和活动家，在行动上似乎力图抛弃雅各宾派所恪守的"公开性"原则，他甚至毫无顾忌地把他的组织称作"平等派密谋"。如果说密谋策划还并不是巴贝夫政治活动独有特征的话（实际上，1792 年 8 月 10 日和 1793 年 5 月 31 日—6 月 2 日的起义就是经过密谋策划的），那么其组织的严密性，却的确是大革命中以往的其他派别所望尘莫及的。在这个地下组织的核心处，有一个坚强有力的领导小组，它紧密依靠为数不多但经过考验的秘密战士，他们被称作"革命的联络员"，负责上传下达的任务；其外围是同情者，亦即共和二年意义上的爱国者和民主分子，他们充当着基层战士，对于他们似乎并不要求都赞同巴贝夫的共产主义理想。再往外，便是需要加以引导的人民大众了。这一套组织形式，是与巴贝夫及其战友们提出的"革命专政"的概念相适应的。这个概念认为：通过起义夺取政权后，再把权力交还给根据政治民主的原则选举、甚至普选产生的议会，是幼稚可笑的，因为整个民族已"奇怪地脱离了自然秩序"，因而是不可信任的；在改造社会、建立新政权的整个过程中，必须维持极少数革命者的专政，以便让人民恢复接受共和制所必需的统一意志，从而能够实际地而不是虚假地行使自己的主权。这个思想，显然已经在一定程度上冲破了法国革命政治文化的基本范畴，而同近现代无产阶级专政的概念联系起来了。按照索布尔的说法，就是："通过邦纳罗蒂，这一思想传给了布朗基，而列宁关于无产阶级专政的学说和实践，其渊源很可能就是布朗基主义。"①

　　可是，尽管"平等派密谋"在组织的严密性上看起来无懈可击，但它仍有一个致命的弱点，这就是它并没能够确保与人民群众的必要的联系。在这个组织中，指示下达渠道畅通，情报上传则相当困难，没有任何史料可以证明在区级"爱国者会议"与普通民众之间有什么制度化的联系。索布尔在谈到这一情况时曾喟然叹曰："当时还远远没有建立一个结构严密的政党的观念。"由此看来，即使是热衷于政治密谋的巴贝夫及其追随者，也终究没能完全摆脱大革命的"公开性"原则所设下的种种心态羁绊。

---

① 阿尔贝·索布尔：《法国大革命史》，第394页。

结语：群众现象与法兰西内战式政治风格的形成

　　大革命时代锻造了我们的政治风格，这是一种悲剧性的、充满强烈情绪和激烈言辞的风格：人称内战式风格。

　　　　　　　　　　——M. 威诺克：《左派、右派与大革命》

　　法国大革命，因其所由产生的不可调和的社会矛盾与阶级矛盾，因其领导者和参与者普遍怀有的与旧传统彻底决裂的奇特信念，以及那种既有现实依据，又有传统根源的异常强烈的危机感，注定要成为一场充斥着群众现象的革命。

　　法国大革命中群众的地位之突出、影响之重大，为世界历史上其他早期的资产阶级革命所远远不能企及。这种群众现象，是法国革命史学中一个极其复杂的课题，同时也是一个极富于魅力的课题，它不仅引起过每一位研究大革命史的史学大家的浓厚兴趣，而且通过古斯塔夫·勒邦博士的精湛研究，成了社会心理学界一个永远不容忽略的话题。它古老，然而常新。

　　群众现象是一种政治文化现象，是法国革命政治文化的一个极重要的组成部分，因而也是我们在揭示法国大革命创造的政治文化传统时所绝对不可忽视的一个要素。而且，在大革命时代的群众与精英人物之间，存在着一种复杂而微妙的相互关系，弄清这种关系，对于我们深化关于革命政治文化中两大亚政治文化之间，大众文化与精英文化之间辩证关系的研究，也将不无裨益。

一、群众现象的基本特征

似乎自古斯塔夫·勒邦开创了群众心理研究以来，人们便明白了必须把作为一种政治文化现象的"群众"同简单的、不自觉的人群区分开来的道理。后者是人们的一种随意性的聚合（如在公园散步的人群），前者则具有明确的目的性。只有当人们带有某一共同的目的，并且认识到必须依靠集体的力量——或是通过集体的行动，或是通过简单的聚集——去达到这一目的的时候，才有可能出现群众。如节日的群众，剧院的观众，惶恐的群众，闹事的群众，都是这样产生的。

在大革命中奋起保卫革命并推动革命前进的"革命群众"，就是这种有目的的群众，属于"闹事的群众"一类。在不少场合下，它的出现的确是精英分子们有意识地动员的结果（尽管并非总是如此）。空前艰巨的伟大革命，曾使革命资产阶级特别倚重人民大众的支持。然而，这里需要特别注意的是，这种"革命群众"，远不是大革命中群众现象的全部，因为在此之外，还存在着迫于生计问题而行动的"群众"（如冲击食品杂货铺、哄抢肥皂船、强行实施"民众限价"的人们），存在着为强烈的获取土地的愿望所驱使的"群众"（如在"大恐慌"的日子里成群结队攻打领主庄园的农民）。这些群众现象往往并不是当时的革命精英们所愿意看到的，事实上他们总是竭力控制、镇压这些闹事的群众，因而这种"群众"和资产阶级有意动员起来的那种"革命群众"是有一定差距的；最重要的是（这一点以往很少为人们所注意），在革命阵营的直接对立面，还确确实实地出现过一种反对革命的"群众"，那就是各地由革命政府的某些政策激起的、受到王党贵族分子利用的地方民众叛乱，以及在热月反动时期活跃于巴黎街头的"金色青年"团伙。甚至大革命的对象都曾做过群众工作、诉诸过群众的支持，甚至大革命的群众现象都出现了"左"和"右"的分野，这些情况无疑也在证实着（或者说强化着）群众现象在革命政治文化中的突出地位和普遍影响。

历史学家发现，18世纪的法国"群众"，无论是在革命前还是在革命中，也无论是革命的还是反对革命的，都具有这样一个共同的特点，即它们都象征性地充当着"社区的代表"①。当时的群众行为基本上是分散的、社区化的，受着地形格局的制约，表现着严重的本位主义。如1788 年 8 至 9 月巴黎民众抗议国王解散高等法院的骚乱，即发生在高等法院周围的区域，主要在多菲内广场和新桥一带。在 602 位有住址可查的"巴士底狱征服者"中，有 425 人是市郊圣安托万区的长期居民，占70％；市郊圣马塞尔区来了约 12 人，但他们在组织上是独立的，并未同圣安托万区的群众融成一体，两者各有自己的首领；其他人则分别来自巴士底狱附近的圣保尔和圣日尔凡等区，大都是 1 至 2 公里范围以内的居民。后来巴黎各区的群众运动仍一贯地保持着这种"区自为战"的特点。这些情况，反映了当时的群众与社区之间的一种不可分割的内在联系。

既然在群众与社区之间存在着这种客观联系，那么，要说明群众的基本特征，就不能不对大革命时代社区的情况作一番考察。一般说来，当时的社区不仅是一种由地形限定的聚居区，而且是一个具有某些共同价值标准和相互从属心情的自治的社会单位，其间的居民虽然仍存在着个人的社会差别，但这种社会差别还不致破坏社区内由某种集体心态形成的一致性。也就是说，这种社区不仅具有一种物质上的邻里接近感，而且具有一种精神上的集体行为规范感。这一情况，显然与盛行于旧制度法国的"团体精神"不无关系。在旧制度时代，这种"社区意识"曾在一个个社区的范围内长期地维持着精英和民众之间的"团结"。这种团结在旧制度末年出现了瓦解的趋势（突出地表现为精英集团开始不屑于参加社区的集体节庆活动，由此出现了伏维尔所谈论过的乡村中的两种节庆方式和城市中节庆为演剧所取代的倾向），精英文化开始与大众文化相分离。由于有钱人日益拒绝参与社区的群众活动，他们也就日益从精神上同社区异化了，结果便促成了社区本身的日益下层民众化。

不过，精英集团与日益民众化的社区之间的彻底分离仍需要一个过程。人们看到，直到大革命前夕，巴黎和其他城市的精英分子们仍然被套在社区网之中，仍然在实际上参与策划某些群众骚乱。行动中的群众

---

① 参见 C. 卢卡斯：《群众与政治》，见卢卡斯主编：《法国革命与近代政治文化的创造》，第 2 卷，第 262～263 页。

也仍然在召唤精英的加入以显示社区的团结精神。如在 1788 年 8 至 9 月的事件中，某些"中产阶级"分子就曾对街上的骚乱表现出浓厚的兴趣，常常扔些小币给街上的顽童，让他们去买爆竹花炮之类到处燃放以烘托气氛。入夜时，多菲内广场周围的不少"中产阶级"居民纷纷在窗口摆上点燃的蜡烛，以示对街上群众的支持。有些自视清高、不愿随大流者没有在窗口摆蜡烛，往往很快就被群众用石块砸碎了窗户玻璃。这里，不放蜡烛的行为显示了"中产阶级"同人民大众分离的倾向，而群众砸窗户玻璃的行为则反映了人民大众力图强化社区内团结一致的本能。可见人民大众与"中产阶级"的这种文化上的矛盾，至少在一定程度上体现了"传统"与"近代"的对立——即一种维护传统的保守的价值观同打破传统的近代化价值观之间的对立。后来，当群众的行为趋于失控的时候，"中产阶级"便招来了夜巡队加以干预；夜巡队的高压引起了冲突，致使自己的营房被愤怒的群众纵火焚毁。于是政府派来了平暴的军队。这时社区的精英们便出来收拾局面，劝说群众赶紧回家，群众也就顺势鸣金收兵。精英集团这时仍能以社区成员的身份说服群众，说明他们在社区中仍拥有影响力，然而这种影响力是建立在群众的"社区意识"之上的，也就是说只有在顺从群众的看法和价值观、承认群众的合法性的情况下，他们才能保持这种影响力。事实上，当时群众之所以能够顺从地偃旗息鼓，主要是因为他们自己也深知"他们同军队没有任何利害冲突"。同军队的正面交锋是避免了，可是同夜巡队的账却还没算完，群众仍在同夜巡队闹摩擦，直至最后因夜巡队的横暴（无端袭击在街道上聚谈的人群）激起全社区同仇敌忾的抗议怒潮。

这一事例，还从另一个方面，即从行动中的群众同其社区的围观者之间的密切关系，反映出群众的"社区代表"功能。围观者不仅是群众行动不可避免的一部分，而且是其不可或缺的一部分。实际上，在群众行动的现场，要把群众同围观者绝对划分开来是很困难的。在多菲内广场周围建筑物的窗口上摆放蜡烛的居民，事实上已经参与了群众的行动；而群众砸那些不放蜡烛的住户窗玻璃的行为，也反映了群众的一种很自然地要求围观者承认其社区代表资格的倾向。一般说来，围观者对群众的行动很少能表现得完全无动于衷，甚至往往会直接投身其中。在这方面，攻打巴士底狱的事件是一个典型的例子。据称当时在场者成千上万，其中大部分仅仅是出于好奇而赶来看热闹的，然而这些人很多最终都投入了战斗；当胜利者们押着俘虏进入圣安托万街时，两旁的楼房中又有无数妇孺老人从窗口探出身来欢呼："啊哈，抓住这帮无赖喽！"但在更多的情况下，围观者只是在一旁观评，群众行动合乎他们心目中的社区行为规范者，他们就会报以首肯和赞许，不合乎者，他们则会加以谴责并设法加以制止。

1788年8至9月的事件还表明了这样一个事实，即群众行动尽管在客观上推动着资产阶级的事业，但它在主观上似乎并没有这种明确的革命意识。实际上，整个大革命过程中的群众现象，都不曾表现出它具有为精英集团的这种或那种政治计划服务的自觉性。除了植根于邻里、地方的品性之外，群众的另一个显著的特点是它的所谓"户外性"或"公共性"，即它必须发生在街道、广场等公共场所。通过让社区成员在公共场所结成一种新的户外联合，群众似乎暂时废除了社区中的职业差别和阶级或等级关系，使每个人都成为群众中普通一员，并由此暂时解除了既存条件对他们的束缚，使人人都被赋予一种相对的平等性。从这个意义上看来，群众可以说是一种被暂时改造了的社区，一种接近于"自然状态"的社区成员的重新组合。群众一般都显得非常重视这种空间上的"户外性"：要是他们为抓一个人而进入了某一封闭的空间（室内），他们几乎总要把这个人拉到室外来加以处置，似乎封闭的、暗藏的空间总含有某种使群众感到不祥的东西，似乎只有在开放的空间中群众才能感到拥有某种合法性。①

群众的这种超然于社区的职业、阶级或等级结构之上的特性，这种力求表达社区成员共同的利益和价值观的倾向，似乎也证明着群众具有"社区代表"的独特政治功能。然而，这种无社会身份的社区成员组合势必会简化人们的有意识态度，而强调作为大众社会态度之心理根基的共同价值观念和行为规范。也就是说，它突出的是传统心态和文化本能对于行为的指导意义，从而不可避免地表现出强烈的无意识或非理性的

---

① 参见 C. 卢卡斯主编：《法国革命与近代政治文化的创造》，第266～267页。

色彩。

关于"群众是无意识的人格"这一命题，大概是社会心理学界的一个普遍的共识。按照古斯塔夫·勒邦的说法，一个人一旦置身于群众之中，他便不是他了：他的文化程度将降至极低点，他的有意识的个性将在无意识的群众人格中消逝得无影无踪。群体心理的根本特征是完全为各种无意识因素所支配。处于这种心理状态下的群众往往极端轻信，过分敏感，目光短浅，而且不可理喻；事实和经验都无法影响他们，在他们看来世上没有不可能的事情。由于这种神经过敏，群众的情感尽管有着善恶之分，但在"过激"这一点上却别无二致。这在革命时代表现得尤其显著，那时哪怕最轻微的一点激动，都有可能导致最狂暴的群众行为。群众的轻信心在平时就很严重，而在革命时期更将恶化到中风发狂的地步，任何荒诞不经的谣传都会被他们信以为真。①

我们当然不能把法国大革命时代激烈的群众行为完全归结为这种纯心理的因素。就当时的革命群众而言，索布尔已经通过他关于其阶级成分及其建立在民间传统基础上的革命群体心态的杰出研究，论证了革命群众的暴力行为主要是因为政治危机和物价高涨激怒了下层民众。然而仅仅从这一点来解释革命群众行为的全部暴烈性，则又不免失之苍白无力。实际上，政治危机和物价高涨等因素只是在促使"革命群众"形成方面扮演过关键的角色，正是它们，把在王宫花园散步的或聚集在各公共场所的人群，由不自觉的或半自觉的"聚合体"突然转变成为自觉的"集体"——革命群众。所以，当索布尔进一步解释为什么有些在日常生活中循规蹈矩的人，有些本来是好父亲、好丈夫、好邻居的无套裤汉，竟会成为杀人不眨眼的恐怖分子的时候，便用他自己的语言谈到了群体心态在促发群众暴力方面的重要性：在他看来，那是因为"对祖国的忧虑、对贵族阴谋的担心、骚乱时的气氛、警钟声、警炮声以及紧急集合号音，所有这一切促使这些人怒不可遏，造成了他们的第二性格"②。

不可否认，索布尔这里所说的"第二性格"，实际上就是个人在群众中的"无个性化"的表现。这种无个性化无疑还表现为某种个人责任心

---

① 参见 G. 勒邦：《法国革命与革命心理》，巴黎，1925 年，第 91～94 页。

② 参见阿尔贝·索布尔：《法国大革命史》，第 512 页。

的丧失。根据社会心理学家的解释，人们在独处时能表现出高度的责任感，能从伦理的角度考虑自己的行为，而一旦置身于群众之中，由于感到分担责任者甚众，由于感到自己获得了某种"匿名性"，他们就不再那么有责任感了，结果很容易做出他们在独处时不肯做或不敢做的事情。这一点，显然也是"革命群众"暴力行为的心理动因之一。但是从另一方面来看，人们也不得不承认：这种无个性化在削弱个人责任心的同时，却也可能促使个人焕发出高度的集体主义热忱和英雄主义精神。也就是说，群众一经形成，便有可能反过来对组成群众的个人产生一种异乎寻常的影响力，其效果之神，可以令疑者信、贪者廉、怯者勇而吝者豪。不难想见，正是在这种无个性化之中，蕴藏着群众现象不可限量的破坏力或建设力。

群众的"社区代表"资格，大概也正是由内在于群众的这种伟大力量所决定的。似乎可以这样看：如果说资产阶级精英分子借以表达和捍卫自身利益的手段主要是代议制议会的话，那么人民群众为此目的而采取的手段则主要是群众。科林·卢卡斯说得好："在非常直接的意义上，起代表和调适作用的群众是人民的自然的机关：人民的成员作为个人过于屡弱，不足以对权威（无论是国家的、社会的还是经济的权威）采取任何有意义的行动；但是集体行动起来，他们就可以表达他们的意见并捍卫他们的利益了。"① 对于人民大众来说，唯有团结行动，才能显示他们的力量。在旧制度时代，社区就经常通过它的群众行动，来申明它拥有根据自己的传统价值体系限制和惩治各种"越轨"行为的权利。这种群众行动在经济领域一般表现为用自发的民众限价手段推行"道德经济"，在政治领域则往往表现为对政府失职行为的嘲骂起哄、示威抗议乃至肉体攻击。而政治领域中群众暴力的发生，一般又都缘起于政府某代理人的某种为民众价值观所不容的"越轨"行为（如1788年8至9月事件中巡警对群众的攻击，1789年7月14日巴士底狱守军首先向群众开枪等），群众的攻击对象通常也仅局限于这种个别而具体的代理人，而并不涉及总体而抽象的政权结构——作为社区代表的群众只是希望制止破坏

① C. 卢卡斯：《群众与政府》，见 C. 卢卡斯主编：《法国革命与近代政治文化的创造》，第2卷，第267页。

社区准则的行为，从而调适自身，而绝无用自身取代政治权威的野心。这种群众现象自然是短暂的，它也往往因此而在舆论界获得相当程度的"合法性"。明了这一情况的国家政权在处置闹事群众时，也往往显得比较克制和讲分寸，国家与群众之间维持着一种相互敬畏的微妙平衡。

旧制度时代的这种群众现象在大革命时代虽然经历了某些发展演变，但它的基本特征却仍将维持下来。从实质上看，这种作为社区代表而频频出现的群众，既体现了法兰西民族对人民民主的一种源远流长的传统向往，又反映了民众心态中的直接民主倾向对政治稳定所构成的现实威胁。它无疑将大大加深大革命及其政治文化的左翼精神。而从形式上看来，这种作为无意识的人格而积极活动着的群众，又势必大大强化大革命及其政治文化的非理性要素，使之呈现出空前的暴烈性和二元对抗性色彩。

二、大革命时代的精英与群众

大革命时代的群众现象的发展演变，是在精英文化与大众文化的交互影响中进行的。就巴黎的情况而言，1788 年 8 至 9 月的动乱仍带有旧制度时代群众现象的一般特征：事情起于高等法院被解散，结束于高等法院被召回，而民众对高等法院的爱戴与支持乃是旧制度时代的一个古老现象，自冉森主义运动直到福隆德运动都一贯如此；而且当时群众斗争的矛头仍集中指向政府某些执行镇压措施的个别代理人，它的具体行动仍掺杂着对被认为有罪的政府代理人模拟像的礼仪化的处决；直到最后庆祝胜利的时候，群众仍在高喊着"审判迪布瓦（镇压群众的巡警司令官）"的口号，反映了当时群众的关注中心仍保持着传统的狭隘性。但是人们也注意到，在这场群众骚乱中也出现了一个前所未有的崭新因素，这就是群众通过他们对 1788 年 8 月 26 日国王重新起用内克的热烈欢迎，显示了他们不仅已经了解了上层政治的基本方针，而且已经对政府的某一个别政策发生了兴趣。

这一情况，说明旧制度末年巴黎群众的政治觉悟较以往有了很大的提高。究其原因，有两点最引人注目。其一，是 1780 年以来作为民众自由集会场所的"王宫花园"（又译罗亚尔宫花园）的出现。在此之前，法国的公共空间一直是由专制王权独占的，尽管人民不断地以群众的形式侵入这种空间，而且每次入侵通常都伴随有对王权象征物的捣毁行为，以示其对这种空间的物质和权利双重意义上的"占领"，但这种入侵一旦为王权所挫败，被捣毁的王权象征物就会立即被重新树立起来，群众始终未能在公共空间取得一个持久的立足之地。但是自1780年奥尔良公爵把他拥有的这座王宫转让给他的儿子（即后来的菲利普·平等）之后，情况就不一样了：因为这位自由主义倾向严重的公爵随即向公众开放了这座宫殿的花园，使之成为一个人人都可以来此自由发表演讲的公共舆论场所，类似今日英国伦敦的海德公园。尤其意义重大的是，这是一块警察不得入内的特权领地，由此巴黎民众获得了一个可以永久占领，不受王权辖制的公共空间。很快，又有人在花园的拱廊两侧开设了许多咖啡馆，热衷于政治事务的知识精英们便纷纷来到这里，一边呷着咖啡，一边肆无忌惮地大谈国事，无形中使这里成了一座启发民众政治觉悟的大学校。阿瑟·扬曾生动地描述过他在1789年来这里时看到的场景，据称当时这些咖啡馆被人群里里外外挤得水泄不通，演说家们站在椅子或桌子上滔滔不绝，群众则或翘首拥立门边，或屏息趴于窗上，张着嘴巴全神贯注地听着。精英文化和大众文化无疑曾在这里发生过碰撞、交织，并产生过强烈的共鸣。

其二，便是18世纪60年代到70年代的粮食自由贸易试验和由此而来的十年粮食骚动。我们已经谈论过王室和高等法院在这个问题上的相互攻讦，曾怎样地强化过革命时代人们对贵族阴谋的恐惧心态。而这种论战的另一个方面的意义，就是使人民大众第一次产生了这样一种觉悟：在粮食这个重大问题上有意与人民作对的，不仅有囤积居奇的奸商，而且有政府和国王本人，经济的恶化、失业的增加、粮食的匮乏，无疑与政府的以权谋私或渎职行为有重大关系。

由此看来，巴黎群众政治觉悟的提高与精英文化的影响是分不开的。实际上，大革命前夕的第三等级精英分子通过撰写小册子和陈情书、作演说、组织选举等活动进行的一切革命宣传，无不旨在让民众认识到：他们的利益不仅与个别违背社区规范的政治权威代理人相对立，而且与政府本身相对立，因此他们应积极与第三等级认同，共同参与对政府本身的革命改造。这种宣传似乎不无成效：群众在 1788 年 9 月间还只是高呼着"内克先生万岁"，在 1789 年 4 月的雷维雍工场骚乱中便已经喊出了抽象的"第三等级万岁"的口号。然而人们也看到，对于当时巴黎群众政治觉悟的发展状况还切不可估计过高：由于在这场骚乱中，雷维雍和昂里奥这两个工场主毕竟还只是因违背了社区的道德规范而受到处罚的，整个事件仍带有浓厚的传统色彩，故"第三等级"以及后来的"民族"这些字眼，在当时群众心目中究竟在多大程度上压倒了"社区"的重要性，仍然是很不清楚的。7 月的群众运动也同样如此——在这期间，虽然群众的政治觉悟有了进一步的提升，表现在内克的被解职和军队的开进使群众更加认清了国王政府反人民的真面目，但群众作出的惩罚反应却仍旧是传统式的，即针对某些具体人的行为，以攻击某些特定的个人的方式来施加报复，如德洛内、弗雷塞尔、富隆及其女婿贝蒂埃等人的被处决。事实上，在法国大革命中群众现象的那些传统特征一直就或部分或全部地顽强存续着，始终也不曾完全消失过。

同 7 月的群众运动比较起来，10 月 5 至 6 日巴黎妇女进军凡尔赛的行动显然表现了更高一级的政治觉悟：群众这时似乎第一次清楚地意识到了这一真理，即要想一劳永逸地解除自己的疾苦，就必须越过政治权威的代理人而直接向中央政府施加压力。10 月的群众在仍旧保持着很强的传统性的同时，也表现出这样两个非同寻常的新特点：（1）它公然侵入了政府权力的两大中心——王宫和议会，而不再只满足于冲击市政府；（2）它希图通过把"面包坊老板、老板娘和小伙计"（即国王、王后和王子）带回巴黎置于百姓直接监控之下，来使困扰百姓多年的"面包问题"得到永久性的政治解决，而不再只满足于用民众限价和惩罚某些代理人的方法来寻求暂时的解决。

尽管 10 月群众的行为远没能为日后的群众运动提供一个恒定的模式，传统的羁绊仍牢牢地束缚着群众的手脚，但这次事件对群众心态的影响无疑是重大的：既然王宫和议会都可以"合法"地加以冲击，古老的王权迷信、国家事务的神圣性和神秘性也就不可避免地发生了动摇。"人民起义权"的概念由此在群众心目中被具象化了，它将推动群众在大革命的各个关键时刻一次又一次地诉诸这种手段，从而成为大革命激进化进程的强大而直接的精神动力。

"人民起义权"的思想显然已经是精英文化的东西。应该说，群众在大革命中每一次冲击王宫或国家议会的自觉行动，都显示了群众受精英文化影响而发生的某种程度的理性化，并由此强化了它固有的那种在革命精英看来至关重要的革故鼎新的政治功能。可惜的是这种理性化总显得那么微乎其微，甚或转瞬即逝。群众对整个民族国家政治事务的关心，始终也不曾压倒他们对自身物质利益和本社区道德规范的传统关注。群众在革命时期多次制造的民众限价事件，如1792年1月的"食糖骚乱"、1793年2月的"肥皂骚乱"等，都因干扰了雅各宾派领袖的政治计划而激起过他们的抱怨和愤怒。马拉和罗伯斯庇尔曾把这种骚乱斥为"一种旨在挑动爱国者斗爱国者的阴谋"。在罗伯斯庇尔看来，人民不应该"为一些微不足道的商品"闹事，他们本来有更重要的事情要做："人民应该奋起，但奋起的目的是为了打垮那些匪徒，而不是为了找糖吃。"令精英们对群众深感头疼的，除了它的这种持续不断的传统因素之外，还有它所固有的那种无意识、非理性或易趋极端的品格的"消极面"——即群众的某些在他们看来没有必要而且十分有害的过激行为。由此，他们很自然地意识到了一种处理群众问题的双重必要性，即在对群众灌输政治理智的同时，还需要对群众的那些"不必要的过激行为"加以预防和扼制。

事实上革命精英们从一开始就在力图限制群众过激性格的"消极"影响。如在1789年7月22日，当巴黎市政厅前的群众要求立即处死财政总监富隆的时候，民选的新市长巴伊曾出面劝说群众：对富隆应通过适当的法律程序加以审判，以免错杀无辜；即使有确凿证据表明他罪在必诛，也应讲究个程序。群众暂时被说服了，但他们仍坚持要求选举人任命一个特别法庭从速审理，而且当他们发现这个由精英分子组成的法庭磨磨蹭蹭拖延判决的时候，他们便又怒不可遏地以传统的群众行为方式执行了富隆的死刑。

革命精英为防止群众失控而采取的最早而且也是最主要的手段之一，便是对群众加以组织，由此出现了所谓"有组织的群众"，即那种由某些民众活动分子指挥的、为完成某一特定的革命政治任务而聚集起来的群众。领导这种群众的那些民众活动分子即使还算不上革命精英，也一般都较多地受过精英人物们的革命思想的熏陶，因为他们主要地都是在各俱乐部和各区选举人大会里而不是在街道上接受政治教育的。这种群众的基本形式便是1789年夏在巴黎和外省普遍建立起来的由武装的群众组成的国民自卫军，和以此为骨干的城市区民运动。国民自卫军的建立，一般都是因为当时刚刚夺取各市镇权力的革命精英们感到了控制群众、捍卫秩序的需要。里昂的资产阶级民兵就是为控制本市的动乱而成立的，而且几个星期之后又开赴农村非常野蛮地镇压过农民的夺地斗争。即使在巴黎，选举人建立民兵武装的首要动机也显然是为了维护首都的秩序，而不是为了对付国王的军队。当他们在7月11日向国民议会提出建立一支"资产阶级卫队"的请求时，根据的理由就是王军集结引起了"民众的骚动情绪"。事实上，他们当时之所以同意"拿起武器"，很大程度上正是因为看到街道上已经到处都是武装的群众，并进而意识到这时选举人的职责就应该是站到"武装公民的岗位上，规劝群众以祖国的名义不要聚众闹事，不要做出粗暴的行为"。7月13日成立的巴黎市"常设委员会"采取的第一个行动便是组织民兵压制群众。7月14日上午，巴黎的代表曾不无得意地在国民议会宣布："资产阶级民兵曾连续解除了一些自行武装者的武器，并迫使他们遵纪守法。"

除了被用以压制群众之外，国民自卫军似乎还是资产阶级精英们阉割、消化群众的一种手段。尽管直到1792年8月10日之前，这种自卫军按条例规定只有积极公民才有资格加入，但它仍吸收了不少下层民众；而到了1792年7月间，实际上所有的成年男性就都可以参加自卫军了，其成分已和一般的自发群众毫无区别。在一般特征上，这种自卫军也同自发的群众一样，都是从不同的日常生活环境中募集成员并赋予他们一种集体的身份，但不同的是作为一种军队，自卫军中存在着严格的等级制，而且军官甚至在1792年之后仍只能由有一定财产的人担任，尤其是它必须听从公共权威的调遣。显而易见，国民自卫军这种有组织的群众，实际上已经成了原来意义上的、自发的群众的对立物。按伏维尔的说法，便是：这种群众既体现了群众现象的"最高形式"，又体现了对群众现象的"否定"。①

革命精英对群众实行组织化的做法，突出地反映了他们对于群众的一种既爱又恨、既宠又怕的复杂情感。由于他们的革命少不了群众的支持，而群众又免不了会给他们带来麻烦，因而为了扬其长而避其短，就很有必要对群众的行为加以区分，给予"好"或"坏"的定性，即指出哪些群众行为是正确的，有益于革命事业的，哪些则是受到错误导向的，犯罪的，受敌人操纵的，或仅仅是幼稚的。在罗伯斯庇尔看来，最好的群众无疑是有组织的群众，其典型便是在8月10日推翻王政的群众——正因为有了组织，他们在起义中显示了"令人肃然起敬的镇静"，其起义的方式也像他们的动机和目标一样"崇高而庄重"。这是一次有秩序的、成熟的群众行动，没有1789年7月群众的那种目的含糊、行为可怖的品格，也不带任何暴乱群众的特点。

然而组织起来的群众毕竟还是群众，尤其是后来大批加入国民自卫军的又是与大众文化联系最为密切的下层人民，这就使它终究摆脱不了群众现象的一般法则和大众文化传统影响的支配。也就是说，它仍不可避免地保持着同自发群众的深刻的一致性。这一点，曾一再通过它拒绝镇压群众骚乱（或镇压不力）和卷入巴黎的革命运动而表现出来。巴黎各区国民自卫军难于同中央政府保持同心同德的倾向，在1793年表现得尤其严重：他们不仅是雅各宾派推翻吉伦特派统治的主要冲击力量，而且还将继续威胁由他们自己拥立的山岳派政权的稳定。当然，这个时期的国民自卫军也并非脱离了精英的影响，但是，由于精英阶层本身也发生了分裂，其各个派别同无套裤汉的关系亲疏不一，而作为无套裤汉主要精神领袖的忿激派和埃贝尔派因其与无套裤汉关系过密，受其影响过重，又只能在精英阶层的系谱中占据相当次要的位置，故而对于当时革命精英的主流派（6月2日起义之前是吉伦特派，之后便是山岳派或雅各宾派）来说，所谓"有组织的群众"，即主要由无套裤汉组成的各区国民自卫军，始终都仍旧是一种危险的异己势力。这就仍旧需要对他们严加提防和限制，持久的和平共处是不可能的。当一切限制手段都不能奏

---

① 参见米歇尔·伏维尔：《革命心态》，第74～75页。

效，而形势发展又使群众的重要性受到相对削弱的时候，革命精英便会毫不犹豫地诉诸最极端的高压政策——这就是共和二年花月和牧月间在巴黎各区发生的事变进程。不过，也正如我们所知道的，无套裤汉远没有就此被压服，他们仍在顽强地实践着他们自己的民主价值观，只是变换了一下斗争的方式而已。

除了对群众实行组织化之外，革命精英们还尝试过另一些限制群众"消极性"的策略，如颁布只准许人们以个人名义请愿的法令，以期分散群众；召集群众参加革命节日的庆典，以期转换群众的政治功能（即把对于政府的"批评型"群众变成"捧场型"群众）；把有利于革命的群众暴行加以理性化，通过表彰某些个人的英勇事迹，把群众肢解为一个个英雄人物，把他们的行为圣洁化，以期教育和引导今后群众的行为（如制宪议会对 662 名"巴士底狱征服者"的颁奖授勋活动）；最后，还有旨在用较讲究理性的国家暴力取代非理性的群众暴力的恐怖统治的建立——"让我们变得可怕起来，以便让人民变得不可怕"①，丹东在倡导恐怖统治时说出的这句名言，就集中地反映了革命精英的这种考虑。

只是所有这些手段，在大部分情况下都显得收效甚微。群众依旧是群众，即使在它最富于符合精英要求的革命意识的时候，也难免表现出令精英们困窘的传统品格和过激色彩。事实上，无论是旧制度时代的精英，还是大革命时代的精英，都在内心深处感到了同样一个事实，即在他们与群众之间存在着不可调和的矛盾；对他们来说，群众天生就具有扰乱秩序、破坏财产的品性，因而绝不可以让他们长久地占据公共的政治空间。然而，尽管许多革命精英很早就想把群众从大革命的政治舞台上赶下去，他们却不得不等到 1795 年才最终实现这一夙愿。人们之所以在这段时期一直无法驱除群众现象这个可怕的幽灵，显然是因为在法国大革命的条件下群众有其独特而不可替代的政治功能。就连最温和的革命派也不能不承认：是群众在 1789 年保卫了革命。没有 4000 名群众闹议会，恐怕第三等级连"国民议会"都不敢宣布。激进的革命派则由于深信群众还将一再发挥保卫革命的作用，而自觉地同它结成了联盟。大

① 《导报》，第 15 卷，第 683 页。

革命任务的艰巨性，使他们对于群众的需要超出了他们对于群众的恐惧。也正是他们对群众的一味忍让和迁就，使大革命中的群众现象得到了意义深远的"超常"发展。同时，革命精英自己常常挂在嘴边的关于"人民主权"的辞令，也阻止了他们采用同旧制度统治者完全一样的眼光看待群众。"人民"一词在他们的辞典里一般具有双重含义，既可泛指旧特权等级之外的一切人，又可以专指粗鲁卑贱的劳苦大众。而且值得注意的是，激进的革命派在使用"人民"一词时，他们往往更侧重于拿它指代劳苦大众。例如，当巴黎无套裤汉在 1793 年 9 月 5 日大举闯入国民公会，要求对包括投机商在内的"人民之敌"实施恐怖统治的时候，丹东当即推动议会通过了顺应这一要求的决议，同时还这样对议会里的群众大加恭维：

> 向你们致敬，高尚的人民！你们体现了坚忍与伟大的结合；你们顽强地争取自由，不惜为自由而忍饥挨饿。你们一定会得到自由！我们决心和你们携手前进，你们的敌人必将灭亡，自由必将属于你们！（议会会场群情鼎沸，欢声雷动）①

罗伯斯庇尔也在 1793 年这样写道："内部的危险来自资产阶级；为了战胜资产阶级，必须召集人民……必须有连续不断的起义……必须让人民同国民公会站到一起，让国民公会得到人民的帮助。"不难想见，具有这种"人民即下层民众"的潜意识的革命精英们，在这个盛行着"主权在民"观念的时代，是不可能完全无视以下层民众为基本成分的"群众"的参政权利的。

就是在这样的政治气候下，群众扮演了大革命上升阶段的主力军角色。尤其重要的是，群众基本上一直是按照自己的传统价值观来扮演这个角色的，它行使的主要是自己的主权意志，因此，它是促使大革命激进化的根本动力。在这个意义上，说群众在这个阶段实际上占据了革命政治的主导地位，大概是不为过的。这种主导地位，尽管为时并不很久，却将不可避免地在大革命中形成的政治文化传统上留下深深印记：人民

---

① 参见《丹东讲演集》，巴黎，1910 年，第 564～569 页。

大众从此长期难以忘怀他们为大革命做出的贡献和牺牲，他们当时曾冲在资产阶级的前头，至少曾与资产阶级分享过推翻旧制度的光荣。这种心态因素无疑有助于强化革命后人民大众反对资本统治的斗争，从而强化左翼民主势力。同时，群众在大革命中由于"无个性化"和受压迫状态而表现出的种种非理性的狂暴行为，也将因其浩大的规模而大大强化大革命政治斗争的暴烈性，并由此形成另一种难以磨灭的历史记忆，从而对后世人们的政治行为方式发生影响。近代法国政治文化的激进性、分裂性和二元对抗性，大概就是这样形成的。

三、非理性因素与内战式政治风格

大革命中空前规模的群众参与政治的现象，构成了大革命后法国左翼民主势力异常强盛的传统根源，但它同时也将不可避免地给大革命后的法国政治注入较多的非理性因素，使政治往往更易于为人们的感情而不是理智所左右。

比如，人们对大革命时代政治象征物的感情，往往就能够有力地影响大革命后政治演变的进程。法国人民在1814年抛弃了拿破仑，是因为他无休无止的穷兵黩武使法兰西民族陷入了水深火热之中。然而当波旁王朝的白旗在巴黎重新升起的时候，人们顷刻间便又感到了一种难以名状的愤怒。历史学家皮埃尔·米盖尔写道：

> 波旁王朝是坐"外国大篷车"返回巴黎的。盟国说他们只对皇帝作战，但随着王朝复辟，人们突然发现盟国真正的敌人不是皇帝而是大革命。路易十八返回法国并主持国事，这件事在法国产生了奇异的反响，它使整个国家瞬息之间倒向了三色旗一边。人们立即忘却了帝国的苦难而只怀念它的光荣。人们怀着同样的热情对待三色帽徽和荣誉团的绶带，对待象征大革命的颜色和胜利的旗帜。整个革命的法兰西，同时也是爱国的法兰西，立即万人空巷地欢呼拿破仑从厄尔巴岛归来。①

---

① 皮埃尔·米盖尔：《法国史》，商务印书馆，1985年，第320页。

然而"三色旗的百日"只是第一帝国的回光返照，波旁王朝的复辟终于在1815年成为既定事实。路易十八尽管不乏政治理智，但他终究仍坚持用白旗取代三色旗，因而也就不能不深深地刺伤仍佩戴着三色徽的法国人的感情。复辟王朝的统治于是不可能稳定而持久。当路易十八的继位者查理十世把反动步步推向极端的时候，人们对"白旗"及"百合花"徽记的容忍也随之趋于极限。1830年7月27日晚，推翻复辟王朝的人民起义——"光荣的三天"——终于爆发，巴黎圣母院高高的塔顶上又骄傲地飘扬起大革命的旗帜。这场起义的成果虽然被奥尔良公爵窃取，但他毕竟已只能靠挥舞三色旗来登上王位。实际上他的成功在很大程度上仰仗的都是三色旗赋予他的象征意义。7月30日的《国民报》"新宣言"中的这段话，似乎并不是一时的神来之笔：

> 奥尔良公爵参加过热马普之战，奥尔良公爵在战火中高举过三色旗。奥尔良公爵是唯一能够再次高举三色旗的人。

而且，这篇"新宣言"还在最后意味深长地写道："他将从法国人民手里接过王冠。"[①] 政治家们显然已深深地意识到，在法国要成功地推行任何政治图谋，都不能不考虑到民众的政治意志，不能不利用民众的政治感情。

直到19世纪末，人们对三色旗和白旗的对立情感似乎仍在深深地影响着共和制的确立进程。1873年，君主派运动因保王党人麦克马洪当选总统而一度甚嚣尘上，尚博尔伯爵以"亨利五世"的称号在法国重建君主制几乎已成定局。然而这位"亨利五世"昏聩而顽固，拒不接受较为明智的巴黎伯爵的劝告，非要重新打出"亨利四世的白旗"不可，结果导致了君主派势力的分裂（明白人谁愿去为他殉葬），使一场眼看就要成为现实的复辟梦旋又化为泡影。梯也尔有感于尚博尔伯爵的冥顽不化给共和派带来的巨大好处，曾讽刺地称他为"法国的华盛顿"。教皇庇护九世则为此而痛心疾首，仰天长叹："只是为了那么一块破布！"

尚博尔伯爵的愚蠢，是因为他长期亡命奥地利，三十年来一直蛰居

---

① 参见皮埃尔·米盖尔；《法国史》，第340页。

于城堡之中，为一群耽溺于幻想的贵族所包围，完全不了解法国民众对三色旗的深厚感情。同样以复辟君主制为己任的布朗热将军则与他相反，显得极善于利用人民的"三色崇拜"来树立自己的威望：布朗热主义在19世纪80年代一度激起法国民众狂热的民族主义情绪，发展成为声势浩大的群众运动，正是从他下令将军营的岗亭涂上蓝、白、红三色开始的。当然，三色旗所代表的，主要地还只是资产阶级的亚政治文化，因而也只能在当时部分地反映人民大众的利益，而且它归根结底还是和人民大众的根本利益相对立的。这种差异和矛盾，尽管在开始的时候并不能为人民大众清晰地认识到，但也不免会使他们产生一种模糊的表象，而这种表象的下意识的流露，似乎就是他们对于"红色"的特殊感情和刻意追求。"小红帽"之所以能在大革命中成为民众心目中至高无上的革命象征，恐怕主要就是因为它是"穷老百姓"通常装束的一部分，可以通过它来象征性地表达下层人民的存在、愿望和利益。这种穷人小帽呈红色而非其他颜色，大概纯属偶然；但既然它已被大革命奉为一种"圣物"，它那能令人热血沸腾的红色也就同时获得了一种非同寻常的象征意义，一种强烈的情绪感染力。虽然不曾为任何人明确地表达出来，但这种单纯的"红色"象征代表着不同于有产阶级的下层人民的革命要求，却已是大革命时代人们心中的一个不容置疑的事实。这一事实还将在大革命后长期为人们所重视。我们看到，在19世纪，法国工人阶级无论是直接为自身阶级利益而战，还是为争取共和制而战，都特别注意突出这一"红色"的象征意义。如巴黎工人在1832年的起义中即已开始打出红旗，而第二共和国临时政府在确定以三色旗为国旗的时候，也曾慑于工人阶级的力量而在旗杆上悬挂过一个红色玫瑰花饰。然而，在1848年革命时期，无产阶级的成长壮大已经使法国资产阶级对"红色"产生了前所未有的敏感和恐惧。三色旗上的红玫瑰只是昙花一现，它很快就被悄悄地撤去了。第二共和国内政部长福舍还专门颁布法令，禁止人们使用红旗和小红帽等"煽动性标志"，从而第一次宣告了红旗与三色旗之间不可调和的对立。三色旗和小红帽等革命象征物之所以能在大革命中成为至高无上的"圣物"，显然与大革命时代异常活跃的群众现象有着不容分割的联系。重视象征符号的表达功能，本来就是人民大众的固有特性；

也正是由于人民大众积极参与了大革命的政治，引起了社会上"巨大的群体震荡"和"普遍的激动"，才导致了种种革命"圣物"的产生。一个"圣物"之所以神圣不可侵犯，正是因为它已被人民群众指定来集中表达他们的共同信仰和愿望，已成为他们心目中幸福的象征和保障。因此，对这种"圣物"的任何轻视和亵渎，都会被认为是对人民群众本身的敌意和挑衅，都会激起他们的强烈愤怒和报复。由此看来，大革命时代的"圣物"的起源和功能都具有突出的非理性的特征：它起源于非常情感化的群众现象，一经确立便又会反过来进一步强化群众现象的非理性色彩。群众现象本来就忽视理性，极易受情绪因素的支配，判人断物遵循的是摩尼教式的善恶二元论，非好即坏，非我即敌；而"圣物"的发明，则为群众分辨"好人"和"坏人"、"我方"和"敌方"，提供了一个最简单明了的参照物，大革命错综复杂的政治斗争由此被大大简化，其二元对抗性也就由此被进一步推向极端。

大革命中的盛大的革命群众运动，不仅圣化了三色旗、小红帽等革命的象征物，而且圣化了法国大革命本身，并由此在革命的法国和反革命的法国之间（或曰左派的法国和右派的法国之间），划出了一道不可逾越的鸿沟。内战于是不可避免。大革命时代实际上一直在进行着全方位的"内战"：革命者不仅在西部围剿过王党反革命，不仅在南部围剿过联邦派反革命，而且在革命阵营内部一刻也不停地清洗着"反革命分子"。不论在何处，对所谓"反革命分子"的镇压都带有突出的"感情用事"的特点，都容易趋极端和搞"扩大化"。在旺代，蓝军往往残酷地夷平村庄，屠戮妇女儿童；在南特，人们把成船的"反革命"溺毙于罗瓦尔河中；在革命法庭上，对被告的判决除了无罪开释便只有死刑；最亲密的革命战友之间的意见分歧，往往都能导致最极端的肉体消灭。法国大革命的那种以强烈的情绪化为基本特征的内战式政治风格，看来就是在这种狂热的革命与反革命的对抗状态中，逐渐形成的。

这种内战式政治风格还注定要长期延续下去，并对大革命后的法国历史产生深刻的影响：因为对于被高度圣化了的法国大革命的历史记忆，将长期维持由大革命造成的民族政治心态的深刻分裂，似乎大革命在法国开始了一场打不完的内战。事实上，自逃亡贵族随波旁王朝返回法国之日起，法国人就没有打算过在他们那六边形的疆界内和平共处。无论斗争的内容发生了怎样的变化，这个六边形的国土上总有以左右两翼形式出现的"两个法国"在相互对峙：起初是戴三色徽的法国人和打白旗的极端派之间的对立，到七月王朝建立便开始了共和派与君主派之间的长期决斗，而共和制尚不及最后确立，又已有无产阶级和资产阶级在迫不及待地将法国一分为二。所有这些二元对立局面，虽然各有自己特殊的时代背景和阶级内涵，但究其深层的历史渊源，又全都同法国大革命有着密切的关联。各个时期的左派，尽管各自的政治纲领大相径庭，但都毕恭毕敬地把大革命奉为自己事业的神圣象征，都不无自豪地以大革命的儿子和继承人自居；而右派则恰恰相反，一贯地表现出恐惧和敌视大革命的态度。而且，无论哪个时期左右派之间的对抗，都无一例外地遵循着大革命时代的那种强烈情绪化的尖锐方式，呈现着势不两立的极端形态。

直到今天，法国政界的左右派仍在不停地回顾大革命这段历史，仍在力图从大革命时代的政治斗争中寻找灵感和力量的源泉，并且仍在模仿着他们祖先的那种极端激烈的政治风格。从他们的政治论战中，人们还可以时时听到大革命时代各种情绪强烈的政治语汇，还可以时时感到那个时代革命派与反革命派之间的刻骨仇隙。例如，1981 年社会党人的上台执政曾激起右派舆论一片叫骂，有人甚至扬言有必要重新发动一场"旺代圣战"；而当 1986 年右派赢得议会选举从而重新控制政府的时候，人们又看到左派示威者在挥舞着"米斯卡丹"（即"金色青年"）的模拟像大叫大嚷："不得了了，右派还乡了！"在更激烈的抗议声中，甚至还能听到要取几颗"首级"、要抬出博物馆中的断头机的呐喊。①

从孚雷起，法国的右派历史学家们就在喋喋不休地强调"法国革命已经结束"。（是否企图借此将大革命从左派的参照体系中清除出去，以便削弱其战斗精神？）然而，看来大革命至今仍远远没有结束。一场资产阶级革命，竟能将其二元分裂性影响绵延持续了两个世纪之久，堪称世界历史上少有的奇观。漫说英国革命、北美独立战争，即使曾给美国人

---

① 参见 M. 威诺克：《左派、右派与大革命》，载法国《历史》杂志 1988 年 7 至 8 月号（总第 113 期），第 100 页。

造成很深的心灵创伤、至今仍时有争议的美国南北战争，也都不曾产生过如此深远的历史影响。这一事实，又一次显示了法国大革命的特殊魅力，而这种魅力，是很自然地同大革命时代异常活跃的群众现象联系在一起的。正是因为大革命中人民群众的积极参与，强化了革命政治的非理性和暴烈性的色彩，令情绪、感情、信仰等非理性因素在很大程度上支配了人们的政治行为，才使大革命的进程显得尤其扑朔迷离、引人入胜，才使大革命中的人们形成了一种内战式政治风格，并使这种政治风格被赋予一种独特的传统活力。在这个意义上，完全可以认为：大革命中的群众现象，不仅对于理解大革命以来法国的政治风格，而且对于理解整个大革命的政治文化传统，都是一个不容忽视的参照点。

参考书目

一、基本史料

1. 比舍和卢（Buchez，P. —J. —B. et Roux，P. —x.）：《法国革命议会史》，40 卷，巴黎，1834—1838 年。

2.《导报》（重印本），32 卷，巴黎，1834—1847 年。

3. 奥拉尔编（Aulard，A.）：《热月反动和督政府时期的巴黎》，5 卷，巴黎，1898—1902 年。

4.《罗伯斯庇尔全集》，第 8 卷，巴黎，1954 年。

5.《丹东演讲集》，巴黎，1910 年。

6. 迪瓦尔（Duval，G.）：《热月回忆录》，巴黎，1844 年。

7. 拉克勒泰尔：《革命浩劫十年》，巴黎，1842 年。

8. 道邦编（Dauban，C. A.）：《1794—1795 年的巴黎：街道、俱乐部和饥荒的历史》，巴黎，1869 年。

二、马列主义经典著作

马克思：

1.《评"普鲁士人"的〈普鲁士国王和社会改革〉一文》，见《马克思恩格斯全集》第 1 卷，人民出版社，1957 年。

2.《资产阶级和反革命》，见《马克思恩格斯全集》第 1 卷，人民出版社，1957 年。

3.《评基佐"英国革命为什么会成功?"》，见《马克思恩格斯全集》第 7 卷，人民出版社，1957 年。

4.《废除封建义务的法案》，见《马克思恩格斯全集》第 5 卷，人民出版社，1957 年。

5.《道德化的批判和批判化的道德》，见《马克思恩格斯全集》第 1

卷，人民出版社，1957 年。

6.《路易·波拿巴的雾月十八日》，见《马克思恩格斯全集》第 1 卷，人民出版社，1957 年。

7.《法兰西内战》，见《马克思恩格斯全集》第 2 卷，人民出版社，1957 年。

8.《1848 年至 1850 年的法兰西阶级斗争》，见《马克思恩格斯全集》第 1 卷，人民出版社，1957 年。

马克思、恩格斯：

《神圣家族》，见《马克思恩格斯全集》第 2 卷，人民出版社，1957 年。

恩格斯：

1.《社会主义从空想到科学的发展》英文版导言，见《马克思恩格斯选集》第 3 卷，人民出版社，1972 年。

2.《致卡·考茨基（1889 年 2 月 20 日）》，见《马克思恩格斯选集》第 4 卷，人民出版社，1972 年。

3.《卡·马克思〈1848—1850 年的法兰西阶级斗争〉一书导言》，见《马克思恩格斯全集》第 22 卷，人民出版社，1972 年。

4.《致约·布洛赫（1890 年 9 月 21—22 日）》，见《马克思恩格斯选集》第 4 卷，人民出版社，1972 年。

列宁：

1.《全俄社会教育第一次代表大会》，见《列宁选集》第 3 卷，人民出版社，1976 年。

2.《论人民公敌》，见《列宁全集》第 25 卷，人民出版社，1970 年。

3.《只见树木不见森林》，见《列宁全集》第 25 卷，人民出版社，1970 年。

4.《什么是人民之友》，见《列宁选集》第 1 卷，人民出版社，1976 年。

三、论文和专著

（以著者中文姓氏笔画为序）

马佐里克（Mazauric，C.）：

《论法国革命》，巴黎，1970 年。

马迪厄（Mathiez，A.）：

1.《法国革命史》，杨人楩译，商务印书馆，1963年。

2.《热月反动》，巴黎，1929年。

马建华：

《政治社会学》，台湾正中书局，1970年。

马胜利：

《关于法国革命中的节日》，见《法国史通讯》第6期（1982年）。

马胜利、高毅：

《伏维尔对法国大革命心态史的研究》，见《史学理论》1989年第2期。

瓦尔特、热拉尔：

《罗伯斯庇尔》，姜靖藩等译，吴建民等校，商务印书馆，1983年。

贝克（Baker，K. M.）：

1. 贝克主编《旧制度的政治文化》（1986年9月芝加哥法国革命史学国际学术讨论会论文集，三卷本《法国革命与近代政治文化的创造》系列论丛之一，培格曼出版社，1987年）一书的导言。

2.《论革命》，见C. 卢卡斯主编之《法国革命的政治文化》，1987年9月牛津法国革命史学国际学术讨论会论文集，三卷本《法国革命与近代政治文化的创造》系列论丛之二，培格曼出版社，1988年。

王沪宁：

1.《比较政治分析》，上海人民出版社，1987年。

2.《当代西方政治学分析》，四川人民出版社，1988年。

王养冲：

《法国的大革命史编纂学中的进步传统》，见《历史研究》1982年第6期。

王哲：

《西方政治法律学说史》，北京大学出版社，1988年。

巴茨柯（Baczko，B.）：

1.《国王罗伯斯庇尔或如何结束恐怖统治》，见《争鸣》（法国学术杂志）第39期，1986年。

2.《法国人的社会契约：西哀耶斯与卢梭》，见贝克主编：《旧制度的政治文化》。

3.《热月经验》，见卢卡斯主编：《法国革命的政治文化》。

比昂奇（Bianchi，S.）：

《共和二年的文化革命》，巴黎，1982 年。

瓦尔泽（Walzer，M.）：

《国王的审判和革命的政治文化》，见卢卡斯主编：《法国革命的政治文化》。

贝桑-马森内（Bessand-Massenet，P.）：

《恐怖统治之后的法国，1795—1799 年》，日内瓦，1946 年。

巴赫金等：

《弗洛伊德主义评述》，汪浩译，李勤校，辽宁人民出版社，1987 年。

戈德肖（Godechot，J.）：

1.《反革命》，巴黎，1984 年。

2.《评关于法国大革命的三部著作》，刘文立译，张芝联校，见《法国史通讯》第 3 期，1980 年。

司马云杰：

《文化社会学》，山东人民出版社，1986 年。

卡瓦纳夫（Kavanagh，D.）：

《政治文化》，麦克米伦，1972 年。

布尔干（Bourguin，M. -H.）：

《塔利安夫妇》，巴黎，1987 年。

布吕内尔（Brunel，F.）：

《最后的山岳派和革命的团结》，见论文集《吉伦特派和山岳派》，巴黎，1980 年。

卢卡斯（Lucas，C.）：

《群众和政治》，见卢卡斯主编：《法国革命的政治文化》。

弗里德曼（Freedman J. L.）等：

《社会心理学》，高地等译，黑龙江人民出版社，1984 年。

布林顿（Brinton，C.）：

1.《革命十年：1789—1799》，纽约—伦敦，1934 年。

2.《革命剖析》，纽约，1965 年。

布朗主编（Brown，A.）：

《政治文化和共产主义研究》，麦克米伦，1984 年。

布朗和格雷主编（Brown，A. and Gray，J.）：

《政治文化和共产党国家的政治变化》，麦克米伦，1979 年。

卢梭：

1.《社会契约论》，何兆武译，商务印书馆，1982 年。

2.《论人类不平等的起源和基础》，李常山译，东林校，商务印书馆，1982 年。

3.《忏悔录》，黎星译，人民文学出版社，1987 年。

汉密尔顿等：

《联邦党人文集》，程逢如等译，商务印书馆，1980 年。

白鲁恂和韦尔巴主编（Pye，L and Verba，S.）：

《政治文化与政治发展》，新泽西，1965 年。

汉普逊（Hampson，N.）：

《论祖国》，见卢卡斯主编：《法国革命的政治文化》。

让德龙（Gendron，F.）：

《热月青年》，巴黎，1988 年。

多伊尔（Doyle，W.）：

《高等法院》，见贝克主编：《旧制度的政治文化》。

托内森（Tonnesson，K.）：

《法国革命时代的直接民主制——巴黎各区的情况》，见卢卡斯主编：《法国革命的政治文化》。

托克维尔（Tocqueville，A.）：

《旧制度与大革命》，梅耶编注，巴黎，1986 年。

乔姆（Jaume，L.）：

《公民权和主权：专制主义的重负》，见贝克主编：《旧制度的政治文化》。

坎贝尔（Campbell，P. R.）：

1，《路易十六——法国人的国王》，见卢卡斯主编：《法国革命的政治文化》。

2.《法兰西旧制度》，牛津，1988 年。

西耶斯（西哀耶斯）：

《论特权·第三等级是什么?》，冯棠译，张芝联校，商务印书馆，

1990 年。

伏维尔（Vovelle，M.）：

1.《意识形态与精神形态：必要的澄清》（1984 年 4 月在北京大学历史系的讲演稿，打印件）。

2.《英雄化与大革命》，高毅译，马胜利校，见《法国史通讯》第 8 期（1984 年）。

3.《历史学与长时段》，见勒高夫等主编：《新史学》，姚蒙编译，上海译文出版社，1989 年。

4.《昔日的死亡——17 世纪对死亡的集体态度》，加利马尔，1974 年。

5.《18 世纪普罗旺斯的巴洛克虔诚与非基督教化》，巴黎，1978 年。

6.《法国革命：图画与故事》，5 卷本，巴黎，1986 年。

7.《革命心态》，巴黎，1985 年。

8.《君主制的大众表象》，见贝克主编：《旧制度的政治文化》。

孙本文：

《社会心理学》，商务印书馆，1946 年。

米什莱（Michelet，J.）：

《法国革命史》，10 卷本，巴黎，1899—1900 年。

米涅：

《法国革命史》，北京编译社译，郑福熙校，商务印书馆，1983 年。

米盖尔（Miquel，P.）：

《法国史》，蔡鸿宾等译，张芝联等校，商务印书馆，1985 年。

刘念先：

《理想与现实的矛盾——罗伯斯庇尔历史悲剧之我见》，见《法国史通讯》第 8 期，1984 年。

刘宗绪：

1.《试论热月政变的性质》，见《历史研究》1970 年第 7 期。

2.《法国大革命的根本任务和革命的上升路线》，见《世界历史》1981 年第 2 期。

3.《雅各宾专政在法国大革命中的地位》，见《法国史论文集》，生活·读书·新知三联书店，1984 年。

4.《试论罗伯斯庇尔的政治思想》，见《法国史通讯》第 7 期，

1983 年。

张芝联：

1.《法国通史》序言，见张芝联：《从高卢到戴高乐》，生活·读书·新知三联书店，1988 年。

2.《法国大革命对马克思革命理论形成的作用》，同上书。

3.《略论丹东》，同上书。

4.《拿破仑与法国革命》，同上书。

5.《对拿破仑历史作用的不同解释与方法论问题》，同上书。

6.《法国年鉴派史学》，同上书。

7.《费尔南·布罗代尔的史学方法》，同上书。

8.《法国通史》（张芝联主编），北京大学出版社，1988 年。

沃尔金：

《十八世纪法国社会思想的发展》，杨穆等译，商务印书馆，1983 年。

李述一：

《文化无意识》，见《哲学研究》1988 年第 2 期。

杨宏飞：

《也谈本能无意识与文化无意识》，见《哲学研究》1988 年第 6 期。

陈维纲：

《评卢梭人民主权论的专制主义倾向》，见《读书》1986 年第 12 期。

沃洛什（Woloch，I.）：

《雅各宾遗产》，普林斯顿，1970 年。

李舍（Richet，D.）：

《1789—1791 年的宪法精神》，见卢卡斯主编：《法国革命的政治文化》。

亨特（Hunt，L.）：

1.《圣物与法国革命》。*

2.《法国革命时期的私生活》。*

3.《论"国民议会"》，见贝克主编：《旧制度的政治文化》。

4.《法国革命中的政治、文化与阶级》，伦敦，1986 年。

孚雷（Furet，F.）：

---

* 作者 1985 年 10 月在北京大学历史系的讲演稿，打印件。

1.《思考法国革命》，加利马尔，1978 年。

2.《法国革命和雅各宾传统》，见卢卡斯主编：《法国革命的政治文化》。

克雷（Kley，D. V.）：

《法国革命中的冉森派立宪传统》，见贝克主编：《旧制度的政治文化》。

克朗斯顿（Cranston，M.）：

《民族主权》，见卢卡斯主编：《法国革命的政治文化》。

沙蒂埃（Chartier，R.）：

《旧制度下的大众文化与政治文化——几个断想》，见贝克主编；《旧制度的政治文化》。

波尔（Borl，E.）：

《热月 9 日事变》，巴黎，1965 年。

波普金（Popkin，J.）：

《政治报刊的前革命渊源》，见贝克主编：《旧制度的政治文化》。

孟德斯鸠：

《论法的精神》2 卷，张雁深译，商务印书馆，1982 年。

阿尔蒙德和韦尔巴（Almond，G. A. and Verba，S.）：

《公民文化》，波士顿，1965 年。

阿尔蒙德和鲍威尔：

《比较政治学：体系、过程和政策》，曹沛霖等译，上海译文出版社，1987 年。

阿里埃斯：

《心态史学》，见勒高夫主编：《新史学》，姚蒙编译，上海译文出版社，1989 年。

阿勒维（Halévi，R.）：

《立宪革命：政治上的含糊不清》，见卢卡斯主编：《法国革命的政治文化》。

汤普森（Thompson，J. M.）：

《罗伯斯庇尔和法国革命》，伦敦，1952 年。

拉马丁（Lamartine，A.）：

《吉伦特党人史》，8 卷，巴黎，1847—1848 年。

拉法格：

《革命前后的法国语言》，罗大纲译，商务印书馆，1964 年。

帕尔默（Palmer，R. R.）：

《十二个统治者》普林斯顿，1973 年。

埃斯基尔（Esquires，A.）：

《山岳党人史》，2 卷，巴黎，1847 年。

埃瓦尔德（Ewald，F.）：

《革命观念的历史——对孚雷的专访》，见法国《文学杂志》第 258 期，1988 年 10 月。

迪韦尔热，莫里斯：

《政治社会学》，杨祖功译，王大东校，华夏出版社，1987 年。

柳勃林斯卡娅等：

《法国史纲》，北京编译社译，生活·读书·新知三联书店，1978 年。

姚蒙：

《"建立一种批判的大革命史学"——访孚雷》，见《史学理论》1989 年第 4 期。

冒从虎等编：

《潜意识·直觉·信仰》，河北人民出版社，1988 年。

索尔（Sole，J.）：

《争论中的革命》，瑟耶，1988 年。

索布尔（Soboul，A）：

1.《法国革命史》，巴黎，1982 年。

2.《法国大革命史论选》，王养冲编，华东师范大学出版社，1984 年。

热拉尔，阿丽丝（Gerard，A.）：

《弗里吉亚帽和马赛曲》，见法国《历史》杂志第 113 期，1988 年 7 至 8 月。

密尔：

《代议制政府》，汪瑄译，商务印书馆，1982 年。

高毅：

1.《丹东政治倾向矛盾性再认识》，见《世界历史》1987 年第 6 期。

2.《丹东与罗伯斯庇尔：兄弟还是仇敌?》，见《法国研究》1986 年第 1 期。

3.《热月现象刍议》，见《北京大学校刊理论副刊》1989 年第 5 期。

4.《法国大革命的启示》，见《书林》1989 年第 7 期。

5.《论法国革命政治文化研究的意义与方法》，见张芝联主编：《中国与法国革命》（英文版），培格曼出版社，1990 年。

基内（Quinet，E.）：

《革命》，贝兰，1987 年。

基佐（Guizot，F.）：

《法国文明史》，巴黎，1857 年。

基塞（Giessey，R. E.）：

《想象中的国王》，见贝克主编《旧制度的政治文化》。

盖兰（Guérin，D.）：

《第一共和国时期的阶级斗争》，加利马尔，1968 年。

勒费弗尔（Lefebvre，G.）：

1.《法国革命史》，顾良等译，商务印书馆，1989 年。

2.《督政府时代的法国，1795—1799 年》，巴黎，1977 年。

3.《热月党人》，巴黎，1937 年。

4.《拿破仑时代》，上、下卷，河北师范大学外语系、中山大学《拿破仑时代》翻译组译，端木正校，商务印书馆，1978 年。

5.《革命群众》，见乔治·勒费弗尔：《关于法国革命的研究》，巴黎，1954 年。

6.《1789 年的大恐慌》，J. 怀特英译，纽约，1973 年。

鲁德：

《法国大革命中的群众》，何新译，生活·读书·新知三联书店，1963 年。

梯也尔（Thiers，A.）：

《法国革命史》，8 卷，巴黎，1846 年。

奥祖夫（Ozouf，M.）：

1.《论舆论》，见贝克主编：《旧制度的政治文化》。

2.《法国革命和新人观念》，见卢卡斯主编：《法国革命的政治文化》。

3.《新历法》，见法国《文学杂志》第 258 期，1988 年 10 月。

博雷拉：

《今日法国政党》，复旦大学国政系译，上海人民出版社，1977 年。

普列汉诺夫：

1.《论一元论历史观的发展》，见《普列汉诺夫哲学著作选集》第 1 卷，生活·读书·新知三联书店，1962 年。

2.《马克思主义的基本问题》，见《普列汉诺夫哲学著作选集》第 3 卷，生活·读书·新知三联书店，1962 年。

葛尼菲（Gueniffey，P.）：

《历届议会与代议制》，见卢卡斯主编：《法国革命的政治文化》。

雷诺（Raynaud，Ph.）：

《人权宣言》，见卢卡斯主编：《法国革命的政治文化》。

福雷斯特（Forrest，A.）：

《联邦主义》，见卢卡斯主编：《法国革命的政治文化》。

赛维尔（Sewell，W. H.，Jr.）：

《男公民、女公民：积极、消极和革命的公民概念》，见卢卡斯主编：《法国革命的政治文化》。

楼均信：

《试论丹东的宽容政策》，见《法国史论文集》，生活·读书·新知三联书店，1984 年。

端木正：

《法国大革命和宪法》，见《法国史通讯》第 6 期，1982 年。

霍巴特（Hobart，M. E.）：

《作为解释法国革命的一种理论的"政治文化"》（1986 年 11 月在美国巴尔的摩法国史讨论会上的发言，打印件）。

中法文化在法国大革命问题上的历史性互动①

　　人们都知道，法国大革命在世界历史上具有划时代的伟大意义，因为它是全球性的政治现代化（亦即政治民主化）大潮的源头。但并非人人都知道，这场发生在亚欧大陆西部边缘的革命，竟和该大陆东头的中国有一段割不断的历史文化奇缘。这段奇缘，既是东西文明交往史上的一个意味隽永的故事，也是现代文明成长史中一个发人深省的篇章，值得细细玩味。由于笔者目前掌握的资料尚十分有限，本文只能算是对这个问题的一个极初步的探讨，其目的毋宁说是要得出什么特别的研究结论，倒不如说是试图以一种特别的方式把问题的意义昭示出来，以期引起学界同仁的关注。

---

　　① 此文曾以"政治现代化进程中中法文化互动浅析"为题，发表于第二届"北大论坛"论文集《走向未来的人类文明：多学科的考察》，北京，北京大学出版社，2003 年，第 89～106 页。

一、法国大革命的历史遗产主要是一种激进民主主义的政治文化

　　法国大革命对人类历史的主要贡献是什么？以往传统的大革命史学认为是在经济和政治上为现代资本主义社会创立了一个杰出的榜样（这主要是已故当代法国历史学家阿尔贝·索布尔的论点，我国史学界对此十分熟悉），但最近人们多不再这样看了。美国著名法国革命史专家林·亨特教授的这段话实际上反映了当今西方史学界对这个问题的普遍看法：

　　　　革命在法国对经济的成长或政治的稳定所起的作用微乎其微，它所确立下来的毋宁是民主共和的动员潜能和革命演变的惊人强度，它给后世留下的最显著的遗产是民族新生的语言、平等博爱的姿态和共和主义的礼仪，以及民主、恐怖、雅各宾主义、警察国家之类的政治方面的术语、习惯、观念模式和行为样式。[1]

——这也就是说，法国大革命对人类历史的主要贡献其实是文化方面的，即创造了一种人类历史上前所未有的新政治文化。

　　这种新政治文化究竟有着怎样的内涵，至今恐怕还没有人能够说得很清楚、很全面（尽管国际史学界已经为之付出了十多年的研究努力）。但是，这种新政治文化的存在及其对世界历史的重大影响，却是不争之事实：因为很显然，法国大革命以后世界历史上的许多重大革命运动，如 18 世纪末和 19 世纪初的拉美独立革命，1848 年的欧洲革命，1905 和 1917 年的俄国革命，1905—1911 年的伊朗革命，1908—1909 年的土耳其革命，1910—1917 年的墨西哥革命，乃至 20 世纪的中国革命等等，不同程度上都是用法国大革命的语言说话并按法国大革命的方式行事的。列宁曾公开声称雅各宾派是俄国布尔什维克的先驱，而戈尔巴乔夫倡导的"公开性"、"透明度"等原则，也还是雅各宾派当年的政治口号；无产阶级革命的象征——红旗，始源于法国大革命时代风行一时的"小红

---

　　[1]　Lynn Hunt, *Politics, Culture and Class in the French Revolution*, Methuen & Co. Ltd, London, 1986, p. 10.

帽"这个革命政治的象征物；世界政治至今还在习用"自由平等博爱"、"革命"、"反革命"、"左派"、"右派"、"祖国"、"民族"、"恐怖"、"反动"这一类法国革命者创造或赋予了新义的词汇……如此例证，俯拾即是。

看来法国大革命的世界意义主要就在于向世界提供了一套影响极为深远的政治文化。这也许是一个不大会引起争议的事实判断。然而，如果要进一步对这种政治文化作一个价值判断（即断定它究竟是好还是坏，对人类历史的影响是消极的还是积极的）的话，事情就要复杂一些了。这牵涉到对大革命本身的评价问题，而事实上史学界对这个问题历来就是意见纷纭、仁智互见的，左、中、右各派看法都有，任何一概而论的企图都难免受到诘难。实际上大革命的政治文化本身就是一个带有甚至充满自相矛盾的体系，这在林·亨特为其诸要素列举出的那个远非完全的清单中，就已经有所表露了。所以对这个问题的回答不可简单化，而必须根据实际情况作具体分析。

在我们看来，对这个问题至少应从一般和具体这两个层面上来回答。从一般的意义上说，我们坚持认为法国大革命政治文化的世界影响是积极的——因为它以一种空前强有力的高姿态倡扬了"民主"的政治价值，而这种倡扬在本质上是符合大革命时代以来具有全球普遍性的反君主专制的历史需要或历史发展趋势的。也正是法国大革命，在全球范围内掀起了一股虽然曲折多舛但却是任何保守势力最终都无法抗拒的政治民主化潮流。按美国历史学家斯塔夫里阿诺斯的一个很雄辩的说法，就是："法国革命不仅标志着资产阶级的胜利，而且标志着以往一向蛰伏着的民众的充分觉醒。……这些人以往长期待在舞台两侧，这时大踏步地走到舞台前方，此后就一直留在那里。换句话说，正是在法国，世界首次强烈地、清楚地感到了至今仍在我们脚下隆隆作响的地震。"[①] 应当说，这一事变进程基本上是件好事，因为真正的政治民主化本质上是符合人类共同利益的。

但必须注意，我们这里讲的是"真正的政治民主化"，亦即一种讲求实际的、非概念性的政治民主化。这就引出了我们关于法国大革命政治

---

① [美]斯塔夫里阿诺斯：《全球通史：1500年以后的世界》，吴象婴、梁赤民译，吴象婴校订，上海社会科学院出版社，1999年，第344页。

文化的另一个层面即具体层面的分析。法国大革命在一般的层面上的确
前所未有地高扬了"民主"的理念，使之对几乎全人类都产生了震撼心
灵的感召力；然而在具体的层面上，法国大革命有没有能够向全人类提
供一个实现"民主"的理想的榜样呢？或者说有没有能够为世界各民族
的民主革命创造出某种普遍适用的观念模式或行为模式呢？很遗憾，关
于这个问题，我们的答案只能是否定的。实际上，法国大革命政治文化
的许多具体要素是否有利于法国本国民主政治的建设，也就是说法国革
命者有没有把本国的民主革命做好，都大可争议、事实上也一直就有争
议①。尤其是最近二十年来，史学界从这个角度批评法国大革命的意见
越来越多、越来越尖锐。尽管批评者们的看法并非完全一致，但其基本
精神却是相似的，即都倾向于贬斥法国大革命所特有的"激进性"。在他
们看来，这种激进性的根源是一种基于平等主义梦幻的民族再生狂想，
同时也和法兰西民族特殊深厚的专制主义传统有不解之缘：一方面要执
着而不切实际地追寻"平等"和与一切旧传统彻底决裂的"民族再生"，
一方面又无法摆脱专制主义的传统思维方式和行为方式，结果便只能在
革命的进程中自觉不自觉地诉诸专制主义的强制手段，大革命即由此呈
现出强烈的激进色彩。所以，法国大革命的"激进"，实际上源自革命者
民主知识和经验的缺乏，并最终损害了法国的政治民主化事业。②

----

① 我们可以列出一长串法国革命的自由主义批判者的名单，从 18 世纪的埃德
蒙·伯克（Edmond Burk）、19 世纪的托克维尔（Alexis de Tocqueville）、丹纳
（Hippolyte Taine）、科尚（Augustin Cochin），直到本世纪的考本（Alfred Cobban）、
帕尔默（R. R. Palmer）、孚雷（François Furet）等等。

② 比如孚雷称：法国革命由于怀有对旧制度的"诅咒心理"，对历史持谴责、
批判的态度，并与教会势力发生了尖锐的对抗，因而一闹起来就欲罢不能，而长期
的动乱又使人民养成了反抗与不服从的习惯，结果造就了一种"从定义上讲就是一
种造反、闹事的文化"的"革命文化"，致使"民主地结束"这场革命成了一个"历
史难题"，致使法国人花了一百年的时间才建立起稳定的法律政治制度（参见姚蒙：
"建立一种批判的大革命史学——访孚雷"，载《史学理论》1989 年第 4 期）。另一位
法国历史学家 M. 威诺克还这样描述了法国革命文化的特征："大革命时代锻造了我
们的政治风格——那是一种悲剧性的、充满强烈情绪和激烈言辞的风格，人称内战
式风格。"（M. 威诺克："左派、右派和大革命"，见法国《历史》杂志 1988 年 7 至
8 月号，总 113 期，第 100 页）

我们认为，这种批评看似头头是道，但却犯了一个极大的错误，即忽视了"平等梦幻"和"再生狂想"之类政治文化因素的社会基础。大革命时代的法国人对"平等"和"再生"的渴求何以如此强烈以致达到不讲理性的程度？显然是因为他们的社会现实太少平等、太多等级压迫、特权腐败的缘故。阶级矛盾、阶级斗争的不可调和在别处也许是夸张甚至神话，但在历史上的法国却是无可辩驳的事实。如果能够注意到这一点，人们恐怕就会对法国大革命的"激进"多一分理解了：原来这里多少有些"事出无奈"甚或"在劫难逃"的成分。

更何况，尽管法国革命者追求"平等"和"再生"的过激手段也许不甚恰当，但这种政治实践导致的历史后果却并非全是消极的。很显然，法国大革命之所以在现代世界民主政治发展史上具有开先河的典范意义，主要就是因为它从实质上贯彻了卢梭主义的人民主权观念，而这种民主实验最核心的部分，便是对"平等"原则的落实。正由于"平等"的价值在法国大革命中得到了前所未有的凸显，以往一直默默无闻的人民大众才第一次显示了他们在政治上的极端重要性，事实上成为一切政府的合法性源泉，以至于到后来连反民主的独裁者都不得不通过公民投票之类的程序来攫取权力，似乎不披上"民主"的外衣就无法实现稳定的专制统治——这种以"全民批准的个人独裁"为核心特征的统治形式，实际上也是在法国大革命造成的历史情境中产生的，因其始作俑者是拿破仑·波拿巴，故而常被称作"波拿巴主义"。"波拿巴主义"无疑是对法国大革命的核心理念即人民主权的反动，但却也以独特的方式肯定了"主权在民"的时代潮流，因而实际上只具有某种过渡的性质，是某些绝对主义或专制主义传统较深的民族在民主化进程中常常绕不开的一个阶段。此外，法国革命者追求"平等"的超常努力，还使法国大革命成为许多现代政治思潮的总源头。在这些思潮中，主要有欧陆自由主义、民族主义、社会民主主义、马克思主义等等，甚至还包括了女权主义，它们以承认人民主权为共同特征，并将从不同的侧面对现代世界民主化运动产生积极的影响。

这样看来，法国大革命政治文化的内涵的确是非常复杂的，其中既包含有普世性的东西，也包含没有普世性的东西，既包含积极的因素，也包含消极的因素。也正是这一情况，规定了该政治文化的世界性影响的两面性。

二、中华文明对法国革命文化的形成有过重大影响

法国大革命及其政治文化的这种极端强调"平等"的精神，缘何而来？这当然不是一个容易说清楚的问题，牵涉到众多深深浅浅的因素。但无论怎样，有一个因素是我们始终无法绕过去的，那就是发生在 18 世纪的法国启蒙运动。

19 世纪法国社会主义者皮埃尔·勒鲁写过一本很有名的书，题为《论平等》，其开篇第一句话便是："法国革命把政治恰当地归结为三个神圣的词：自由、平等、博爱。"①大概就是由此开始，人们习惯地把"自由平等博爱"这个三位一体的口号认作法国大革命的旗帜。然而这和历史的真实是有相当出入的。实际情况是，法国革命时代的革命者们经常挂在口头的，只有自由和平等这两个词，而且也常常把两者连在一起说，但对于博爱，则不仅言者无多，而且也很少有人把它和自由平等连在一起说过。②《人权宣言》就只谈自由平等而只字不提博爱。1791 年宪法的一个关于民族节日的附加条款中倒是出现过博爱一词，但那只是被当作那些民族节日要达到的一个公民教育的远期目标，而绝非一种要求立即实现的诉求。后来的 1793 年宪法又把它忽略了，1830 年的宪章也没有提到它，只是在 1848 年革命产生的一部宪法里才正式出现了"自由平等博爱"这种三位一体的提法。何以如此？法国历史学家莫娜·奥祖夫解释说，那是因为自由平等两者和博爱是不能等量齐观的两类东西："自由

---

① ［法］皮埃尔·勒鲁：《论平等》，王允道译，肖厚德校，商务印书馆，北京，1996 年，第 11 页。

② 也许是罗伯斯庇尔是这个三位一体的口号的始作俑者——1790 年 10 月 5 日，他在制宪议会里就组建国民自卫军问题发表演说，建议国民自卫军战士胸前应佩戴写有"自由平等博爱"和"法兰西人民"字样的徽记，并建议在引领其队伍前进的三色国旗上也写上同样的字样，只是这一建议并没有为议会所采纳。（参见陈崇武："论'自由、平等、博爱'"，载法国史研究会编：《法国史论文集》，生活·读书·新知三联书店，1984 年，第 179 页）

平等是权利，而博爱是一种道德义务"。①其实，博爱也不仅仅只是道德义务，其中多少也含有一些企图搞"阶级调和"的政治意味。法兰西第一共和国诞生之日（1792 年 9 月 21 日）吉伦特派活动家、临时政府内务部长罗兰突然在一份行政通令中提议："请在宣布共和之际同时宣布博爱，因为两者是一回事"②（此举与后世"自由平等博爱"这个三位一体口号的形成显有重大干系），就别有深意：他们是希望就此停止革命，即防止革命的进一步激进化，防止前不久刚发生过的"九月屠杀"那样的恐怖事件重演。因此，罗兰的这一动议，实际上是法国式自由主义思潮的初显，只是在那个异常激进的革命氛围下，"人皆兄弟"实在可望而不可得。

所以真正写在法国大革命旗帜上的其实只有两个词：自由和平等。而人们知道，这两个词也正是法国启蒙运动最核心的两个信条：法国启蒙哲人在这场思想文化运动中的所有言说，归根到底都是以这两个信条为立论基础的，或者说都是以论证和宣扬这两个信条的正当性和普世性为宗旨的。实际上，整个现代文明或曰"现代性"，都是在这两个信条的基础上发展起来的。③

现在的问题是：法国启蒙运动所张扬的自由与平等这两个信条，是否仅仅只有欧洲本土文化的思想资源？长期以来西方学术界对这个问题的回答都是近乎绝对肯定的，如著名西方学者艾森斯塔特，当他确定无疑地断言"现代性，即现代文化和政治方案，是在伟大轴心文明之一——基督教欧洲文明内部发展起来的"④ 时候，流露出的就是这样一种

① Mona Ozouf, 《Fraternité》, in François Furet et Mona Ozouf, ed., *Dictionnaire critique de la Révolution française*, Flammarion, Paris, 1988, pp. 731-732.

② [法] 阿尔贝·索布尔：《法国大革命史》，马胜利、高毅、王庭荣译，张芝联校，中国社会科学出版社，1989 年，第 205 页。

③ 参见拙文："现代文明的东方因素泛论"，载刘海平主编：《文明对话：本土知识的全球意义》（中国哈佛—燕京学者第三届学术研讨会论文选编），上海外语教育出版社，2002 年，第 75 页。

④ [以] 艾森斯塔特：《迈向而十一世纪的轴心》，载《二十一世纪》双月刊，2000 年 2 月号，第 4 页（着重号系引者所加）。

超验的文化自负。然而事实果真如此么？

应当承认，作为启蒙思想核心信条的自由、平等观念，的确有其欧洲本土的历史渊源，具体说来主要源自盎格鲁－撒克逊的和法兰西的政治文化传统，其最重要的阐释者分别为约翰·洛克和让-雅克·卢梭。我们知道，以伏尔泰、孟德斯鸠为代表的法国启蒙哲人一般都是极崇拜英国的（那里出过伟大的牛顿、洛克，还存在着令人神往的自由宪政），只极少数人如卢梭除外。但我们也不能无视一个基本的历史事实，即他们当时的眼光绝非只盯着英国。西欧二百多年来的海外探险、殖民、贸易和传教活动，在大大加强各传统区域文明之间的联系交往的同时，也极大地开阔了法国启蒙哲人的学术视野。翻开启蒙旗手伏尔泰的《风俗论》（这部巨著使他荣膺"世界文化史之父"的称号），我们会不由自主地惊叹当时西欧人人类文明史知识的广博。当时世界各大传统区域文明——中国儒家文明、南亚印度文明、中东伊斯兰文明及欧洲基督教文明，已全在他们的视域之中。这时的西欧人对域外文明的考察了解不仅极为广泛，而且相当精细，表现出一种非同寻常的世界性文化研究兴趣。同时，他们对人类文明的探讨也不是没有重点的。他们有一个重中之重的关注中心，这就是中国的儒家文明。历史学家们甚至发现，在 18 世纪法国，启蒙哲人们对中国似乎比对英国更感兴趣。如法国学者维吉尔·比诺称："当人们翻阅 18 世纪法国思想家、经济学家撰写的作品、游记或报刊文章时，会惊讶地发现中国的名字是如此频繁地出现，激起了那么多的赞誉之词。仅以此而论，中国似乎就比英国更受欢迎。"[①] 18 世纪席卷法国的那场著名的"中国热"，于此可见一斑。

那么，为什么启蒙时代的法国人（其实也不只是法国人，许多德国人如莱布尼茨、歌德等也一样）会如此钟情于中国文化？原因就在于中国文化能提供许多他们在西方文化资源中找不到的重大思想素材。深入研究过这个问题的我国中西文化交流史专家沈福伟就深信这一点，而他的这些看法也是合乎实际的：由于启蒙运动者捍卫天赋人权，提倡智慧与教育，与主宰中世纪欧洲社会的基督教宗教神学处于对立的地位，而

① 转引自孟华："1740 年前的法国对儒家思想的接受"，载《学人》第四辑，江苏文艺出版社，1993 年 7 月，第 320 页。

起源于本土的古希腊文化的悟性统治世界说也和宗教家对神意的信仰一样，同样无法将理性和自然很好地协调起来，结果启蒙运动者只好向非基督教世界的东方寻求合乎理性法则的思想材料，于是"中国这个远处东方，具有和欧洲完全不同气质的辉煌文明的大国，经过耶稣会士的介绍，便成为启蒙运动者汲取精神力量的源泉。中国古代哲学，孔子的儒家学说以'天'为自然法则的代表，和宋儒理学以'道'这一理性为基本原则，认之为'天地之本、万物之源'，孔子以'仁'为核心的伦理道德和提倡教育的思想，成为法国哲学家笛卡尔倡导理性主义的基本来源。中国历史上传统的仁君统治和大一统的思想，特别是清初康熙年间的安定和繁荣的社会景象，通过耶稣会士的报导，更是主张开明君主专制的启蒙思想家反对王权扩张所追求的社会楷模。中国优秀的文化在启蒙运动澎湃展开的时代，曾给予莱布尼茨的古典思辨哲学、伏尔泰的自然神教和魁奈、杜尔哥的重农派学说以丰富的养料，催促了近代欧洲文明的诞生"。①不过从本文的主旨出发，我们还必须特别强调中国文化（主要是在其中占主流地位的儒家学说）对自由与平等这两个启蒙运动核心原则的确立所提供的助力。事实表明，如果没有受到中国文化的启迪，法国启蒙运动对自由与平等两大原则的倡扬在力度上无疑要大打折扣。比如启蒙旗手伏尔泰，他实际上就是为了论证自由原则的普世性而迷上中国文化的。这位睥睨一切传统权威的批判家，对于中国的传统权威孔子却非但不敢小觑，反而推崇至极。他把孔子的画像挂在家里的礼拜堂里朝夕膜拜，并常以儒家思想文化为武器，抨击欧洲基督教的一神教专制。在他心目中，奉行儒学的中国是开明专制君主制的典范，那里有真正的信仰自由，佛教、道教、喇嘛教都可以自由传道，大家相安无事，政府只管社会风化，从不规定国民的宗教信仰。他因此盛赞中国人是"所有人中最有理性的人"。显然，伏尔泰推崇中国的儒学文化，主要就是看到其中有一种他在当时欧陆现实中难得见到的"自由"精神（其具体表现就是宗教宽容）。重农学派的重要代表人物魁奈则是另一位有名的中国迷。他几乎言必称孔子，对奉行儒学的中国文化和政治体制颂扬备至，

---

①　参见沈福伟：《中西文化交流史》，上海人民出版社，1985年，第448页。

认为中国是符合自然秩序的完美楷模。他于 1767 年发表了《中华帝国的专制制度》一书，由此为自己赢得了"欧洲孔夫子"的雅号。重农学派为何推崇中国儒学？关于这个问题，最近上海学者谈敏做过比较深入的研究，只是他的重点是研究儒家思想对西方近代自由主义经济思想的影响，强调了儒学对法国重农学派理论的滋养，并由法国重农学派和亚当·斯密学说的关联，论证了儒学对整个西方近代经济思想的奠基意义。①这的确是中华文明对整个欧洲启蒙运动（包括别具一格的苏格兰启蒙运动）的影响的一个很重要的方面。但如果是从政治文化的角度来分析，那么更值得我们重视的，还是法国思想家托克维尔的有关看法。托克维尔认为，重农学派之所以推崇儒学，是因为他们从中发现了他们所特别珍视的"平等"价值。在托克维尔看来，重农学派的著作最能体现法国大革命的那种革命民主气质，因为"他们不仅憎恨某些特权，分等级也令他们厌恶：他们热爱平等，哪怕是奴役中的平等"；②由于这种平等在四周无法找到，他们便把眼光投向了遥远的中国，结果发现那里早已有了这样的东西，表现在：中国的"专制君主不持偏见，一年一度举行亲耕礼，以奖掖有用之术；一切官职均经科举获得；只把哲学作为宗教，把文人奉为贵族。看到这样的国家，他们叹为观止，心驰神往"。③

此外，按照法国文学批评家居斯塔夫·朗松的看法，中国儒学之所以在 18 世纪法国广受欢迎，主要是其道德观迎合了当时法国人的精神需要——那是一种既非宗教教条强加于人、又非由超验原则演绎而成的道德观，它与客观实际、现实生活相连，能让一般人较容易做到；此外，中国的政治体制又是和儒家道德原则结为一体的，这种政治与道德的统一，也为对现实不满的法国人提供了一种榜样。④换言之，中国的儒学和政治体制之所以受法国启蒙哲人青睐，是因为它富含了一种人本主义的

① 参阅谈敏：《法国重农学派学说的中国渊源》，上海人民出版社，1992 年。
② 参见［法］托克维尔：《旧制度与大革命》，商务印书馆，1992 年，第 194 页。
③ 同上书，第 198 页。
④ 参见孟华："1740 年前的法国对儒家思想的接受"，《学人》第四辑，第 321 页。

伦理学。在伏尔泰看来，这种伦理学"跟爱比克泰德（古罗马的一位斯多噶派哲学家——引者）的伦理学一样纯粹，一样严格，同时也一样合乎人情"。①伏尔泰还看到，孔子和西方古代贤哲一样有"己所不欲，勿施于人"或"己欲立而立人，己欲达而达人"的信条，并"提倡不念旧恶、不忘善行、友爱、谦恭"，"他的弟子们彼此亲如手足"。②这样，伏尔泰就又从孔子的学说中读出了"博爱"的韵味，这对法国启蒙运动中独树一帜的"博爱"思想的形成和发展无疑也是有促进意义的，虽然这个极其重要的观念在大革命时代还未曾产生引人注目的影响。

当然，伏尔泰和魁奈等启蒙学者所了解的儒家文化并非真正的儒家文化，至少不是儒学的全部。事实上儒家文化在他们那里，很大程度上是被不切实际地理想化了的。此外，也并不是所有的启蒙哲学都像他们那样迷恋中国，比如孟德斯鸠和卢梭就曾毫不客气地批判过中华文明的某些方面（主要是政府的专制和人民的奴性），而且相形之下，他们的看法要显得更客观、准确一些。③然而，如果就此认为西传的中华文明对于法国启蒙运动毫无积极意义，却也有失公允。实际上伏尔泰等人对儒家文化的理解即使是一种误读，这种误读也显然产生过某种"郢书燕说"式的积极效果——它使得儒学当中一些本来比较含糊、隐晦，而且在实践中又长期被扭曲、遮蔽了的普世价值，破天荒头一遭被明晰化、被提升、被萃取了出来，并作为代表东方文化的一个重要参照物，有力地推动了西欧人锻造现代文明的伟大实践。此外还有一个积极效果也不应被忽视，那就是儒学中内含的"自由"、"平等"精神的被发现，似乎也极大地鼓舞过法国的启蒙学者：试想，那群正东奔西突上下求索、要把自

---

①　参见［法］伏尔泰：《论风俗》上卷，商务印书馆，1995年，第210页。

②　参见同上注。

③　关于孟德斯鸠和卢梭对中华文明的批判，可参阅《论法的精神》（商务印书馆，1982年）和《论科学和艺术》（商务印书馆，1997年）等书的有关章节。孟卢两氏的这些言论还曾遭到伏尔泰的愤怒批驳，而德国学者利奇温也认为孟卢的意见是不公正的，反映出他们对东方精神缺乏深入的了解（参见［德］利奇温：《十八世纪中国与欧洲文化的接触》，商务印书馆，1962年，第85页）。但在我们看来，孟卢对中国的批评其实还是相当客观和准确的，尽管这些批评的确在很大程度上只是出于某种直觉。

由平等一类信条确立为万世不易的普世价值的法国人，忽然发现中国人这个东方的代表性民族一直就在"奉行"这类信条，这时他们感受到的该是何等强烈的兴奋！法国启蒙运动之所以有那样的声势、那样的成就，应该说多少和这一情况有一定的关联，而中华文明对法国大革命及其政治文化特性的影响，自然也就不容抹杀了——尽管这种影响的大小、深浅，还是一个有待于探讨的史学课题。

另一方面，熟悉 18 世纪法国历史的人都知道，最终成为法国革命者的主要精神导师的并非以伏尔泰为首的法国启蒙运动主流派，而是处处跟伏尔泰他们唱反调、被认为是离经叛道者的卢梭（法国大革命刻意追求"平等"的特色很大程度上即源于卢梭学说的平等主义特质）。这里就有了一个问题：卢梭此人是不赞赏中华文明的，那么卢梭主义的法国大革命和中华文明之间还能有什么瓜葛吗？对此，我们的答案仍然是肯定的，因为我们知道，尽管卢梭和伏尔泰之间歧见重重，但由于他们论说的都是现代文明的一些最基本的原理，或者说他们各有侧重地张扬了自由与平等这两个启蒙运动的核心价值，他们之间的分歧说到底都还是启蒙阵营内部的分歧，故而他们在革命法国的影响无论怎样消长，也都无法割断法国大革命和启蒙运动乃至中华文明之间的精神联结。

三、卢梭主义的法国革命成为 20 世纪中国革命的理想模板

18 世纪西传的中华文化曾对法国革命产生过一定的冲击，那么 19 世纪随西学一起传入中国的法国革命文化是否也影响过中国的历史进程呢？

从历史记载来看，法国大革命爆发的消息虽然很快就通过一系列渠道①传到了乾隆末年的中国，但只是在整整一百年之后的 19 世纪末年，随着中国资产阶级革命形势的成熟，法国革命才开始为中国先进人士所瞩目。

中国的 20 世纪是一个革命的世纪。长期以来，人们习惯于把中国革

① 这些渠道主要有 1792 年 9 至 10 月英国特使马戛尔尼的访华和来华的法国及欧洲各国商人、传教士等。

命和俄国革命连在一起看，而且总以为中国革命是"以俄为师"的。可是作为历史学者，我们却熟知这样一个简单的历史事实，即在差不多整个二十世纪里，中国的历史学界讨论最多的外国革命事件，一直是法国大革命而不是俄国十月革命或其他任何一场革命。这个事实也许还暗示了另外一个事实的存在，这就是：整个20世纪的中国历史——一部几乎始终贯穿着革命的话语和实践的、标准的革命史，可能都与法国革命文化的影响息息相关。这一情况其实也不难理解：对于20世纪的史学界来说，俄国革命多半还只能算是某种时事，尘埃尚未落定，不便认真追询其历史的底蕴，更何况从政治文化的角度来看，俄国革命也只是法国革命的某种精神产儿，两者在文化史上的地位显然不可同日而语。①

由于相关的研究才刚刚起步，关于法国革命和中国革命之间的实际关系，眼下我们能够断言的委实不多。但至少有一点我们已经有理由确认，那就是在整个20世纪中国盛行不衰且影响深远的一种世俗化的宗教信仰——革命崇拜，亦即某种视激进革命为解决一切社会和政治问题的唯一有效手段的思维定势，基本上就是在法国革命政治文化的培育和激励下形成和发展起来的。下面我们就来看看这件事情的具体过程。

我们知道，中国知识界对法国大革命的关注在戊戌变法（1898年）之前就开始了。当时最值得注意的是三个著名人物——王韬、康有为和谭嗣同——对法国大革命的议论。前两人的态度其实大同小异：王韬仅肯定君主立宪派，对吉伦特派和雅各宾派则大加贬斥②；康有为则认为法国大革命是一场史无前例的惨祸，虽然它开启的是一股不可抗拒的、世界性的立宪民主潮流，但最好还是采取英国式的改良来顺应之以避免

---

① 参见孙隆基："两个革命的对话：1789和1911"（上），见香港中文大学中国文化研究所《二十一世纪》双月刊1994年4月号，总第22期，第25～26页。

② 在其于1990年修订出版的《法国志略》中，王韬奉米拉波为"名贤"，说他"追列议会，辩驳诸弊，以厘正为己任，后以众论过于激烈欲矫其弊，稍敛锋芒"；对吉伦特派，他则评之为"少壮不经人事，竟倡共和说"；对雅各宾派诸领袖，他似乎更少好感，如斥马拉"专快报复"，丹东"残暴阴谋作乱"，罗伯斯庇尔"跋扈"。（参见沈坚："中国近代思想家眼中的法国大革命形象"，见刘宗绪主编：《法国大革命二百周年纪念论文集》，生活·读书·新知三联书店，1990年，第87页）

卷入法国式的革命旋涡①。应当说，王、康二人实际上都没有全盘否定来自法国的那套革命文化，因为他们只是抛弃了大革命的激进方式，而认可或选择了这场革命所倡扬的立宪民主精神。谭嗣同的态度则和王、康迥异——他衷心赞赏法国大革命的暴烈与激进："法人之改民主也，其言曰：'誓杀尽天下君主，使流血满地球，以泄万民之恨。'……夫法人之学问，冠绝地球，故能唱民主之义，未为奇也。"非但如此，他还认定唯有这样的革命才能救中国：在给老师的一封信中，谭嗣同断言："今日中国能闹到新旧两党流血遍地，方有复兴之望。不然，则真亡种矣。"②在当时中国的先进知识界，谭嗣同的声音无疑是孤独的、微弱的，然而这个声音却深得法国革命文化之精髓，而且注定将有一番了不起的前途。

随着戊戌维新失败、八国联军入侵、《辛丑条约》签订等事件的发生，进步知识界日益清楚地看到：清廷的腐朽已不可救药，当下非举革命以推翻之不能救中国。于是人们开始大造革命舆论，作为"革命之母"的法国革命自然开始备受青睐。

中国的20世纪，就是从对法国革命的大力张扬开始的。1901年，《国民报》第一、二期即连续发表文章宣传法国大革命，并公开鼓吹在中国推行法式的革命，而其他进步报刊立即纷纷效法，中国舆论界刮起强劲的"法国风"。此风在湖南省刮得尤其凶猛，如1903年出版的《新湖南杂志》登出了这样歌颂法国的文字："法兰西者，民约论之出生地

---

① 康有为在"进呈法兰西革命记序"中描述说："臣读各国史，至法国革命之际，君民争祸之剧，未尝不掩卷而流涕也。流血遍国中，巴黎百日而伏尸百二十九万，……凄恻千古，痛感全球。自是万国惊心，君民交战，革命之祸，遍及全欧，波及大地矣。……普大地杀戮变乱之惨，未有近世革命之祸酷者矣，盖自法肇始之也。""臣窃观近世万国行立宪之政，盖皆由法国革命而来，迹其乱祸，虽无道已甚，而时事所趋，民风所动，大波翻澜，回易大地，深可畏也。盖大地万千年之政变，未有巨宏若兹者。"有鉴于此，康有为向光绪告诫道："且夫寡不敌众，私不敌公，人理之公则也，安有以一人而能敌亿兆国民者哉！则莫若立行朝断，不待民之请求迫胁，而与民公之，如英之威廉第三后诸主然。明定宪法，君民各得其分，则路易十六必有泰山磐石之安，聘彭之寿，尧舜之誉，生死哀荣，国家长久，天下后世，师之慕之。"（见《康有为政论集》上册，中华书局，1981年，第308~310页）

② 转引自章开沅：《法国大革命与辛亥革命》，见刘宗绪主编：《法国大革命二百周年纪念论文集》，第67页。

也，自由权之演武场也，其行也，以暴动而已矣"，"馘独夫民贼之首，以徇于巴黎市，举国之人莫不为之拊髀雀跃，而呼自由万岁也。三逐其君，十四更其宪法，糜肉流血，如沸如羹，有地狱之悲焉，然卒为强国。不如是则法兰西仍为奴隶国，不足以成今日之法兰西也"。①这种宣传的结果，是湖南省的率先"革命化"——发生在醴陵、萍乡两地的被比附为"攻打巴士底狱"的民众暴动使该省一度赢得了"小法兰西"的雅号，而那里的革命志士也公开表示，希望中国有朝一日也能成为一个"法兰西"——一个"亚洲的法兰西"，有人还以这样的诗句来表达他对革命法国的崇拜之情："得听雄鸡三唱晓，我侬身在法兰西！"②

值得注意的是，当时中国革命派如此推崇革命的法国，与卢梭政治哲学在中国的传扬有重大关系。据法国汉学家玛丽安·巴斯蒂的研究，向中国公众介绍卢梭政治学说的第一人是梁启超：1901 年 11 月 21 日至 12 月 21 日，他在《清议报》（一份以康有为为首的戊戌维新后的中国政治流亡者在日本横滨编印的杂志）上发表了第一篇关于卢梭的论文，然后又于 1902 年在《新民丛报》的第十一期和第十二期上以《民约论巨子卢梭之学说》为题刊载了同一篇文章。尽管在此之前《新民丛报》已介绍过培根、笛卡尔、达尔文、孟德斯鸠、希腊思想、政治经济学、进化论和科学等，在此之后又介绍过亚里士多德、康德、圣西门、布伦支里、约翰·斯图亚特·弥尔等，但有关研究显示，所有这些学说都远不如卢梭学说的影响大：不仅阅读和讨论卢梭的人数量最多，而且在当时报刊上写时政文章的作者们还多采用"卢骚之徒"、"卢梭魂"、"亚卢"（意为亚洲卢梭）、"平等阁主人"、"竞平"、"人权"、"民友"之类笔名，足见卢梭学说之深得人心。③意味深长的是，这种偏爱卢梭的舆情和大革命前

---

① 转引自金重远："民报和康有为有关法国革命的争论"，见刘宗绪主编：《法国大革命二百周年纪念论文集》，第 37 页。

② 转引自章开沅："法国大革命与辛亥革命"，同上书，第 71 页。

③ "从 1903 年起，朱执信、胡汉民、汪精卫这三个未来的著名革命家，在广州组成'群智社'，目的在购置和研讨外国名著的译本；其中卢梭著作阅读人次名列前矛"；并有各种各样的卢梭民约论译本大量刊行、广为流传。——参见［法］玛丽安·巴斯蒂："辛亥革命前卢梭对中国政治思想的影响"，同上书，第 58～61 页。

夕的法国非常相似。①

在中国的早期卢梭信徒中，邹容和陈天华当是最负盛名的两位。以《革命军》（1903）一书而名扬天下的邹容似乎并不大了解法国大革命，因为他在其书中只提到 1870 年的法国革命，并不加分别地将其同 1688 年的英国"光荣革命"和 1775 年的美国独立革命扯在一起，统统誉为"应乎天而顺乎人之革命，去腐败而存良善之革命，由野蛮而进文明之革命，除奴隶而为主人之革命"；他似乎也没有注意到卢梭和孟德斯鸠在政治思想上的重大差异，因为他同时以能够读到《民约论》和《万法精理》的译文为中国人之大幸。然而，邹容心目中"最优"的革命显然还是他当时还搞不大明白年代的法国大革命，因为他明确主张革命的目标应该是"牺牲个人以利天下，牺牲贵族以利平民，使人人享其平等自由之福"，是"杀尽专制我之君主，以复我天赋之人权"，而对这些带有极端意味的观念的倡导几乎只是 1789 年法国大革命独有的特征；邹容心目中"最优"的启蒙哲人显然也还是卢梭，因为他始终将卢梭作为法国启蒙哲人最杰出的代表，将他置于首要位置，大呼"吾请执卢梭诸大哲之宝幡以招展于我神州土"，而且他在《革命军》第三章中宣传天赋人权的那些文字，如"人人当知平等自由之大义，有生之初，无人不自由，即无人不平等，初无所谓君也，所谓臣也"等等，也带有显著的卢梭韵味。②

陈天华对卢梭及其《民约论》的崇仰之情，则充斥在他写下的这样一些在当时流传甚广的文字中："法国之人，……闻了卢梭这一篇言语，如梦初醒，遂与国王争了起来。……一连革了七、八次命，前后数十年，终把那害民的国王贵族，除得干干净净，建设共和政府。……从前种种虐民的弊政，一点没有；利民的善策，件件做到。这法兰西的人民，好不自由快乐吗。"（《猛回头》）在《狮子吼》中，他又写道："当初法国暴君专制、贵族弄权，那情形和我现在中国差不远。……（卢梭）做了这

---

① 卢梭因其独特的反文明的观点，在法国启蒙运动中一直处于边缘的地位，但在他去世（1778 年）后的十多年里，随着大革命的临近，他的声望却迅速上升，并最终压倒了启蒙运动主流派而成为法国革命者的精神导师。

② 参见张枬、王忍之编：《辛亥革命前十年间时论选集》第一卷下册，生活·读书·新知三联书店，1960 年，第 652～653 页。

一本《民约论》，不及数十年，法国遂连革了几次命，终成了一个民主国，都是受这《民约论》的赐哩。"①

如果说邹容和陈天华是中国卢梭式革命最早的宣扬者，那么将这种革命在中国付诸实施的第一人便是孙中山了。同盟会从成立之日起便高举"自由、平等、博爱"的旗帜，宣布它要进行的革命不只是旨在"驱除鞑虏、恢复中华"，同时还要本着自由、平等、博爱的精神来为人民变革"国体民生"。1905 年，同盟会的喉舌《民报》在创刊号上即采用卢梭画像作为封面内页的插图，并誉之为"世界之第一民权主义大家"。同盟会的重要骨干宋教仁声称："吾愿此身为卢梭、福禄特尔"；冯懋隆在读过《民约论》、《万法精理》等书之后改名冯自由，并追随孙中山投身民主革命②，说明中国第一代革命家都深受法国启蒙思想家的影响，而且主要都是卢梭的信徒。诚如巴斯蒂所言："卢梭的政治思想尽管姗姗来迟，但它似乎在青年一代爱国知识分子中拥有广泛的读者和赞赏者"，《民约论》实际上成了他们干革命的"福音书"③。这一情况无疑至为重要，它说明中国革命是深得法国大革命的真传的：因为卢梭的《民约论》当初就是法国革命者的"圣经"。整个 20 世纪的中国革命，无论其实际进程呈现着多么独特的外观，其精神实质却总也和法国大革命相去不远，根源大概就在这里。

面对清末中国革命崇拜心态的兴起，清朝廷臣端方曾在一个奏折中这样抱怨："一二不逞之徒……恣其鼓簧，思以渎皇室之尊严，偿叛逆之异志。加以多数少年，识短气盛，既刺激于时局，忧愤失度，复偶涉西史，见百年来欧洲二三国之革命事业，误认今世之文明，谓皆由革命而来，不审利害，唯尚感情。故一闻逆党煽动之言，忽中毒而不觉，一倡百和，如饮狂泉。"④端方既能看出"感情"因素在这个事变进程中举足

---

①　转引自章开沅：《法国大革命与辛亥革命》，刘宗绪主编：《法国大革命二百周年纪念论文集》，第 71 页。

②　参见同上文，同上书，第 72～73 页。

③　参见［法］玛丽安·巴斯蒂："辛亥革命前卢梭对中国政治思想的影响"，同上书，第 55 页。

④　转引自张枬、王忍之编：《辛亥革命前十年时论选集》第二卷序言，是卷上册，第 2 页。——着重号系引者所加。

轻重的作用，说明他尽管反动，却也不乏政治敏感。当时中国革命者的态度的确带有浓重的感情色彩，这导致他们并不大重视实际或对实际国情缺乏深刻了解。而其所以如此，极重人类情感的卢梭学说对当时中国的巨大影响不能说不是一个重要原因。

四、关于法国大革命的论战推动了中国革命崇拜的发生

不过在辛亥革命前夕的中国，这种浸透了革命崇拜的政治舆论的形成也并非一帆风顺。当时在革命派的侧畔，曾活跃着一股政治能量相当可观的改良派（或立宪派）势力，他们竭力反对在中国实施法国式的革命。两派的政见分歧演成一场旷日持久的大论战，由于革命派最终取得了论战的彻底胜利，因而来自改良派的挑战反而有力地促成了 20 世纪中国革命崇拜的形成。

具体说来，革命派和改良派的冲突是从 1902 年康有为发表《答南北美洲诸华商论中国只可行立宪不可行革命书》开始的。康有为在此文中首次公开提出反对共和革命、主张君主立宪，并通过渲染法国革命的恐怖与流血来支持自己的论点和恫吓革命派。①而兴中会的机关报《中国日报》当即就予以批判，接着又有章太炎发表《驳康有为论革命书》予以系统的批驳。1903 年 10 月，康有为命其追随者徐勤在香港发刊《商报》，"大倡保皇扶满主义"，《中国日报》又"对其痛下攻击"，双方就保皇和革命展开激烈论战，而在这个时期相继出版的《世界公益报》、《广东报》、《有所谓报》、《东方报》、《少年报》等也加盟到《中国日报》方面，使革命派迅速取得言论界的优势。②革命派在辩论中，同样以法国大革命为参照，认为这种革命是当时中国的唯一出路。如 1904 年 3 月 18

---

① 康有为在此文中声称："法倡革命大乱八十年，流血数百万"；还特地强调："法国之地与民，不得中国十分之一，而革命一倡，乱八十年。第一次乱，巴黎城死者百二十九万……"，言外之意是如中国效法法国革命，则不知要死多少人！（参见金重远："民报和康有为有关法国革命的争论"，见刘宗绪主编：《法国大革命二百周年纪念论文集》，第 30～31 页）

② 参见丁守和主编：《辛亥革命时期期刊介绍》，第二集，人民出版社，1982年，第 8 页。

日《中国日报》有署名"横行"者著文称:"中国今日之政体,非一人专制政体,乃贵族专制之政体也";贵族王公,自恃高贵,且自用其愚,以保其世袭弗替之富贵,把持庶政,杜绝民权,"苟有倡民权民族主义者,锄而去之,尽情罗织。罗马、希腊之灭亡,法兰西之革命,皆此等政体之所致。故予谓中国民族势力澎涨,若待立宪,必无如愿之一日也"。① 章太炎在其《驳康有为论革命书》中也指出法兰西式的革命,是人类历史发展的伟大推动力:"人类之压动力何? 革命是已。……法国之革命,迫动力也,至于今未尝稍静,故不闻有再度之革命"。②经过这一番论争,康有为的保皇主张受到了有力的遏制,革命宣传则日益扩大——1904 年 4 月 26 日陈撷芬在《中国日报》上著文称:"五六年前,不知维新为何物,革命则耳所未闻。……近年以来,革命之言,几日有所闻",③即为一证。

但改良派经这次失败后,并未偃旗息鼓。1906 年,梁启超在其主笔的《新民丛报》上连载发表了康有为(署名明夷)的《法国革命史论》,并为之作跋,以此向革命派展开了又一轮猛烈进攻。

康有为此文旨在借全面否定法国大革命来否定在中国实施革命的主张。他把法国大革命描绘成一场一无是处的恐怖暴乱:

> 自革命之事起七年,革命之党派无数,不论穷凶极恶之山岳党,平和义热之及伦的党,附和中立之平野党,皆辗转相杀,同归于尽,乱党乱民,无一免者。其始同托名于复王政,其中复君主立宪,其后则革命之中互相屠戮,或同志而以异党相杀,或同党而以异议相诛。于一党之中,又分数党,于小党之内,又分亲疏,异党屠尽,则同党相屠,疏者屠尽,则亲者相屠。人人互相猜忌,人人自图保卫,究则无同无异,无亲无疏,不保不卫,一无所得,只有尽上断头台,以为结果而已。其究也,合数十百万革命军之流血,以成就

---

① 转引自丁守和主编:《辛亥革命时期期刊介绍》,第二集,第 9 页。
② 参见《中国近代史资料选辑》,生活·读书·新知三联书店 1954 年,第 611 页。
③ 转引自丁守和主编:《辛亥革命时期期刊介绍》,第二集,第 9 页。

一罗伯卑尔之专制民主；合数千万良士之流血，以复归于一拿破仑之专制君主。然则所以大流血残忍无道者，果为何哉！①

何以法国革命会沦为这样一场大乱？康有为认为那是革命发动者"妄执他国之验方，以望疗己国之痼疾"的结果，具体地说，就是"拉飞咽以美国政治之平等致治有效，欲以美国之政施之法国，而不审国势地形之迥异。于是在美行之而治，在法行之而乱也。"在康有为看来，拉法耶特所持之美国药方，主要就是"人权平等、主权在民、普通选举（即普选权）"等民主原则，这些东西虽属"天下公理之至"、"至公至平之理"，只可惜在当时法国实行之却为时过早。②尽管如此，康有为还是承认法国大革命的发生有其一定的必然性，这就是旧制度法国封建制度的极度黑暗；然康又指出，由此反观中国，则更显得中国没有革命的必要了，因为中国根本就没有类似的国情，法国人所遭受的种种苛政在中国一概都不存在——康这样写道："吾国久废封建，自由平等，已二千年，与法之十万贵族，压制平民，事既不类，倡革命言压制者，已类于无病而学呻矣。"③此外，康还恫吓说，中国如发生革命，则不仅必然酿成恐怖，而且在当时情况下还会导致亡国亡种之惨祸——

我又为黄种之独国，白人纷纷，虎视逐逐，莫妙于假定乱之名，以行瓜分之实。恐吾国革命之徒，虽酷毒至于极点，人理可以绝无，比罗伯马拉而倍蓰之，然必不能驱市民，而当诸白之强敌也。然则岂止流血百二十九万哉，不尽杀四万万人不止。即幸能存者，亦留为白人之奴隶马牛而已。④

总之，在康有为看来，法国大革命的那一套，在中国万万行不通、使不得。

梁启超在为康文写的跋中盛赞康的言论"耸切恳挚，足以为病狂热

---

① 明夷（康有为）："法国革命史论"，见张枬、王忍之编：《辛亥革命前十年间时论选集》第二卷上册，第307～308页。

② 参见同上书，第295页。

③ 同上书，第304页。

④ 同上书，第305页。

者之药"，并历陈法国大革命中的种种暴行，及中国社会较之革命前法国社会的种种"优点"，以附和、阐发康的论点。康、梁的这些言论立即引起了革命派的严重关注。章太炎认为："自此论出，其为进步之梗者，更非浅鲜，不可不有以匡之。"① 在章的组织安排下，1906 年 1 月出版的第 11 期《民报》② 刊出时年仅 16 岁的进步青年汪东的长文《正明夷"法国革命史论"》（署名寄生），对康、梁的论点逐条痛加驳斥。

针对康、梁对法国大革命的贬斥，汪东的文章开宗明义，大唱反调：

> 法之大革命，起于千七百八十九年，迄千八百四年，中更七载，丧乱繁多。虽谋之者有不臧，然一洗旧弊，遂能去虐政、均利权，卒达改革之首志，其功抑亦赫然可观哉！不睹其功，而重科之罪，甚矣，其枉也。③

针对康有为关于法国革命者盲目效法美国的责难，汪东以法国 1791 年宪法未能采用美国式的两院制从而导致"民权专制"为由反唇相讥："此非效法美国之罪，而效法之未尽善者之罪也"！④

针对康有为将拿破仑的崛起与称帝归咎于挑起战端的吉伦特党的说法，汪东为后者辩护道：此乃"欲加之罪，何患无辞"！因为事实上拿之称帝是他自己要阴谋诡计的结果，而且是经国民投票公决的，"使当其提出议案时，群起相抗，前功必不至尽弃，则法之安于共和也亦久矣"⑤。

针对康有为关于中国国情与当年法国迥异、倡革命言压制类于无病呻吟的论调，汪东怒斥："此真病狂之言也"！在他看来，中国人（汉人）不仅毫无自由平等可言，而且还受着异族的残暴统治，哪有一点优于法国的地方？"法之贵族虽横，犹同民族，即使吾国今日自由平等，诚足齐

---

① 转引自寄生（汪东）："正明夷'法国革命史论'"，见张枬、王忍之编：《辛亥革命前十年间时论选集》第二卷下册，第 635 页。

② 1906 年 11 月 26 日创刊于日本东京，和革命党机关报之元祖《中国日报》一起，共同成为刚成立的同盟会的机关报，初定为月刊，后改为不定期刊。

③ 寄生（汪东）："正明夷'法国革命史论'"，见张枬、王忍之编：《辛亥革命前十年间时论选集》第二卷下册，第 635 页。

④ 参见同上书，第 638 页。

⑤ 参见同上书，第 640～641 页。

驾米欧，吾犹愿为法民，稽颡布奔氏之前以乞余荫，不愿肩随满洲大酋爱新觉罗之侧，而傲焉以戏嘻也。而况乎不自由不平等，为奴虏以终其身哉？"①

针对康有为关于中国革命将召瓜分之祸的恫吓，汪东不以为然，理由是中国革命的国际环境与法国革命大相径庭，倒和美国革命相类，而且已不存在可以成为清廷盟友的外国专制政体，所以据以往的经验，这种革命是不大会招致遥远的列强前来干涉的，即使列强要来插手，它们之间也会互相钩心斗角，难以在瓜分中国的问题上达成一致，故无须杞人忧天。②

如此等等。在发表了这篇文章之后，汪东在 1907—1908 年间又在《民报》连载发表了自己的《法国革命史论》，意在借鉴法国大革命的经验来推动中国革命，同时继续驳斥康有为对革命的种种诬词。③

汪东和康有为的这场有关法国革命的大辩论，是 1905—1907 年间革命与改良大论战中的一次重大战役，对革命派最终取得论战的胜利有至关重要的意义——因为它从学理上对革命的合法性、必要性与可行性作了有力的论证，清除了人们对于中国革命的种种顾虑，从而使革命在爱国的知识界获得日益广泛的认同。在此期间，同盟会组织迅速扩大，内地各省和海外的支部和分会纷纷建立，并连续发动了几次武装起义，革命已开始被付诸实施。一位改良派人士无可奈何地哀叹：由于"革命党指政府为集权，詈立宪为卖国"，结果使"革命党者，公然为事实上之进行；立宪党者，不过名义上之鼓吹，气为所慑，而口为所箝，即明知今日中国之时势，宜于立宪而不宜于革命，亦姑模棱于两可之间，而不欲锋芒自见。……夫立宪果为何物，立宪之后而果有何影响，使不立宪而果受何弊害，恐中国虽大，其能理解之者，寥寥无几"。④据说梁启超经

----

① 张枬、王忍之编：《辛亥革命前十年间时论选集》第二卷下册，第 642 页。

② 参见同上书，第 645～646 页。

③ 参见张芝联："清末民初政论界对法国大革命的评议"，见中国法国史研究会编：《法国史论文集》，生活·读书·新知三联书店，1984 年，第 10～11 页。

④ 参见与之："论中国现在之党派及将来之政党"，见《新民丛报》第 92 号，第 24 页，1907 年 5 月出版。转引自张枬、王忍之编：《辛亥革命前十年间时论选集》第二卷下册，第 635 页。

《民报》批驳之后，只得"隐匿横滨，亦尚未敢入东京一步"。①很快《新民丛报》本身都办不下去了，终于在 1907 年 7 月关门大吉。改良派舆论由此蒙受了历史性的失败，而一种将支配整个 20 世纪中国政治历史的革命崇拜心态也随之开始流行起来。

五、余论：如何"民主地结束革命"？

前面说过，革命崇拜是一种视激进革命为解决一切社会和政治问题的唯一有效手段的思维定势。它是一种宗教式的情感，一种幻想，一种非理性的东西。由于一切非理性的东西都有其积极的一面，革命崇拜也对 20 世纪中国的社会进步起过伟大的推动作用，其主要表现，就是通过直接促发辛亥革命及其后的一系列必要的革命事变，正式启动了现代中国的政治民主化进程。

然而非理性的东西也有其消极的一面，革命崇拜自不例外。本来以革命求民主就是一件迫不得已的事，是在反动保守势力过于强大的情况下采取的一种没有办法的办法——这不仅是因为革命会造成巨大的社会动荡、带来人类生命财产的重大损失，更重要的还是因为革命常常需要无条件地服从领袖的权威，需要诉诸极其专断的暴力，而这些行为本身就和现代民主政治的精神格格不入；尤其是在革命遭逢阻力过大或受某种意识形态驱使而不得不长期延续并持续深化的情况下，革命的这一弊端还有可能逐渐演成一种下意识的政治文化习俗，以致在革命阵营内部培植出新的专制反动势力，严重阻滞政治民主化的正常进程。所以最理想的情况应该是：在不得不实行革命的时候，不失时机地以速战速决的方式摧毁旧制度，然后迅速放弃革命思维，转入渐进改良式的民主建设阶段——英国和美国的革命大概可以算作这方面比较成功的例子，只可惜并非所有的民族都这样幸运。18 世纪末的法国就因为受制于自己独特的历史传统和社会条件，不得不以长年累月并不断激进化的革命来争取民主，结果滋生出了一种耽溺于左右派二元对抗的"革命文化"，以致

---

① 参见丁守和主编：《辛亥革命时期期刊介绍》，第一集，第 517~518 页。

"民主地结束革命"在那里曾成为一个著名的历史难题。应当承认，与法国革命文化有某种传承关系的中国革命崇拜也产生了类似的消极后果。对比18世纪的法国革命和20世纪的中国革命，人们会发现两者之间有许多惊人的相似之处：如同样以"革命"为天底下最神圣、最权威的事物，同样以"反革命"为十恶不赦的死罪，同样鼓吹革命应一干到底、越彻底越激进越好，同样崇尚群众暴力和红色恐怖，同样反对政党政治和两院议会制，甚至同样热衷于以"文化革命"的手段剪除异己、淳化风俗、培育"新人"……

到19世纪末叶，法国经过近百年苦斗，终于以第三共和体制的巩固为标志初步"民主地"结束了它的革命。而"以法为师"并同样已经历过百年苦斗的中国革命，此刻也正在向现代民主的目标冲刺，只是究竟何时能够抵达似仍无定数。也许，今天的中国还应再度拜法国为师，学学它走出革命文化和革命崇拜的历史经验？

2002 年 10 月

附 录 二

法国式革命暴力与现代中国政治文化①

引　言

　　革命总是暴烈的，必然要诉诸血腥的暴力。这种暴力尽管很野蛮很残酷，事实上也会给许多无辜的人们带来巨大的灾难，但在革命者看来却也是为实现更好的生活所必须承受的一种人类牺牲。所以革命者们一般都会毫不犹疑地承认他们的革命需要靠暴力来进行。如毛泽东就曾非常直白地指出："革命不是请客吃饭，不是做文章，不是绘画绣花，不能那样雅致，那样从容不迫，文质彬彬，那样温良恭俭让。革命是暴动，是一个阶级推翻一个阶级的暴烈的行动。"② 这个由中华人民共和国的缔造者提出的"暴力是一切革命的固有属性"的命题，尽管用的是随意的、

---

　　①　此文曾稍经修订发表于香港中文大学中国文化研究所《二十一世纪》双月刊 2012 年 8 月号（总第 132 期）。

　　②　毛泽东："湖南农民运动考察报告"（1927 年 3 月），《毛泽东选集》（四卷合订本），北京，人民出版社，1968 年，第 17 页。

诗性的话语，却终究是最贴切、最经典也是最无可辩驳的。

但历史也告诉我们，不同国家的革命，尽管总的说来都很暴烈，却在暴烈的程度上有很大的不同。比如，法国大革命就比英国或美国的革命来的凶猛得多。实际上，法国大革命的暴烈性在世界历史上是空前的，以至于言之"惨烈"都不为过。然而也正是这种"惨烈"，赋予了这场革命一种引人注目的经典性，同时也是其世界性影响远远强于英美革命的重要原因，尽管后者在推动现代世界的成长方面也有着同样不容忽视的重要意义。

法国大革命对世界历史的影响主要是通过她的政治文化来产生的。而在所有受到法国革命政治文化影响的其他国家的革命中，20世纪的中国革命肯定是一个非常突出的个案①，尤其是中国革命非同寻常的暴烈性和长期性，使其带有一种和法国革命极为相似的政治风格。我们都知道，在20世纪的绝大部分时间里，差不多从世纪初直到80年代末，"革命"在中国都被看作是一种绝对神圣不可侵犯的事物，这情况和大革命十年期间的法国（1789－1799）是完全一样的。在所有为在中国建立一个统一、独立的共和国而奋斗的革命者看来，"反革命"不仅是一种无耻的行为，而且是一种严重的刑事犯罪。即使在这些中国革命者已经分裂成两个势不两立的阵营之后，这个观念也没发生任何变化，并还将长期盛行。在1949年成为中华人民共和国的中国大陆地区，情况在毛泽东逝世或四人帮倒台（这被认为是中国革命"热月"的开始）之后，开始发生些许的变化，但对包括中国革命和法国革命在内的一切激进革命的认

---

① 这是一个近年来曾为说汉语的历史学家们广泛讨论过的话题，有关的出版物主要有：张芝联，"清末民初政论界对法国大革命的评议"，载中国法国史研究会编：《法国史论文集》，生活·读书·新知三联书店，1984年；金重远，"民报和康有为有关法国革命的争论"，章开沅，"法国大革命与辛亥革命"，均载刘宗绪主编：《纪念法国大革命二百周年论文集》，生活·读书·新知三联书店，1990年；[美] 孙隆基："两个革命的对话：1789和1911"，载香港中文大学中国文化研究所编《二十一世纪》双月刊，1994年4月号和6月号，总第22、23期；Yu Danchu, "The Introduction and Influence of the Great French Revolution in China during Early Years of the 20th Century", in Zhang Zhilian, ed., *China and the French Revolution*, *Proceedings of the International Conference Shanghai*, 18-21 *March* 1989, Oxford: Pergamon Press, 1990；高毅："法国革命文化与中国20世纪革命崇拜的确立"，载《历史教学问题》2000年1月；"法国革命文化与现代中国革命"，载《浙江学刊》2006年第4期，等等。

真的质疑乃至否定的思潮，也只是在 1989 年之后才出现的。持这种"反革命"态度的人的理由，主要有两方面：一是这种革命太惨烈、太恐怖了，造成了太多的流血，太多的人类生命财产的损失；二是这种革命结果都带来了专横的意识形态统治，或者说带来了一种极权的政治。这些"反革命者"实际上还认为，这种法国式的革命从一开始就是一个可怕的错误，而这种错误也不能再重复了，推动人类社会进步的唯一正确的道路，只能或是温和的英美式的革命，或是完全摈弃革命而只是缓慢地、一点一滴地实施改良。这种非历史的论点显然是不可接受的，但不幸的是，要说服受过教育的公众承认法国式暴力革命的历史正当性，在今天比在以往任何时候都难，尤其是这种革命至少在形式上还真显得和 20 世纪曾大行其道的极权主义现象，有某种亲缘关系。

所以历史学似乎有必要对法国式革命的历史正当性作出新的论证；而且，由于中国革命是这种革命的一个经典个案，研究中国革命暴烈性的起源和意义，也可望为这种论证提供一些新的经验和思想的论据。这就解释了本文的基本动机，尽管本文远不是关于这个问题的透彻研究，研究中提出的问题可能比解决的问题还要多。但在讨论中国革命之前，我们仍需要对与作为中国革命之母的法国大革命有关的一些问题做一个粗略的透视。

法国革命暴力的特点和历史正当性

由于"法国大革命"和"暴力"是两个含糊不清的术语，甚至是能把人导向各种误区的两个"陷阱"，[①] 所以我们从一开始就必须小心，尽量让我们使用的这两个术语保持某种逻辑一贯性。为此我们需要先给它们作出比较清晰的界定。我们这里所说的"法国大革命"，与其说是一场传统意义上的"资产阶级革命"，不如说是国家现代化进程中的一个戏剧性的转折点，即使这场革命的最后效果，就像我们仍然承认的那样，是对前现代社会结构的彻底摧毁，是为由资产阶级统治的现代社会清扫地基。至于"暴力"这个词，不管它可能有多少种含义，我们这里只关注

---

① Jean-Clément Martin，*Violence et Révolution. Essai sur la naissance d'un mythe national*，Paris，Seuil，2006，p. 8.

它的抽象意义，也就是说，只把它看作一种强制力，或一种武力，其基本属性是"残暴"，而使用它的基本目的则只是为了消灭或震慑敌人。

需要在这里明确的另一点是，在我们讨论法国大革命独特的暴烈性的时候，我们所想到的实际上并不是那种可以发生在任何时期任何国家的一般的暴力，而是一种习惯上被称作"恐怖"或"恐怖主义"的非常特别的法国式革命暴力，这种暴力和在法国大革命中首次出现的"民众动员"现象有密切的关联。我们知道，马克思十分重视这种"民众动员"在法国革命中的意义。他认为法国革命的彻底性特点就是由"资产阶级与人民大众结成了联盟"这一情况所决定的，并认为法国革命中的"恐怖统治"实际上就是那些非资产阶级的民众在为资产阶级作战。他这样说过："全部法兰西的恐怖主义，无非是用来消灭资产阶级的敌人，即消灭专制制度、封建制度以及市侩主义的一种平民方式而已。"① 还说："法国的恐怖统治所能起的作用，只是通过自己的猛烈锤击，像施法术一样，把全部封建遗迹从法国地面上一扫而光。这样的事情是怯懦的资产阶级在几十年中也办不到的。"② 马克思的这些经典论断对于我们可能早就不新鲜了，但从"法国式革命暴力"这个问题的特殊视角来看，我们仍不难从中捕捉到这样一个新鲜的理论信息：即马克思关于"恐怖主义"或"恐怖统治"在法国大革命中的历史功能的这种描述，实际上确认了法国式革命暴力的三个重大特征——平民性（或曰"群众性"）③、恐怖性和高效性。

然而法国革命中究竟存在不存在某种制度化的"恐怖主义"或"恐怖统治"，史学界至今还是有争议的。如巴黎一大法国革命史教授让-克莱蒙·马丹最近还在争辩说，不仅"'革命'这个词的含义在大革命十年间一直在变化，不仅'革命者'这个词也从来就没有统一的意思"④，而且"正和历史学所肯定的情况相反"，"恐怖统治"也从来就没有真正被

---

① 马克思："资产阶级和反革命"，《马克思恩格斯选集》第一卷，北京，人民出版社，1972年，第321页。

② 马克思："道德化的批判和批判化的道德"，《马克思恩格斯选集》第一卷，北京，人民出版社，1972年，第171页。

③ 马克思说的"平民"，一般说来是和"贵族"相对的一个概念，但其主要成分无疑还是处于社会下层的广大小资产阶级和城乡劳苦大众，而法国大革命史学中常常论及的"群众"指的主要也就是他们。

④ Jean-Clément Martin, *op. cit.*, p. 8.

提上国民公会和国家生活的议事日程①。不过马丹说的这一情况即使是事实，在这里似乎也并不很重要了。真正重要的，其实应该是长期以来一直铭刻在每个革命史研究者心目中的这样一种印象，那就是法国大革命的确是西方历史上的一场最激进、最血腥因而也最可怖的革命，而这也正是这场革命之所以能够那么长久地为学术界所瞩目的主要原因。如哈佛大学法国革命史教授帕特里斯·伊格内最近又在讨论这个问题："法国的旧制度，像所有国家的旧制度一样，本是注定要死亡的，但法国人，由于他们是法国人，就偏偏用了一种最可怕的方式，亦即恐怖主义的方式，来干掉它。"② 所以不管这场革命中是否真的存在过一种被称作"恐怖统治"的制度，革命期间的那种社会和政治的气氛终究是紧张得令人窒息的，到处弥漫着一种充满恐惧的集体心态，几乎每一个人都相信杀人是摆脱危局的唯一途径。当马拉阴恻恻地写出"要保障公共安宁，应该砍掉两万七千多颗脑袋才行"③ 这样的语句的时候，他只是道出了当时法国人的这种内心恐惧感，以及法国大革命的恐怖主义特质。

事实上，法国大革命也是人类历史上第一场必须用一种可以被称作"恐怖"的手段来进行的革命。但是，"恐怖"这个词像"暴力"这个词一样有着多重含义。按照日内瓦大学法国革命史教授布罗尼斯拉夫·巴茨柯的说法，法语的"恐怖"（terreur）一词是由拉丁文的"terror"借用来的（大约在 1356 年），意思是"恐怖，恐惧"，可以被用来描述一种强烈的恐惧情感（"terreur panique"，1625 年），并用以界定一种引起了恐惧的事物，而这种词义直到 1789 年大体上都没有变化，这时这个词指的是"一种能把人吓瘫的恐惧，一种能引起恐慌的恐惧，尤其是当人们遇到了某种令人害

---

① 历史学家们习惯地把 1793 年 9 月 5 日看作法国革命中"恐怖统治"的确立日，因为那一天国民公会被迫同意了巴黎各区无套裤汉群众"把恐怖提上了议事日程"的要求。但马丹发现，当时国民公会只是通过了群众的若干具体要求，如建立革命军、逮捕嫌疑犯和清洗不受信任的各监视委员会（一种专司嫌疑犯侦查工作的机构），而对于"把恐怖提上议事日程"这种建立"恐怖统治"的制度化要求却没有加以讨论。(Cf. Jean-Clément Martin, *op. cit.*, pp. 188-189)

② Patrice Higonnet, 'Terror, Trauma and the "Young Marx" Explanation of Jacobin Politics', in *Past and Present*, no. 191, May 2006, p. 126.

③ Taine, Hippolyte. *The French Revolution*, Volume 3. Trans. John Durand, Whitefish, Kessinger Publishing, 2004, p. 118.

怕的危险、而该危险的根源还不为人们所知的时候"。但在此之后，

> "在法国大革命的社会和政治语境下，这个词的含义变化得非常之快。它将定指某些意在让反对派时刻处在担惊受怕的精神状态的政治强制手段。热月之后，人们开始使用'恐怖制度'、'恐怖权力'这类术语，'恐怖主义者'这个词则是从1794年才开始使用的，指的是'恐怖统治执行人'。'恐怖主义'、'恐怖主义者'当时指的是某种恐怖体制的拥护者，他们希望吓住他们的敌人，不让他们乱说乱动。所以可以在一种描绘某种心理型事实的概念到一种表示某种政治权力体系所必需的概念之间，测定这个词的词义演变。最后，对'恐怖'这个词的使用将固定在最后那个术语的含义上，即用以描述这样一种政治体制，它建立在由权力产生的一种集体恐惧感的基础之上，旨在粉碎反抗，惩治'反革命分子'和预防'反革命'。"①

巴茨柯描绘的法国革命时期"恐怖"这个词的词义演变应该是准确的，不过，我们却不能认为"恐怖"这个词，在它最后变成"大恐怖"（特指一种以共和二年"雅各宾专政"著称的政治权力体系，常译作"恐怖统治"）之前，指的只是大革命初期的一种纯粹的"心理型事实"。当然，尽管这时的"恐怖"还不能被看作一种"政治权力体系"，但是它似乎还是可以在某种程度上被看作一种"权力体系"，或者毋宁说是一种"暴力体系"，它表现为频繁地在大街上发生的群众的暴力（有点类似我们"文革"时代的"群众专政"），这种暴力看起来很传统，带有自发性和无政府主义特性，但时常也能够得到一些内在于或外在于权力机构的政治人物和（或）政治集团有意地组织或默许。如果雅各宾国家的暴力行为可以被定义为"大恐怖"或"恐怖统治"（尽管无套裤汉群众"把恐怖提上议事日程"的动议实际上被国民公会搁置了）的话，对革命群众的暴力行为自然也可以作出同样的定义，因为后者不仅显示了一种"担惊受怕的精神状态"，而且还同时构成了一种"引起了恐惧的事物"。

---

① Cf. Bronislaw Baczko, 'Les peurs de la Terreur', Propos receuillis par Michel Porret, in Jacques Berchtold et Michel Porret, *La Peur au XVIIIe siècle*, *discours*, *représentations*, *pratiques*, Genève, Librairie Droz, 1994, p. 69.

　　所以一般也可以这样认为，在法国革命期间实际上存在着分别由群众（他们有的是自发的，有的是由一些互相竞争的政治派别组织起来的，但两者都具有同样的无政府主义特征）和革命国家实施的两种"恐怖"。而且在这两种恐怖之间还存在着一种年代上的差异：群众的恐怖从大革命一开始就存在，而国家的恐怖是在1793年9月5日以后才开始出现的。同时，尽管受到了那么多历史学家如埃德蒙·伯克、丹纳、马德兰、加克索特等等的诅咒，群众的恐怖却仍有着无可争议的历史正当性：因为在革命时代的法国存在着革命时代的英国和美国所不曾有过的异常强大的反革命暴力，也唯有群众的暴力才能有效地摧毁和震慑这种反革命暴力，这种群众暴力自然应该被视为法国革命不可或缺的一个组成部分，没有它，法国革命不仅根本就不会发生，即使发生了也不可能得以持续。此外，诚如法国大革命传统史学的著名代表人物索布尔所言，"民众的暴力并非无缘无故地发生的，它具有某种阶级的内容，也有某种政治的目标：那是贵族的反抗迫使人民不得不去诉诸的武器。……不论群众给自己规定的是怎样的目标，他们实施的暴力和恐怖终究为资产阶级扫除了横亘在他们前进道路上的大部分封建制和绝对君主制的垃圾。"①

　　不过尽管如此，我们还是不能不看到，大革命时代的群众恐怖有它的一些固有缺陷，主要是它常常表现得比较夸张，过分残暴，会导致践踏人权甚至滥杀无辜的恶果——因为引发这种恐怖的主要是激情而不是理性。这就不免要背离大革命的初衷，所以尽管革命精英们一度曾容忍甚至赞誉这种群众恐怖，他们却不能一味地由它长期任意妄为。为了保证革命的胜利，革命精英们必须做点什么来对民众暴力实施某种限制或进行某种引导。于是我们看到，在1793年9至10月，国民公会组建了由无套裤汉组成的"革命军"（其任务是胁迫巴黎周围的农场主们把囤积的粮食交给政府），颁布了惩治嫌疑犯法令和最高限价法令，并肃清了一批被称作"忿激派"的群众恐怖极端分子，由此开始把丹东半年前关于"让我们〔革命政府〕变

　　① Cf. Albert Soboul, *La Révolution française*, Paris, Editions Sociales, 1982, pp. 581-582.

得可怕起来，以便让人民不再可怕"① 的号召真正落到实处。显然，法国革命时期发生的这种民众恐怖暴力的"国有化"，这种被称作"恐怖统治"的国家恐怖主义的建立，某种程度上正是群众暴力带来的一个后果。

但这种国家恐怖主义的制度是否在共和二年有效地清除了民众恐怖主义呢？大概并没有。巴茨柯指出了这样一个事实："为了疏导多少带有点自发性的'野蛮的'暴力，为了保证革命政府在散布恐惧和实施暴力方面的垄断权，人们一步步建立起了恐怖统治"；但"就在争取这种垄断权的同时，这个政府却对那种'野蛮暴力'，尤其是对群众的专横处决行为（这在里昂、南方和旺代等地表现得最令人发指），采取了宽容的态度。对旺代人实施的镇压最为残酷和肆无忌惮，以至于在'地狱纵队'的行动中合法暴力和'野蛮'暴力的界限已荡然无存。"②让-克莱蒙·马丹是研究旺代叛乱问题的主要专家之一。在他看来，"旺代叛乱"和"恐怖统治"这两个概念都是人们刻意捏造出来的"神话"，因为经过深入细致的研究，他发现旺代地区自 1793 年 3 月以来从来就不曾有过统一的反革命运动，而恐怖统治也从来不是一项经罗伯斯庇尔政府制度化了的国策。所以他也有和巴茨柯一样的感觉，认为在从 1789 年攻陷巴士底狱开始的法兰西"内战"中，"处决人的权力就不再掌握在单一的政权手里了"，这场内战"从 1794 年春便开始收场，当时救国委员会成功地消灭了它的民众竞敌，把镇压权集中到了革命法庭上。但在此之前，甚至可以说直到共和二年热月 9 至 10 日之前，都不曾有过国家对社会的完全控制。实际上国家在这个时期是缺席的，填补这个空缺的是一群五花八门的行动者，他们擅自以政权的名义作出了种种触犯普通法的犯罪行为。"③更为糟糕的是，为某种意识形态或政治理性所驱动，革命政府本身最终也没有把暴力的使用理性化，没有像原来设想的那样减轻暴力的使用对社会生活的有害影响，恰

① 这是丹东在 1793 年 3 月 10 日倡议建立"革命法庭"时提出的口号。Cf. *Réimpression de l'ancien Moniteur*, t. 15, Paris, Henri Plon, 1859, p. 683.

② Jacques Berchtold et Michel Porret, *op. cit.*, p. 77.

③ Cf. Jean-Clément Martin, 'Violence entre réalité, politique et mythes : les exemples de la Vendée et de la Terreur', in Annie Duprat, dir., *Révolutions et mythes identitaires. Mots, violence, mémoire*, Paris, Nouveau monde, 2009, surtout pp. 147-148.

恰相反，它却令人瞠目地加剧了这种有害影响。在这个问题上，一般都认为共和二年牧月 22 日（1794 年 6 月 10 日）法令起了最坏的作用：根据这项法令，革命法庭上被告的辩护权和预审均被取消，陪审员仅凭道义上的证据就可以定罪，判决除了开释就是死刑，而且"反革命罪"的界定被大大扩展，也变得越发模糊——"凡压抑和诽谤爱国主义以帮助法兰西之敌者，凡图谋降低士气、败坏风俗、损害革命原则之纯洁性和活力者，凡以任何手段和披着任何伪装来危害共和国的自由、统一与安全，或力图阻挠共和国之巩固者"，都可以被定为反革命分子（牧月法令第六条）。① 同时牧月法令还要求公民们"一发现阴谋家和反革命分子便当即检举之"，这就不免人人自危了。但历史学家巴茨柯以为，从根本上看，对雅各宾派所设想的革命暴力"合法性"破坏更为严重的，可能还是国家恐怖主义实施之初颁布的惩治嫌疑犯法。他说：

> "嫌疑犯是一个概念，同时也是一种表象，它构成了大恐怖的基石。1793 年 9 月 17 日的惩治嫌疑犯法令是一种安排部署和一种惩罚想象的结果，而大恐怖的主要源泉也就在这里。这个法令不仅以专断取代了正义，而且确认和支持了一张告密和监视的网络。通过确认对'嫌疑犯'的镇压，这种恐怖主义立法也把一种社会排斥的逻辑确立为自己的根基。大恐怖是一种根据他们的所是而不是根据他们的所为来威胁和惩罚个人的权力体系。正像一个国民公会特派员所说的，"由于他们的出身和他们的利益，嫌疑犯是大革命的天敌"。②

所以似乎可以肯定地说，正是这种既违背古典共和主义也违背现代民主主义的"社会排斥逻辑"的引进，才使得大恐怖成为一种令人厌恶的制度。这里还须补充一点，那就是这种"嫌疑犯"概念的外延看来是极其广阔的，因为圣茹斯特在 1793 年 10 月 10 日公然宣称，嫌疑犯不仅可以是那些反对大革命的人，而且还可以是任何一个"在共和国中态度消极的"人，这实际上取消了所有人的"消极自由"，而这个做法就既不理性，也非常危险，许多无辜者在大恐怖时期备受磨难甚至死于非命的悲剧，就是由此造成的。尽管被处决

---

① 　Cf. Albert Soboul, *op. cit.*, pp. 360-361.

② 　Jacques Berchtold et Michel Porret, *op. cit.*, pp. 78-79.

者的人数还是有限的，算来不应超过 5 万人，但估计有 50～100 万嫌疑犯在狱中饱受过身心摧残，而这个国家当时的总人口也不过 2800 万。①

由此我们就看到了这样一个重要事实：在法国大革命中，不仅国家恐怖主义没有能够有效地清除民众恐怖主义，甚至雅各宾派实施的国家恐怖主义本身也都还严重地带有民众恐怖主义的非理性色彩。这也就是说，法国革命的暴力实际上自始至终都是一种"平民性"的或者说"群众性"的暴力。

历史学家可能还会继续追问：为什么雅各宾派会坚持这种群众性的革命暴力？或者：为什么在法国大革命中大行其道的是一种非理性的民众恐怖主义？当然，这其实都是与法国革命暴力的起源问题直接相关的一些问题，而这个起源问题是所有大革命的研究者都无法回避的。现有的解释大体上可以被归结为两种思路：一种强调情势的因素（主要指抗击内外敌人的战争的危险形势，那据说是由贵族的反革命阴谋造成的），一种强调来自启蒙运动的意识形态的因素（主要指卢梭的"公意"理论）。很有可能两种思路都有一些有价值的解释要素，可以帮助人们理解革命恐怖主义的社会和思想根源；而若要更好地理解也许还需要通过加上一些相关的政治文化的和（或）心理的要素来把两者整合起来，就像一些历史学家——比如巴茨柯和伊格内——所做的那样。在巴茨柯看来，深为"嫌疑犯恐惧"所困扰的"革命者的政治想象"意义重大②，而伊格内则认定解释大恐怖的最好路径是引入"心灵创伤（trauma）"这个概念，这指的是一种以革命者的失望感或"心理的和文化的混乱感"为特征的集体心理状态，其缘由是"革命前的社会变化预示的一种令人乐观的人间美景的令人心痛的轰然崩溃"。③

但笔者个人倒宁愿把这个问题放到一种全球性的时代背景中来认识：

---

① Jacques Berchtold et Michel Porret, *op. cit.*, pp. 79-80. 关于法国革命中究竟曾有多少嫌疑犯被拘，一直都没有精确的统计数字，只有一些大概的估计，但数字似乎一般都没有巴茨柯在这里提出的数字那么大，如索布尔只举出过"10 万人左右"和"30 万"这两个估计数字（Cf. Albert Soboul, *op. cit.*, p. 361）。

② Cf. Albert Soboul, *op. cit.*, p. 79

③ Cf. Patrice Higonnet, *op. cit.*, pp. 151-163.

无论怎样，法国大革命这一段由许多暴力或恐怖事件组成的历史，对后来几乎所有国家的历史演变都曾产生过重大影响，对这种影响我们不应无动于衷。而且，如果我们都同意把法国大革命看作全球性政治民主化进程的开端，那么就很难否认，大革命的本质，尽管它还没有为革命者本身所清晰地和充分地认识到，基本上可以被归结为一种以民主的方式实现法国政治现代化的努力。此外还应明辨，这种现代民主化绝对需要一个巩固的、统一的而且至少是在军事上和外交上中央集权化了的国家作为它的运作平台。换言之，法国革命者当时的实际工作，无非是要把法国重建为一个现代意义上的民族国家，也即一个不仅是统一的和独立的，而且还实现了政治民主化的国家，其中一切法国人都将成为权利平等的自由公民。但结果证明，这个工作实在很困难，至少要比几年前美国革命困难得多，而其原因也是众所周知的：当时的北美没有任何贵族，因而那里的民主革命没有必须同任何贵族反革命作斗争的问题。但法国的事情还有更困难的地方：在革命时代的法国，除了革命与反革命间的激烈对抗（这种对抗将被复辟王朝时期的法国历史学家概括为一种"阶级斗争"）之外，还存在着许多错综复杂的社会冲突，这些冲突源自这个国家根深蒂固的、以各种不平等状态为特征的封建传统，并且是随着中央集权程度冠绝全欧的法国绝对君主制的突然垮台而爆发出来的。由于这一切混乱，不仅出现了各种暴行在全社会的大规模泛滥，而且还引发了国家分裂的严重后果——也就是说，多少代法国君主和"第三等级"（主要是市民阶层）为之奋斗了好几个世纪的国家统一，在尚未真正巩固、其实还远未最后完成之际，就又要付诸东流！由此看来，法国大革命还不止是一场第三等级反对贵族压迫争取政治民主的"阶级斗争"，它同时还是一场捍卫和进一步推进国家统一的"民族斗争"；而且，由于这两种斗争的对象都是法国特有的一种极其强大而顽固的贵族势力，尤其是这种贵族势力还同欧洲各国的贵族势力有着千丝万缕的利害关联，这样的革命自然不可能是平静温和的，它不能不把最广大的人民群众充分动员起来，诉诸最富于群众性的、因而也最恐怖和最高效的暴力。法国革命者在一些时候可能会为某些意识形态信条所误导，也可能会出于恐惧而受制于某种"社会排斥的逻辑"，还可能会因其最初理想的受挫而懊

恼沮丧，以至于作出种种过激而可悲的暴烈举动，但无论如何，只要
"反抗压迫"还可以被认为是一种不可转让的人权，只要在法国建立一个
现代民族国家还可以被认为是一项正义的事业，那么把整个法国大革命
说成是一个不应该发生的错误就显然是有悖于事理的。应该做的事情，
而且实际上也正在由许多专业历史学家做的事情，是把这场大革命看作
一个无疑具有历史正当性的事件，甚至公开承认它的种种成功的暴力实
践的必要性，但同时也毫不隐讳地指出它的错误并努力找出这些错误的
缘由，以便更好地发挥大革命对未来世界历史的正面影响。

法国式革命暴力是新中国的助产士

上文中曾提到，20 世纪的中国革命曾深受法国革命政治文化的影
响。实际上从一开始，中国革命者就迷上了法国革命的历史，并决心以
同样的方式在中国进行一场革命。但这种对法国革命的迷恋究竟缘何而
起？事情看起来似乎有点奇怪：除了法国革命以民主制取代君主制的目
标之外，中国革命者对这一西方历史事件最欣赏的方面不是别的，恰恰
是它的那种嗜血的行为方式。表现出这种态度的最早也最著名的人物是
谭嗣同，光绪皇帝的主要改革顾问之一。他实际上是中国革命最早的先
知和倡导者，也是中国革命最早的殉道者之一。从法国大革命血淋淋的
景象中，他看到的与其说是令人厌恶的恐怖，不如说是发人深省的启示。
鉴于晚清的保守势力占有压倒的优势、和平改革根本就行不通这一事实，
谭嗣同深信只有一场像法国革命一样暴烈的革命才能救中国。所以他对
法国革命的暴力行为有这样的赞誉："法人之改民主也，其言曰：'誓杀
尽天下君主，使流血满地球，以泄万民之恨。'……夫法人之学问，冠绝
地球，故能唱民主之义，未为奇也。"①转而环视当时中国的现实，谭嗣
同对法国革命的这种"流血"意象不禁更加心驰神往，以至于他在 1898
年致老师欧阳辩疆的一封信中有如此之断言："今日中国能闹到新旧两党

---

① 谭嗣同：《仁学》，见蔡尚思、方行编：《谭嗣同全集》（增订本），中华书
局，1981 年，第 342～343 页。

流血遍地，方有复兴之望。不然，则真亡种矣。"①

　　但谭嗣同在写这封信的时候还是很孤独的。他对中国暴力革命的召唤太超前了，连他的改革派同志们都无法理解，那些人还在盲目地期望和平改良。事实上，在开明的但也只是一介傀儡的年轻皇帝光绪的六位改革顾问中间，谭嗣同是唯一的一个要按法国的方式发动一场革命的人。然而后来的事态发展证明了谭的正确。旨在让中国通过逐渐接受现代文明以摆脱被西方列强瓜分和殖民地化命运的戊戌变法，主要由于以慈禧太后为首的强大的保守势力的反对，加上改革派因缺乏政治经验而犯了一些错误，以及中央政府权力的严重衰降，仅持续了103天就土崩瓦解了。在变法失败之前，谭嗣同甚至还试图与皇帝联手发动一场"宫廷革命"——即一次逮捕慈禧太后的兵变，但他们信任的军队统领袁世凯背叛了他们，结果光绪被软禁，他的包括谭嗣同在内的六位改革顾问悉数丢了脑袋，其他许多较下层的改革派官员则坐牢的坐牢、流放的流放。使这个故事变得更为悲壮的一件事是，谭嗣同本来是可以在朋友们的帮助下逃走的，但他没有逃，宁愿束手就擒，还大义凛然地说了一通道理："各国变法，无不从流血而成，今中国未闻有因变法而流血者，此国之所以不昌也。有之，请自嗣同始。"②——流血，还是流血：不过这时谭嗣同关注的，只是要用自己的牺牲来唤起民众，或者说是要用自己的鲜血来激励民众的反清斗志。

　　谭嗣同的血果然没有白流。中国的革命情绪，尤其是中国知识分子的革命情绪，开始迅速滋长。早在1900年，谭嗣同的挚友唐才常就试图以武汉为中心组织一场大规模的武装起义，目的是推翻北京的保守势力和解救皇帝。但这场起义还没来得及正式发动就被扑灭了，唐才常被捕就义。当然，对于和平变法的全部期望也随之被扑灭了：唐才常的许多追随者逃到了日本，并由此开始主张革命，决心用暴力推翻腐朽的清王朝。他们（主要是秦力山、戢元丞和唐才质［唐才常之三弟］等人）为贯彻这一

　　① 谭嗣同：《仁学》，见蔡尚思、方行编：《谭嗣同全集》（增订本），中华书局，1981年，第474页。

　　② 参见梁启超：《谭嗣同传》，见蔡尚思、方行编：《谭嗣同全集》（增订本），第556页。

图谋做的第一件事，就是在 1901 年 5 月创办了月刊《国民报》，借以向国人宣传法国式的革命。在该刊物的第一期中就出现了这样的文字：

> "西谚有言：'法兰西，革命之产地也。'今我中国二十五倍于法，受祸之极亦数十倍于法。民权之运已渡太平洋而东，日本既稍受其福，我中国不愤不发，斯亦已耳，如睡斯觉，如梦斯醒；于二十世纪而效法人十九世纪之所为。"①

《国民报》第二期"说国民"一文也高度赞扬了美国革命，说那是中国人民必须效仿的榜样。但由于该文同时又把美国革命看作生长于法国的启蒙思想在北美传播的一个结果，所以中国要效仿的原初样板还是法国大革命：

> "奴隶甘压制，而国民喜自由；……何谓自由？曰：粗言之则不受压制，即谓之自由焉耳。压制之道不外二端：一曰君权之压制，一曰外权之压制。脱君权之压制而一旦自由者，法国是也；脱外权之压制而一旦自由者，美国是也。故凡受君权之压制而不能为法国人之所为者，非国民也；凡受外国之压制而不能为美国人之所为者，非国民也。……非播国民之种子不可。播之奈何？曰法兰西革命以前，其民之憔悴于虐政者，非犹我今日乎？其全国无一国民，非犹我今日乎？其所以有今日者，何也？盖以法国为国民之田，以十八世纪诸学士为国民之农夫，以自由平等之说为国民之种子。孟德斯鸠苦心焦虑，审慎周详，其播之也出以和平；福禄特尔作为诗歌以动全国，其播之也出以逸乐；路索狂放不羁睥睨一世，其播之也出以激烈。……故今日法国之民，得以食国民之果者，皆数人之功也。且也当时美国之学士，皆自称为法国理学士之弟子，而卒以脱英国之压制，则法国之种子且波及于美洲。"②

这段言论其实还清楚地显示出，当时中国知识界对于美国革命和法

---

① "二十世纪之中国"，见张枬、王忍之编：《辛亥革命前十年间时论选集》，第一卷上册，生活·读书·新知三联书店，1959 年，第 71 页。

② 张枬、王忍之编：《辛亥革命前十年间时论选集》，第一卷上册，第 73、77 页。

国革命之间的区别和内在关联已经有所意识，即认识到美国革命主要是一种争取民族解放的民族革命而法国革命主要是一种推翻君主统治的民主革命，但两者的实质却又是同一的，那就是"追求自由"，即让各自的人民都成为自由的"国民"（也就是现在我们所说的"公民"），而这两种"追求自由"的革命之所以能发生，归根结底又都是法国启蒙运动的功劳。不难看出，《国民报》这篇文章有关美国革命和法国革命是争取自由的两种不同的斗争的表述，实际上已经含有某种要把"民族斗争"和"阶级斗争"区分开来的朦胧意识，而其关于两种革命同质同源的确认，似乎也有力地突显了发生在启蒙故乡的法国革命的本源意义。这至少可以说明法国大革命的历史正当性在中国国民革命的先驱那里是毫无疑义的。

《国民报》只出版了四期①，但影响巨大：作为中国革命出版物的起源，它对革命的鼓吹，尤其是它对法国革命思想的宣传，取得了极大的成功——在其影响下，中国知识界不仅兴起了一种谈论"革命"的时尚，甚至还兴起了一种对革命故乡——法国的崇拜之风。

崇尚革命的风气弥漫华夏，又似乎特重湖南。这个省份在中国革命史上占有十分重要的地缘位置，那里的人民似乎在政治上显得特别不安分。由于某些历史和文化的原因，湖南人不仅受过更好的教育因而对现代世界了解得更为充分，而且更富于战斗性，在反对旧制度的斗争中表现得更为激进。②实际上，谭嗣同和唐才常就来自湖南，中国革命的其他许多政治和军事领袖，像秦力山、毕永年、黄兴、刘道一、宋教仁、杨笃生、蔡锷、毛泽东、刘少奇、彭德怀等也都是湖南人，尽管他们分属

---

①　但该杂志实际上由一份叫做《大陆》的革命月刊延续了下来，其创办人是戢元丞，秦力山协办。该月刊在上海出版，共出了 34 期。

②　湖南人杰地灵，不仅活跃着以屈原（约公元前 340－278）和贾谊（公元前200－168）为代表的浪漫主义文学传统，而且富有以朱熹（1230－1202）、张栻（1133－1180）和王船山（1619－1692）为代表的理性主义哲学传统。两次鸦片战争（1840－1842，1856－1860）打开了长期闭关自守的中国的大门后，该省由于地缘上的优势又较早地接触到了西学，此外，由于湘军在平定太平天国革命（1815－1864）的战争中功勋卓著，该省还在清王朝末年赢得了地方行政管理上的某种自治权，所以能够在数十年间相对比较自由地发展自己的教育和经济。这一切因素，使得湖南在清末民初产生了一大群深刻地影响了中国革命史的精英人物。

不同的党派。值得注意的是，20 世纪初的湖南人对法国特别怀有一股崇敬之情，而这种"法国崇拜"似乎又主要源于法国大革命的暴烈性。如孙中山的追随者杨笃生在他 1903 年发表的小册子《新湖南》里，曾这样描述和赞美过法国：

> "法兰西者，民约论之出生地也，自由权之演武场也，其行也，以暴动而已矣"，"馘独夫民贼之首，以徇于巴黎市，举国之人莫不为之拊髀雀跃，而呼自由万岁也。三逐其君，十四更其宪法，糜肉流血，如沸如羹，有地狱之悲焉，然卒为强国。不如是则法兰西仍为奴隶国，不足以成今日之法兰西也。"①

而对于当时中国知识界来说，这个"今日之法兰西"，作为一个民主共和国，乃是最理想的国度，是人们心中的一个梦，诚如清末著名爱国人士、教育家及文学家金松岑在他的一首长诗里所唱："听得雄鸡三唱晓，我侬身在法兰西！"②

很快，从 1906 年 6 月起，法国革命崇仰者云集且革命风潮风起云涌的湖南省就有了一个"小法兰西"的雅号。但这似乎还不能令湖南革命者们满足。陈家鼎（1876－1928），同盟会的另一位著名的湖南籍会员、孙中山的心腹之一，当时便有这样的感慨：

> "湘人自丙午夏，葬烈士、立学会之各大风潮，湖南有小法兰西之称。殆黄人接及欧风之渐哉？然湖南者，中国之一部分也；中国者，亚洲之一大部分也。使湖南为中国之法兰西，曷若使中国为亚洲之法兰西哉？……使其万众一心，同德协力，共逐白山之兽，追还我黄帝之魂，虽以我圣神余力，南扶菲拉宾之独立，西助土耳其

---

① 湖南之湖南人（杨笃生）：《新湖南》，见张枬、王忍之编：《辛亥革命前十年间时论选集》，第一卷下册，生活·读书·新知三联书店，1959 年，第 640 页。
② 《江苏》杂志第五期。《江苏》杂志，月刊，1903 年 4 月创刊于日本东京，共出 12 期。转引自章开沅，"法国大革命与辛亥革命"，见刘宗绪主编：《纪念法国大革命二百周年论文集》，生活·读书·新知三联书店，1990 年，第 69～70 页。

之改革，势力所及，骎骎乎别开东土，造出全亚洲之风云焉。"①

如陈文的标题所示，此文本是为号召各省革命志士前来驰援当时正在醴陵和萍乡（位于湘赣交界地区）发生的一场大规模反清武装起义而写的。起义不免要流血，而这种流血，在陈家鼎看来只能为中国、为东方的历史增添荣耀：

> "故此次醴陵、萍乡之役，谓为一千八百七十八年法巴黎劫武库之役（这里一千八百七十八年显系一千七百八十九年之误——引者注）可也。法人之风潮能及全欧，中国之风潮能及全亚，必矣。则使东方有流血之历史者，此役也；使世界快杀尽天下君主之愿，使汉族在世界上为有价值之称者，此役也。我同胞宜若何之护惜，若何之扶持哉！全地球之号野蛮专横国者，亚洲之中国，欧洲之俄国也。全地球请外人作皇帝者，亚洲之中国，欧洲之波兰也。然迩年以来，俄国之革命党，则遍国企踵而起，不日可变为近世第二大共和国矣，而我中国则何如？波兰则革命军屡败而屡战，此倡而彼和者不绝，行将有光复独立之势矣，而我中国则何如？是则现世界第一不革命国，唯我而已；各国视线所注之国，唯我而已。我而革命，则可与法国同价；我不革命，则反波兰不如。"②

可惜的是，醴陵、萍乡这场起义终于没有成为中国革命的"攻打巴士底狱"之役，因为它失败了。但它的组织者和鼓动者的心态中所包含的种种要素，如对本民族文化的无限自豪、对外族统治切齿痛恨，以及矢志以一场暴力革命来解放自己同时也给其他民族带来自由的决心，同法国革命者的心态又何其相似乃尔！

但这个时期，也并不是所有的中国人都像大多数湖南人那样热衷于

---

① 铁郎（陈家鼎）："论各省宜速响应湘赣革命军"，见张枬、王忍之编：《辛亥革命前十年间时论选集》，第二卷下册，生活·读书·新知三联书店，1959年，第853页。

② 张枬、王忍之编：《辛亥革命前十年间时论选集》，第二卷下册，第853～854页。

革命。逃亡到国外以康有为为代表的旧改良派还在那里，作为光绪皇帝的忠实支持者，他们始终是王政派，反对任何试图以共和制取代君主制的革命。但他们反对革命的最重要的理由，还是革命是过于暴烈的政治行为这一事实，这种暴烈的革命在他们看来破坏多于建设，有害而无益。而他们用以支持他们这个观点的第一个事例不是别的，也正是法国大革命。戊戌变法的头号精神领袖康有为从一开始就视血腥暴烈的法国大革命为洪水猛兽。早在 1898 年 7 月，他就在给光绪皇帝的一份奏折里肆意渲染并夸大法国革命的惨状：

> "流血遍全国，巴黎百日而伏尸百廿九万，变革三次，君主再复，而绵祸八十年。十万之贵族，百万之富家，千万之中人，暴骨如莽，奔走流离，散逃异国，城市为墟，而变革频仍，迄无安息，濒入泗渊，不如所极。至夫路易十六，君后同囚。并上断头之台，空洒国民之泪，凄恻千古，痛感全球……普大地杀戮变乱之惨，未有若近世革命之祸酷者矣，盖自法肇之也。"①

如果说康有为当时这样描画法国革命还只是在试图敦促光绪加快改革步伐以避免革命惨祸的话，那么他后来写的许多强调法国式革命的血腥后果的文字，就是在力图推阻中国革命的准备进程了。②只是由于完全不合当时中国的政治文化气候，他的这些努力最后只能付诸东流。1906 年，革命派开始反击康有为对法国革命的批评言论，由此触发了一场持续了一年之久、最后以革命派的彻底胜利告终的有关法国革命评价的大论战③，而随着这场论战的结束，一种"革命崇拜"的心态便在中国知识界普遍确立了起来——而这也就意味着，从此以后，在中国，只要有利于革命目标的实现，一切暴行都将被视为合法。

---

① 康有为："进呈法国革命记序"，见《康有为政论集》上册，中华书局，1981 年，页 308～310 页。

② 参见康有为：《康有为政论集》上册，第 475、480 页。

③ 参见张芝联："清末民初政论界对法国大革命的评议"，载中国法国史研究会编：《法国史论文集》，生活·读书·新知三联书店，1984 年，第 7～11 页；金重远："民报和康有为有关法国革命的争论"，载刘宗绪主编：《法国大革命二百周年纪念论文集》，生活·读书·新知三联书店，1990 年，第 37 页。

　　中国革命的暴烈性特征就这样被确定下来了。一般来说，可以认为中国革命是从 1911 年 10 月 10 日的武昌首义正式开始的，但这实际上只是对中国革命的一种狭义的理解。广义上的中国革命则至少可以从戊戌变法算起，因为戊戌变法的政治目标主要就是要建立一种君主立宪政体①，虽然没有成功，但其精神已经与英、法革命的初衷相符。此后中国的革命运动便经历了一个长达 80 余年的持续的激进化时期，实际上直到 1978 年改革开放政策出台才告终止，而这个时期和截止于热月 9 日政变的法国革命在精神气质上是基本一致的。事实上，中国革命和法国革命的激进化进程也有着类似的运作机制，那就是政治倾向一个比一个更激进的党派的交替上台：在法国革命中表现为斐扬派、吉伦特派和雅各宾派的轮番主事，在中国革命中则表现为由改良派（保皇派）到同盟会及其后身国民党乃至共产党的领导更迭；而无论在哪一次革命中，具体实施激进化革命路线的又都是一些主张共和主义的革命者——这在法国革命中是吉伦特派和雅各宾派，在中国革命中则是同盟会/国民党和共产党。此外，不管是法国革命的激进化还是中国革命的激进化，无不伴随着一系列的内外战事，以及革命当局在激烈的战争环境中或因形势所迫或因意识形态缘由而推行的种种恐怖政策，由此使各自的革命进程呈现出突出的暴烈色彩。

　　具体说来，自共和派压倒保皇派取得运动的实际领导权之后，中国革命就陷入了一系列大规模的血腥的战争：首先推翻清王朝的辛亥革命就是由一系列武装起义完成的，接着发生的是三次旨在保卫和维护新生的中华民国的战争，即 1913 年的"二次革命"（第一次讨袁），1915－1916 年的"护国战争"（第二次讨袁），1917－1924 年的"护宪战争"（讨伐北洋军阀头目段祺瑞），然后便是 1924－1927 年的所谓"第一次国内革命战争"或"北伐战争"（国共首次合作共同讨伐北洋军阀），1927

①　当然，如果从维护国家主权完整或民族独立的角度来看，中国革命可以说从 1840 年第一次鸦片战争爆发就开始了，但由于当时国人尚全然懵懂于现代文明的基本理念，19 世纪中叶中国人民抗击西方殖民侵略的斗争，尽管从世界历史的高度可以被客观地视作当时世界民主革命浪潮的一个组成部分，从中国历史的层面上看却并没有什么实际的现代意义，不过是一个传统民族对外族入侵行为的一种自然的抵御反应而已，所以笔者不主张以 1840 年作为具有现代意义的中国革命的开端。

－1937 年的所谓"第二次国内革命战争"或"土地革命"（国共开始进行夺取中国革命领导权的武装对抗），1937－1945 年的"抗日战争"（国共第二次合作共同抵御日本侵略），以及 1945－1949 年的所谓"第三次国内革命战争"（国共夺取中国革命领导权的最后决战）。这最后一次战争是以中共的决定性胜利告终的，它带来了中华人民共和国的建立，也标志着中国革命的领导权从此历史性地落到了中共的手中。

这种连绵不断的战争状态究竟耗去了多少中国人的生命，我们可能永远得不到精确的数字了；但无论如何，谭嗣同关于"新旧两党流血遍地"的期望已经实现，终究已是无可置辩的事实。那么，在流了无数的鲜血之后，中华民族是否"复兴有望"了呢？答案也许是肯定的——至少主权完整这一点已基本落到了实处，或大陆地区的国家独立和统一已得到了保障。在"第三次国内革命战争"的短短三年期间（1946－1949），中国共产党成功地统一了中国的大陆地区，由美国装备起来的国民党数百万军队大部被歼灭，只残余部分随蒋介石撤往海岛台湾，原居中国革命核心地位的国民党由此被彻底边缘化。在随后的几年里，中国共产党又成功地做了两方面的工作：在国内方面，通过剿匪、肃反、惩治犯罪和取缔黑社会（反动道会门），实现了国家对武装力量的全面垄断，从而真正完成了中国大陆的全面政治统一，并由此在辛亥革命后的中国首度实现了社会稳定；在国际方面，通过在 1955 年从当时中国最重要的国际盟友苏联手里收回旅顺和大连，中国共产党向全世界明白无误地表明了自己捍卫领土完整和维护国家独立的决心。尽管后来由于极左思潮的影响，中国大陆在"文化大革命"期间曾再度出现大规模的政治和社会的动荡，但这种动荡终究没有发展成新的武装割据和真正的内战，中国共产党的中央政府直到今天都还能有效地控制全国的局面。

这不能说不是一个伟大的成功。老资格且一度极为强大的国民党始终没有能够实现的梦想，却在后起的、曾一度极为孱弱的共产党手里化作了辉煌的现实。这就产生了一个问题：为什么是共产党而不是国民党有能力建立起这个新中国？

运用法国式革命暴力是共产党成功的秘诀

国共竞争是 20 世纪中国政治舞台上最伟大的一出历史活剧。这两个政党，本是一对亲兄弟：中国国民党是"兄"，成立于 1919 年 10 月 10 日①；中国共产党是"弟"，成立于 1921 年 7 月。尽管出生有先后，成分和意识形态也有很大差异，但两党无疑都是以"救国"为奋斗目标的，而且都曾深受列宁时代苏联政治文化的影响，既奉行共同的布尔什维克化的组织原则，也都坚定不移地遵循暴力革命的政治路线。也正是因为有这些共性，两党在中国革命的实际进程中曾经有过两度合作，为赢得北伐战争和抗日战争的胜利做出过许多共同的努力。然而，主要是由于土地政策和建国方略上的尖锐对立，国共关系的主导面终究还是对抗，而这种对抗实际上也就是对中国革命领导权的争夺；同时我们也知道，权力的争夺，在自由民主的政治文化尚未养成的社会条件下，通常都只能是一种你死我活的血腥格斗，鲜有妥协调和的余地。于是国共之间的矛盾便造成了这样一个严重的历史悖论：本来两党孜孜以求的都是"救国"，然而它们的实际作为却似乎适得其反，是在"祸国"——因为它们之间的殊死对抗只能造成国家的分裂割据，而在这种内战状态下，人民不仅无法享受现代国家自由公民有尊严的政治生活，即使最基本的生命财产权利都无法得到保障。

那么怎么办？让两党深明大义，放弃对抗而精诚合作？人们曾为此努力过，结果证明这根本不可能。让其中一个党自动投降，向另一个党俯首称臣或干脆自行解散、放弃存在的权利？长期居绝对优势的国民党

---

① 如果从孙中山在美国檀香山创立的兴中会算起，则中国国民党的生日还可以上溯至 1891 年 11 月 24 日，但从这时直到 1919 年 10 月 10 日这个时期，应该说只是中国国民党最后成形之前的一段"前史"：1905 年 8 月 20 日，由孙中山倡议，兴中会和 1903 年 11 月 4 日成立的华兴会（会长黄兴）、1904 年 11 月成立的光复会（会长蔡元培）在日本东京联合组成同盟会，但该组织自袁世凯当政后便陷入分化；1912 年 8 月 5 日，同盟会和几个小党联合组成国民党，但"二次革命"失败后即又分崩离析；1914 年 7 月孙中山召集部分国民党党员在日本东京成立中华革命党，最后于 1919 年 10 月 10 日将之改组为中国国民党。

当然不会这样做，它倒是很想让中共这样做，结果证明那不啻痴人说梦，共产党若不是宁折不弯那也不叫共产党了。于是情势就十分明朗了：摆在中国面前的事实上只有一条路，那就是让两党通过武装斗争一决雌雄，继续按"成王败寇"的传统规则来淘选新中国的政治领导核心。尽管由此产生的必然是某种实质上的"一党专政"，这和现代政治民主化的革命目标相距甚远，但是没办法，中国的国情决定了中国革命的第一步即中华民族国家的构建，只能以这种特殊的方式去实现。也许用这种方式来完成革命的第一步任务会带来一些严重的后遗症，它将为革命的第二步任务即实现政治的民主化从而最后完成中华民族国家的现代化预设下不少障碍，但既然民族国家是政治民主化不可或缺的基础，那么为夯实这个基础无论付出怎样的代价都应该是值得的。事实上不管革命的第二步任务有多难，那也总归比让整个民族在没完没了的内战中受煎熬好得多。而且，尽管这个第二步可能会很难走，但还是有希望实现的，因为国共两党毕竟都不是传统意义上的造反者，他们多少都已经接受过现代文明的洗礼，对自由、平等、人权、民主等现代价值都有了基本的认同，同时还受到时代潮流、国际舆论的深刻制约和影响，所以不论哪个党在竞争中获胜，他们自觉不自觉、或主动或被动地，都会向民主化这个革命的最终目标蹒跚前行。

总之，中华民族新生的希望似乎只能到内战的连天烽火中去寻觅。而历史终于在 1949 年做出抉择：由中共来主导整个民族的命运。从此史学界便有了一个历久不衰的话题：为什么是年轻且长期处于弱势的中共，而不是资格更老、实力更强的国民党，能够在这场世纪竞争中胜出？

半个多世纪以来，中国大陆史学界多从道义方面来解释这个问题，认为中共之所以胜利，是因为它的所作所为代表了中国最广大的人民群众的愿望，"得民心者得天下"；而国民党之所以失败，则是因为它行为失范、贪污腐败、祸国殃民，"多行不义必自毙"。这种解释当然不无道理，因为它基本上是合乎事实的。实际上蒋介石本人对于这种看法，在痛定思痛之后，也是颇有同感的①。而笔者在这里想提出的一个新的命

---

① 参见常家树："二十世纪五十年代国民党的改造运动"，载《党史纵横》2007 年第 6 期，第 58~60 页。

题则是：**中共能够打败国民党，那是因为中共实施的是一种原汁原味的法国式革命暴力。**

所谓法国式的革命暴力，如前所述，是人类历史上首次出现的一种特别暴烈因而也特别高效的暴力形式。而其之所以特别暴烈，又全是因为那是民族斗争和阶级斗争这两种斗争同时存在并复杂缠结的结果。17世纪的英国革命中当然也有平民与贵族之间的阶级斗争的问题，但那里的平民与贵族之间的阶级矛盾显然不像在18世纪法国那样突出：由于下层平民尤其是城市下层平民的力量尚未发展起来，结果英国革命主要是结成联盟的上层平民（通常被称作资产阶级）和新贵族（英国贵族的主要成分，基本上已经商人化）与绝对王权之间的一场争斗，而这场争斗多半也只能算是统治阶级内部的一场冲突；而且由于没有受到任何外来武装干涉的威胁，英国革命也几乎完全没有民族斗争的内容（克伦威尔对爱尔兰和苏格兰的战事应与革命无关，那只是一种以强凌弱的非正义战争）。至于大西洋彼岸的美国革命，众所周知那几乎是一场纯粹的民族斗争，或者说是新生的美利坚民族针对统治和压迫他们的英吉利民族进行的一场民族解放战争，而当时在旧大陆正愈演愈烈的平民与贵族之间的阶级斗争，在这里是完全不存在的。法国大革命特殊暴烈性的主要秘密也许正在这里：和只有模糊的阶级斗争含义而毫无民族斗争内容的英国革命不同，也和只有民族斗争的内容而毫无阶级斗争色彩的美国革命①相异，法国革命是一场必须"阶级斗争"和"民族斗争"一把抓的革命。这里，平民和贵族势如水火，这种你死我活的阶级对抗由于贵族集团特有的国际勾连还势必发展成不可调和的民族对抗。旷日持久地为内忧外患所困扰的法国革命者，自然会滋生出极其强烈的危机意识，会时时刻刻在心中把"阶级斗争"和"民族斗争"这两根弦绷得紧紧，时时刻刻感到"祖国在危急中"，因而也就更易于诉诸最极端的革命暴力。

我们已经知道，自谭嗣同以来，包括国民党人和共产党人在内的所

---

①　当然，按马克思主义史学的传统看法，也可以说美国革命也是一场资产阶级革命，是美国资产阶级争取自身解放的阶级斗争。但这种"阶级斗争"显然没有这个概念一般意义上的"国内阶级冲突"的含义，而是以"民族解放战争"为具体表现形态的，这更接近于一般意义上的"民族斗争"的概念。

有中国革命者，都希望在中国来一场这种法国式的暴力革命，因为他们认定这是克服中国民族危机的不二法门。然而，就国共两党而言，他们是否都了解法国大革命这种特殊暴力现象的内在机理呢？

在国民党方面，答案恐怕是否定的：因为这个党始终认为，在中国革命中，"阶级斗争"纯然是个虚构，实际存在的只有"民族斗争"（也就是反对帝国主义及其在华走狗——军阀）的问题。实际上国民党的社会理论，自孙中山以来一以贯之的特点，就是根本否认马克思的阶级斗争学说。孙中山本人的观点，似乎很接近当今欧洲流行的社会民主主义。在他看来，"社会进化"的原因绝不像马克思说的那样是"阶级战争"，因为"照欧美近几十年的社会上进化的事实看，最好的是分配之社会化，消灭商人的垄断，多征资本家的所得税和遗产税，增加国家的财富，更用这种财富来把运输和交通收归公有，以及改良工人的教育、卫生和工厂的设备，来增加社会上的生产力。[这样]资本家固然是发大财，工人也可以多拿工钱，……这是资本家和工人的利益相协调，不是相冲突。社会之所以有进化，是由于社会上大多数的经济利益相调和，不是由于社会上大多数的经济利益有冲突。"①

孙中山在理论上显然是幼稚的，因为他甚至没有看到这样一个浅显的道理：欧美各国照顾劳动者利益的社会民主政策，本身在很大程度上就是工人反对资本剥削的"阶级斗争"的一个成果。而且孙中山的言说似乎缺乏逻辑一贯性，因为他还在许多场合说过下面这样的话，其中多少承认了欧美社会阶级斗争的客观必然性和历史正当性，只是仍断然否定当时中国有阶级斗争的存在：

"今日最富强的莫过英、美，最文明的莫过法国。英是君主立宪，法、美皆民主共和，政体已是极美的了，但是贫富阶级相隔太远，仍不免有许多社会党要想革命。盖未经社会革命一层，人民不能全数安乐，享幸福的只有少数资本家，受痛苦的尚有多数工人，自然不能相安无事。[……]今试设一问，社会革命尚须用武力乎？兄弟敢断然答

① 孙中山："民生主义四讲"，见孟庆鹏编：《孙中山文集》（上），北京，团结出版社，1997年，第247页。

曰：英美诸国社会革命或须用武力，而中国社会革命则不必用武力。
[……] 中国原是个穷国，自经此次革命，更成民穷财尽，中人之家已
不可多得，如外国之资本家，更是没有。所以行社会革命是不觉痛楚
的，但因此时害犹未见，便将社会革命搁置，是不可的。"①

——孙中山这里说的"社会革命"，指的是他的"三民主义"中"民生主
义"主张的贯彻，其手段也就是他一贯鼓吹的"平均地权"（所谓"耕者
有其田"）。总之在中山先生看来，在中国革命中仅贯彻"民族主义"和
"民权主义"是不够的，还必须不失时机地贯彻"民生主义"，即通过
"平均地权"来防止中国出现欧美那样的阶级分化和阶级斗争，而在尚无
阶级分化的情况下实行"平均地权"，自然也就无须搞什么阶级斗争。这
也就是说，中国的"社会革命"完全可以用非暴力的方式来完成。

　　孙中山之后主导国民党意识形态的蒋介石，虽然似一度在阶级斗争

---

　　①　孙中山："借外债以营生产之事"，见孟庆鹏编：《孙中山文集》（下），北
京，团结出版社，1997年，第612～613页。认为中国没有欧美式的阶级斗争的意
思，孙中山在另一篇演说中说得更直白："中国人大家都是贫，并没有大富的特殊阶
级，只有一般普通的贫。中国人所谓'贫富不均'，不过在贫的阶级之中，分出大贫
与小贫。其实中国的顶大资本家，和外国资本家比较，不过是一个小贫，其他的穷
人都可说是大贫。中国的大资本家在世界上既然是不过一个贫人，可见中国人通通
是贫，并没有大富，只有大贫小贫的分别。我们要把这个分别刬到大家平均，都没
有大贫，要用什么方法呢？大概社会变化和资本发达的程序，最初是由地主，然后
由地主到商人，再由商人才到资本家。地主之发生，是由于封建制度。欧洲现在没
有脱离封建制度。中国自秦以后，封建制度便已经打破了。当封建制度的时候，有
地的贵族便是富人，没有地的人便是贫民。中国到今日脱离封建制度虽然有了二千
多年，但是因为工商业没有发达，今日的社会情形还是和二千多年以前的社会情形
一样。中国到今日，虽然没有大地主，还有小地主。在这种小地主时代，大多数地
方还是相安无事，没有人和地主为难。"［"民生主义四讲"，参见同上书（上），第
257～258页］。

问题上和孙中山有明显分歧，但这种分歧毕竟只有外表的性质。① 如果说蒋与孙的观点真有什么分歧的话，那也只是孙完全不承认中国有阶级分化，而蒋则承认中国刚刚有了一点阶级分化而已，至于在这时的中国能不能搞阶级斗争，蒋与孙的看法则是完全一致的，比如蒋在1929年的一次讲演中就这样宣称：

> "中国近代产业，并没有发达，阶级的区别，并不明显，如果勉强要说中国有阶级也不过粗具阶级的雏形，阶级的对立，既不明显，阶级的利害，自然没有什么冲突，阶级的利害，既没有多大的冲突，就没有为某一阶级的利益，打倒别阶级的必要。而且更没有为单一阶级的利益，打倒许多阶级的可能。所以我们应该以社会全体的利益为前提而消灭阶级的区别，不应该以阶级的利益为前提，促成社会的分化。这是从中国的社会状况，说明共产党的阶级革命不适于中国。无论就打倒帝国主义说，或解放农工说，中国都不能采取阶级斗争。"②

很显然，孙、蒋反对在中国实施阶级斗争，根据的是这样一个最基

---

① 蒋介石的早期思想似乎相当激进——比如，虽明知孙中山反对在中国实施阶级斗争的观点，蒋却公开主张民族斗争与阶级斗争同时并举："现在世界只有二种斗争，一种是民族斗争，一种是阶级斗争"，并认为民族斗争就是被压迫民族求独立的斗争，阶级斗争就是被压迫劳动阶级反抗资产阶级的斗争，而"中国的革命，要在阶级斗争之中，来求民族独立；在民族独立之中，来求革命成功。"（1924年2月17日的讲演，参见杨奎松：《国民党的"联共"与"反共"》，北京，社会科学文献出版社，2008年，第106～107页）但在内心深处，这时的蒋介石其实根本没有背弃孙中山的三民主义，例如他在1925年4月的一次演讲中就这样指出：我们三民主义的民生主义，"就是'节制资本，平均地权'，明白地说，就是打倒资本家，反对大地主。这明明白白是为无产阶级而奋斗的。……所以民生主义到最后一步，就是共产主义。"（参见同上书，第108～109页）显然，这跟孙中山的这一经典说法："我们国民党的民生主义，目的就是要把社会上的财源弄到平均。所以民生主义就是社会主义，也就是共产主义"["民生主义四讲"，见孟庆鹏编：《孙中山文集》（上），北京，团结出版社，1997年，第263页]，唱的还是同一个调子。

② 蒋中正："本党国民革命和俄国共产革命的区别"（中华民国十八年四月二十五日出席长沙市民欢迎大会讲演），见秦孝仪主编：《"总统"蒋公思想言论总集》（卷十），台北，中国国民党中央委员会党史委员会，1984年，第391页。

本的理论前提：阶级分化只是"近代产业发达"的后果，在传统的农业社会既不存在或不明显存在阶级分野，阶级斗争自然也就只能是人为的虚构。毋庸赘言，纯然是由孙中山独创的这种"理论"，以及在此基础上发展起来的一整套国民党政治文化，不仅截然对立于马克思主义的阶级斗争史观，同时也在很大程度上背弃了为国民党自己所推崇的法国革命政治文化。

对比之下，中共的政治文化和法国革命的政治文化就要贴近得多了。

尽管在共产国际时期（1919—1943），作为共产国际中国支部的中共曾高喊过"忠于无产阶级国际主义"（其实际含义是忠于斯大林苏联）的口号，但人们熟知，在实际行动上中共却从未真正成为苏联的仆从，无论在斯大林时代还是后斯大林时代①。应该说以毛泽东为代表的中国共产党人，从来都是以实现中华民族的独立自由为基本奋斗目标的。尤其是思想意识深深植根于中国传统文化的毛泽东本人，尽管后来接受了马克思主义，本质上始终是一个极富于民族自尊心的民族主义者，他领导的革命首先是一种争取民族解放或独立的斗争。所以，在坚守民族斗争立场这一点上，共产党和国民党并无二致。

那么为什么国共会发生矛盾，而且这矛盾还会发展为势不两立的对抗？最根本的原因，就是中共同时还有另一个坚定的政治立场——要搞阶级斗争。在某种意义上，甚至可以说阶级斗争问题在中共那里比民族斗争问题更为重要②，因为那涉及的是任何一个马克思主义政党都必须坚持的最终奋斗目标。这就不能不同国民党的政治理念，乃至同国民党主要社会基础的政治经济利益，发生尖锐的冲突。

中共在阶级斗争问题上的立场从一开始就是鲜明而坚定的。马克思主义在中国的最早传播者，如李大钊、陈独秀、朱执信等，都准确无误地传达出了"阶级竞争说"是马克思全部理论的核心要素这样一个重要

---

① 参见高华："民族主义乎？国际主义乎？"，www. fyjs. cn/viewarticle. php? id=101334，2009-12-26。

② 毛泽东后来明确说过："民族斗争，说到底，是一个阶级斗争问题。"（见毛泽东："呼吁世界人民团结起来反对美国帝国主义的种族歧视、支持美国黑人反对种族歧视斗争的声明"，载《人民日报》1963年8月9日，第一版）

信息，并强调这是中国革命不可或缺的利器；而毛泽东这位中共革命最主要的领导人则坦言，他在初涉马克思主义理论时，感到它虽然说得很在理，但离中国的实际太遥远，因而"只取了它四个字：'阶级斗争'"。①

至于中国有没有开展阶级斗争的现实基础，即中国是不是真有"阶级"存在这个在当时中国知识界争议极大的问题，中共的早期领袖们的回答也是断然的肯定。如陈独秀就断言："中国的资本家虽然没有欧、美、日本那样发达，但也不能说中国产业界没有纯粹资本作用（如地租、房租、债息、股票之类），不能说中国社会经济的组织绝对不是资本制度，不能说中国各都会各商埠没有财产工商阶级，不能说中国那一省那一县没有大地主，不能说中国没有多数无产劳动穷苦不堪之人"②。毛泽东则坚信："无论哪一个国内，天造地设，都有三种人：上等，中等，下等。详细点分析则有五等：大资产阶级，中产阶级，小资产阶级，半无产阶级，无产阶级。拿农村来说，大地主是大资产阶级，小地主是中产阶级，自耕农是小资产阶级，半自耕农是半无产阶级，雇农是无产阶级。……五种人各有不同的经济地位，各有不同的阶级性。因此对于现代的革命，乃发生反革命，半反革命，对革命中立，参加革命和为革命主力军之种种不同的态度。"③ 显然，毛泽东的这种阶级划分带有很大的实用性：尽管它也在努力地套用着马克思的术语，但马克思十分重视的阶级与生产方式的关联问题却在这里被有意无意地忽略掉了；实际上毛只是在简单地根据人们的经济状况来划分阶级，其目的则是为了摸清各类人群对革命的不同态度，以利实现自己的革命图谋。以马克思主义"正统"的眼光来看，毛的这种"阶级理论"也许有点不伦不类，但它恰恰显示了一种可贵的求实精神，以及一种卓越的理论创新能力，而中共注重马列主义基本原理同中国革命具体实践相结合的科学传统，也正是由此发

---

① 参见王也扬："毛泽东的阶级斗争观点研究"，载《史学月刊》2005 年第 1 期，第 5 页。

② 陈独秀："告北京劳动界"，《陈独秀文章选编》（上），生活·读书·新知三联书店，1984 年，第 450 页。

③ 转引自姜义华："生存斗争学说的中国演绎与兴替"，载《史林》，2007 年第 1 期，第 7 页。

端的。总之，依据毛泽东的这套理论，中国共产党人现在终于可以理直
气壮地说了：中国固然既没有孙中山所说的那种近代西方社会的"大贫
大富"，也没有马克思所谈到的那些西方阶级矛盾的经典形态（像奴隶主
与奴隶、封建主与农奴、资本家与工人之类），但这种表面上的差异终究
掩盖不了当今人类社会阶级存在的普遍性。有人群就有贫富贵贱的差异，
而差异就是矛盾，就会引起对立和斗争，所以即使中国社会真的像孙中
山说得那样只有"大贫小贫"的差异，那"大贫"与"小贫"之间也实
际存在着阶级斗争。

　　由于马列主义一般都强调阶级矛盾不可调和、阶级斗争具有你死我
活的对抗性质，故而毛泽东的这种带有中国农民式的素朴特点的阶级论，
极容易导致"阶级斗争扩大化"的黑暗局面，事实上它也的确构成了后
来中共的许多极左冒进行为的思想源头，从而严重损害过中共的事业。
只是从另一方面，人们又必须承认，若没有毛的这个阶级论，中共在
1949 年的胜利将根本无从设想。

　　1939 年，毛泽东在总结中共建党以来由弱变强的原因时说过一句很
有名的话，那就是"统一战线、武装斗争、党的建设，是中国共产党在
中国革命中战胜敌人的三大法宝"（"《共产党人》发刊词"）。十年后，在
中共即将夺取全国胜利之际，毛又一次提到了这"三大法宝"，只是顺序
正好掉了个个儿（《论人民民主专政》）：

　　　　"一个有纪律的，有马克思列宁主义理论武装的，采取自我批评
　　方法的，联系人民群众的党；一个由这样的党领导的军队；一个由
　　这样的党领导的各革命阶级各革命派别的统一战线。这三件是我们
　　战胜敌人的主要武器。"①

"三大法宝"顺序的颠倒意味深长，因为中共的地位的确已今非昔比了。
但同样的"三大法宝"依旧一个不能少。不过，为什么总要强调这"三
大法宝"呢？是因为它们是中共独有的斗争利器吗？事实好像并非如此。

---

　　①　参见徐庆全："'统一战线'成就中国共产党的胜利"，载《南方都市报》，
2009 年 10 月 25 日（TM01）评论周刊封面。

党，军队，统一战线，这三样宝贝国民党无所不有，或者说国民党都曾认真使用过，只是结果证明，它们在国民党手里好像总不像在中共手里那样灵验。那么为什么这三样宝贝偏偏在中共手里才特别灵验呢？原因无他，乃是因为这三大法宝在中共那里各自都多了一个共同的灵魂，那就是阶级斗争意识。

首先，正是因为要进行无时不有、无所不在而且极为严酷的阶级斗争，中共才有对于"纪律"问题的高度重视；也正是因为特别强调守纪律，中共才得以维持一套严密的组织系统，才会凝聚起无坚不摧的战斗力。所谓"纪律"，实源自俄国布尔什维克民主集中制的建党理念，它首先强调的是"服从"，即个人服从组织、少数服从多数、下级服从上级、全党服从中央，当然最重要的还是要服从领袖的绝对权威，收到了消除内部派系矛盾、实现全党意志统一的奇效。

众所周知，国民党在组织方式上也是一个"布尔什维克化"的政党，也以民主集中制（按国民党"一大"通过的"纪律问题"案的表述，是为"民主主义的集权制度"）为其组织原则，只是它始终没有能够像中共那样在内部确立起"纪律"的尊严①。连蒋介石在败退台湾后都承认，

---

① 参见王奇生：《革命与反革命：社会文化视野下的民国政治》，北京，社会科学文献出版社，2010年，第63～64页。王奇生的研究表明，共产党比国民党更强调集权和纪律。例如，1924年国民党一大制定的党章基本上是照抄俄共1919年的党章，而1922年中共二大制定的党章却比1919年俄共党章规定得更细密、更严厉。俄共党章内有关"纪律"的条文列有4条，而中共党章中有关"纪律"的条文列有9条。而且中共在党章之外，还通过了一个组织章程决议案，内中强调"凡一个革命的党，若是缺少严密的、集权的、有纪律的组织与训练，那就只有革命的愿望，便不能够有力量去做革命的运动"。并在党章之外规定了7项组织纪律的原则，如"个个党员都要在行动上受党中军队式的训练"；"个个党员不应只是在言论上表示是共产主义者，重在行动上表现出来是共产主义者"；"个个党员须牺牲个人的感情意见及利益关系以拥护党的一致"；"个个党员须记牢，一日不为共产党活动，在这一日便是破坏共产主义者"；"无论何时何地，个个党员的言论，必须是党的言论，个个党员的活动，必须是党的活动"。在国民党的党务法规中从未见有类似的严格规定，尽管国民党改组后也强调集权和纪律，但与中共相比仍逊色不少。——由此看来，由于否定了马克思主义的阶级斗争学说，国民党的"布尔什维克化"充其量只是对俄共组织原则的一种形式上的模仿；而中共之所以比俄共更重视纪律问题，则可能与中国革命中有组织讲纪律的工人阶级人数更少有关。

国民党军队打败仗是因为它极度的腐败，而军队腐败的根源又在于国民党本身的腐败，"我们的力量完全流于表面形式，而实际内容却空虚到了极点。在古今中外任何革命党都没有像我们今天这样没有精神、没有纪律、更没有是非标准，这样的党早就应该被淘汰了"；而且蒋介石这时也认识到，国民党之所以会烂成这样，和它从来没有像中共那样搞过整风有很大关系，并因此决心借鉴延安整风的某些经验，对国民党进行一次改造。① 亡羊补牢犹为未晚，国民党 20 世纪 50 年代在台湾的这次改造，虽然没有采取类似中共的那种"阶级战争"方式，但还是比较有效地整肃了党纪，提高了执政能力。对于毛泽东的治党本领，蒋介石终于自叹弗如了，但他恐怕永远也认识不到，毛的治党本领之所以比他高，根本的原因还是在于毛的思想深处有一种他所没有的"阶级斗争意识"。

其次，在开展对敌武装斗争方面，中共军队能够从无到有、由弱变强，靠的主要也是"阶级斗争"的理论和实践。我们知道，大规模民众动员作为现代战争的重要手段是法国革命者首先创造出来的，而"阶级斗争"又是实现这种动员的必要条件，因为那需要牺牲（至少是部分地牺牲）富人的财产权以保障穷人的生存权。雅各宾派主要就是通过颁布一系列满足穷人要求的土地法令和生活必需品最高限价法令来实施这种动员的。当然，倡导"民族斗争"也是实现这种动员的一个重要途径，法国大革命期间以及后来的所有民众动员现象其实都离不开这一因素，但最有效、最彻底的民众动员终究还是需要诉诸"阶级斗争"——这应该不难理解，因为唯此才能把处于社会底层的最广大的人民群众动员起来。由此可见，在民族民主革命时代相互竞争的各个党派中，只有那些既承认民族斗争又承认阶级斗争的政党，才有可能实施最广泛的民众动员从而立于不败之地。不言而喻，中共便是这样的政党而国民党不是。人们熟知中共是怎样通过"打土豪分田地"、"减租减息"和"土地改革"这些带有阶级斗争性质的政策，来赢得占人口绝大多数的贫苦农民对其战争事业的支持的。其中最突出的例证当是"解放战争"期间的淮海战

---

① 参见常家树："二十世纪五十年代国民党的改造运动"，以及许福明：《中国国民党的改造（一九五○～一九五二）——兼论其对"中华民国"政治发展的影响》，台北，正中书局，1986 年，第 46 页。

役。在这场中共以 60 万兵力全歼装备精良的 80 万国民党军队的战役中，江苏、山东、安徽、河南四省的解放区共出动民工 543 万人，担架 20.6 万副，大小车辆 88.1 万辆，挑子 30.5 万副，牲畜 76.7 万头，船只 8539 艘，并筹集粮食 9.6 亿斤，其中 4.3476 亿斤运送到了前线。[①] 在淮海战役中被俘的国民党第 18 军军长杨伯涛也有这样的证言：他在被押往后方途中——

> "但见四面八方，熙熙攘攘，车水马龙，行人如织，呈现出千千万万的人民群众支援解放军作战的伟大场面。路上我们经过一些市集，我从前也打这些地方经过，茅屋土舍，依稀可辨，只是那时门户紧闭，死寂无人，而这时不仅家家有人，户户炊烟……还看见一辆辆大车从面前经过，有的车上装载着宰好刮净的肥猪，想是犒劳解放军的。我以前带着部队经过这些地方时，连一撮猪毛都没看见，现在怎么了，真是怪事。通过村庄看见解放军和老百姓住在一起，像一家人那样亲切，有的在一堆聊天欢笑，有的围着一个锅台烧饭，有的同槽喂牲口，除了所穿的衣服，便衣与军装制式不同外，简直分不出军与民的界限。"[②]

可见中共在同国民党决战的时候，已经通过大规模的"土地改革"把广大解放区的农民真正团结到了自己的周围。

在解放战争期间，由于坚持了阶级斗争的理念，中共还得以通过一种"新式整军运动"来提升士气和扩充军队，这也是中共能够在军事上迅速击败国民党的一个极其重要的因素。该运动全称为"诉苦（即诉旧社会和反动派所给予劳动人民之苦）"和"三查（查阶级、查工作、查斗志）"运动，是彭德怀领导的西北野战军在 1947－1948 年之交的冬季创造的经验，后被迅速推广到全国人民解放军部队。毛泽东如此欣赏这一经验，自然是看到了它有提高军队战斗力之奇效：整军之前西北野战军

---

① 参见中共中央党史资料征集委员会主编：《淮海战役》，第三册，北京，中共党史资料出版社，1988 年，第 359 页。

② 转引自刘统：《华东解放战争纪实》，北京，人民出版社，1998 年，第 586 页。

一次最多只能歼敌两个旅，之后就能一次歼敌五个旅了！盖因"诉苦""三查"运动"大大提高了全军指战员为解放被剥削的劳动大众，为全国的土地改革，为消灭人民公敌蒋介石匪帮而战的觉悟性；同时就大大加强了全体指战员在共产党领导之下的坚强的团结。……这样的军队，将是无敌于天下的"。① 而此经验推广至全军后所产生的实际效果，也的确没有出乎毛之所料。此外，该整军运动还产生了另一个重要的副产品，那就是尽管残酷的战争造成了部队的大批减员，解放军人数不但没有减少，反而越战越多。如粟裕指挥的华东野战军在淮海战役开始时只有36.9万人，战役期间伤亡10.5万人，可是到战役结束时，其兵力竟增至55.1万。② 补充进来的新兵，不少是翻身农民，但大部分（约三分之二）是所谓的"解放战士"，也就是来自国民党军队的俘虏兵——须知这些"国军"老兵很多都是训练有素的战士，尤其是会使用很多中共士兵从未接触过的、刚刚从战场上缴获的美式武器装备，他们加入中共军队对于国共军力对比的影响自是非同小可。③ 而这些俘虏之所以能调转枪口炮口为中共作战，一方面是为中共土改运动所感召，同时也是在"新式整军运动"中接受了"阶级教育"的结果，总之都是中共阶级斗争理念的胜利。据有关文献记载，中共在淮海战役中进行战地休整时，特别重视政治工作："除了对敌军大力开展政治攻势外，还不断地对全体指战员进行强有力的政治思想工作，本着新式整军的精神，开展诉苦和三查运动，整顿组织纪律，训练新战士并溶化俘虏。……使全体指战员不断提高阶级觉悟，都充分懂得为什么作战、为谁作战，个个保持旺盛的

① 毛泽东："评西北大捷兼论解放军的新式整军运动"，《毛泽东选集》（四卷合订本），上海，人民出版社，1968 年，第 1189 页。

② 参见粟裕：《粟裕回忆录》，北京，知识产权出版社，2005 年，第二十章"粟裕谈淮海战役"（5），引自梦远书城，www.my285.com/zj/zgxd/syzz/133.htm。

③ 参见陈毅："华东一年来自卫战争的初步总结（一九四七年十二月三十日至一九四八年一月一日）"，《陈毅军事文选》，北京，解放军出版社，1996 年，第 236～258 页。

战斗意志，准备彻底消灭敌人。"① 据有关专家最近的研究，中共在解放战争期间，主要就是用这种阶级教育的办法，总共消化和改造了 177 万国民党起义和投诚官兵，由此源源不断地为战斗中的解放军提供着新鲜血液。②

最后但并非最不重要的，是统一战线问题。对于在 1949 年前的国共竞争中长期处于弱势的中共而言，这个问题实具有格外的重要性（所以才被当时的毛泽东列为中共三大法宝之首）。应该说在中国革命的实际进程中，曾有过两种统一战线：一种是由国民党主导的，存在于两次国共合作时期，那是一种民族统一战线，分别以军阀和日本侵略者为斗争对象，或者说以反帝或争取民族解放为主要诉求；另一种是由中共主导的，那可以说是一种民族民主统一战线，具有既反帝也反地主阶级和官僚买办资产阶级的性质。但无论哪一种，对于中共来说都是发展壮大自身并实现自己的政治图谋的重要工具。历史表明，在毛泽东主事之前，中共的统一战线政策并不成功，之后则一路辉煌：通过巧妙利用各敌对营垒之间的矛盾，团结一切可以团结的力量，纵横捭阖，借力打力，一度濒临绝境的中共不仅转危为安，还渐渐发展成为中国革命的唯一中坚。成功的原委何在？毛个人高明的谋略艺术固然重要，但阶级斗争理念在其中的关键意义仍不容忽视。

不言而喻，统一战线的问题，首先是一个寻找政治盟友的问题。这个问题对于革命事业究竟有多么重要，毛泽东从一开始就洞若观火。《毛泽东选集》的第一篇文章、最初发表于 1926 年的"中国社会各阶级的分析"，劈头第一句话就是："谁是我们的敌人？谁是我们的朋友？这个问题是革命的首要问题。"那么怎样才能分清敌友呢？在从马克思主义理论中只取了"阶级斗争"四个字的毛泽东看来，这只能借助"阶级分析"了——"我们要分辨真正的敌友，不可不将中国社会各阶级的经济地位及其对革命的态度，作一个大概的分析。"经过分析，毛得出的结论是：

---

① 刘广志：《淮海战役》，合肥，安徽人民出版社，1979 年，第 90～91 页。并参见刘统：《华东解放战争纪实》，第 18 章"化敌为友"（第 270～286 页）。

② 参见高戈里："起义投诚百万'国军'的归宿"，载《文史精华》，2002 年第 4 期。

"一切勾结帝国主义的军阀、官僚、买办阶级、大地主阶级以及附属于他们的反动知识界，是我们的敌人。工业无产阶级是我们革命的领导力量。一切半无产阶级、小资产阶级，是我们最接近的朋友。那动摇不定的中产阶级，其右翼可能是我们的敌人，其左翼可能是我们的朋友——但我们要时常提防他们，不要让他们扰乱了我们的阵线。"① 看来，阶级分析方法的妙处，主要就在于它能够越过社会中复杂纷纭的个体的层面，通过经济状况（贫富差异及其缘由）的对比，对全部社会成员进行分门别类的群体划分，从而把一个看上去混沌不清、杂乱无章的社会描绘得井井有条，于是革命者就可以清楚地看到各种社会力量的配置以及它们之间的关系，在区分敌友时也就可以成竹在胸了。毛泽东的"阶级分析"还有一个明显的特点，就是并不拘泥于马克思主义的标准术语（如"半无产阶级"这个概念就是他自己的创造，其所指主要是中国的贫苦农民），但也惟其如此，它更准确地揭示了当时中国各社会群体的实存状态，从而为中共寻找革命盟友的工作指出了正确的方向。实际上，毛泽东是通过把马克思主义的阶级斗争学说运用于中国革命的具体实践，为自己的政治谋略艺术，同时也为中共后来的统一战线政策，奠定了一个科学的基础。

其实，同为"布尔什维克化"政党的中国国民党，也不是不知道统一战线的重要性。在北伐战争期间，孙中山实施过"容共"（即允许中共党员以个人身份加入国民党），蒋介石还进一步提出过"联共"的主张②，说明国民党也曾积极寻求过政治盟友。干革命总是人多一些才好，这个道理国民党一样明白。只是很可惜，由于根本不承认阶级和阶级斗争的客观存在，因而也不可能懂得阶级分析对于政治结盟的指导意义，国民党始终没有能够建立起一条能为己所用的统一战线。

由此可见，中共之所以能够打败国民党，最根本的原因乃是中共坚持了一条马克思主义的阶级斗争路线。正是由于始终不渝地贯彻了阶级斗争的理念，中共在革命中才得以像法国革命者那样把民族斗争和阶级

① 《毛泽东选集》（四卷合订本），北京，人民出版社，1968年，第3～9页。
② 参见杨奎松：《国民党的"联共"与"反共"》，北京，社会科学文献出版社，2008年，第110页。

斗争紧密结合在一起，它所行使的暴力也才得以像法国革命者行使的暴力一样所向披靡。所以说中共的胜利，某种意义上也是法国式革命暴力的胜利。

结　语

总之，由于民族斗争与阶级斗争并举，中共的革命暴力几乎成了法国革命暴力的"克隆"，惟妙惟肖地带有群众性、恐怖性和高效性这三大特征。而只承认民族斗争、不承认阶级斗争的中国国民党，尽管也曾对法国式的革命怀有深深的崇拜之情，却终究不能在实践中复制出那种无坚不摧的法国式革命暴力。所以当中国革命的命运需要国共这两个革命党一决雌雄的时候，高下也就立判了。

这里有必要进一步说透的是，法国式革命暴力的这三大特征是循序相关的，其中群众性规定着恐怖性，恐怖性又决定着高效性。这应该很好理解：法国大革命之所以能像"施法术一样"让旧制度从法国绝迹，无非是因为它的革命暴力特别"猛烈"、特别"凶狠"或者说特别"恐怖"，带有突出的非理性色彩；而非理性色彩浓重的"恐怖"自然又必须由具有无主见、易鼓动、情绪化、不负责等集体心理特质的非理性"群众"来提供支撑。由此可见民众动员在革命中的关键意义。没有充分的民众动员，革命者就不能在自己的周围聚集起群众，因而也就无法获得那种恐怖而高效的革命暴力。然而怎样才能把民众充分动员起来呢？这就需要革命精英深入民间，了解占人口绝大多数的劳苦大众的需求并尽可能地予以满足，同时在他们中间煽起尽可能强烈的对"革命敌人"的仇恨——那是实现革命暴力"群众性"的不可或缺的情绪因素。18世纪的法国革命者就是这样做的（现代政治特有的"大众动员"现象由此滥觞），而中共的看家本领（叫做"群众路线"）也正在这里。中国国民党则似乎笨手笨脚地搞不来这一套，结果它的暴力就因严重缺乏"群众性"而远不如中共的暴力那么"狠"了。实际上国民党恐怕根本就没想搞这一套，因为它的意识形态从来就没有认可过这种群众性的暴力。在蒋介石看来，煽动这种暴力是以"恨"为动机的"共产革命"的卑鄙伎俩，而这种革命在中国是行不通的——

> "因为动机既然是恨，行动一定是残酷和卑污，而且要损人利己的，这完全和中国的民族性相反。中国几千年来伦理观念，都是利他的，不是利己的，所以中国民族的固有特性，是和平的、宽厚的、和光明的；不愿受别人的残酷的待遇，也不愿以残酷的手段施诸别人。……而且以残酷的手段革命，没有不失败的。法国大革命之所以迭次失败，使帝制复活，就是因为过于残酷，使社会全体，发生反感。这种残酷手段，适用于残酷的民族，都遭失败，那里能适用于和平的中国民族。共产革命，既然采取残酷的卑污手段，当然受中国全国人民，至少亦要被大多数人民所反对。"[1]

蒋的这通"妙论"，可谓是道尽了国民党不可救药的"怯懦"。首先，在20世纪这个现代世界，在中华民族还在内忧外患中苦苦挣扎的时候，蒋却试图用儒家道德来约束革命党的政治行为，实在是幼稚、迂腐得可以了，看来他根本不懂马基雅维利[2]。其次，通过在所谓"共产革命"和法国大革命之间画上等号，甚至还以鄙夷的态度把法兰西民族打成"残酷民族"，蒋实际上已早早告别了革命，而国民党也就在这个方兴未艾的革命年代完全失去了群众的革命伟力，其败于中共只是迟早的事了。

---

① 蒋中正："本党国民革命和俄国共产革命的区别"（中华民国十八年四月二十五日出席长沙市民欢迎大会讲演），见秦孝仪主编：《"总统"蒋公思想言论总集》（卷十），台北，中国国民党中央委员会党史委员会，1984年，第390页。

② 意大利文艺复兴时期的政治思想家马基雅维利虽以其著名的"政治无德论"而广遭诟病，却也因此而开启了现代型国家政治的先河。而蒋的这些言论表明他似乎对此完全懵然无知。比较起来，中国共产党人则显得"现代"得多了，如蔡和森1918年7月21日致毛泽东的信中就有这些马基雅维利味十足的议论："弟尝慨世之君子，为种种的舆论律、道德律所束缚，只能为伪善，不能为伪恶，是以使小人得积极横行。……窃以为人不能有善而无恶，正人之恶，即是善之变相，求全则难免不为乡愿"；"现为一恶，而将来能得十善之结果，何所顾恤而不为之！吾人若从一身之利害及名誉计算，可以杀身成仁，况不可行伪恶以得权乎（……）。君子无弹性，此乱之所以不止也。……果为君子，无善不可为，即无恶不可为，只计大体之功利，不计小己之利害。"（参见中国革命博物馆编：《新民学会资料》，北京，人民出版社，1980年，第57、58页）

　　毋庸讳言，中共革命暴力的"恐怖"常常的确显得过于残酷，只是其"高效"却又证明了这种暴力的某种冷峻的历史正当性。当然，中共革命暴力的"高效"和法国革命暴力的"高效"情况也有所不同——后者主要表现为其在摧毁封建旧制度（或者说贵族阶级的政治统治）方面的彻底性，而前者则主要是通过其在争夺中国革命领导权方面的成功体现出来的，只是无论在哪种情况下，这种高效性都可以有力地支撑起两者的历史正当性：因为它们都顺应着时代的潮流，在各自错综复杂的前现代条件下，以某种唯一有效的方式完成了现代民族国家基础的奠立。

　　此外还应指出，法国式革命暴力的产生，虽与民族斗争和阶级斗争这两大斗争在革命中的缠结有关，但归根结底还是源于阶级斗争，或者说源于一种极其强烈的"阶级斗争"意识——实际上，毛泽东关于"民族斗争说到底是个阶级斗争的问题"的论断，在法国大革命中也同样成立。应该说，无论是法国革命者下意识地把社会中的各种矛盾冲突看做"阶级斗争"，还是复辟王朝时期的法国历史学家有意识地首创用"阶级斗争"观点来解释历史，乃至托克维尔明言"只有阶级才能占据历史"[①]，体现的都是大陆理性主义哲学传统在法国的根深蒂固。后来通过俄国传到中国的马克思主义的阶级斗争学说，遵循的其实也是同一种思维方式。用这种思维方式看社会和历史固然可以得到一幅比较清晰而有条理的图像，用之于改造社会的政治实践也有助于找到比较行之有效的方法，但它终究也有一个很大的缺陷，那就是容易把复杂的问题过分简单化，而法国式革命暴力之所以容易引起诟病，主要原因也就在这里："简单化"带来了高效率，但同时也不可避免地导致了许多误伤，使许多无辜惨遭厄运。今天的世界，仍处于由1789年法国大革命开始的以民族国家为舞台的现代革命的时代。从现代革命伸张人权、追求民主的初衷来看，这种"阶级斗争"的理论和实践的确不可无限期地大行其道，而且大革命以来的法国和20世纪中国的历史都已经显示，对阶级矛盾对抗性的长期而执着的强调，也的确会养成一种极不利于现代民主政治健康成长的政治文化。所以，法国式革命暴力作为一种政治现代化的手段，虽

---

　　① Alexis de Tocqueville, *L'ancien régime et la Révolution*, Paris, Gallimard, 1967, p. 207.

因其高效而有必要在一些社会历史条件类似的国家行使，但这种行使终究也只能限于这种国家的一定的历史时期——一般说来，一旦主权完整、独立自由的民族国家得到了稳固的确立，经济发展和政治民主化的问题提上了议事日程，法国式革命暴力就应逐渐淡出这个国家的政治舞台。

　　当然，法国式革命暴力一旦登上了政治舞台，再要它下来往往就很不容易。结束这种革命暴力实际上是一项极其艰巨的政治文化改造工程。这项工程在法国启动于法国革命的热月－督政府时期，延绵近一个世纪，到 19 世纪末第三共和时期才初见成效。当今中国也正在经历类似的历史阶段，所以很显然，正像在上个世纪初一样，今天的中国仍然特别需要借鉴法国的历史经验。

后 记

　　那还是在瑞士日内瓦读书的时候。一次，我和一位瑞士朋友在一起喝咖啡聊天。当时我提了这样一个问题：为什么法国人酷爱讨论政治，而瑞士人却显得对政治漠不关心？记得这位瑞士朋友的回答颇有些扬扬自得："那是因为法国社会问题太多的缘故。同瑞士人比起来，法国人的国家管理能力似乎低得多。瑞士人能把一切安排得井井有条，有问题时大家能够心平气和地商讨解决，法国人却很难做到这一点。"当谈到当时密特朗派与希拉克派的政治纷争时，这位朋友又突然发了这样一通感慨："你不觉得这帮法国政客都有点……神经病吗？对立各派几乎毫无妥协余地，一个明明是合理的政见，只要出自敌对党派之口，就很难得到另一派的认同，他们的反应十有八九都是：'Oui mais……（有道理，不过……）'——先给你来个抽象肯定，然后再加以具体否定，接下来又是没完没了的争吵!"

　　后来，在我为写博士论文而研究法国大革命时代的政治论争的时候，这些看似极不严谨的泛泛空论竟不期而然地常常回响在我的耳际。我惊奇地发现，当今法国政界左右派对立的不可调和性，法国人在从事政治活动时热衷于"打内战"的作风，实际上早在法国大革命时代就有着突出的表现（言其"突出"，是相对于发生在英、美两国的早期资产阶级革命而言），而这种"内战式政治风格"，又是与法国大革命崇尚激进决裂、坚持二元对抗的特点密切相关着的。看来，1789年法国革命者所倡导的某些价值取向，经过世代沿袭已经在法国形成了一个强有力的政治文化传统，以致今日的法国政治家们在处理他们的政治事务的时候，仍在自觉不自觉地遵循着他们的祖先在两个世纪前的思维方式——谁说法国大革命已经结束？

　　我们中国人，尤其是我们这一代经历过"文化大革命"的中国人，对于这种在法国大革命时代形成的政治风格，恐怕不会感到陌生。我国的"文化大革命"，尽管在性质上同法国大革命完全不可同日而语，但两者在思维与行为方式上的同一性，却是非常显见的。而且，我们的"文化大革命"所遵循的思维与行为方式，客观上很大程度都承继自法国大革命："左派"、"右派"、"红色恐怖"、"白色恐怖"、"同传统彻底决裂"、"清理阶级队伍"、"群众专政"……这许许多多普遍流行于"文化大革命"时期的概念或口号，其实都是地道的法国货色，都源自于法国大革命的文化创造。可也正是这些不清不楚的玩意儿，曾令亿万中国人吃尽了苦头！

　　大概就是因为在那些年代里"革命"口号喊得太多了，喊得让人倒了胃口，我后来竟对一切"革命"都失去了兴趣。记得初涉西方史的时候，我就曾对"法国大革命史"课题抱着敬而远之的态度，因为一看到"法国大革命"，我就下意识地联想到"文化大革命"，尤其是法国大革命不多不少地折腾了十年（按当时法国人的说法。一个名为 Ch. Lacretelle 的法国人在革命后写的回忆录，书名就是《革命浩劫十年》）。真不吉利。看来，一场大革命，无论其后效如何，对当时的社会来说终归是一场大动乱。由于中国已绝对消受不了任何动乱了，所以对于法国大革命，窃以为不管其历史意义多么伟大，还是少事宣扬为好，免得好事之徒正经歪念，起而效法，凭空又酿无妄之灾。

　　再后来，随着学识的增长、认识能力的提高，这种非理性的拒斥情绪便逐渐让位于冷静的科学思考。我开始关注于导致法国大革命种种政治现象的文化机制，我感到从中也许会找到一把认识论的钥匙，它将有助于人们更好地理解包括中国"文化大革命"在内的各种革命现象，这就很有现实意义。当然，这种研究兴趣的产生，是与我的导师张芝联先生的循循善诱分不开的。先生作为法国革命史国际委员会的理事，为推动我国法国大革命史学的发展倾注了大量心血。为了跟踪和借鉴国际史学新潮流，革新我国史学方法论，先生在 1978 年就开始在国内介绍法国年鉴派史学，我由此第一次接触到了"长时段"、"中时段"和"短时段"这样一些新鲜概念，并由"长时段"因素对历史演进深沉有力的制约功能而感受到文化研究的重要性。在攻读硕士与博士学位期间，我又有幸从先生请来的两位西方法国革命史学大家的讲学中获得极大的教益。这两位大家，一位便是法国巴黎大学大革命心态史学大师米歇尔·伏维尔先生，他在 1984 年 9 月来北京大学介绍了他的法国革命心态史研究；另一位便是美国著名的史坛新秀、当时在加州大学伯克利分校历史系任教的林·亨特教授，她于 1985 年 9 至 10 月期间来北京大学作了一系列关于法国革命政治文化的报告。紧接着，张先生又安排我去瑞士日内瓦大学进修。在那里，我一边就学于著名法国革命心态史专家布罗尼斯洛·巴茨柯教授（他当时正从事热月反动专题的研究，这与我初步的选题方向恰好吻合）门下，一边抽时间去巴黎广泛涉猎和搜集有关资料，逾时两年，终有所得，于是思归。

回校后，在张先生的指导下，我用了一年多的时间完成了我的博士论文——《热月反动与法国革命的政治文化》。论文的中心思想是说，在法国大革命上升时期形成的某些政治文化要素带有强烈的过激色彩，并具有顽强的延续力，即使是在热月反动时期，在革命已开始大规模吞噬革命者的时候，这些要素仍在暗中支配着人们——无论是革命派还是反动派——的政治行为方式；实际上，这种"大革命的政治文化"注定还要长期影响后来法国乃至整个世界的政治生活。论文准备虽然比较充分，但由于写作时间有限，不少地方带有"急就章"的痕迹，因而内心里仍感到很不满意。不料想这篇拙文却引起了复旦大学历史系教授、我国著名法国史学者金重远先生的注意。早在 1989 年春，金先生便告诉我，他已经建议《世界文化丛书》编委会把我的论文列入出版计划，并提出了一系列宝贵的修改意见。当时我实际上面临着两种可能性；一是在原论文的基础上作些修修补补，这样既可以省力，又可以快速出书，但不免有面太窄、题太专的缺陷；二是冲破热月时期的界限，把论述范围扩展到整个大革命时代，尽可能勾画出法国革命政治文化的全貌，不过这样一来就必须另起炉灶，必须多坐两年冷板凳。显然，我选择的是后一条道路。我的朋友、英国萨塞克斯大学的坎贝尔博士曾对我的选择很不以为然，一迭声地说"这题目太大"。可我仍觉得题目大有题目大的好处。题目大，论述起来空泛之处是难免的，但它毕竟可以提供一个较全面的背景，甚至可以通过一些疏漏乃至错谬来诱发读者深入探讨的兴趣。自然，题目大也有题目大的难处，个中况味，天知地知。不管怎样，这本小书（其实仍然多是"急就章"）总算熬出来了，现在我最大的奢望，就是能得到尽可能多的而且是毫不客气的批评。

　　在本书的写作过程中，除了业师张芝联先生的关怀与支持之外，我还得到了来自多方面的指导和帮助：中国人民大学的程秋原、日内瓦大学的巴茨柯、萨塞克斯大学的坎贝尔、华北水利水电学院的徐海亮先生等，曾就我的一些论点同我进行了非常认真的探讨，这给了我不少珍贵的启示和教益；宾夕法尼亚大学的林·亨特女士、日内瓦大学的左飞先生和留美的张执中同学，曾为我查找并寄送过许多重要资料；复旦大学的金重远先生仔细审阅了全部书稿，并作了大量补正；浙江人民出版社的张宪章先生为本书的主旨设计提出过一些关键性的意见，并不厌其烦地为我提供了许多技术环节上的帮助。平心而论，没有所有这些中外学者的鼎力相助，本书是不可能完成的。我深深地感激他们。

作者谨识
1991 年 2 月 28 日于北大 29 楼 202 室

增补版跋

没想到《法兰西风格：大革命的政治文化》这本小书，问世二十多年了还有人读。

究其原委，当然主要是它讨论的问题现在还有人关注，还没有过时。其实法国大革命这个问题，两百多年来一直都是常说常新的，而相关的政治文化研究，也还是大家远没有说完的话题。尤其是法国大革命这件事的主要意义，很多都深藏在她的政治文化里。

好几年前就有出版社要出修订版，自己也曾试着修订过，终因时间分配不过来，或者说事情有点过难，而作罢。何以"过难"？别的不说，单单要把原有的注释恢复过来就让人头大。二十多年前国内的学术出版远不如现在讲究规范，尤其是这本小书被纳入其中的"世界文化丛书"，一开始就被定位为面向大众的普及读物，不喜欢有过多的"学究气"，结果本书当时的责编、我尊敬的张宪章先生大笔挥挥之后，原来按博士论文规范所做的许多注释就所剩无几了。宪章先生还别有他的道理："你在书末不都开出参考书目了吗？这就已指明了相关文字的出处啦，不用再加太多注释了，留几个主要的就行。"听他这么一说，我也就没再坚持，随他去了。可斗转星移弹指间，当年这种被认为无伤大雅的做法，今天已经危险地不合时宜。所以当有人要再版此书的时候，我也曾想"亡羊补牢"一把，乘机把原有的注释补回来。可刚一动手就才发现这事根本没法办——主要是没有底稿，一切都要重新查。底稿哪儿去了？根本就没留：那时电脑未普及，书是爬格子写的，而且因出版社催得急，每誊清完一章就得赶紧寄过去编辑、排字，而画得一塌糊涂的草稿最后也就全扔了。没办法，放弃吧。

可前些日子又有北京师范大学出版社的朋友谭徐锋找了来要求再版

这本书，而且还要从快。我还是说做不了，因为没底稿，恢复不了注释。小谭说，也许原出版社（浙江人民出版社）那里还能找到手稿？我一听，好主意啊，我怎么就没想到呢！小谭赶紧行动，结果发现晚啦，因为原出版社有规定，书稿出版后只保存五年。不过鉴于这些情况，小谭有了个建议：不必拘泥于现行规范，就按原书再版，一仍其旧，最后附一个简短的说明也就可以了。既然如此，我看也就只好这样了。

感谢小谭，他同时还提议，我不妨在书后加两篇已发表的文章，以显示后来研究的发展。哈，正合我意。于是我的两篇旧文也乘机跟着"再版"了。两文讲的都是一个主题——法国革命政治文化和中国的关系。这是我近二十年来治学的主要兴趣之一，我猜想关心法国革命的国人恐怕大都也会对这个问题感兴趣吧。

不论后效如何，这本小书的增补再版令我特别想念三个人：首先是业师张芝联先生，其次是首次把这本书引荐给出版社的金重远先生，第三位便是为此书初稿的编辑费了大量心血的张宪章先生。三位先贤如今都已故去，念之每每潸然……或许区区小书，也能化作心香一缕，给先灵带去些许慰藉？但愿。

高　毅

2013 年 1 月 29—30 日

手记于京沪线上

图书在版编目(CIP)数据

法兰西风格：大革命的政治文化（增补版）/高毅著.—北京：北京师范大学出版社，2013.5（2018.12重印）
（新史学&多元对话系列）
ISBN 978-7-303-15856-0

Ⅰ.①法… Ⅱ.①高… Ⅲ.①法国大革命－政治文化－研究 Ⅳ.① K565.41

中国版本图书馆 CIP 数据核字（2013）第 000800 号

营销中心电话　　010-58802181 58805532
北师大出版社高等教育分社网　http://gaojiao.bnup.com.cn
电　子　信　箱　beishida168@126.com

FALANXI FENGGE：DA GEMING DE ZHENGZHI
WENHUA

出版发行：北京师范大学出版社 www.bnup.com.cn
　　　　　北京新街口外大街 19 号
　　　　　邮政编码：100875
印　　刷：北京京师印务有限公司
经　　销：全国新华书店
开　　本：160 mm × 230 mm
印　　张：20.75
字　　数：290 千字
版　　次：2013 年 5 月第 1 版
印　　次：2018 年 12 月第 2 次印刷
定　　价：58.00 元

策划编辑：谭徐锋　　责任编辑：陶　虹　赵雯婧
美术编辑：谭徐锋　　装帧设计：蔡立国
责任校对：李　菡　　责任印制：马　洁